"信息化与信息社会"系列丛书之高等学校电子商务专业系列教材

电子商务导论
（第 2 版）

李 琪 主编

电子工业出版社
Publishing House of Electronics Industry
北京·BEIJING

内 容 简 介

本书共分四篇19章，从综合篇、经管篇、技术篇到应用篇系统地介绍了电子商务综合知识、经济管理知识、电子商务基本技术和电子商务基本应用，阐述了电子商务的基本内涵和外延，勾画出了电子商务专业的基本理论知识和应用知识的轮廓，反映出电子商务是一门综合性、交叉性、边缘性的新型学科，是典型的经、管、理、工知识复合型专业。

本书既可以作为电子商务专业专科生、本科生和研究生教材，也可以作为高等学校经济、管理、信息类等相关专业本科生的教材或参考书，还可以作为企、事业单位技术或管理人员学习电子商务知识的参考书。

未经许可，不得以任何方式复制或抄袭本书之部分或全部内容。

版权所有，侵权必究。

图书在版编目（CIP）数据

电子商务导论 / 李琪主编. — 2 版. — 北京：电子工业出版社，2017.8

（"信息化与信息社会"系列丛书）

高等学校电子商务专业系列教材

ISBN 978-7-121-31744-6

I. ①电… Ⅱ. ①李… Ⅲ. ①电子商务—高等学校—教材 Ⅳ. ①F713.36

中国版本图书馆 CIP 数据核字（2017）第 124126 号

策划编辑：石会敏

责任编辑：石会敏 特约编辑：侯学明 贺云飞

印　　刷：三河市华成印务有限公司

装　　订：三河市华成印务有限公司

出版发行：电子工业出版社

　　　　　北京市海淀区万寿路 173 信箱　　邮编：100036

开　　本：787×1092　1/16　印张：19.75　字数：501 千字

版　　次：2010 年 3 月第 1 版

　　　　　2017 年 8 月第 2 版

印　　次：2018 年 11 月第 2 次印刷

定　　价：42.00 元

凡所购买电子工业出版社图书有缺损问题，请向购买书店调换。若书店售缺，请与本社发行部联系，联系及邮购电话：(010) 88254888，88258888。

质量投诉请发邮件至 zlts@phei.com.cn，盗版侵权举报请发邮件至 dbqq@phei.com.cn。

本书咨询联系方式：(010) 88254537。

作 者 简 介

李琪，经济学博士，西安交通大学二级教授(专业：电子商务)、博士生导师，电子商务研究所所长。

历任国家教育部高等学校电子商务专业教学指导委员会副主任委员、国家教育部学科发展与专业设置专家委员会委员、国家商务部电子商务专家咨询委员会委员、中国信息经济学会副理事长及电子商务专业委员会主任、陕西省决策咨询委员会委员、陕西省电子商务与电子政务重点实验室主任、全国高校电子商务与电子政务联合实验室主任、《电子商务研究》期刊专家委员会主任、IJBPIM 编辑、IEEE《网络服务研究》(美国)国际评阅人、《Service Science》(美国)顾问、ICEC(国际电子商务中心)中国中心主任。30 年来，发表论文 130 余篇，主持国家和省、部级项目 30 余个，出版图书 30 余本，获得国家专利 1 项，指导研究生获得博士学位 30 余人、硕士学位 60 余人、博士后工作 3 人。2003 年至 2008 年任西安交通大学经济与金融学院副院长。

从 1992 年以来历任北京先锋集团电算会计总顾问、北京商友商务有限公司(CGOS)电子商务顾问、深圳讯业集团(COL)电子商务顾问、中国邮电部国家数据通信总局电子商务顾问、北京医商网电子商务顾问以及西安信息港首席顾问等职务。多年以来主要从事信息技术在经济领域应用、电子商务理论、电子商务对策、电子商务项目分析和策划、中外电子商务比较、电子政务理论、电子政务对策、电子政务项目的分析与策划、中外电子政务比较等多方面的教学、科研和实践工作。1997 年获得国内第一个电子商务研究博士学位；出版了国内第一部电子商务专著《中国电子商务》；组建了国内第一个电子商务研究所；获得第一个电子商务专业教授职称。1996 年在博士论文中首次提出"电子商务是新的先进生产力"的论述，1999 年被《人民日报》报道；在 2003 年的国际学术会议上，首次提出"电子商务商务链模式"；2005 年在北京"IBM 服务科学学术研讨会"上首次提出"服务学"的理念，获得同行专家及 IBM 公司专业研究人员的认同和积极响应。

2004 年，李琪教授负责的西安交通大学电子商务专业荣获"省级名牌专业"称号；2007 年，李琪教授主持的"电子商务概论"课程荣获国家教育部精品课程；主编的由高等教育出版社出版的《电子商务概论》获得陕西省优秀教材一等奖；同年李琪教授获得西安交通大学教学名师荣誉称号；2008 年获中国互联网协会"中国电子商务十年百人荣誉纪念奖"；2009 年获中国电子商务协会"中国电子商务十年发展突出贡献奖"；2009 年获国家级优秀教学成果二等奖(2/13)；2010 年《郑州市企业电子商务发展研究》获得郑州市人民政府决策研究优秀成果；2010 年获"西安交通大学人文社会科学优秀科研工作者"称号。

主要成果：

1. 1997 年，专著《中国电子商务》获得省教委三等奖；

2. 1998 年，大型工具书《电子商务通览》获惠普(中国)公司 1 万美元资助；

3. 1999 年，获陕西省"三五"人才工程专项资助 10 万元和陕财 10 万元资助；

4. 2002 年、2003 年两次指导西安交通大学本科毕业生获优秀毕业设计奖；

5．2002 年，获王宽诚教育基金奖；

6．2005 年，获国家商务部"电子商务应用推广工程"优秀奖；

7．2006 年，获国家商务部"电子商务应用推广工程"一等奖；

8．2006 年主编的《现代服务学导论》获得国家留学基金 IBM 教育开发基金；

9．2007 年主编的《电子商务概论》获得西安交通大学优秀教材特等奖；

10．2007 年主编的《电子商务概论》获得陕西省优秀教材一等奖；

11．2007 年主持的"电子商务概论"课程获得教育部国家精品课程；

12．2007 年获得西安交通大学教学名师荣誉称号；

13．2008 年获中国互联网协会"中国电子商务十年百人荣誉纪念奖"；

14．2009 年获中国电子商务协会"中国电子商务十年发展突出贡献奖"；

15．2009 年高校电子商务专业知识体系建设与创新实践获国家级教学成果二等奖(2/13)；

16．2010 年《郑州市企业电子商务发展研究》获得郑州市人民政府决策研究优秀成果；

17．2010 年获"西安交通大学人文社会科学优秀科研工作者"称号；

18．2010 年获深圳市电子商务协会"2010 推动我市电子商务行业发展突出贡献专家荣誉称号"；

19．2011 年获阿里巴巴集团阿里研究中心"2011 年度最佳高校合作伙伴"奖(西安交通大学电子商务研究所)；

20．2011 年获阿里巴巴集团阿里研究中心"2011 年度最佳学术指导合作伙伴"奖(中国信息经济学会电子商务专业委员会)；

21．2011 年获西安交通大学优秀教学团队(负责人)；

22．2011 年获陕西省优秀教学团队(负责人)；

23．2012 年获陕西省科技厅"电子商务与电子政务重点实验室"优秀实验室；

24．2013 年教育部国家精品课程视频公开课"电子商务发展之路"获批准。

第 2 版前言

在现代经济社会中，电子商务正发挥着越来越大的作用，展现出无比强大的生命力。在2008 年以来的金融危机和全球经济衰退中，电子商务却逆势上扬呈现出大规模快速增长的态势。许多新的商务模式、方式、技术及法律、规章不断涌现；学术理论界也在不断地总结和探究电子商务的知识、规律；教育界更是积极地推进着电子商务教育事业的大发展。

由于本书是"信息化与信息社会"系列丛书之高等学校电子商务专业系列教材中的第一本教材，我们将在国家信息化专家咨询委员会和本书主审专家的指导和支持下，全力以赴，努力使本书达到比较理想的程度。为此，我们面向中国电子商务高等教育的实际需要，把握电子商务理论与实践发展的新动向，认真仔细地对 2008 年春由全国高等学校电子商务专业教学指导委员会研制出版的《电子商务专业本科知识体系》的原则和核心内容进行研究，组织多所高校在电子商务领域有多年教学经验和较强科研、实践能力的专家、学者群策群力，紧密合作，参考大量已有教材，吸收新的知识、科研成果和案例，历经两年基本完成了本书的编写。

本书的主要特点：从四个方面总揽电子商务系统；在介绍电子商务理论时，准确把握基本概念和知识范畴；在介绍电子商务的发展动态时，注意把握电子商务的演进、发展趋势和基本分析，对新兴电子商务的特征，如移动性、虚拟性、个性化、极端数据、社会性等给予必要的关注；在介绍技术时，强调亲身体验和实验来掌握基本技术；在介绍电子商务实践时，按主要行业归纳国内外电子商务发展的总体状况和典型案例等。每章都有导入案例、本章小结和复习思考题，有利于学生从感性到理性，从"树木到森林"，从学习到练习的完整体验和"知行一体化"的基本过程的全部实现。

我们的编写团队：本人负责全书大纲的制定、优秀编者的遴选和全书审稿的定稿，并负责第一篇(1～5 章)的组织编写和审稿；副主编彭丽芳教授负责第二篇(6～10 章)的组织编写和审稿；副主编孟卫东教授负责第三篇(11～14 章)的组织编写和审稿；魏修建教授负责第四篇(15～19 章)的组织编写和审稿。各章编写分工是：第 1 章 李琪、崔睿，第 2 章 彭丽芳，第 3 章 秦成德，第 4 章 彭丽芳，第 5 章 李琪、殷猛，第 6 章 王晔，第 7 章 孟卫东、陆静、解志红、杨涛，第 8 章 张越，第 9 章 曾小春、史毛莉、吴丹、王炜，第 10 章 张利，第 11章 盖建华，第 12 章 张永忠，第 13 章 应喆，第 14 章 魏修建，第 15 章 彭晖，第 16 章 张爱莉，第 17 章 唐光海，第 18 章 张越，第 19 章 乔志林。作为学术秘书，王璐瑶博士和殷猛博士做了大量工作。

我们感谢国家信息化专家咨询委员会的专家们！感谢电子工业出版社的领导和编辑们！感谢为本书的出版作出贡献和努力的所有专家、学者、教师和学生！我们虽然尽了努力，但因水平所限，不足之处在所难免，故望本书读者不吝赐教。

李 琪

2017 年 3 月 8 日

目　录

第一篇(综合篇)

电子商务综合知识

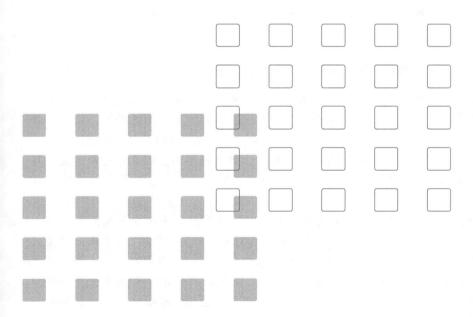

第 1 章

电子商务基本知识

本章提要

本章对电子商务学科的研究目的、内容、方法，电子商务的产生与发展，电子商务的基本概念，电子商务的分类、特点和电子商务的基本环境等内容做介绍和分析。

导入案例

农村电商，血拼在希望的田野上

随着互联网巨头的不断进入和政府部门的扶持力度加大，农村电商呈现出惊人的增长速度。但在如火如荼发展的同时，我们也应该看到农村电商依然有诸多方面的局限，比如，物流成本高、规模小和电商人才缺乏等问题，这使得农村电商仍然步履蹒跚。

现今农村拥有超过 6 亿的人口规模，有着万亿元以上的市场潜力。但农村电商的发展路径异于城市电商的特殊性，让电商企业进军农村变得并非一帆风顺，完全将 6 亿人口实现有效转化也需要更长久的时间。

早在 2014 年，阿里就将农村电商定位为公司未来发展的重点，宣布在未来三至五年内为此投资 100 亿元人民币。京东于 2015 年首次提出了农村电商"3F 战略"，并推出"星火试点"计划谋划破局。深耕农村电商的买卖宝更是借助先发优势，获得京东领投、腾讯跟投的 D 轮融资。想要分农村市场蛋糕的名单很长，苏宁、国美和村村乐等大批企业皆早早涉足。农村电商是新兴市场，也是电商领域最后一块潜力市场，巨头们相继涌入，把尚在成长期的农村电商变成了一片红海。6 亿人口的农村商业潜力一直未得到彻底释放，入局们面临的是从无到有的开拓，这种特性让农村电商有别于城市电商、跨境电商，使其具备了更多的不确定因素。

以曾经风靡一时的生鲜电商为例。2005 年，甫田网、菜管家和沱沱工社等一批企业纷纷成立。2012 年顺丰速运也推出了"顺丰优选"，此后阿里、京东和 1 号店相继推出生鲜电商频道。生鲜类食品一度被认为是撬动农村电商市场的有力杠杆，然而 2013 年优菜网的倒闭拉开了生鲜电商倒闭潮的序幕，红极一时的神话泡沫被逐个戳破，让人首次审视在环境复杂的农村推行电商是否具备可行性。

不过，关于农村电商的消息并非全是坏消息，以中国农村市场为目标的移动电商买卖宝就是个特例。买卖宝始创于 2006 年，因城市市场已被电商巨头瓜分，转而将重心聚焦到乡镇用户，利用"屌丝"用户群盘活了农村市场。2013 年，买卖宝全年交易额已接近 20 亿元人民币。如今买卖宝已先后获得腾讯、京东、红杉资本和联发科等多家公司的数轮投资。

套用一句时髦的话，城市电商和跨境电商是从 1 到 10，农村电商则是从 0 到 1。农村是个很大的市场，虽然电商在进入农村的过程中碰到了不少问题，但这条路无论多么曲折都非走不可。

思考分析：

你认为农村电商的发展前景如何？有哪些急需解决的难题？

1.1　电子商务学习与研究的背景概述

在学习和了解电子商务学科的基本理论、基本知识、基本技术和基本应用之前，我们有必要首先了解和掌握电子商务的目的、内容与方法。

1.1.1　电子商务学习与研究的目的

通过对电子商务领域教学、科研和实践的总结与探索，我们认为，学习和研究电子商务的主要目的有以下四个方面：

(1) 探索电子商务产生与发展的规律；

(2) 培养具有信息技术与商务知识和技能的复合型人才；

(3) 为电子商务实践发展提供指导和参考；

(4) 通过促进电子商务在各行各业的应用与普及，大幅度提升企业、行业和区域经济的竞争力，提高社会的经济效益和经济水平，促进人类社会可持续发展。

1.1.2　电子商务学习与研究的内容

电子商务学习与研究的内容主要包括电子商务的基本理论、电子商务技术及其发展、电子商务法律法规和电子商务的应用与创新等。

1. 电子商务的基本理论

电子商务的基本理论包括电子商务的历史变迁，电子商务的基本概念，电子商务的发展环境与基础条件，电子商务的运行机理、地位作用、动力和演变规律，电子商务经济学和电子商务管理学等。

2. 电子商务技术及其发展

计算机和互联网等信息技术的发展为电子商务的发展提供了最有力的技术支持和保障。电子商务技术主要包括商务网站建设技术(通信技术、计算机技术、网络技术)、电子商务安全技术、电子商务支付技术和电子商务物流技术四个方面。

3. 电子商务法律法规

电子商务的迅猛发展对整个国民经济有巨大的推动作用，与此同时，法律法规也面临着前所未有的挑战，我们必须建立新的并调整原有的法律法规以保障和适应电子商务的发展。电子商务独特的运作方式向传统的商务模式规则提出了重大挑战，没有法律规范保障的电子商务将难以正常发展。制定并出台相应的法律法规，鼓励并引导电子商务沿着健康轨道发展，成为当前世界各国立法工作的一项重要任务。

4. 电子商务的应用与创新

电子商务作为一种新型的、先进的生产力，对人类社会的发展起到了不可估量的推动作用。当前，电子商务的应用已经惠及社会的各个方面，政府、高校、企业乃至人们日常生活都在应用电子商务。

1.1.3　电子商务学习与研究的方法

1. 经济学的方法

电子商务是一种先进的生产力，其核心是商务活动，其基本研究方法来自于经济学的分析方法。而经济学的分析方法主要从两大方面来考虑，即一般经济学方法和政治经济学方法。

（1）一般经济学方法。一般经济学方法主要是比较分析法、实证分析法和规范分析法等。

① 比较分析法是通过收集经济活动中相关现象的数据，根据一定的标准把彼此有某种联系的事物加以对照，从而确定异同的研究方法。

② 实证分析法具有两个明显的特点：一是对事实进行观察、分析并以此为依据建立和检验各种理论；二是在事实领域之外，运用逻辑和数学知识构建模型用于检验。实证分析的具体方法有社会调查的方法、历史分析的方法、逻辑分析的方法。

③ 规范分析法是用已有的理论和标准来分析现实事物的方法。

（2）政治经济学方法。政治经济学研究生产力与生产关系、经济基础和上层建筑之间的关系。由于电子商务是新的、先进的生产力，它要获得更好的发展，必然会要求生产关系和上层建筑都发生必要和充分的改变，尤其是像我国这样的发展中国家，在由计划经济向市场经济转变过程中，更需要从这一角度去推动我国电子商务的理论研究和实践发展。

2. 管理学的方法

电子商务活动大多是以经济组织为单位的组织与组织、组织与个人、个人与个人的行为，是经济导向、网络技术支撑、经济组织实施的有机整体。所以在电子商务研究中大量应用着管理学的方法。在这里，我们主要强调采用系统组织管理、行为管理等方法来分析电子商务项目、组织、行为和效率等。

（1）系统组织管理。这是应用系统理论的原理，全面分析和研究企业和其他组织的管理活动和管理过程，重视对组织结构和模式的分析，并建立起系统模型以便于分析。系统组织管理的方法是卡斯特(F.E.Kast)、罗森茨威克(J.E.Rosenzweig)和约翰逊(R.A.Johnson)等美国管理学家在一般系统理论的基础上建立起来的。

（2）行为管理(Activity Based Management，ABM)。在任何一个组织中，高级管理层首要的职责之一就是要确保企业最大化地利用信息和资源。ABM作为一种管理方法，以确定商业处理过程之中的损耗并创造降低成本的机会为目标。ABM 从关注商业行为的特性来不断地改善产品和服务的价值，同时为产品和服务的交付实现利益的最大化。

3．技术的方法

电子商务是在强大的信息技术支撑的虚拟空间中进行的商务活动。从信息技术的角度对电子商务进行分析是电子商务研究的方法之一。信息技术是当今人类技术发展最快、发明最多、应用最广的技术之一，是独立应用、组合应用和渗透应用最普遍的技术。从信息技术的角度来看，主要应从两个方面来研究电子商务。①网络技术的研究和创新应用；②网络系统与商务活动的结合。这些技术为电子商务的发展不断提供强大的技术支持。

4．综合分析与归纳的方法

在电子商务的研究中应该在进行经济、管理、技术和法规等多个层面的分析之后，进行综合分析与归纳，从整体上更好地把握住电子商务的要义。

1.2　电子商务的发展

从人类商务史的宏观角度、企业信息化的微观角度、生产力发展的角度分析电子商务产生与发展的过程。

1.2.1　电子商务的产生

1．宏观视角

先用一个框图给出电子商务的产生与发展的过程（见图 1-1）。从宏观上看，电子商务的产生是由商务的发展与信息技术的进步两个动力驱动的。

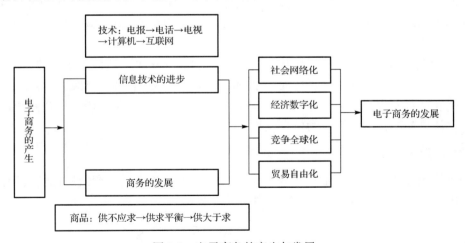

图 1-1　电子商务的产生与发展

商务是指以商品交换为核心的经济事务的总和。随着人类社会商品生产、流通、交换与消费的发展，供求关系不断发生着变化，商务活动的主动权就从生产者转移到流通环节，最终由消费者决定。而传统商务的劳动工具和商务模式往往是昂贵的、低效率的。商务活动者必然会寻求成本低、效率高的新工具、新模式。

信息技术的进步主要指信息通信工具的进步，它从人类对电报的发明和使用开始，到电话、电视、计算机、互联网移动终端(手机)，这些通信方式的变革对电子商务的发展产生了巨大的影响。

为了更具体地说明电子商务的产生与发展过程，可以将人类的商务活动归纳为三个阶段：自然力商务阶段、机械力商务阶段和电子(力)商务阶段。

1) 自然力商务阶段

自然力商务阶段是指主要靠人力、牲畜力等为载体来进行商务活动的阶段。它是从人类早期的商品生产、流通、交换和消费开始的。在这种方式中商品少、速度慢、费用高。

2) 机械力商务阶段

随着蒸汽机的发明、工业革命的到来，人们逐步将以机械为动力的车、船、飞机等作为交通工具和商务工具。在商务活动中，人们首先通过机械工具实现人的运动，通过语言、文字实现信息交流，再通过实物货币进行商品买卖，确定产权转移，最后才是商品的实物交割、货物移交、运输、入库等活动。商务劳动需要以机械为动力的交通工具来支持，需要花费大量的人力、财力和物力，需要占用大量的时间，还会造成一系列的连锁反应。

3) 电子(力)商务阶段

(1) 早期电子商务。我们把从电报的商务应用开始到计算机出现前的电子商务称为早期电子商务。从电子商务的发展历史看，早期的电子商务有 7 种主要工具：电报、电话、传真、广播、电视、电子支付卡和电子信用卡系统。不同的电子商务工具各有其优缺点，这些通信工具对电子商务的发展产生了巨大的影响和推动作用。

(2) 近代电子商务(从 1946 年开始)。1946 年人类发明了电子计算机，并首先应用于军事、科技、教育等领域。从 20 世纪 50 年代起，计算机在商务领域里获得了广泛的应用，计算机的 COBOL 语言等作为商用语言发挥了非常重要的作用，电子数据处理在计算机的应用中占据了主导地位。20 世纪 60 年代，人们就开始用计算机处理电报报文、发送商务文件。70 年代人们开始采用电子数据交换作为企业间电子商务的应用技术，对国际间、国家内的贸易单证进行标准化处理。

(3) 当代电子商务(20 世纪 90 年代以来)。随着 Internet 被广泛应用于商业贸易的活动，电子商务开始获得飞速发展，并迅速成为 20 世纪 90 年代初期美国、加拿大等发达国家的一种崭新的企业经营方式。之后 Internet 迅速普及，逐步从大学、科研机构走向企业和百姓家庭，其功能也已从早期的共享发展成为信息交换。

2. 微观视角

从企业信息化角度看，企业信息化的产生与发展主要经历了生产信息化、管理信息化和商务信息化的过程，可以分为三个阶段，如表 1-1 所示。

表 1-1　企业信息化的三个阶段

阶　　段	特　　征	代　表　系　统
第一阶段	生产信息化	CAD、CAM 等
第二阶段	管理信息化	AIS、EDP(进、销、存管理)、MIS、DSS 等
第三阶段	商务信息化	E-COMMERCE、E-BUSINESS 等电子商务新阶段

而企业信息化又分为初级、中级、高级信息化三个阶段。

1）初级信息化阶段

（1）初级生产信息化，是指在产品设计、制造中应用计算机辅助设计（CAD）或计算机辅助制造（CAM），在生产过程自动化中使用可编程控制器（PLC）或分布式控制系统（DCS）等控制技术及自动检测（ACAT）技术。

（2）初级管理信息化，是指在企业信息管理、日常办公或生产计划调度等方面开始使用办公自动化系统（OA）、计算机辅助工艺编制（CAPP）系统的部分功能模块，初步实现以财务管理为核心的企业人、财、物、产、供、销的计算机辅助管理。

（3）初级商务信息化，是指建立企业自己的网站，进行网上信息发布和产品宣传。

2）中级信息化阶段

（1）中级生产信息化，是指进入计算机辅助制造集成阶段。制造业加工过程实现计算机数字控制（CNC）和柔性加工制造（FMS），开始实现主要工艺过程的分布式控制（DCS）和柔性控制（FCS），在 CAD、CNC、FMS、DCS、FCS 等信息技术应用方面有更大进展。

（2）中级管理信息化，是指进入管理信息集成阶段，基本实现制造资源管理 MRP-Ⅱ、企业资源计划（ERP）主要功能，开始探讨实施供应链管理（SCM）及客户关系管理（CRM）。

（3）中级商务信息化，是指运用网站的互动功能，初步实现网上询价、网上采购、网上营销等非支付型电子商务。企业中级信息化阶段往往包含了信息资源开发利用，在企业内部进行信息资源规划与整合，建立起企业级数据库、信息资源库，实现信息共享；初步实现计算机辅助决策，为企业领导提供决策支持。

3）高级信息化阶段

（1）高级生产信息化，是指在设计、生产等领域普遍使用 CAD/CAM、DCS/FCS，全面实现生产过程的自动化和最优智能控制，进行跨地域、跨时空的网上协同设计和制造，即虚拟制造。

（2）高级管理信息化，是指在实现 ERP 的基础上，进入知识管理阶段。实施企业供应链管理（SCM）、客户关系管理（CRM），全面实现管理方式的网络化。

（3）高级商务信息化，是指实行 B2B、B2C、O2O 等电子商务模式，将网上订货与企业内部 ERP 结合，通过网络营销和网上支付，全程实现商务运营的电子化。企业高级信息化阶段的信息资源开发利用，将实现价值链的全面优化，建立基于标准化的信息开放系统，实现完全的信息流通和共享，做到管理决策的智能化。

3．生产力视角

从生产力角度分析电子商务的产生与发展，即从商务劳动的工具、对象和劳动者三个方面来对商务劳动进行历史进程的变迁分析和归纳（见表 1-2）。

表 1-2　商务劳动生产力发展的历史进程

生 产 要 素	历史发展进程
商务劳动的工具	手工商务→机械商务→电子商务（电报、电话、电视、计算机、互联网等）
商务劳动的对象	简单实物商品流通、交换→复杂实物商品流通、交换→商品信息化加工、流通、交换
商务劳动者的技能	普通商务技能→高级商务+信息技术的复合技能

1）电子商务是商务劳动工具的质变结果

按照马克思主义的观点，划分人类历史的标志不应只看此阶段生产了什么，还应看此

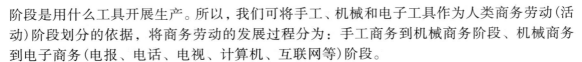

阶段是用什么工具开展生产。所以，我们可将手工、机械和电子工具作为人类商务劳动（活动）阶段划分的依据，将商务劳动的发展过程分为：手工商务到机械商务阶段、机械商务到电子商务（电报、电话、电视、计算机、互联网等）阶段。

2）电子商务是商务劳动对象虚拟化的结果

在人类发展的历史长河中，由于社会需求的驱动和科技的发展，劳动对象、商品流通、交换、消费都经历了从简单实物商品到复杂实物商品再到非实物商品（虚拟商品）的发展过程。商品信息化是这一进程顺利实施的技术基础，是指将商品（以工业消费品为例）的各种特征、属性信息化，即用一组数据，如类别、品名、规格、单价、厂家、品牌、使用说明、使用期限等来描述该商品，还可以用图形、图像、声音等多媒体形式进行补充描述。这样，当人们获得这些信息时，犹如身临其境、亲身感受一样。如今的网上交易是商品信息化的最好应用，商品信息化加工、流通和交换只有在社会经济信息化水平达到一定程度，电子商务环境基础成熟的条件下，才能较好地实现。

3）电子商务需要复合高端型的商务劳动者

由于商务劳动对象的复杂化和虚拟化，只具备普通商务技能的劳动者已经不能适应当前的商务活动，只有用高级商务技能、信息技术技能和创新素质装备自己，才能在电子商务中冲浪。电子商务是生产力发展的一种体现，同时它也将需要大量的网商、平台服务商、智能服务人才补充到商务劳动者队伍中，需要大量电子商务应用、研究和创新型人才。反过来，复合型电子商务人才也能促使生产力三要素之一的"具有一定生产经验与劳动技能的劳动者"素质的进一步提高。

1.2.2　电子商务在中国的发展

电子商务在国内经过十多年的发展，现已进入初级稳步发展阶段，已成为国家发展、社会活动以及人们生活不可分割的重要组成部分。中国电子商务的发展主要表现在以下几个方面。

1. 中国政府和有关部门重视电子商务发展

中国政府从不同角度对电子商务进行鼓励和支持，先后发布了一些加快我国电子商务发展的相关通知和办法等，包括《国务院办公厅关于加快电子商务发展的若干意见》《电子认证服务密码管理办法》《中华人民共和国电子签名法》《关于行业信用评价试点管理工作的通知》《网络交易管理办法》《国务院关于大力发展电子商务加快培育经济新动力的意见》《国务院办公厅关于促进农村电子商务加快发展的指导意见》等，目前电子商务法草案稿已提交全国人民代表大会审议。

电子商务协会和中国人民银行等有关部门高度重视电子商务市场的规范，相继颁布出台了《网络交易平台服务自律规范》《关于组织开展移动电子商务金融科技服务创新试点工作的通知》《网络交易管理办法》《关于促进互联网金融健康发展的指导意见》等管理办法。

2. 中国电子商务发展潜力

近几年的最新数据证明了电子商务在中国快速发展的巨大潜力和良好势头。

（1）据中国互联网络信息中心（China Internet Network Information Center, CNNIC）的统计，截至2015年年底，我国网民规模达6.88亿人，全年共计新增网民3951万人。互联网普及率为50.3%，较2014年年底提升了2.4%。我国手机网民规模达6.20亿人，较2014年增加6303

万人。网民中使用手机上网的人占比由 2014 年的 85.8%提升至 90.1%。图 1-2 列出了 CNNIC 统计的 2005～2015 年的中国网民规模与普及率。

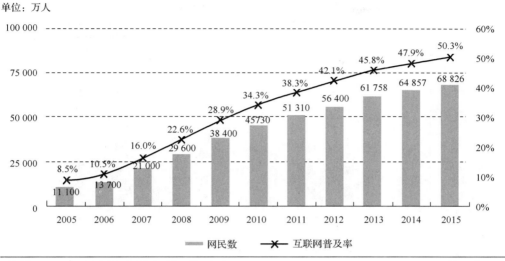

资料来源：CNNIC中国互联网络发展状况统计调查。   2015.12

图 1-2   2005～2015 年中国网民规模与普及率

（2）据 CNNIC 统计，截至 2015 年 12 月，我国域名总数增至 3102 万个，年增长率为 50.6%；其中".CN"域名总数年增长率为 47.6%，达到 1636 万个，在中国域名总数中占比为 52.8%。我国网站总数为 423 万个，年增长率为 26.3%；".CN"网站数为 213 万个。

（3）电子商务类应用稳步发展，网络购物、网上支付、网络团购和网络旅行预订等用户规模全面增长。截至 2015 年 12 月底，中国网购用户规模达 4.13 亿人，同比增长 14.3%；手机购物用户规模增长迅速，达到 3.40 亿人，增长率达 43.9%。网上支付用户规模达到 4.16 亿人，同比增长 36.8%；手机网上支付用户规模达到 3.58 亿人，同比增长 64.5%。网络团购用户规模达到 1.80 亿人，同比增长 4.4%；相比整体团购市场，手机团购继续保持快速增长，用户规模达到 1.58 亿人，增长率为 33.1%。网上外卖用户规模达到 1.14 亿人，占整体网民的 16.5%。网络旅行预订用户规模达到 2.60 亿人，其中手机用户 2.1 亿，增长率为 56.4%。

企业"互联网+"应用基础更加坚实。企业广泛使用多种互联网工具开展交流沟通、信息获取与发布、内部管理、商务服务等活动，且已有相当一部分企业将系统化、集成化的互联网工具应用于生产研发、采购销售、财务管理、客户关系、人力资源等全业务流程中，将互联网从单一的辅助工具，转变为企业管理方法、转型思路，助力供应链改革，踏入"互联网+"深入融合发展的进程。截至 2015 年 12 月，中国企业使用计算机办公的比例为 95.2%，使用互联网的比例为 89.0%；通过固定宽带接入方式使用互联网的企业比例为 86.3%，移动宽带为 23.9%。此外，开展在线销售、在线采购的比例分别为 32.6%和 31.5%，利用互联网开展营销推广活动的比例为 33.8%。

3. 中国网络交易发展迅速

1）电子商务交易规模持续增长

数据显示，2015 年中国电子商务市场交易规模 16.4 万亿元，增长 22.7%。网络购物增长成为推动电子商务市场发展的重要力量。电子商务已经成为中国经济发展的新亮点。图 1-3 显示了中国电子商务交易规模历年来持续增长的强劲势头及对未来 3 年发展规模的预估。

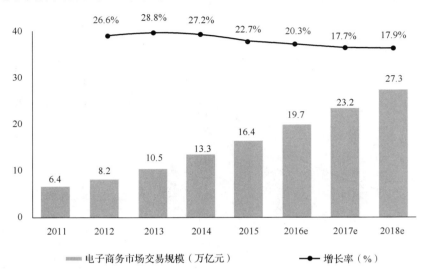

资料来源:综合企业财报及专家访谈,根据艾瑞统计模型核算。

图 1-3　2011～2018 年中国电子商务市场交易规模

2) 网络零售保持高速发展

2015 年,中国网络零售市场继续保持高速发展的态势,全年网络零售额为 38 773 亿元,同比增长 33.3%(见图 1-4),其中实物商品网上零售额为 32 424 亿元,同比增长 31.6%,高于同期社会消费品零售总额增速 20.9%,占社会消费品零售总额(300 931 亿元)的 10.8%;非实物商品网上零售额为 6349 亿元,同比增长 42.4%。在实物商品网上零售额中,吃、穿、用类商品分别增长 40.8%、21.4%和 36.0%。中国继续保持全球最大网络零售市场地位。

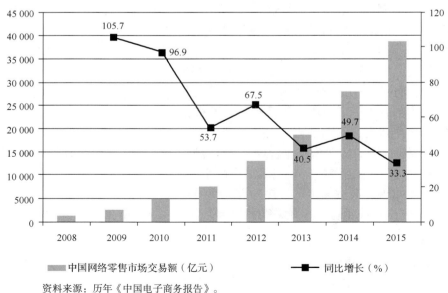

资料来源:历年《中国电子商务报告》。

图 1-4　2008～2015 年中国网络零售交易额

3) 手机购物市场发展迅速

CNNIC 数据显示，2015 年中国手机网络购物用户规模达 3.4 亿，增长率为 43.9%，手机购物的使用比例提升了 12.4% 达到 54.8%。手机购物并非 PC 购物的替代．它是在移动环境下产生增量消费，并且重塑线下商业形态促成交易，从而推动网络购物移动化。

4) 跨境电子商务蓬勃发展

2015 年，我国进出口总值达 24.58 万亿美元，比 2014 年下降 7.0%，这是自 2009 年以来我国进出口时隔 6 年后的第一次双降。其中，出口 141 357 亿元，下降 1.8%；进口 104 492 亿元，下降 13.2%。然而，跨境电子商务却保持了强劲的增长势头。根据中国电子商务研究中心统计的显示，2015 年上半年，我国跨境电商交易规模达到 2 万亿元，同比增长 42.8%，到 2015 年年底，跨境电商进口试点城市已达 10 个。2015 年 11 月 27 日当天，京东宣布：京东全球购订单数量比 11 月 11 日增长超过 180%。跨境电商为境内消费者增加了更多消费选择，使消费者足不出户就能购买全球的商品。跨境电商在国家政策的规范下将趋于有序、健康、快速地发展。

5) 移动支付高速发展

截至 2015 年 3 月，全国获得第三方支付牌照的企业共 270 家。2015 年，中国第三方互联网支付交易规模达到 118 674.5 亿元，同比增长 46.9%，增速有所放缓，如图 1-5 所示。

中国第三方移动支付市场由于巨头的补贴和 APP 的活跃，使得人们的习惯逐步适应移动端，移动支付近两年得到高速发展。在线上增长相对缓和后，各大第三方支付机构开始扩展线下市场，如餐馆、超市、商场等，使其线下消费市场的业务得到增长。比达咨询数据显示，2015 年中国第三方移动支付市场交易总规模达 9.31 万亿元，同比增长 57.3%。数据显示，在 2015 年第三方移动支付市场份额中，支付宝以 72.9% 的份额居首，财付通（微信+手 Q）以 17.4% 位居第二，拉卡拉、百度钱包、易宝支付的市场份额分别为 3%、2.2%、1.5%。

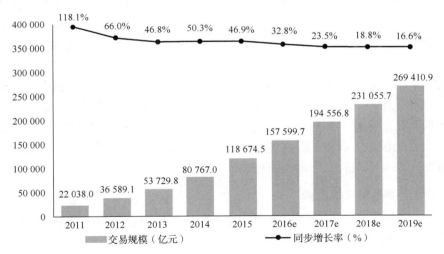

注释：1. 互联网支付是指客户通过桌式电脑、便携式电脑等设备，依托互联网发出支付指令，实现货币资金转移的行为；
2. 统计企业中不含银行、银联，仅指以上规模的非金融机构支付企业；
3. 艾瑞咨询根据最新掌握的市场情况，对历史数据进行了修正；
4. 综合企业及专家访谈，根据艾瑞统计模型核算。
数据来源：艾瑞咨询。

图 1-5　2011～2019 年中国第三方互联网支付交易规模

6)互联网金融创新发展

互联网金融以其大胆、创新的模式受到了无数的关注，在经历了"野蛮生长"后逐步向有监管、有规则的方向发展。大数据征信开始起步，阿里推出了"芝麻信用分"、拉卡拉推出了"考拉分"、华道征信推出了"猪猪分"，首次在互联网上实现了个人用户信用的量化和应用，征信服务在互联网金融行业得以落地。随着刺激消费政策的持续出台、消费金融牌照管制放开、居民消费能力提升和消费观念的升级，以及消费金融产品和授信主体的多样化，消费金融有望出现爆发性增长。截至2015年12月，购买过互联网理财产品的网民规模达到9026万人，比2014年年底增加1177万人。

4．中国电子商务面临的监管问题

电子商务在迅速发展的同时，自身也面临着诚信、货物质量不高等诸多问题。针对这些情况，商务部于2007年发布了《关于网上交易的指导意见(暂行)》，2011年发布了《第三方电子商务交易平台服务规范》，相关政策法规的出台标志着国家对电子商务的监管开始趋向严格。

2009年4月，央行、银监会、公安部和国家工商总局联合发布了《关于加强银行卡安全管理预防和打击银行卡犯罪的通知》，预示着国家监管部门开始真正加强对于第三方支付企业的监管力度。

2010年6月21日，中国人民银行出台了《非金融机构支付服务管理办法》(简称《办法》)，要求第三方支付公司必须在2011年9月1日前申请取得《支付业务许可证》，且全国性公司注册资本最低为人民币1亿元。该《办法》的出台意在规范当前发展迅猛的第三方支付行业，对于行业规范的发展起到了引导作用。

2014年，各级工商和市场监管部门大力宣传贯彻2013年修改后的《中华人民共和国消费者权益保护法》(以下简称《消费者权益保护法》)，进一步改善了消费维权环境，有力地维护了公平竞争的市场秩序。针对《消费者权益保护法》第25条"七日无理由退货"的规定，国家工商总局、中国消费者协会采取了四个方面的措施以保障网购消费者的退换货权益：一是约谈电商企业，主要是大中型电商企业；二是提出明确要求，督促电商企业自觉履行经营者义务；三是要求第三方交易平台经营者要切实履行自身责任，确保"七日无理由退货"规定在平台上所有角落都能得到落实；四是进一步完善《消费者权益保护法》的配套制度。

近些年来，我国电子商务的发展速度很快，电子商务法草案稿也已经形成，以上这些通知以及法规的出台有望填补我国电子商务领域的监管空白。

5．我国电子商务的发展趋势

我国电子商务将伴随国际电子商务的发展而发展，也将基于自身的政治、经济和时代特征表现出独特的发展特色。

1)国际化趋势

我国近年来先后建设了中美、中欧、中韩、中日、东盟等众多双语网站；网上银行的技术和服务水平基本赶上世界发达国家，安全性逐步提高，功能日趋完善，客户数量和业务量快速增长，为我国电子商务企业进入世界市场奠定了坚实的基础。

2)纵深化趋势

电子商务广泛深入地渗透到生产、流通、消费等各个领域，改变着传统经营管理模式和

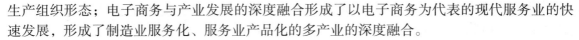

生产组织形态；电子商务与产业发展的深度融合形成了以电子商务为代表的现代服务业的快速发展，形成了制造业服务化、服务业产品化的多产业的深度融合。

3）个性化趋势

互联网为个性的张扬和创造力的发挥提供了一个可施展的平台，也使消费者权益的实现有了更有效的技术基础。对面向个人消费者的电子商务活动来说，提供多样化的、比传统商业更个性化的服务，是发展的关键。

4）专业化趋势

要满足消费者个性化的需求，提供专业化的产品和专业水准的服务至关重要。面向消费者的垂直型网站和专业化网站前景看好，面向行业的专业电子商务平台发展潜力很大。对于企业客户，以大的行为为依托的 B2B 专业电子商务平台前景看好。

5）区域化优势

B2B 电子商务模式的区域性特征非常明显，以这种模式为主的电子商务企业在资源规划、配送体系建设、市场推广等方面都必须充分考虑这一现实，采取有重点的区域化战略，才能最有效地扩大网上营销的规模和效益。

6）融合化趋势

电子商务网站必然会从最初的全面开花走向新的融合。一是同类网站之间的合并，如打车软件滴滴和快的合并。二是同类别网站之间互补性的兼并。三是战略联盟。不同类型的网站最终以战略联盟的形式进行协作，如携程和去哪儿的合并。

7）移动化趋势

移动电子商务是指通过移动通信网络进行数据传输，并且利用移动终端开展各种商业经营活动的一种新的电子商务模式。[①]移动电子商务的最大特点是"随时随地"和"个性化"，应用范围很广。

8）精准化趋势

未来基于电子商务需求的精准商务搜索将会成为一种趋势。电子商务的极端数据也对数据检索的效率提出了更高的要求，利用大数据技术进行海量数据检索和海量数据挖掘功能显得日益重要。

1.3　电子商务的分类

在了解电子商务学习与研究的目的、内容、方法以及电子商务的发展历程之后，有必要深入了解电子商务的概念、分类及其特征。

1.3.1　电子商务的概念

电子商务源于英文 Electronic Commerce，简写为 EC。其内容包含两个方面：一是电子方式，二是商贸活动。一般来说，电子商务是指利用电子信息网络等电子化手段进行的商务活动，是指商务活动的电子化、网络化。与电子商务紧密相关的电子业务其英文为 Electronic Business，简写为 EB，它还包括政府机构、企事业单位各种内部业务的电子化，以及各单位、各部门之间的网际交流。

---

① 鲁耀斌，邓朝华，陈致豫. 移动商务的应用模式与采纳研究[M]. 北京：科学出版社，2008.

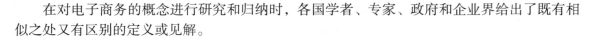

在对电子商务的概念进行研究和归纳时，各国学者、专家、政府和企业界给出了既有相似之处又有区别的定义或见解。

1．学者、专家的观点

在对电子商务理论的研究中，国内外学者、专家从不同的角度提出了不同的定义和见解，较有代表性的主要有以下几种。

1）国外学者、专家的观点

（1）美国的 Emmelhainz 博士在她的专著《EDI 全面管理指南》中，从功能角度把 Electronic Commerce 定义为，通过电子方式，并在网络基础上实现信息、物资的商业交换活动。

（2）加拿大专家 Jenkins 和 Lancashire 在《电子商务手册》中，从应用角度定义 EC 为数据（资料）电子装配线（Electronic Assembly Line of Data）的横向集成。

（3）美国 NIIT 负责人 John Longenecker 从营销角度把 EC 定义为电子化的购销市场，即电子化的商品购买和服务市场。

2）中国学者、专家的观点

（1）中国专家王可研究员从过程角度定义 EC 为，在计算机与通信网络基础上，利用电子工具实现商业交换和行政作业的全过程。在电子商务原理方面，王可研究员针对工业时代著名的"零库存"（Just In Time，JIT）生产原理，提出了在信息化时代电子商务信息管理原理：把需要的信息在正需要的时刻送到正需要的地点，以消除时间的浪费。王可认为，如果说在工业化时代，"零库存"是企业生存和发展的"天条"，那么，在信息化时代，"电子商务"信息管理原理则是企业生存和发展必须遵守的"天条"，是新时代的生意经。

（2）中国企业家王新华认为，从本质上讲，电子商务是一组电子工具在商务过程中的应用，这些工具主要包括电子数据交换（Electric Data Interchange，EDI）、电子邮件（E-mail）、电子公告系统（BBS）、条码（Barcode）、图像处理、智能卡等。而应用的前提和基础是完善的现代通信网络和人们的思想意识的提高以及管理体制的转变。

（3）本书从内在要素角度对电子商务进行分析和定义。首先将电子商务划分为广义和狭义的电子商务。广义的电子商务，指使用各种电子工具从事的商务劳动或活动。电子工具包括从初级的电报、电话、广播、电视、传真到计算机、计算机网络，到 NII（国家信息基础结构——信息高速公路）、GII（全球信息基础结构）和 Internet 等现代系统。而商务活动是从泛商品（实物与非实物、商品与商品化的生产要素等）的需求活动到泛商品的合理、合法的消费除去典型的生产过程后的所有活动。狭义的电子商务，指主要利用 Internet 从事的商务劳动或活动。电子商务是在技术、经济高度发达的现代社会里，掌握信息技术和商务规则的人，系统化地运用电子工具，高效率、低成本地从事以商品交换为中心的各种活动的总称。这个分析突出了电子商务的前提、中心、重点、目的和标准，指出它应达到的水平和效果，它是对电子商务更严格地体现时代要求的定义，它从系统的观点出发，强调人在系统中的中心地位，将环境与人、人与工具、人与劳动对象有机地联系起来，用系统的目标、系统的组成来定义电子商务，从而使它具有生产力定义的性质。

2．国际组织和各国政府对电子商务的定义

1）国际组织对电子商务的定义

（1）联合国国际贸易程序简化工作组对电子商务的定义为：电子商务是采用电子形式开展

的商务活动，它包括在线供应商、客户、政府及其参与方之间通过任何电子工具，如 EDI、Web 技术、电子邮件等共享结构化或非结构化商务信息，并管理和完成在商务活动、管理活动和消费活动中的各种交易。

(2) 全球信息基础设施委员会(GIIC)电子商务工作委员会对电子商务的定义为：电子商务是运用信息技术作为通信手段的经济活动，通过这种方式，人们可以对带有经济价值的产品或服务进行宣传、购买和结算。

(3) 经济合作与发展组织(OECD)对电子商务的定义为：电子商务是企业、家庭、个人、政府以及其他公共或私人机构之间通过以计算机为媒介的网络进行的产品或服务买卖活动。买卖产品或服务是通过网络进行的，至于支付和产品或服务的最终交付则既可以在网上完成，也可以在网下完成。

(4) 联合国(UN)统计局对电子商务的定义为：许多国家已经选择将通过互联网或其他电子方式进行的货物或服务的所有权转让的业务处理方式定义为电子商务。对其的补充定义为：货物或服务的所有权的转让包括三个步骤：下订单，支付，递送货物或服务。电子商务可以定义为仅包括以上的第一步，或者是第一步和第二步，或者上述的所有三个步骤都经由互联网或其他电子手段完成。

(5) 美国普查局对电子商务的定义为：电子商务是商品或服务的价值在以计算机为媒介的网络上出售。当买卖双方在网上达成了商品或服务的所有权或使用权的转让协议，一个电子商务的事务就完成了。启动一个电子商务事务的决定性因素是网上协议的达成，而与支付与否无关。

2) 各国政府对电子商务的定义

(1) 美国政府在其《全球电子商务纲要》中指出：电子商务是通过 Internet 进行的各项商务活动，包括：广告、交易、支付、服务等活动。

(2) 中国政府的观点：电子商务代表着未来贸易发展的方向。

3. 企业对电子商务的定义

对企业来说，最具代表性的就是国际商用机器公司(IBM)对电子商务的定义。IBM 公司对电子商务的定义是：电子商务是在 Internet 的广阔联系与传统信息技术的丰富资源相结合的背景下，应运而生的一种在互联网上展开的互相关联的动态商务活动。IBM 认为，电子商务不仅包括了在线商品的交换，而且还应包括对客户的服务和商业伙伴之间的合作。

惠普公司对电子商务的定义是：通过电子化手段来完成商业贸易活动的一种方式。电子商务使我们能够以电子交易为手段完成物品和服务等的交换，是商家和客户之间的联系纽带。它包括两种基本形式：商家之间的电子商务及商家与最终消费者之间的电子商务。

1.3.2 电子商务的分类

首先介绍传统的、基于不同标准的对于电子商务的分类方式(见表 1-3)，然后从新的分类角度——网站平台产品的角度对电子商务进行分类。

1. 传统的、基于不同标准的分类方式

1) 按照商业活动的运行方式划分

(1) 完全电子商务。它是指交易过程中的信息流、资金流、物流、商流四个流都可以在网上完成，商品或者服务的整个交易过程都可以在网络上实现的电子商务。比如，数字商品的网上交易。

表 1-3　传统的、基于不同标准的电子商务基本分类

分 类 标 准	分　类
按照商业活动的运行方式	完全电子商务、不完全电子商务
按照开展电子交易的范围	本地电子商务、远程国内电子商务、全球电子商务
按照交易对象	有形商品电子商务、数字商品电子商务、服务商品电子商务
按照参与主体	B2B、B2C、C2C、B2G、U2B、M2B、H2B 等
按照应用平台	专用网(如 EDI)、互联网(Internet)、电话网(固定电话和移动电话)、电视网、三网合一(电信网、广播电视网、互联网)
按照是否在线支付	在线支付型、非在线支付型
按照电子商务交易阶段	交易前、交易中、交易后

(2)不完全电子商务。它是指以上四流并非都是在网上完成，或者说完整的交易过程并不能全部依靠电子商务方式来实现的商务。比如，采取离线支付方式、实物物流系统的电子商务都可以被认为是不完全电子商务。

2)按照开展电子交易的范围划分

(1)本地电子商务。它是利用本城市或地区内的信息资源实现电子商务的活动。本地电子商务地域范围有限，它利用局域网、Intranet、Internet 等将电子商务交易、支付、物流等系统连接在一起。

(2)远程国内电子商务。它是指本国范围内进行的网上电子交易活动。其交易范围比较广，对网络软硬件要求也相应较高，要求在全国范围内实现交易、支付、物流等方面的电子化、自动化，并要求电子商务的从业人员具有相应的技术能力和电子商务知识。

(3)全球电子商务。它是指在世界范围内进行的电子商务活动，不同国家的电子商务交易方通过网络进行贸易活动，其涉及有关各方的信息系统复杂程度远远超过前两者，比如，跨国物流。

3)按照交易对象划分

(1)有形商品电子商务。它是指将实物商品的交易尽可能通过网络来完成，与物流过程紧密结合在一起。在有形商品电子商务流程中，物流、资金流、信息流、商流四流界限分明，各成体系又相互结合，形成流畅的商品流通。

(2)数字商品电子商务。它是指通过网络传输数字商品，达成交易的电子商务形式。在数字商品交易过程中，没有实物商品流通过程，因此也就没有商品的储存、包装和运输费用，比如，文字知识、音像、文化商品、计算机软件等。

(3)服务商品电子商务。它的交易对象是服务商品。虽然提供的也是无形商品，但和数字商品电子商务不同的是，有的服务商品电子商务流程中有实物部分，也可能有物流过程，比如，邮政电子商务。

4)按照参与主体划分

(1)企业对企业电子商务交易模式(B2B)。它是指企业之间进行的电子商务活动，这种模式最早是以企业通过专用网或增值网采用 EDI 方式进行的商务活动。目前这种模式仍是电子商务的主体。

(2)企业对消费者电子商务交易模式(B2C)。它是指企业与消费者之间进行的电子商务活动。这种模式主要借助网上销售模式，近年来发展较快，特别是企业的网页对于广大消费者并不需要统一标准的单据传输，只涉及信用卡、电子货币和电子钱包，且网上搜索浏览功能和多媒体界面使消费者更容易寻找商品。

(3)消费者对消费者电子商务交易模式(C2C)。商品直接由消费者出售给消费者，这一思

想主要来源于传统的跳蚤市场，它主要是消费者之间的自由交易，交易商品大多是日常用品，也包括住房、汽车等旧货商品或服务。

(4) 企业对政府电子商务交易模式(B2G)。它是指企业与政府机构之间进行的电子商务活动。政府将采购清单在网上公布，以网上竞价方式进行招标，企业通过网络进行投标。这种方式有利于政府节省费用，提高政府办公的公开性和透明度。

(5) 学校对企业电子商务交易模式(U2B)。它是指学校通过网络对学校内的基础建设、设备等进行招投标采购或者公开采购。这样可以提高效率、减少选择成本、防止腐败漏洞等。

(6) 军队对企业电子商务交易模式(M2B)。它是指军事机构通过网络进行设备的采购、后勤管理等活动。

(7) 医院对企业电子商务交易模式(H2B)。它是指医院通过网络公开对医疗器材、医药产品、基础建设等进行招投标、采购等。

5) 按照电子商务交易阶段划分

(1) 交易前电子商务。它是指将电子商务信息进行分类、网上查询等，如用电子邮件查询商品的信息，沟通交易双方或多方等活动。

(2) 交易中电子商务。它是指支持达成交易的电子商务系统，其功能是对各种业务文件或单证进行网上传递。它要保证数据交换的准确性和单证记录的不可更改性，完成网上的谈判、签约等商务活动。

(3) 交易后电子商务。它是指交易后进行服务的电子商务系统，涉及银行、金融机构、售后维修和物流配送等。

2．基于平台产品角度的分类方式

1) 现货产品

现货产品主要是相对于二手、多手产品和个性化定制产品而言的，是指可以当即交付的货物，即市场上交易的一般商品。从此角度出发，我们将电子商务分为平台类、网站类、门户类、搜索类、社交类等。

(1) 平台类。平台类主要指电子商务服务商，是目前经济效益较好的一类。平台类电子商务又细分为：B2B、B2C、C2B、C2C、BUC 等。

(2) 网站类。网站类电子商务所经营的产品主要有实物产品和服务产品，形式主要是自营和代营。

实物产品可以分为自营(直销)类和代营(代销)类；服务产品主要指以虚拟的电子产品为用户提供相应的服务，如家政策、旅游、票务系统等服务产品。

(3) 门户类。门户网站(Portal Web)，是综合性很强的网站，是指通向某类综合性互联网信息资源并提供有关信息服务的应用系统。门户网站最初提供搜索服务、目录服务，后来由于市场竞争日益激烈，门户网站不得不快速地拓展各种新的业务，希望通过门类众多的业务来吸引和留住互联网用户。

典型的有新浪、网易、搜狐、腾讯，它们在主营信息的同时，已经涉猎金融、房产、汽车、教育、体育、游戏、旅游、时尚等领域。

(4) 搜索类。搜索类网站主要是指创建涵盖交友、视频、音乐、动漫、新闻、旅游、文化、美食等多领域网站资源，通过搜索引擎向来访者提供目录浏览服务和直接检索服务。

目前得到用户广泛使用的有百度、谷歌、360、必应等。

(5)社交类。社交类网站(Social Network Site),是指基于社会网络关系系统的人与人之间的关系网络平台。它提供社会性网络服务,旨在帮助人们建立社会性网络的互联网应用服务。典型的有人人网、开心网、Facebook、QQ、微信、易信等。

2)旧货产品

旧货产品主要指消费者手中的闲置旧物品,这类产品在拥有者手中已经没有太大的使用价值,但对于其他人来说可能非常需要。这类产品有书籍、儿童用品、服装、房产、汽车等类目众多。这类商务模式可以促进旧物再利用,避免浪费,扩大产品的利用率。

3)未来产品

未来产品是指按照消费者的需求进行创意设计生产的个性化产品。随着社会的进步和电子商务的发展,个性化是消费者的追求,差异化是提高企业竞争力的法宝,因而未来产品市场非常广阔。

(1)实物类产品。实物类产品主要指有形产品,是指按照用户的个性化要求,定制的产品,如创意杯子、T恤、照片、果品、计算机、数码电子产品等。

(2)服务类产品。服务类产品主要指虚拟、咨询、旅游等服务的定制产品。

① 一次性定义产品。它是指根据顾客的想法和需求以及市场的趋势,通过互联网把自己的智慧、知识、能力、经验转换成实际收益,为顾客定制的科学、技术、工作、生活、学习等方面的一次性解决方案,从而让知识、智慧、经验、技能体现经济价值。比如威客网、猪八戒网等。

② 多次定义产品。它是指根据顾客的想法和需求以及市场的趋势,通过互联网把自己的智慧、知识、能力、经验转换成实际收益,为顾客定制的科学、技术、工作、生活、学习等方面的连续性解决方案或产品。例如,根据用户、读者、观众的喜好创作的网络小说,微电影、电视剧等,如微电影网(www.wdy.com)、爱微电影魔方(www.aiwefilm.com)等。

1.3.3 电子商务的特征

电子商务的基本特征详见表 1-4。

表 1-4　电子商务的基本特征

基 本 特 征	具体特点及其简略解释
全球性	以 Internet 作为其交易载体,没有明显的地域和国家界限,面对的是全球性大市场
商务性	提供买卖交易的服务、手段和机会。企业利用它可扩展市场,增加客户数量
低成本	没有店面租金成本、没有专门的销售人员、没有商品库存压力、很低的行销成本
电子化	书写电子化,传递数据化;同时,便于收集客户信息
服务性	互联网的应用使得企业能自动处理商务过程,能为客户提供完整服务
协调性	商务活动本身就是一种协调过程,它需要客户与公司内部、生产商、批发商、零售商间的协调。在电子商务环境中,它更要求银行、配送中心、通信部门、技术服务等多个部门的通力协作,往往电子商务的全过程是一气呵成的
集成性	电子商务能够规范事务处理的工作流程,将人工操作和电子信息处理集成为一个不可分割的整体,这样不仅能提高人力和物力的利用效率,也可以提高系统运行的严密性
可扩展性	网民数量的增多要求电子商务系统能够有与其相适应的可扩展性
安全性	在电子商务中,安全性是一个至关重要的核心问题,它要求网络能提供一种端到端的安全解决方案,如加密机制、签名机制、安全管理、存取控制、防火墙、防病毒保护等,这与传统的商务活动有着很大的不同
便捷性	电子商务改善了企业内部信息的传递和沟通,使企业能及时从市场上快速获取信息,获取交易机会
快速性	由于国际互联网是用光速传递信息的,因而电子商务的经济活动可以用接近实时的速度进行
机会均等性	中小企业可以和大企业一样通过网络及时掌握市场供求状况和各种数据资料,共同在网上竞争,创造更多的网上就业机会和盈利机会
自由性和开放性	同一信息系统的人是互相平等的,每个人都可以匿名的方式加入网上洽谈、报价、询价、签订合同,甚至支付等

续表

基 本 特 征	具体特点及其简略解释
移动性(泛在性)	在移动通信方式下，用户可以在任何时间、任何地点进行移动办公，这个特性对于用户的某些特定需求非常有价值
虚拟性	用户通过网络就可以不受时空限制地完成商品选取、交易磋商、订单签订和电子支付，使整个交易过程电子化、数字化、虚拟化，利用虚拟的交易方式打破传统企业间的组织结构，在组织形式上出现了虚拟的商店和企业
极端数据	数据形式变得日益多样，比如多媒体数据、异地数据、异构数据等，这类新出现的数据形式可能是远程的、可移动的、数量巨大的，对数据检索的效率提出了更高的要求。数据库的海量数据检索和海量数据挖掘功能日益重要
个性化	信息技术和数据挖掘技术推动了个性化服务的应用与发展，包括三个方面的内容：需求的个性化定制、信息的个性化定制和对个性化商品的需要
社会性	电子商务的发展和应用是一个社会性的系统工程，除了依托有关技术和各个系统的协同处理来保障交易过程的顺利完成外，还涉及很多社会性问题，如商品和资金的流转方式变革、法律的认可和保障、政府部门的支持和统一管理、公众对网上购物的热情和认可等。只有将这些问题都协调处理好，才能将电子商务潜在的优越性转变为现实的生产力

1.4　电子商务的环境

电子商务只有在一定的环境下才能顺利开展，离开了外部环境的支持，电子商务不可能独立生存与发展。我们可以从这样几个方面讨论电子商务环境：电子商务的社会环境、技术环境、管理环境(见图 1-6)。

图 1-6　电子商务环境

电子商务是一种社会活动，因此社会环境对电子商务的发展起到了巨大的支持作用。而繁荣的经济、进步的文化、巨大的消费需求都为电子商务的发展搭建了巨大的舞台。就基础设施等硬件条件而言，技术环境主要包括 IT 技术和各种标准。同时，电子商务的管理环境建设问题也是焦点问题。从适用的法律、法规、政策到规划等方面都需要做大量的工作，而这些法律、法规、政策、规划所构成的电子商务发展的管理环境，对于电子商务的发展起到了支持、规范、指导和保障作用。

1.4.1　社会环境

1. 社会经济环境

电子商务的社会经济环境可以从宏观和微观两个层面来考察。宏观经济环境主要指国民经济总体状况、经济体制、产业状况、就业状况等宏观经济总体状况和物流、信用、支付等支撑环境。微观经济环境主要指企业内部环境。

1）宏观经济环境

（1）宏观经济总体状况。

宏观经济是指站在国家整体的角度对经济的总量和结构进行的分析和把握，是制定国家社会经济发展的基础，也是开展电子商务活动的基础。宏观经济总体状况主要由 GNP（或 GDP）总量、人口总量、经济增长率、人均总量及人均增长率等指标来衡量。目前，经济向国际化、全球化方向发展，迫切需要电子商务为其提供国际化的平台，而全球化则为电子商务高效率、低成本地从事以商品交换为中心的全球化经济事务活动提供了盈利空间。

电子商务市场是一个竞争占主导地位的市场，宽松的准入条件和低成本扩张使这个市场变得极具竞争性，而电子商务的发展又呈现出日新月异的特征。因此，应当为电子商务营造一个市场经济的氛围，用价格机制、竞争机制和供求机制来自发地调节电子商务的发展，使电子商务在市场经济机制中得到更好的发展。

（2）电子商务支撑环境。

① 物流环境。物流作为商务过程中的重要环节，担负着原材料提供商与产品生产商之间，以及商家与顾客之间的实物配送任务，高效的物流体系是使电子商务优势得以充分发挥的保证。物流专业化、社会化进程在结构调整中明显加快，2016 年全国社会物流总额 229.7 万亿元，按可比价格计算，同比增长 4.5%，增幅比上年回落 1.3%，比 5 年前相比增长约 45%，全年社会物流总额呈稳中趋缓的发展态势。

近年来我国物流运行总体平稳，物流需求规模保持较高增幅，物流业增加值平稳增长，但经济运行中的物流成本依然较高。

② 信用环境。市场经济是信用化的商品经济，信用是市场经济的基础和生命线。电子商务作为一种商业活动，信用环境是其存在和发展的基础。电子商务信用体系的建立是一个综合性的任务，涉及意识问题、技术问题和法律问题，需要各方共同努力来实现。经过几年来的努力，我国在信用环境的建设已经初见成效，为电子商务营造了一个具有中国特色的信用环境。

首先，根据我国颁布的《电子认证服务管理办法》，全面推行了电子认证服务，成立了中国电子认证服务产业联盟。截至 2013 年 10 月，已有 33 家证书授权中心（Certificate Authority，CA 机构）获得了工业和信息化部颁发的电子认证服务许可证，各 CA 机构目前共发放有效数字证书 2.59 亿张。

其次，建设、完善了征信系统。

征信系统包括企业征信系统和个人征信系统。

2005 年 12 月，企业征信系统实现与主要商业银行的全国联网运行，并在天津、上海、浙江、福建四个省(市)试行查询服务。截至 2013 年 11 月底，企业征信系统收录企业及其他组织共计 1900 多万户，其中 400 多万户有信贷记录。

2006 年 1 月个人征信系统在全国正式运行。2012 年，个人征信系统荣获金融行业的重要奖项——银行科技发展奖特等奖。截至 2013 年 11 月底，个人征信系统收录自然人约 8.37 亿人，其中近 3.17 亿人有信贷记录。

③ 支付环境。电子支付是电子商务活动的关键环节，是资金流信息化、电子化的表现。安全、快捷的电子支付可以使电子商务交易流程顺利进行，可以实现完全意义上的电子商务。

我国电子支付市场规模逐步扩大，教育、航空、国际贸易、电子政务、金融、保险、公用事业缴费等领域的电子支付已经比较普遍；作为电子商务核心的支付环节正在加速电子化，网上支付、移动支付、电话支付等多种支付形式不断推出；网上支付比例渐增，成为消费者网上购物的首选付款方式；随着手机用户的增加，移动支付成为一个全新的经济增长点。

对于电子支付的安全问题，我国银行业均采用全国领先的计算机网络和电子通信技术开发系统，中国人民银行对跨行的网上支付清算系统的数字证书也提出了试行的管理办法，且各家银行均采用了多种网上支付安全措施来保障其清算和支付系统内部的稳定性和安全性。

2) 微观经济环境

电子商务发展的微观经济环境是以从事电子商务活动的个体为考察对象的环境。这些个体可以是机构、企业或个人，其中最为重要的是企业组织。

从某种意义上来说，电子商务是一场革命，它带来了企业内部环境及其运营模式的革命性变革，促使企业的产品生产标准化、内部管理信息化、组织结构扁平化以及人才结构知识化。

第一，企业的信息化程度是电子商务运行的基础。我国企业信息化应用总体上仍然处于初级发展阶段。企业无论在信息化基础设施建设、应用水平，还是电子商务的认知度、参与程度等方面都远远低于发达国家，特别是中小企业的 IT 应用急待开发。

第二，新兴电子商务的个性化特征呼唤企业实现产品的标准化生产。在电子商务中，企业带给消费者的不仅是便捷、高效的服务，还应该是个性化的服务。它要求企业在完善物流系统的同时，更要注重产品的标准化生产，尤其是零部件的标准化生产，这样才能保证企业在最短的时间里，根据消费者所提出的个性化消费需求，提供相应的个性化产品和服务。从这个意义上来讲，电子商务时代的企业竞争，首先就是标准的竞争。谁掌握了制定标准的主导权，谁就占据了市场竞争的制高点。

第三，实现企业内部组织结构的扁平化是发展电子商务的必然要求。现代信息技术的普遍使用，大大提高了企业内部信息流的速度和质量，从而使得企业根本无须再像在传统商业模式下那样设立许多中间组织环节，层级化的组织结构被扁平化的组织结构所取代成为一种必然。

第四，实现企业人才结构的知识化，是发展电子商务的本质要求。电子商务的蓬勃发展使知识型人才有待补充。电子商务是信息与商务的有机结合，需要大量掌握现代信息技术的现代商贸理论与实务的复合型人才。企业应引进电子商务专业人才，加强企业员工培训，不断促进企业人才结构的知识化调整与升级，以适应电子商务的发展需要。此外，国家应该鼓

励教育部门向学生普及网络知识，特别是一些大专院校经济、贸易、计算机等专业院系开设电子商务专业，培养高素质的复合型人才，以适应社会的需要。

2．社会其他环境

社会其他环境包括文化环境和消费需求两个方面。下面从人们的主观意识角度来分析电子商务的环境。

1）文化环境

社会文化，尤其是流行文化(流行趋势、流行元素等)的变化频率很高，这会直接影响电子商务能否被接受，甚至影响电子商务模式设计。

消费者逛商场、去超市甚至去跳蚤市场，通过互联网购物、取得服务，不仅是一种经济消费行为，更是一种文化消费行为。发展电子商务，一方面要积极培养电子商务的文化氛围，不断完善电子商务环境，改进电子商务模式，增加虚拟网络购物的实体体验，积极改变企业和消费者长期以来形成的面对面的实体交易或消费习惯。另一方面，电子商务要利用便捷性和辐射性，让电子商务成为适应流行文化高频率变化的最佳平台。随着消费者收入水平和知识文化水平的提高，以及80后、90后的迅速成长和50后、60后的被网络化，基于互联网的消费习惯业已破冰并呈火山爆发之势，包括新的文化消费行为在内的有利于电子商务发展的文化环境已然形成。

2）消费取向与需求

人类社会进入信息时代的标志就是信息日益成为影响社会、经济等各方面的重要力量。对生产者来说，必须快速取得与生产有关的商品市场、原材料市场等的各种信息，还要及时了解一定的法规制度和标准，围绕生产前的准备和生产后的销售，处理大量的商务活动。

对消费者来说，个性化与差异化是消费未来的取向与趋势。理想的模式应该是需求的产品在需求时能购买、能买到。要实现这个目标，最重要的是必须要有一个能够方便获取有关信息的途径，电子商务恰好能迎合消费者更好更快捷获取信息、坚持理性消费的需求。比如，利用电子商务检索商品种类，利用电子商务进行商品优劣比较，利用电子商务进行商品的采购、结算，利用电子商务获得售后服务等。

1.4.2　技术环境

电子商务是一种技术含量较高的商务活动，计算机网络等相关技术的发展为电子商务的发展提供了最有力的技术支持和保障，而广义的IT技术和其技术标准则从更基础、更广泛的层面对电子商务给予了支持和保障。

1．计算机技术

(1)计算机硬件技术。根据计算机性能的不同，计算机可以分为超级计算机、大型计算机、小型计算机和微型计算机。不管是超级计算机还是微型计算机，计算机的基本结构仍然沿用冯·诺依曼提出的设计思想，即有五个基本部分组成：存储器、运算器、控制器、输入和输出设备。其中，运算器、存储器和控制器是计算机的主要组成部分，被称为主机，而把各种输入和输出设备称为计算机的外设。

(2)计算机软件技术。计算机软件也称计算机程序件技术，由系统软件和应用软件组成。我们可以把系统软件看成是由计算机来使用的软件，而把应用软件看作是由人来使用的软件。

系统软件中最主要的是操作系统(Operating System，OS)。操作系统是控制应用程序执行的程序，并充当应用程序和计算机硬件之间的接口。它提供的功能包括输入/输出管理、存储器管理、文件管理和进程管理。目前常用的操作系统有 Microsoft Windows 系列、Unix 以及 Linux 等。应用软件的首要任务就是满足终端用户的需要，因此其种类是非常多的。常用的应用软件开发语言有 C/ C＋＋程序设计语言、Java 语言等。

2．网络技术

在电子商务的应用中，计算机网络作为基础设施，将分散在各地的计算机系统连接起来，使得计算机之间的通信在商务活动中发挥着重要作用。计算机网络是计算机技术和通信技术相结合的产物。计算机之间的通信是计算机网络能够实现资源共享的基础，而资源共享则是开发建设计算机网络的主要目的。

应用于电子商务的主要技术还有：Intranet 技术、Extranet 技术、Web 技术和网络计算技术(网络管理技术、网络互联与路由技术、交换技术、网络分段与分层技术)等。

3．通信技术

通信技术是指在通信设备之间进行信息传输的技术。通信的方法和手段多种多样，但都必须依靠数据技术。数据通信就是将数据信号加到数据传输信道上进行传输，并在接收点将原始发送数据正确地恢复过来的过程。数据通信系统的构成如图 1-7 所示。

图 1-7　数据通信系统

通信技术有：公用电话交换网络技术(PSTN)、公用分组交换网络技术(PS-DN)、数字数据网络技术(DDN)、综合数字业务网络技术(ISDN)、甚小口径卫星地面技术(VAST)、帧中继网络技术(FRN)、数字移动通信网络技术等。

4．技术标准

一般来讲，所谓标准是指一组规定的规范、条件或要求，它是对需要协调统一的技术或其他事务所做的统一规定。计算机网络要实现多台计算机和通信设备之间的数据交换，实际上是一个很复杂的技术过程。为了能顺利和准确地进行数据交换，需要制定能使各种设备都可以接受的一定的规则，这组规则和规定就是标准。标准是网络中两台计算机之间进行通信必须遵循的一组规则，它规定了通信过程中的各种操作，使通信的每一个步骤都按照这组操作规则进行。

(1)支付标准。这一标准规定电子支付命令的签发与接收、身份认证手续、接收银行对发送方支付命令的执行、电子支付当事人的权利和义务以及责任的承担等。这一标准有安全电子交易协议(SET)和安全套接层协议(SSL)等。该协议已成为事实上的工业标准，并被广泛应用于 Internet/Intranet 的服务器产品和客户端产品中。

(2)网络协议。网络协议是一种用于网络之间相互通信的技术标准，是一门公认并必须遵照执行的"共同语言"。网络协议所要解决的问题有很多，诸如不同设备、不同链路、不同信息、不同网络、不同应用系统之间按什么方式传递信息等。网络协议中最著名的是传输控制协议(Transmission Control Protocol，TCP)和互联网协议(Internet Protocol，IP)。

（3）通信标准。在不同的网络之间，由于网络条件、设备、环境、用途的不同，协议的内容也不同。迄今为止，常用的通信协议标准主要有公用数据通信网络协议——X 系列协议、局域数字通信网 802.X 系列协议和专用的报文数据交换协议。

1.4.3 管理环境

1．电子商务法律法规

1）国际法律环境

国际上关于协调电子商务交易的法规主要由各国际组织发起并制定，由各成员国共同遵守和执行。其中，最具代表性和普遍性的是联合国贸易法委员会于 1996 年 6 月 14 日颁布的《电子商务示范法》及世界贸易组织（WTO）关于电子商务的规定。

电子商务作为一个新生事物，世界各国还处于摸索阶段，立法相对滞后，有关的法律规范框架都还正在构建之中。从发达国家目前的立法动向来看，基本上是从一个战略发展的角度来规范和建立电子商务立法规则的。目前，许多发达国家纷纷制定法律法规、起草电子商务基本框架、签署双边协定、发表白皮书等，其目的都是为了争取制定电子商务国际规则的立法权。

美国是 Internet 的发源地，在电子商务立法方面比其他国家相对要深入一些。美国财政部于 1996 年下半年颁布了《全球电子商务税收政策解析》白皮书，提出不倡导对电子商务征收任何新的税收。美国政府于 1997 年 1 月公布了《全球电子商务框架》白皮书，提出了发展电子商务的一般规则、面临的问题和相关建议。

英国贸工部于 1998 年 10 月发表了《网络的利益——英国电子商务发展规划》，阐述了英国政府的电子商务方针和政策。其他如澳大利亚、日本、新加坡等国也都提出了自己的关于电子商务法律建设的发展框架。

2）国内法律环境

与美国、欧盟等西方国家相比，我国的法律环境相对落后。但从 20 世纪 80 年代计算机和网络等电子商务基础设施的立法起，到 2013 年跨境电子商务的相关法律条文的颁布，再到 2016 年跨境电子商务税收政策的调整、电子商务法草案稿的形成，我国电子商务已形成了包括基础设施、电子商务运作、物流快递、电子支付、信息安全、金融等较为完备的法律框架。

2．电子商务政策

电子商务政策对电子商务的规范发展具有深远的意义。具体来说，主要包括以下几个方面。

（1）市场环境。电子商务作为一种新型商务模式，要求必须有良好的市场环境，包括适宜的社会环境、竞争环境、管理环境和服务环境。国家应做好宣传、知识普及、制定投资政策等工作。政府必须强调市场化原则，发挥工商企业，尤其是中小企业在电子商务发展中的主导作用，鼓励多元化投资，尽量减少政府的干预。

（2）制度环境。电子商务发展需要适宜的制度环境，为此政府必须建立和完善税收、电子支付系统、知识产权保护、信息安全、个人隐私和电信技术标准等方面的政策。

（3）规划环境。规划环境也对电子商务的高速发展起到了一定的支持作用。按照规划的主体，可以将电子商务规划分为政府规划、行业组织规划和企业规划。

（4）电子商务人才培养政策。电子商务的开展是商务管理、商务活动、商务理论与现代电子工具的有机结合。无论是从事电子商务管理，还是从事电子商务活动的人都必须是掌握商务理论与实务及电子工具应用的复合型人才。而我国目前所缺乏的正是这样的复合型人才。因此，政府应制定相应的政策，推进我国电子商务人才培养的开展。

总之，电子商务环境是社会环境、技术环境和管理环境相互融合交织的产物。

本 章 小 结

本章从五个方面对电子商务的基本知识进行了介绍，它们是：①电子商务研究的目的、内容和方法；②电子商务的产生与发展；③电子商务的定义；④电子商务的分类及特征；⑤电子商务的环境条件。学习和研究电子商务的目的在于把握电子商务的规律，并用它指导和开展电子商务或相关工作。从电子商务的分类可以看到，电子商务在不同的领域、对象、主体中的发展状况、效果和优势。电子商务的发展需要有与之相适应的多方面环境，包括商务环境、信用环境、技术环境、法律环境和支付环境等。

复习思考题

1. 电子商务的产生与发展的脉络是什么？
2. 电子商务的目的、本质和特征是什么？
3. 电子商务发展的主要环境是什么？
4. 电子商务对个人、组织、国家和人类世界都有哪些作用？
5. 你认为电子商务是先进生产力吗？为什么？
6. 你认为我国电子商务的发展前景如何？

第 2 章

电子商务架构与范式

本章提要

本章主要介绍电子商务架构、电子商务流程和电子商务基本范式等相关内容。首先在对电子商务活动中的经济要素考察的基础上，建立了电子商务的基本架构，并从经济管理、信息技术等视角对电子商务架构进行了详细阐述。其次，从微观的视角考察电子商务活动的具体流程，对电子商务流程所包含的信息流程、资金流程、商品流程、信用流程和人员流程展开深入剖析。最后介绍电子商务生产力模型，并结合社会化大生产，建立电子商务的总体范式，然后分别对生产、流通、消费等领域的电子商务范式进行描述。

导入案例

"六流"合一 成功转型

上海爱姆意机电设备连锁有限公司（以下简称"爱姆意公司"）主要经营机电产品销售业务。爱姆意公司于 1996 年由传统模式向电子商务转型，通过分步配置电子商务所必需的基础设施，率先在企业内部实施库存资源共享、将企业间电子支付的资源进行整合，通过"爱姆意在线"平台积累了大量的客户信息和数亿在线库存资源，通过对信息资源的有效整合和利用，实现了即时配送、集成供应、零库存管理，有效降低了交易成本。从 2011 年开始，爱姆意投巨资打造的"365me 工业品采购"全程电子商务交易平台有效集成了高效寻源、信用保障、快速下单、集成配送、财务结算、全程运维等功能。

信息流方面，"365me 工业品采购"全程电商交易平台集成 OA 办公自动化系统、电子销售系统、电子采购系统、企业 ERP 系统、客户资源管理系统、客户呼叫中心系统、订单管理系统、仓储管理系统、物流管理系统等功能，可为先进制造企业提供库存管理、零库存管理和备品配件服务，能够完全地、实时地、自动地与客户交换信息。

资金流方面，"365me 工业品采购"全程电商交易平台支持绝大多数银行借记卡及信用卡的支付方式，同时也提供了快钱支付、担保支付等线上支付方式，并根据中国的政策与交易环境，平台结算时可为客户提供增值税专用发票、普通发票，或直接开具电子增值税发票。

物流配送方面，爱姆意目前已建立超过 1 万平方米的产品配送中心，以上海物资集团总公司的现代物流为依托，与第三方物流配送企业联盟，为客户提供高效的配送服务，能够保证即时送达，可及时响应上海与华东地区乃至全国的网上交易的物流配送需求。

信用流方面，爱姆意依据交易信用对入网供应商进行筛选，对其制造能力、财务状况、产品质量、价格优势、售后服务等方面综合评估合格后才能够入驻平台。客户可以通过平台查询所销售商品的产地、规格、价格等信息，并能够跟踪监察库存信息、交易价格和交易方式，全部交易过程规范、透明。

人员流方面，爱姆意作为集成服务供应商，曾用 40 名训练有素的员工承接了上海机床厂原来由 110 名仓库管理人员负责的 2 万多平方米的 11 个零部件仓库。通过专业人员的流动，降低了爱姆意的用工数量，大大提升了生产效率。

商流方面，"365me 工业品采购"全程电商交易平台通过对信息流、资金流、物流、信用流、人员流的有效融合，与合作伙伴一起，为传统的制造企业开辟了一条新的盈利渠道，共同推动了商流的持续与畅通。

爱姆意以"六流合一"的全程电子商务交易平台为依托，逐步由传统制造企业转变成了以连锁经营、品牌代理、物流配送为主要方式的现代电商贸易公司，拥有工业品电商体验中心、电商运营中心、电商配送中心，被称为中国最有价值的机电产品集成服务商，是中国制造企业向电商成功转型的典范。

思考分析：

上海爱姆意公司作为一个传统制造企业成功向电子商务转型的关键因素有哪些？

2.1　电子商务架构

电子商务架构是描述电子商务的组成元素、影响要素、运作机理的总体性结构体系。我国目前迫切需要建立一个有效并充满活力的电子商务架构，为社会经济个体构建一个良好的运转秩序，提升整个社会的商品流通速度，有效地降低生产和运作成本，有序地完成对经济的促进作用，提高社会经济活力。

2.1.1　电子商务基本架构

经济活动离不开要素的流动，交易的完成需要有必备的人、财、物各要素，体现在商务活动过程中，就是必须有信息的传递、资金的流通和商品的时空转移，最终完成商品（包括有形商品和无形商品）特定权利（全部的或部分的所有权）的让渡，即商流的实现。这就是传统"四流说"中的信息流、资金流、物流和商流，图 2-1 展示了传统商务的基本框架。

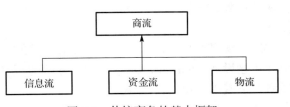

图 2-1　传统商务的基本框架

图 2-1 表明，"四流"既独立存在，又相互作用。其中，商流是动机和目的，资金流是条件，信息流是手段，物流是终结和归宿。物流、资金流和信息流依靠商流的发生而发生。商流依靠物流、资金流和信息流的匹配和支撑达到目的。

电子商务的顺利实现需要各个经济要素的共同作用，众多电子商务的解决方案和措施的设计初衷都是为了顺利实现要素流的高效配置。实践表明，商务是人（自然人或法人）的活动，离不开市场主体。电子商务实施过程中，市场主体的参与（人员流）和市场主体之间相互提供信用（信用流），是有效完成交易的根本保障。只有信息流、资金流和物流在人员流与信用流的保驾护航下全部有效完成，才能保证电子商务商流的顺利实现，才能称得上是完整的电子商务活动。因此，为了更全面、更深入、更符合实际地探讨电子商务的基本规律，将传统的"四流"拓展为"六流"。

根据电子商务的实现机理，结合电子商务的"六流"体系，绘制出了电子商务的基本架构，如图 2-2 所示。该架构从感性层面上给出了电子商务的总体轮廓，可以用"5F+2S+1P"来描述。

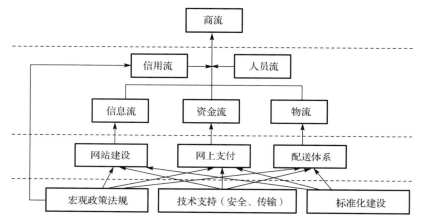

图 2-2　电子商务的基本架构

其中，商流是交易的核心，是电子商务的最终目的，处于最高端。实施电子商务就是为了顺利实现五流 (5F) 畅通，即信息流、资金流、物流、信用流和人员流的畅通，最终实现商流。物流和资金流分别代表使用价值和价值的转移，人员流反映出市场主体在电子商务活动中的必要角色地位。电子商务使得交易的时间和空间大大扩展，信息流和信用流自然就成为最重要的要素，信息流对整个电子商务活动起着监控作用，信用流则是交易各环节得以实现的根本保证。因此，5F 的有机结合能确保商品所有权的让渡与转移，标志着交易达成的商流得以实现。电子商务的应用是"六流"的高度整合。

企业实现电子商务活动最基础的信息流、资金流和物流必须通过一定的电子商务手段来实现。比如，通过建设网站进行信息的发布、传输和交流，沟通各相关市场主体，实现信息流通。

这些电子商务手段的实现，需要具备"2S+1P"的基础环境。2S 分别表示安全 (Safety) 和标准化建设 (Standardization)；P 表示政策法规 (Policy)。"2S+1P"为信息流、资金流和物流的畅通打下基础，也为信用流提供了外部环境。

5F+2S+1P 的共同作用保证了电子商务中商流的顺利实现，同时也构成了电子商务的基本架构。发展电子商务应从这八个要素着手，提高企业竞争力。

2.1.2 基于经济管理视角的电子商务架构

为实现网上直销、在线银行、电子政务、电子采购、在线出版、移动商务等应用，电子商务企业需要与之匹配的信息、基础设施和支持服务体系。充分理解电子商务应用和其他电子商务组成部分之间的关系，通过计划、组织、激励、制定战略等管理手段，组织好人、公共政策、市场营销和广告、支持服务和业务伙伴这五个独立的领域及其相互关系，并通过底层基础设施的技术支持，建立电子商务的支撑体系，如图 2-3 所示。

其中，框架中位于中间层次的各领域内容说明如下。

（1）人。在电子商务应用最终实现的过程中处于不同地位的卖方、买方、中间商、服务商、信息系统人员、管理者及其他参与者共同构成了这一支持领域。

（2）公共政策。公共政策包括政府围绕电子商务的税收制度、信息的定价、信息访问的收费、信息传输成本、对隐私等问题制定的政策，以及约束电子商务活动进行的法律法规，是电子商务活动顺利开展的政策基础。公共政策还包括由政府和行业权威机构制定的技术标准问题，它是信息发布、传递的基础，是网络上信息一致性的保证。这两者构成了电子商务活动的宏观环境。

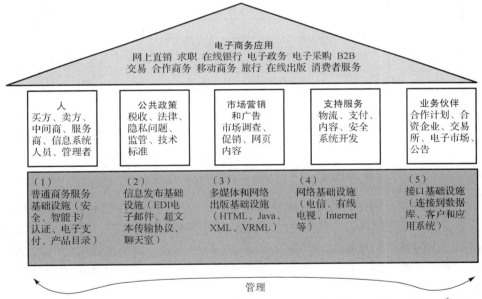

资料来源：Efraim Turban，Jae Kuy Lee，Michael Chung.Electronic Commerce: A Managerial Perspective，4th Edition [M].2006.

图 2-3 基于经济管理视角的电子商务架构

（3）市场营销和广告。企业必须同时采用传统的和新型的营销手段及广告策略来吸引顾客访问自己的网站，以满足电子商务的要求和适应激烈的竞争环境，包括广泛的市场调查、各种促销策略及能够吸引顾客的网页等。

（4）支持服务。电子商务需要大量的支持服务才能实现最终的应用。一个完整的电子商务应用包括网站内容创建、系统开发等软件设施和与资金流动有关的支付服务、商品交易中必需的物流服务，以及保证交易信息安全、迅速、有效传递的安全服务等。

（5）业务伙伴。在电子商务中经常出现合资、交易等各种类型的业务合作，这些业务合作经常发生在整条供应链上，如企业与供应商、顾客和其他伙伴之间的交易。

在五大领域的最底层是电子商务的基础设施，由电子商务所运用的软件、硬件和网络系统构成，包括普通商务服务、信息发布、多媒体和网络出版、网络、接口等相关的基础设施。

图 2-3 中最下方的双箭头表示，电子商务管理在整个电子商务架构中起协调作用。电子商务管理以信息技术为基础，在公共政策的指导下，同电子商务链上的业务伙伴合作，通过网络市场营销和广告等营销策略抓住商机，以各项服务支撑交易过程，从而实现电子商务应用，必要时还需利用电子商务模式和战略重组业务流程。

2.1.3　基于信息技术视角的电子商务架构

信息技术是实现电子商务的必备因素，是电子商务架构的基础。完整的电子商务体系体现于全面的电子商务应用和需要一定的支撑条件构成的外部环境，如图 2-4 所示。

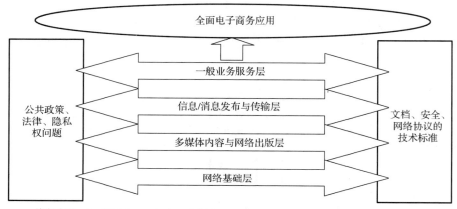

资料来源：Ravi Kalakota，Andrew B.Whinston.Frontier of Electronic Commerce [M]，1996.

图 2-4　基于信息技术视角的电子商务架构

其中，公共政策、法律、隐私权问题以及文档、安全、网络协议的技术标准两方面构成电子商务必备的外部支撑条件，是实现电子商务顺利应用的坚实基础，同 2.1.2 节中的公共政策领域相似。中间基于信息技术的网络基础层、多媒体内容与网络出版层、消息/信息发布与传输层和一般业务服务层，构成了电子商务的基础设施环境，依次代表电子商务顺利实施的各级技术及应用层面。

1．网络基础层

该层提供了商务信息传输的基本线路设施。电信网、有线电视、无线电视和互联网等网络基础设施形成"信息高速公路"。数据信息整合压缩后，可以通过电话线、无线电缆与有线电缆进行传送，非同步传输(Asynchronous Transfer Mode，ATM)技术使声音和数据得以结合，而 ADSL、Cable Modem 则使人们可以通过宽带高速接入 Internet 获取世界范围的信息。网络基础层位于电子商务框架的最底层，是一切内容出版、信息传输、业务服务和其他电子商务应用的物质前提。

2．多媒体内容与网络出版层

信息有文字、声音、图像等存在形式，由于机器(以电子计算机为主)只能识别简单的代码语言，因此，呈现信息需要进行信息内容的"出版"(Publication)。最常用的工具包括超文本标记语言(HTML)、Java 语言和万维网(WWW)等。HTML 可以将文本、图形、图像、声音、动画等多媒体项目集中于一体予以发表；Java 语言是一种功能强大的网络编程语言；万维网则是信息内容的展示台，是制作产品并将其出版的一个配发中心。

3．信息/消息发布与传输层

信息依靠基本的传输网络和出版环境可以进行无障碍传输。由于信息的发布、传输形式需要依据不同的场合和要求采用不同的方式，这就构成了信息/消息发布与传输层。实践应用中，信息/消息发布和传输的基础设施包括电子数据交换(EDI)、电子邮件(E-mail)与超文本传输协议(HTTP)等多种形式。为实现商务目的，电子商务不仅要保证信息及时传递到目的地，同时还必须保证信息是原始的，没有被截留、修改或复制。在信息/消息发布与传输层，信息/消息必须在各种通信设备、介质和网络间畅行无阻并精确流通。

4．一般业务服务层

所有的企业、个人在商务活动中都需要接受一些基本的服务以保证交易顺利完成，这构成了一般业务服务层。一般业务服务基础设施主要包含安全、认证、电子支付、电话簿、商品目录、价目表等。开放的 Internet 环境扩大了选择集合，也增加了受干扰概率。保证交易安全、有效才能持续进行商务活动，即保证传递信息的保密性、真实性、完整性和不可抵赖性。比如，付款服务的基础设施为了确保信息的安全传递和成功在线付款，必须建立起完善的认证体系，运用具有加密及身份鉴别的技术方法，支持电子商务安全服务。

在两大支撑条件所构成的宏观环境下，基于信息技术的四大层面构筑成了电子商务的基础设施环境，为全面电子商务应用提供了有利条件，保证了各类电子商务应用的顺利开展。

2.2　电子商务流程

2.2.1　电子商务的一般业务流程

电子商务流程是交易双方实现电子商务交易所经过的全部历程，可以从消费者(买方)或从销售商(卖方)两个方面考虑。消费者在电子商务环境下，可以跨越时空界限，不用发生位移或与人交流而进行购物。电子商务流程表明了一个采购者在购买一个产品或服务时所发生的一系列的活动；销售商利用电子商务，可以在本地管理产品促销、交易磋商、市场分析、合同订立、产品调配、货款结算和售后服务等，电子商务流程表明了企业为完成消费者的订单而最终将产品或服务交付给消费者的实际操作步骤和处理过程。

尽管不同类型的电子商务的具体流程有一定差别，但一般流程应该包括交易前(准备)、交易中(磋商和签订合同)和交易后(合同履行和支付过程)三部分，如图 2-5 所示。

图 2-5　电子商务的一般流程

1．交易前(准备)

这一阶段主要是指交易双方在签约前的准备活动。

（1）从买方角度看，这是一个利用网络寻找满意的商品和商家的过程。对于企业买家，则要根据需求，准备购货款，制订购货计划，进行货源市场调查和市场分析，对比各个卖家的条件后调整购货计划和进货计划，包括购买商品的种类、数量、规格、价格、购货地点和交易方式等。对于个人买家，则是通过网络进行信息搜寻和对比，以确定购物计划和合适的卖家。

（2）从卖方角度看，这个过程包括前期的宣传促销活动和对其他参与交易方的确定过程。企业卖家需根据所销售的商品，进行全面的市场调查分析，制定电子商务销售策略，通过传统的方式及网络广告手段进行宣传，以寻求贸易伙伴和贸易机会，扩大贸易范围和市场占有率。同时，在交易过程中，根据不同的电子商务类型（B2B、B2C 或 C2C），卖家需与不同的交易方合作，包括中介方、银行金融机构、信用卡公司、海关系统、商检系统、保险公司、税务系统、物流公司等。确定合作关系，是进行电子商务交易的前提。

2．交易中（磋商和签订合同）

交易双方在相互了解商品或服务的供需信息后会开始进行具体的磋商过程。

传统的交易磋商过程往往都是贸易单证的传递过程，并且双方还必须签订书面形式的商贸合同。在网络环境下，整个交易磋商过程可以在网络和信息系统的支持下完成。电子商务交易双方可以利用现代电子通信设备和通信方法，经过认真谈判和磋商后，将双方在交易中的权利，所承担的义务，对所购买商品的种类、数量、价格、交货地点、交货期、交易方式和运输方式、违约和索赔等合同条款，全部以电子交易合同方式做出全面详细的规定。买卖双方同有关各方进行各种电子票据和电子单证的交换，办理交易过程的一切手续。各种各样的电子商务系统和专用数据交换协议、数字签名电子安全手段等则保证了网络信息传递的准确性和安全性，同时交易双方可以通过磋商日志或文件来约束商贸行为和执行磋商结果。

3．交易后（合同履行和支付过程）

这一阶段是从买卖双方进行交易磋商直至签订合同的各种手续之后开始的。以有形商品交易为例，卖方要备货、组织货源，同时有选择地进行报关、保险、取证等，并将所售商品交付给运输公司包装、起运、发货；而买方则通过安全的电子支付手段经由银行和金融机构支付货款，并签收所购商品。这时买卖双方可以通过网络跟踪发出的货物，银行和金融机构也按照合同，处理双方收付款、进行结算，出具相应的银行单据等，直至完成整个交易过程。

在电子商务时代，人们依旧要经历交易前、交易中和交易后三个阶段，但进行交流和联系的工具从以前的纸面单证变为现在的电子单证。在电子商务活动中，客观上要求信息流便捷、快速、实时，资金流可靠、安全、准确，物流快速、同步、顺畅，以保证电子商务实现。可以说，信息流是电子商务的首要标志和特征，资金流是电子商务的实现手段和方式，物流是电子商务的物质基础和完成，信用流是电子商务实现的前提和保证，人员流是电子商务的实现资源和保障。成熟完善的电子商务不仅通过快捷便利的信息流来表现，而且需要发达、安全的资金流来支持，需要准确、可靠的信用流来保障，同时更需要综合可靠的物流来完成，以及稳定高效的人员流来实现。下面分别从信息流、资金流、物流、信用流和人员流深入探讨电子商务流程。

2.2.2　电子商务的信息流程

信息流是指人们采用各种方式来实现信息交流，从面对面的直接交谈到采用各种现代化的传递媒介，包括信息的收集、传递、处理、储存、检索、分析等渠道和过程。

在电子商务环境下，信息流的传递媒介主要是计算机系统和通信网络。信息技术和互联网以极低的成本获取和发布海量的信息，供应商通过 Internet 与顾客实现即时的互动沟通，并及时地了解顾客的意见和要求，可随时与顾客、厂商联系并为其提供个性化服务，甚至使商品生产达到"量身定做"的程度。市场快速反应系统的建立，缩短了顾客需求响应时间；全天候的服务，打破了传统零售商固有的交易时间；多媒体技术可以全方位地展示商品和服务，为顾客提供全面及时的市场信息和销售指导；交易双方超越了时空的限制，可以即时达成交易意向。快捷方便的信息流是电子商务的最大优势。

电子商务活动中的信息流包含在一切商务活动之中，商流、物流、资金流、信用流、人员流中都包含着信息流。信息流对商品流通的全过程进行控制和记录，是分析物流、引导资金流、进行经营决策的重要依据，同时信息流的质量、速度和覆盖范围，可以反映电子商务环境下企业的生产、管理、决策、信用等各方面的质量，并保证商务活动的顺利进行。

电子商务把信息技术作为商务运作的基本手段，强调企业内外部资源融合、信息沟通以及企业运营效率，从企业角度看，电子商务信息流可以从内部信息流和外部信息流两方面来理解。

1. 企业内部的信息流

企业内部的信息流主要是指企业利用信息技术支持内部的运作过程，反映了企业内部的生产管理状况。

以网络为基础的电子商务打破了传统职能部门通过分工与协作完成任务的思想，形成了并行工作的思想。企业的业务单元不再是封闭的金字塔式结构，而是相互沟通、相互学习的网状结构。原来各业务单元之间的界限被打破，重新组成了直接为客户服务的工作组。工作组直接与市场接轨，以市场的最终效果衡量生产流程的组织状况和各组织单元之间的协作情况。这已经发展成为电子商务环境下一种新的管理模式。

在新的组织模式下，企业主要通过后台信息管理系统(如管理和控制经营过程中的商品进、销、调、存信息，以及以财务为核心的综合管理和办公自动化等)来实现内部信息管理，经过处理后的信息流通过 Intranet 流动到所需部门或系统；同时通过外部信息系统(如客户关系管理系统、收款系统、电子订货系统等)与外部交易过程形成接口，通过 Internet 跨接主管部门、生产厂商、批发商、银行、数据中心及下属单位的商业信息系统，以便形成呈报数据、订购商品、账目往来、提供信息、数据交换等外部信息流。

2. 企业外部的信息流

企业外部的信息流主要是指企业利用信息技术来支持与市场间的相互作用。它将商务活动涉及的零售商、顾客、服务提供者、银行和物流中心联系在一起，为客户提供市场信息、商品交易、仓储配送、货款结算等全方位服务。根据外部信息流程中是否存在信息中介来划分，将企业外部信息流程分为直销过程的信息流程和包含第三方信息中介的信息流程。

1) 直销过程的信息流程

一个完整的电子商务直销过程是指消费者从供货商那里直接购买商品的过程。以 B2C 电子商务为例，B2C电子商务利用Internet的互动性、全球性、个性化的特点，面向最终消费者提供更直接、更具个性化、更有竞争力的网络服务。整个信息流程体现在B2C交易的八个主要步骤中，如图2-6所示。

其中，八个主要步骤为：①消费者在企业网站上浏览信息，确定自己要购买的物品，发出订单，将购买信息（包括订货信息和付款信息）传送给企业网站；②企业网站前端处理顾客购买信息后，通过Intranet将订货信息传到企业后台信息系统；③企业网站付款窗口与银行连接，向银行发送消费者的付款信息；④银行向消费者发出付款确认询问信息；⑤收到货款后，银行向企业发出收款确认信息；⑥收到银行的收款确认信息后，企业通过前台网站向消费者发出即将发货的信息；⑦企业通知物流中心发货；⑧物流中心向消费者发送物流配送信息。最后，消费者在收到商品时，可以通过①的路径向企业反馈信息。

要使B2C电子商务信息流有效地流动，成功实现网上购物，商家需要一套相应的信息管理系统去接收订单、配货发货、记录客户资料、解决客户可能发生的技术问题，保证信息在成员间的自由流动，以支持其计划、设计、生产、销售和服务等功能的实现。

2）包含第三方信息中介的信息流

电子商务交易除了商家到消费者的直销模式，还有通过网络商品交易中心即虚拟网络市场进行商品交易的模式。目前，网络中介交易市场主要有三种类型，即专门为企业间提供交易场所的B2B中心、为企业与消费者提供交易场所的行业网站和消费者与消费者之间进行交易的拍卖（C2C）网站。在这些交易过程中，信息流通过中介服务网站——网络商品交易中心传递，消费者同供货方并没有直接联系，因此具有不同的特点，如图2-7所示。

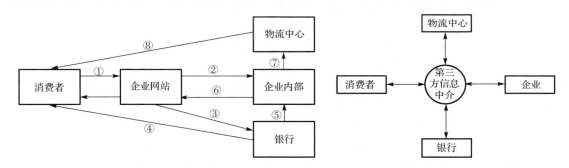

图2-6　B2C电子商务信息流程　　　　图2-7　包含第三方信息中介的信息流程

在包含第三方信息中介的交易过程中，消费者、企业、物流中心和银行均通过第三方信息中介发生信息交互，信息流程大大简化。第三方信息中介在电子商务中越来越重要。

2.2.3　电子商务的资金流程

资金流是指在营销渠道成员间，随着商品或服务及其所有权的转移而发生的资金往来流程。资金流作为电子商务的三个构成要素之一，是实现电子商务交易活动的必要手段。

具体地讲，在电子商务交易过程中，资金流是指用户确认购买商品后，将自己的资金转移到商家账户的过程。顾客支付的款项能否安全、及时、方便地到达商家，直接影响交易结果。因此，资金流对于交易双方都十分重要。

资金流必须通过一定的支付方式实现。电子商务中的支付手段既包括传统的现金支付，也包括在线支付，如电子现金、电子钱包、电子信用卡和电子支票等。以典型的电子信用卡支付为例，在 B2C 交易中，银行作为支付的中介机构，在资金流中连接生产企业、商业企业和消费者，具体流程如图 2-8 所示。

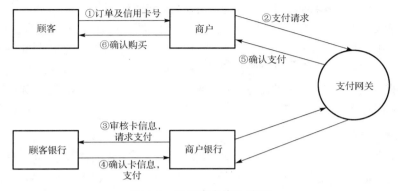

图 2-8　电子商务资金流程

整个资金流程中都伴随着资金信息以传达资金流的来源和去向。如图 2-8 所示，具体的资金流程按以下步骤进行。

① 顾客通过客户机连接 Internet，用 Web 浏览器进行商品的浏览、选择与订购，填写订单，选择相应的网络支付结算工具，并且得到银行的授权使用，如信用卡、电子钱包、电子现金、电子支票或网络银行账号等，向商家发出订单及信用卡号等支付信息。

② 商家服务器对顾客的订单信息进行检查、确认，并把经过加密的相关客户支付信息转发给支付网关请求认证。

③ 支付网关收到认证请求，在确认商户请求和客户支付信息一致性后，通过银行专用网络将支付请求传递给商户银行的后台业务服务器以求确认，商户银行审核客户支付信息后向顾客银行请求支付。

④ 顾客银行确认顾客支付信息，并进行支付；商户银行获款，并向支付网关反馈信息。其中，第 3、4 步在银行的专用网络中进行，真正实现银行系统内部的资金拨付和行间结算。

⑤ 通过已建立的加密通信通道，收到反馈信息的支付网关给商家服务器回送确认及支付结算信息；同时为了保障安全，给顾客也回送支付授权请求。

⑥ 支付流程结束，商户向顾客发出支付完成、确认购买的通知。

至此，一次典型的电子商务资金流程完成，商家和顾客还可分别借助网络查询自己的资金余额信息，以便进一步核对。

需要说明的是，图 2-8 所示的电子商务资金流程只是对目前各种网络支付结算方式的应用流程的普遍归纳，并不表示各种网络支付方式的应用流程与图中所示完全一致。任何电子商务交易的资金流都可分为交易环节和支付结算环节两部分。其中，交易环节主要是资金信息的交互；支付结算环节则真正涉及资金本身的流动，该环节是由包括支付网关、商户银行和顾客银行在内的金融专用网络完成的，必须通过一定的安全协议机制以及加密算法保证资金安全，进而确保交易的顺利实现。

2.2.4　电子商务的商品流程

电子商务时代，顺畅高效的物流是电子商务的物质保障和最后终结。在高效的网络经济中，为匹配先进高效的信息流和资金流，物流必须通过电子化、信息化、综合化、社会化、多功能化等方式实现快速、同步和顺畅的高度现代化。

传统的物流是指人们在交易活动中形成的物质实体从供应者向需求者的物理性流动，包括运输、配送、保管、包装、装卸、流动加工和物流信息处理等基本活动。电子商务环境下的物流，有其特殊的方面，但对于大多数商品来说，仍要经由物理方式传输，并凭借机械化、自动化工具的应用，以及准确、及时的监控信息，提升物流的流动速度和准确率，有效地减少库存，缩短生产周期。而对于少数商品和服务来说，可以直接通过网络传输的方式进行配送，如各种电子出版物、信息咨询服务、有价信息软件等。因此，电子商务的商品流程可以分为有形商品流程和无形商品流程两种。

1．有形商品流程

对有形商品来说，商品流程由电子商务环境下的物流形式所决定，包括与传统方式相同的由制造商和经销商直接发货给顾客的直销活动的物流形式，以及在电子商务环境下兴起的第三方物流形式。图 2-9 表明了电子商务的供应链以及电子商务活动中所发生的商品流程。

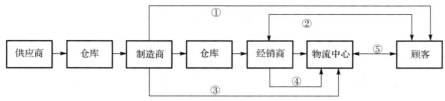

图 2-9　电子商务的供应链商品流程

其中，①、②表示直销形式的电子商务活动中的商品流程，主要发生在 B2B 交易或者经销商具备独立配送能力的 B2C 交易中。③、④、⑤表明了第三方物流形式，制造商或经销商先将商品交付给第三方物流中心，然后由第三方物流中心投递给最终顾客。第三方物流向交易双方提供部分或全部的物流服务。

另外，图 2-9 中的双向箭头表明当顾客对所收到的商品不满意而产生退货行为时，商品流是逆向的。而逆向商品流程的实现在电子商务便捷的服务体系下会变得更加容易。

2．无形商品流程

对于无形商品来说，电子商务商品流程比较简单。网络可以直接提供无形商品或服务的传输途径。当消费者成功支付后，无形商品或服务就直接传递给消费者。例如，在淘宝网中有一个虚拟物品自动发货的服务，卖家只需将虚拟物品，如手机充值卡或游戏点卡的卡号和密码输入淘宝的自动发货平台系统，当买家拍下并付款后，系统将会自动把卡号和密码发送给买家。淘宝网虚拟物品自动发货服务的流程说明如图 2-10 所示。

图 2-10　淘宝网虚拟物品自动发货服务的流程说明

2.2.5　电子商务的信用流

信用是指在商品生产、经营、交换和各种商业往来合作中承诺条件的兑现能力。电子商务信用是指在电子商务交易中，由买方、卖方以及电子商务平台通过满足交易中的合理预期来维持并扩展相互间信任关系的能力。

由于电子商务的虚拟性和不可接触性，在电子商务的交易流程中，从商品的选定到货款支付再到商品的物流配送等各个流程都存在着信用问题。从交易流程角度可将电子商务信用流分为交易前、交易中和交易后三个阶段，如图 2-11 所示。

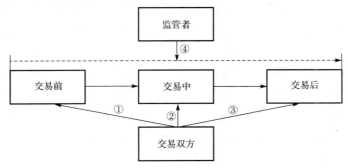

图 2-11　电子商务的信用流

1．交易前阶段

如图 2-11 所示，①代表交易双方在交易前可能存在的信用问题，主要涉及身份确认、商品展示和沟通谈判等环节。

身份确认环节出现的信用问题主要是身份造假，如注册信息不真实、认证伪造等。

商品展示环节出现的信用问题主要是网上展示的商品图片与实物不符，如品牌不符、外观不符、商品掉包等；网上的商品描述与商品不符，如功能、性能被夸大，质量不合格等。

沟通谈判环节出现的信用问题主要是沟通谈判过程中提供的信息不真实，如隐瞒商品的真实情况，包含质量、供应商和价格等信息。

2．交易中阶段

如图 2-11 所示，②代表交易双方在交易中可能存在的信用问题，主要涉及签订协议和交易支付等环节。

签订协议环节出现的信用问题主要包括故意制造电子合约中的漏洞、伪造交易订单和交易记录等。

交易支付环节出现的信用问题主要指付款金额高于真实消费金额。

3．交易后阶段

如图 2-11 所示，③代表交易双方在交易后可能存在的信用问题，主要涉及商品配送、交易确认、售后服务、商务评价和纠纷处理等环节。

商品配送环节的信用问题包括商品被掉包、商品未配送或延期配送却伪造物流配送电子记录等。

交易确认环节的信用问题包括以虚假发货信息诱导确认付款，或者拖延时间至超时而自动付款、收货不打款等。

售后服务环节的信用问题包括未按承诺提供售后服务（如保修、退换货等）。

商务评价环节的信用问题包括虚假的网络打分、评价信息（如雇人刷单或故意差评等）。

纠纷处理环节的信用问题主要指未按照协议中的约定解决纠纷。

其中，④代表监管者对整个交易流程进行监管。监管者依照相关的监督管理规章、制度对电子商务交易过程中交易双方可能出现的信用问题进行监督管理，以维护电子商务的诚信经营环境，促进电子商务的健康发展。

2.2.6　电子商务的人员流

电子商务中的人员流是指围绕电子商务交易活动所进行的人员流动。在电子商务环境下，人员流较之物物交换阶段和以货币为中介的商品交易阶段大幅减少，互联网跨越时空的特性使得电子商务活动在较少的人员流动情况下就可以完成大量工作。人员流反映出市场主体在电子商务活动中的必要角色地位。在电子商务企业，需要对人员流动的风险加以评估和控制，以降低企业的损失，同时应制定应对人员流动的对策。

1. 电子商务企业人员流动的风险

(1) 企业战略被迫调整。关键人物的流出，不但是人力成本的损失，而且还会直接影响企业的发展战略，使企业被迫调整方向。

(2) 造成企业内人气损伤。员工流会对身边的人员造成刺激，某些人可能因此人心思动，工作效率降低，给企业带来间接损失。如果是讲究团队意识的企业，一个人的流出也许会影响其团队凝聚力的建设。

(3) 人力成本损失。任何一个员工的非正常流出，都会造成人力成本的损失。任何企业的经营运作都是围绕资产增值来展开的，如何在增加收入、利润的同时降低企业成本是企业共同关心的问题，而目前对企业中人这一资产流失所造成的成本损失的测算尚未达到定量的高度。

2. 人员流动的对策

人是企业最重要的资源，员工跳槽，特别是骨干员工跳槽，对企业的影响巨大，有时甚至会带来致命的打击。然而，人力资源始终是稀缺资源，随着社会的发展，人才的竞争也会越来越激烈。

为了降低人员流动对企业造成的影响，企业应对人员流动采取措施，防止主要人才的流失。

(1) 把好招聘关。招聘是企业获得人才的主要途径，只有把好招聘关才能在最开始就能选择优秀人员。招聘者除了要考察他的岗位技术能力以外，还要考察他的稳定性。

(2) 规范管理制度。人员流失对企业来讲是经常的，并不可怕，可怕的是他们带走了公司的技术资料和客户信息。如果公司规范了岗位职责、作业流程、工作汇报等相关制度，加强了技术资料和客户资料的管理，就可以将这种损失降到最低。从长远来看，加强公司的制度、工作流程、岗位职责、激励机制等管理建设，才是稳定员工的基本出路。

(3) 加强平等沟通。平等沟通能激发员工的创造性和培养员工的归属感。但平等沟通不是自然形成的，也不是一条行政命令可以解决的。管理者必须是平等沟通的积极倡导者，必须首先主动地去找员工进行沟通，久而久之才能形成平等沟通的风气。

2.3　电子商务基本范式

2.3.1　电子商务的总体范式

电子商务具有明显的生产力特征：其一，电子商务强调系统化应用现代电子工具，即充分利用 Internet、Intranet 和 Extranet 等高效率、低成本的生产工具；其二，在电子商务中，劳动者是既掌握现代信息技术又掌握商务规则和技巧的知识复合型人才；其三，电子商务的劳动对象已不再是传统商务中的实物商品、纸质资料文档等，而是虚拟化的商品信息，计算机化的各种数据资料的采集、存储、加工和传输等。根据上述特征，从深层次的生产力含义出发，可以将电子商务理解成"新的先进生产力"，如图 2-12 所示。

在电子商务的生产力模型中蕴含着四层意思。

(1)电子商务是新的先进生产力，由三大支柱支撑：劳动工具、劳动对象和劳动者。在新经济环境下，这三大要素的内容都已经发生了实质性变化。

(2)电子商务的核心本质是"商务"。整个框架中，电子商务处于企业与消费者之间，此处企业泛指提供商品的生产商、供应商，消费者泛指商品接受方，体现出电子商务处于卖方与买方之间，其本质是交易，是商务，它离不开市场经济环境。

(3)电子商务实践主张消费者主权。企业运用电子商务来满足消费者的需求，在应用过程中必须彰显消费者至上的地位，通过先进的工具及时、准确地把握消费者需求并满足其需求。

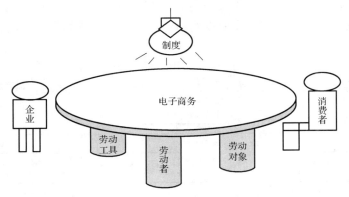

图 2-12　电子商务生产力模型

(4)电子商务活动是开放的、透明的。电子商务运行于制度所提供的各类环境基础上，同时也受到制度的监督和制约，商务透明无界限，但需要遵循基本的市场规律和商业规则。

电子商务是新的生产力，电子商务活动包括社会化大生产的生产、流通和消费环节。整个电子商务网络形成了以生产环节、流通环节和消费环节的网络为主体的电子商务总体范式，为商家、用户、消费者、政府等各类主体提供高效、及时的通信与互动交流，如图 2-13 所示。

图 2-13　电子商务的总体范式

如图 2-13 所示，整个电子商务网络的组织方式因范围不同而有所差异。一定数量的商品生产局域网连接在一起，就能构成商品生产城域网，若干城域网对接就能实现更大范围的商品生产广域网；流通、消费环节也是如此。为了保证各环节目标顺利实现，还需有金融机构和宏观调控机构形成的商业银行广域网和监测调控广域网。通过各环节的相互联结，通过网络各要素与商务活动各环节相结合，形成了畅通的信息网，充分实现了数据交换、支付结算、商品配送等功能。

商品的生产、流通和消费的不同阶段具有不同的特征和要求，其电子商务运作模式也有所差异。以下分别介绍生产领域、流通领域和消费领域的电子商务范式。

2.3.2 生产领域的电子商务范式

激烈的市场竞争已逐渐从厂商导向型转向市场导向型。众多生产企业逐步应用电子商务来实施调查，分析市场，预测市场，确定产品规格、样式和数量。

电子商务在生产制造领域的应用表现为商品生产网。在商品生产的两端——生产前和生产后，生产企业只有正确、合理地完成以商品生产为中心的商品经济活动，才能取得应有的效益。

通过应用电子商务，生产企业实现对商品市场的调查、签订生产合同、采购原材料，直至将产成品销售给市场或直接送达消费者手上。图 2-14 描述了生产制造领域的电子商务范式。

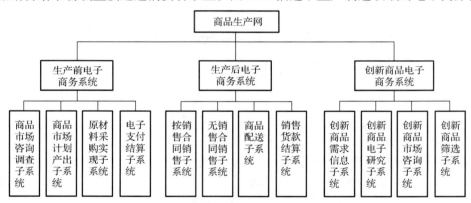

图 2-14 生产制造领域的电子商务范式

生产制造领域的电子商务范式体现了商品生产网的功能，主要包括以下几个方面。

(1)实现商品市场信息的获取与分析。生产企业需要通过电子商务调查商品市场需求的现状，从而弄清现实的和潜在的市场容量。在了解商品需求的前提下，生产商还必须努力获取全面、准确的生产要素市场信息，主要包括各种原材料、能源的价格、产地信息，资金市场利率、汇率信息，技术市场价格水平信息，劳动力市场价格水平信息等。电子商务系统可以帮助生产企业更好地获取与分析商品市场信息。

(2)辅助商品生产计划的制订。商品生产的计划是企业进行生产活动的第一步，它将决定企业生产活动的成败。生产企业要依据大量而复杂的市场调查信息并充分考虑到销售、库存等因素做出商品的生产计划，而电子商务系统是重要的决策工具之一。

(3)实现原材料、能源等的电子采购。原材料采购是生产企业经营运作的主要组成部分，它是有计划地进行生产建设、实现企业经营目标、提高经济效益的重要保证。为了严格控制成本，企业希望采购材料的价格最低。生产企业可以利用计算机网络对原材料市场进行咨询统计，对原料供应商进行访问、抽样调查和专访等，尤其是远距离访问(如跨地区、跨国界访问等)，从而以较少的费用获得较高的效率。

(4)实现产成品的电子销售，包括先需后产型的合同销售和先产后需型的市场促销。信息环境下，网络营销的范围大大地突破了传统商品销售范围和消费者群体的限制；产品订货也不受地点和统一时间的限制，个体可以随时根据自己的需要来访问和处理；消费者不再被动地了解产品信息，而是主动在网络上搜寻信息。生产企业通过电子商务直接交易避开了某些传统的商品流通环节，因而更加直接、高效和自由化。

(5)实现未来商品的电子设计与创新。当生产企业获得了市场的未来需求信息后，可以利用电子工具先进行未来商品的研制，然后向采购商进行宣传，或者通过电子商务向社会做宣传，根据市场反响采取进一步行动，其间快速的信息流通是传统商务所无法实现的。电子商务为未来商品的设计与创新提供了重要的基础。

2.3.3　流通领域的电子商务范式

商品流通的过程是以物流(商品的实际流动)为物质基础，信息流(商品基本信息的流动)贯穿始终，引导资金流(货币的流动)正向流动的动态过程。

电子商务在流通领域的应用，使得商品流通的业务流程、交易环节和交易费用发生变化，从而使商品交易流程发生根本变革，并最终导致渠道成员围绕新的流程而开展活动，形成了电子商务环境下新型的流通渠道。

在电子商务环境下，制造商与供应商、制造商与消费者之间一般要借助互联网、局域网或企业内部网进行业务联系。电子化交易利用信息技术的应用取代了许多人工处理的业务环节，使整个交易过程变得更加简捷，从而引起业务流程的深刻变化。

商品流通领域是国民经济的中心环节，电子商务在流通领域的应用表现为商品流通网，而这可以从商品流通相关数据、商品流通数据、商品数据交换以及商品支付结算这四个方面来表述，如图 2-15 所示。

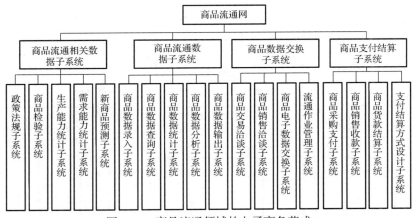

图 2-15　商品流通领域的电子商务范式

1. 商品流通相关数据子系统

法律法规政策、商品检验、生产能力规划、需求统计以及新产品市场预测是和商品流通相关数据系统密切相关的几个方面。通过企业信息化建设，利用管理信息系统可以实现对企业日常生产运作的自动化管理。MRP、ERP 等信息化软件的运用使企业能够根据生产能力和市场需求进行合理的生产安排。

2．商品流通数据子系统

商品流通数据子系统包括商品相关数据的系统录入、数据查询、商品数据统计、数据分析和数据输出。数据录入、输出和查询是商品流通数据系统最基本的两个功能。市场状况瞬息万变，商品流通数据系统必须能够对市场动态信息进行实时跟踪统计，并对收集到的信息进行实时分析处理，为企业管理层提供决策支持。

3．商品数据交换子系统

商品数据交换贯穿于企业的每一个环节，包括企业内部之间的数据交换以及企业与上游供应商、下游客户(企业或者个人)之间的数据交换。利用电子数据交换 EDI 系统可以在任意两个环节之间实现商品数据标准格式的高速信息传输。

4．商品支付结算子系统

资金流和物流、信息流一起组成了商品流通体系。商品支付结算子系统是资金流的重要组成部分，它可以根据不同的客户需求提供不同的结算方式。网上银行已经被越来越多的人使用。

2.3.4 消费领域的电子商务范式

商品的生产、流通最终是为消费者服务的，如果没有消费者的认可和购买，商品的生产和流通就失去了目标和意义。时至今日，商品活动的主动权已由生产转向了流通，进而将由流通转向消费，即消费决定流通，流通决定生产。站在消费者的角度来看，理想的局面应该是因时、因地适度消费；从时间上看，就是需要时才购买，过时则卖出。消费市场因此可以分为现货消费市场、旧货消费市场和未来商品消费市场。而电子商务可以充分利用自身优势面向三个市场，在消费领域发挥重要的作用。电子商务首先可以实现对现货市场的模拟、虚拟，实现现货交易；其次可以进入旧货市场，实现信息化全天候旧货市场经销；最后可以实现新商品市场模拟，对新产品的开发起到积极的引导作用。消费领域的电子商务范式可以用图 2-16 来描述。

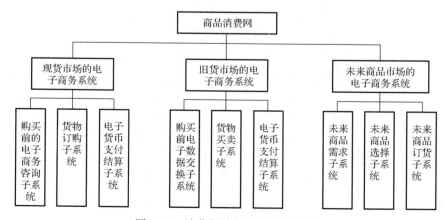

图 2-16　消费领域的电子商务范式

1. 现货消费市场

我们现有的现货市场几乎都是互相隔离的，其所有制和经营方式各不相同，主观和客观上都对电子商务活动的开展形成了障碍。而要冲破这些障碍，首先应该让企业接入网络，从而打破现有市场条块分割的局面，形成电子化的统一大市场。在现货市场的电子商务系统中咨询、订货和支付是三项必备的内容。

2. 旧货消费市场

由于地理位置、交通条件和商品定价等多种原因，使得旧货市场的建设和发展受到许多限制。采取电子商务后可以方便地不受时间和地理环境的限制进行旧货报价、估价、咨询、订货、交易和有效的监督和管理，从而使买卖双方和中间商都获益，使商品经济和社会效益整体优化。旧货市场的电子商务系统应该包括登记和查询的买卖前电子数据交换系统、交易部分的货物买卖系统以及同样必需的支付结算系统。

3. 未来商品消费市场

在信息时代，借助电子商务组建未来商品需求市场是可行的。"未来商品"的理念激发了消费者的主观能动性，懂得自己就是商品生产的设计者的道理，积极参与对未来商品的建议活动并主动关心未来商品生产。首先消费者将自己对未来商品的需求，方便地传送给未来市场信息库或未来商品市场，而不受具体物理条件的约束。然后着眼于未来商品的企业可以从需求信息库中获取未来商品信息，筛选有用的信息并构造商品模型，将其结果返回到未来商品信息库中。通过消费者评议、政府和管理部门的监测之后，企业确定最终商品需求并组织生产。未来商品消费市场是典型的以消费者为导向的市场。如上所述，未来商品市场的电子商务系统应包括需求、选择和订货三个方面。

本 章 小 结

本章从电子商务活动的本质出发，介绍了电子商务架构、电子商务流程和电子商务基本范式。其中，电子商务架构和范式从总体上揭示了目前电子商务的内容与形式，同时对本书后续章节的学习有一定的指导作用。

复习思考题

1. 从经济管理和信息技术的角度分别描述电子商务的架构，并分析其异同。
2. 结合具体事例，谈谈你的一次电子商务体验流程，并从信息流、资金流和商品流三个角度深入分析。
3. 分别谈谈生产领域、流通领域和消费领域的电子商务范式。

第 3 章

电子商务法规与标准

本章提要

本章阐述了国际电子商务立法状况与趋势，介绍了国外电子商务立法的进展与特点，重点讨论了我国电子商务立法的问题，详述了我国电子商务法律制度建设的内容。接着阐述了国内外电子商务标准制定情况，最后介绍了我国电子商务标准体系框架。

导入案例

中国专车第一案

让陈超万万没想到的是，2014 年 7 月才买车的他，在饱受争议的专车问题上，第一个和交通管理部门杠上了。

2015 年 1 月 7 日，使用滴滴专车软件在济南西站送客的陈超，被城市公共客运管理服务中心(以下简称"市客管中心")的执法人员认定为非法运营，罚款 2 万元。因不服处罚决定，陈超向济南市市中区人民法院递交了起诉状，要求市客管中心撤销处罚。2015 年 3 月 30 日，济南市市中区人民法院根据《中华人民共和国行政诉讼法》第四十六条规定，依法组成合议庭，公开审理此案，并于 4 月 15 日开庭。

2015 年 6 月 18 日，由于该案案情复杂，原本应于 6 月 17 日之前一审宣判的山东济南"专车第一案"被确定延期 3 个月。

2016 年 12 月 30 日，济南市市中区人民法院对济南市民陈超诉济南市客管中心行政处罚一案做出一审判决，撤销济南市客管中心对"专车"司机陈超的行政处罚。

2017 年 2 月 22 日，济南市中级人民法院做出二审判决，驳回济南市客管中心的上诉，维持原判，即撤销济南市客管中心对"专车"司机陈超的行政处罚。

思考分析：

请围绕案例内容，谈谈你对专车市场和专车运营合法化的看法。

3.1 国际电子商务法规

电子商务已被普遍认为是 21 世纪初全球经济最大增长点之一，电子商务的跨越式发展，也给现行国际法律体系带来了新的挑战。电子商务立法已成为目前国际关注的重点。尽快在全球范围内营造良好的电子商务法律环境已成为国际社会的共识。

3.1.1 联合国贸法会的电子商务立法

自 20 世纪 90 年代中期以来，电子商务的迅速推行，促使世界各国制定适合并可促进电子商务发展的规范。综观全球，电子商务立法速度之快、范围之广，是其他领域的立法行动所不能比拟的。如果说国际上电子商务立法形成了近年来全球立法活动的时代浪潮，那么联合国国际贸易法委员会（UNCITRAL，简称"贸法会"）则是推动这一浪潮形成的首创者之一。

联合国及其国际组织出台了一系列有关电子商务方面的立法规范。联合国探讨电子商务的法律问题始于 20 世纪 80 年代，1982 年在贸法会第 15 届会议上正式提出计算机记录的法律价值问题；1985 年 12 月 11 日贸法会向联合国提交《自动数据处理方面的法律建议》，被联合国大会通过，揭开了电子商务国际立法的序幕。

1. 贸法会于 1996 年制定并通过了《电子商务示范法》

在这份极有借鉴价值的法律文件中，对电子商务形式及其法律承认，书面形式、签名、原件的要求，数据电文的可接受性和证据力，数据电文的留存，电子合同的订立和效力，当事人对数据电文的承认，数据电文的归属、确认收讫、发出与收到时间，当事人协议优先适用等重要问题均有明确规定，从法律上全面承认数据电文的法律效力、有效性和可执行性。

2. 贸法会于 2001 年通过了《电子签名示范法》

《电子签名示范法》是《电子商务示范法》的姊妹法，其宗旨、原则包括用语都力求与后者保持一致。《电子签名示范法》在《电子商务示范法》第 7 条关于电子签名规定的基础上，进一步就电子签名涉及的定义、不同安全水平与程度的签名要求和签名人、认证服务提供者以及签名信赖方的行为及其义务等做了明确规定，更具操作性。《电子签名示范法》是贸法会在推动电子商务立法方面的又一重大成果。

虽然在性质上，上述两部示范法既非国际公约，也非各国公认的有拘束力的国际惯例，严格说来，不能算作是一个法律性文件。但是，这两部示范法的颁布对各国电子商务的立法活动事实上已经或者正在产生极为重要的推动和示范作用。自此之后，世界各国在其电子商务法中都不同程度地借鉴了示范法的内容。

3.《国际合同使用电子通信公约》于 2005 年 11 月在联合国大会上决议通过

《国际合同使用电子通信公约》（简称《公约》）是有关电子商务的第一个专门性公约，也是近年来国际商事立法最重要的成果。《公约》的目的是采用统一规则消除对国际合同使用电子通信的障碍，也确立了媒介和技术选择自由、不偏重任何技术及功能等同原则。在解读《公约》的主要条款的基础上对《公约》的先进性、科学性及局限性做了立法评价。

　　《公约》的序言和联合国大会通过《公约》（草案）的决议总结了《公约》的立法背景、立法目的和立法原则。

　　（1）立法背景：电子通信的使用增多提高了商业活动的效率，加强了贸易联系，并为过去相距遥远的当事人和市场提供了新的准入机会，从而对促进国内、国际贸易和经济发展发挥着极其重要的作用；同时，国际合同中使用电子通信的法律效力不确定性所产生的种种问题构成了对国际贸易的障碍。

　　（2）立法目的：采用统一规则消除对国际合同使用电子通信的障碍，包括消除现有国际贸易法文书在执行上可能产生的障碍，以加强国际合同的法律确定性和商业上的可预见性，并有助于各国获得现代贸易途径。希望以法律制度、社会制度和经济制度不同的国家所能接受的方式为消除电子通信使用中的法律障碍提供一个共同解决办法。

　　（3）立法原则：尊重当事人在其所选择的手段符合相关法律规则的限度内有选择适当媒介和技术的自由，同时顾及不偏重任何技术和功能等同的原则。

3.1.2　其他国际组织的电子商务立法

　　除贸法会外，世界上其他一些政府间或非政府间的国际组织在推动电子商务立法方面也发挥了积极的作用。其中，联合国欧洲经济委员会（ECE，以下简称"欧经委"）在这方面做了一些实实在在的工作。1995 年，欧经委通过了《在国际商务中使用电子数据交换的协议范本》。与此同时，欧经委也修订了其《电子商务合同范本》，又称《电子商务协议范本》。这两个范本旨在为从事电子商务活动的企业提供一套确定其权利义务的基本条款，以增强企业的电子商务法律意识。

　　国际商会（ICC）在推动电子数据交换规则统一进程方面一直是不遗余力的。1988 年，国际商会出版了《电子传输贸易数据交换行为统一规则》，由此确立了一个各方面都接受的行为守则。此后，不少国家和一些区域性组织推出了一系列侧重点各不相同的协议范本和合同范本，有效地促进了电子数据交换统一规则的逐步形成。

　　国际海事委员会（CMI）则于 1990 年通过了《电子提单规则》。该规则旨在建立一个机制，以电子等同物来取代传统的纸介质提单。当然，该规则并不是法律，而需要有关双方当事人通过协议来明确"规则"的适用。有趣的是，该规则提出了"私钥"作为密码的概念。

　　经济合作与发展组织（Organization for Economic Co-operation and Development，OECD）是由北美、欧洲和亚太地区的 29 个国家组成的国际性组织。1997 年 11 月，由 OECD 发起召开了以"为全球电子商务扫清障碍"为主题的国际会议，与会的各国政府及企业界代表对如何推动电子商务的开展、消除各种障碍、促进信息资源共享等问题进行了深入的讨论，发表了题为《克服全球电子商务障碍》的文件，并通过了《加密政策指南》，该指南就加密技术的使用，确定了指导各成员国制定其立法与政策的原则。

　　世界贸易组织（WTO，简称"世贸组织"）介入电子商务问题时间较晚，直到 1998 年，世贸组织才将其作为全球贸易的一部分。1998 年 3 月，世贸组织发布了《电子商务和 WTO 的角色》报告，强调电子商务为世界各国尤其是发展中国家提供了巨大的发展潜力和机遇，但要使其变为现实，需要世贸组织为电子商务提供一套必要的法律和政策框架，同时要对电信基础设施、市场准入、交易安全、隐私和知识产权保护、税收、贸易促进等方面给予足够的重视。1998 年的 WTO 部长级会议通过了一项有关全球电子商务的政治宣言，提议对全球电子商务给国际贸易带来的多方面影响进行研究，并再次确认成员方到 2000 年不对在网络上进行数字产品贸易的电子商务征收关税的原则。1999 年 11 月 30 日在美国西雅图进行的谈判中，有 8 个成员国提出了有关电子商务的议案，电子商务成为世贸组织关注的热点问题。

此外，联合国贸发会议、世界知识产权组织、欧共体委员会、亚太经合组织等也都积极地参与到推动电子商务立法和协调各国有关电子商务发展政策的工作中，并扮演着不同角色。可以说，没有上述政府间和非政府间国际组织的立法努力与经验积累，国际电子商务立法是不可能获得重大发展的。

3.2　国外电子商务法规

3.2.1　美国

美国早在 20 世纪 90 年代中期就开始对有关电子商务的立法进行酝酿。1997 年，克林顿政府发表了《全球电子商务政策框架》，要求政府为电子商务提供一个透明、和谐的法制环境，使电子商务活动得以顺利进行。美国一些州的电子商务立法活动异常活跃，犹他州率先于 1995 年出台了世界上第一部《数字签名法》。美国统一州法委员会(ULC)和美国法学会等联邦法律咨询机构，积极地对在协调各州商法方面起关键作用的《统一商法典》有关章节进行了修订，1999 年出台了《统一电子交易法》。该法旨在通过赋予电子记录和电子签名以法律效力，消除电子商务发展的障碍。该法的主要条文遵循了贸法会《电子商务示范法》的原则和思路，对传统合同法的实体规则没有涉及，也没有涉及电子商务中的消费者权益保护问题。《统一电子交易法》从法律上承认了电子记录与电子签名的效力，明确了电子签名的归属，确立了电子代理人的行为效力，规定了数据电文发送与收讫的时间、地点等。截至 2000 年 12 月，已有 29 个州采纳了该示范法。在美国行政部门的推动下，美国国会也十分关注电子商务立法，并推出了具有美国特色的电子签名法。美国的法律在促进国际上电子商务立法方面也发挥了积极作用。比如，美国律师协会早于 1996 年就推出了《数字签名指南》，该指南所编写的与数字签名有关的规则不仅在美国国内，而且在世界上也产生了十分广泛的影响。

两部示范法出台后，美国前任总统克林顿于 2000 年 6 月签署了国会通过的《国际国内商务电子签名法》。这部电子签名法与《统一电子交易法》和《统一计算机信息交易法》都不同，它是在全美生效的联邦正式法律。该法在数据电文的效力、可执行力和证据力等问题上基本遵循了《统一电子交易法》确定的原则和规则。该法规定，对以数据电文为载体的电子合同或电子签名，不得仅以其电子形式而否认其法律效力；还规定，任何关于书面文件留存的要求均适用于以电子形式保存的记录或合同。

3.2.2　欧盟

在全球电子商务的发展浪潮中，欧盟的目标是建立一个清晰和概括性的法律框架，以协调欧盟各成员国组成的内部统一市场与电子商务有关的法律问题。1997 年，欧盟发表了《欧洲电子商务行动方案》，要求保障和促进联盟内部电子商务的发展，并为其提供良好的法律环境。该行动方案确定了欧洲电子商务法律框架的四项原则。一是不为立法而立法。也就是说，只有在不立法不足以消除法律障碍或者不足以实现保护共同利益的目标时，欧盟才立法。二是以欧盟内部统一市场的自由原则为基础，确保货物、服务、人员和资本的自由流动。三是必须尊重商业经营的实际情况。四是必须切实有效地满足保护公共利益的目标。方案同时宣布在 2000 年年底以前，建立起欧洲电子商务法律框架，以消除内部市场存在的电子商务的法律障碍。同年，欧盟通过了《远程销售指令》，旨在加强对消费者通过电话、邮购或互联网订立合同的保护，以促进在线商业活动的健康发展。1998年8月，欧盟颁布了《关于信息社会服务的透明度机制的指令》。1999年12月，通过了《关于建立有关电子签名共同法律框架的指令》（简称《电子签名指令》）。2000年5月又通过了《关于内部市场中与信息社会的服务，特别是与电子商务有关的若干法律问题的指令》（简称《电子商务指令》）。这几项法律文件构成了欧盟电子商务立法体系的基本框架，成为欧盟各成员国电子商务立法的基础。

欧盟于2000年颁布了电子货币监管指令（Directive 2000/46/EC），从此开始对电子货币进行监管。2006年欧盟委员会发布了对监管指令实施效果的评估报告，2008年历时近两年制定的新电子货币监管草案出炉，并在2009年7月得到了欧盟议会的通过，这就是新的欧盟电子货币监管指令（Directive 2009/110/EC）。2015年12月9日，欧盟委员会通过了关于在线提供数字内容和销售货物的两份电子商务法律建议。两份建议旨在消除成员国合同法不统一等影响盟内跨境电子商务的主要障碍，解决企业经营成本居高不下、消费者跨境消费缺乏信任等问题。

3.2.3 印度

印度于1998年出台了《电子商务法》，对电子记录和电子签名予以法律上的承认，同年还出台了《电子商务支持法》，对以合同法、证据法为代表的若干部重要法律做了一揽子修订，以适应电子商务应用中出现的新的情况。1999年又推出《信息技术法》，进一步对电子记录和数字签名的应用做了规范。印度电子商务立法有个发展变化的过程。印度《电子商务法》受贸法会示范法的影响很深，沿袭了示范法确立的原则和规则，主要是确立电子记录、电子签名及电子合同的法律效力。

3.2.4 韩国

韩国于1999年年初相继推出了《电子商务基本法》和《电子署名法》。

韩国《电子商务基本法》是一部综合性的法律，全面规定了电子商务涉及的方方面面内容。该法的特点是，既基本遵循贸法会示范法的体例，规定电子商务法通行的内容，又分别用专章规定了电子商务促进，包括标准化和技术开发以及消费者保护等内容。这部法律既有政策的宣示，又有明确具体的规范。韩国《电子署名法》与《电子商务基本法》的精神基本上一致，其特点是在签名问题上坚持数字签名。虽然使用的术语是"电子签名"，实际上是确认利用非对称密码系统生成的数字签名。该法规定，认证机构应是国家机关或其他官方组织并经指定。

3.3 国内电子商务法规

当今中国乃至世界，网络信息技术和电子商务日新月异、蓬勃发展，全面融入人们的生产生活，深刻改变着经济社会发展格局。在我国经济发展新常态下，电子商务的发展已经成为一道亮丽的风景线，同时发展过程中的一些矛盾和问题已经凸现，社会各界迫切期望加快电子商务立法。根据中央决策部署，电子商务法已纳入十二届全国人大常委会五年立法规划，并于2013年年底正式启动立法进程。全国人大财政经济委员会牵头组织电子商务法草案起草，在立法过程中，坚持科学立法、民主立法，广泛凝聚各方智慧和共识，努力提高立法质量，争取良法管用，尽快出台。

3.3.1　国家高度重视互联网和电子商务的发展与治理

党的十八届三中全会以后，根据全面深化改革的总体部署，中央明确提出制定出台网络安全法、电子商务法，加强网络安全与信息化法制建设。党的十八届五中全会明确提出要实施"互联网+"行动计划，发展物联网技术和应用，发展分享经济，促进互联网和经济社会融合发展。习近平总书记亲自担任中央网络安全和信息化领导小组组长，多次出席互联网有关会议并发表重要讲话，做出了许多重要论断和具体部署。习近平总书记明确指出，要从国际国内大势出发，总体布局，统筹各方，创新发展，努力把我国建设成为网络强国，并提出要推动网络空间互联互通、共享共治，共同构建网络空间命运共同体。

3.3.2　电子商务立法十分重要、紧迫

电子商务迅速发展催生电子商务立法。在我国经济发展进入新常态的大背景下，电子商务持续多年保持高速发展，有力地推动了互联网和实体经济深度融合发展，以信息流带动技术流、资金流、人才流、物资流，促进资源配置优化，促进全要素生产率提升，在转方式、调结构、稳增长、扩就业、惠民生、促扶贫等方面发挥了重要作用。"十二五"期间，电子商务年均增长速度超过 30%。2015 年，我国电子商务交易额超过 20 万亿元，网络零售额 3.88 万亿元，电子商务交易市场规模跃居全球第一，电子商务就业人员达 2690 万人，互联网对中国经济增长的贡献率达到 7%。鼓励、支持、促进电子商务发展和创新的同时，迫切需要电子商务立法。

电子商务的突出矛盾和问题紧逼电子商务立法。电子商务作为一个新生事物，在发展过程中，一些矛盾和问题已经凸现：一是法律体系和商业规则有待完善，缺乏具有权威性、综合性的电子商务法律；二是市场秩序有待规范，交易环境需要健全完善，损害消费者权益的现象时有发生，交易纠纷和商业冲突增多；三是管理体制有待理顺，原有管理方式不能完全适应电子商务快速发展的需要。通过电子商务立法规范市场秩序已经迫在眉睫。

3.3.3　科学立法、民主立法，努力提高立法质量

2013 年 12 月，全国人大财政经济委员会牵头开展电子商务立法工作，组织成立由国务院 12 个部门参加的电子商务法起草组。起草过程始终坚持科学立法、民主立法的要求，注重提高立法质量，广泛吸纳地方人大、院校专家、部分电商企业和行业协会，共同参与起草工作。

起草组成立后，对电子商务现有法律法规进行了梳理，选定电子商务立法 16 方面重点课题进行研究，形成 30 多份有分量、有深度的研究报告。在课题研究的基础上，电子商务相关部门、地方人大、高校、电商企业、行业协会等密切合作，形成 4 份电子商务法立法大纲和 2 个版本的草案建议稿。起草组把广泛听取意见贯穿于起草的全过程，通过专题调研、座谈会、研讨会等多种形式，充分听取各方意见。认真研究梳理、充分借鉴国际组织和主要国家的经验和做法，先后召开两次国际研讨会，邀请联合国贸易法委员会和美国、欧盟、日本、新加坡等国专家，结合我国电子商务立法工作进行了专题研讨。

3.3.4　促进发展、规范秩序、保障权益

电子商务立法的指导思想是：全面贯彻党的十八大和十八届三中、四中、五中、六中

全会精神，牢固树立和贯彻落实创新、协调、绿色、开放、共享发展理念，按照完善社会主义市场经济体制、依法治国、依法行政的总体目标和要求，坚持促进发展、规范秩序、保障权益，充分发挥立法的引领和推动作用，加强顶层设计，夯实制度基础，激发电子商务发展创新的新动力、新动能，解决电子商务发展中的突出矛盾和问题，建立开放、共享、诚信、安全的电子商务发展环境，推动经济结构调整，实现经济体制增效转型升级，切实维护国家利益。

电子商务立法草案分总则、电子商务经营主体、电子商务交易与服务、电子商务交易保障、跨境电子商务、监督管理、法律责任和附则，进行起草工作的要点有：

(1)科学合理地界定电子商务法调整对象；

(2)明确电子商务经营主体权利、责任和义务；

(3)完善电子商务交易与服务；

(4)强化电子商务交易保障；

(5)促进和规范跨境电子商务发展；

(6)加强监督管理，实现社会共治。

3.4 电子商务标准

3.4.1 电子商务标准概述

从20世纪60年代初开始，电子化形式的商务活动就已出现。到90年代初、中期，以EDI技术为代表的"无纸贸易"风靡全球，并以其高效、快捷、准确、可靠等优势，成功地应用于大型企业、行业以及有长期业务伙伴关系的用户之间。在标准化方面，联合国贸易便利与电子商务中心(UN/CEFACT)和国际标准化组织第154技术委员会形成了以UN/EDIFACT为核心的国际性EDI系列标准。随着电子商务的进一步发展和普及，它对现有的技术标准和标准管理也提出了挑战：一方面，由于各国信息技术发展水平不同，采用的网络接入标准不同，使得国际间的电子商务活动遇到网络接入标准的问题；另一方面，为了保证商务活动的数据或文件能被不同国家、行业贸易伙伴的计算机系统识别处理，一定要有数据、文件的一致约定。因此，如何制定电子商务标准，解决电子商务中互操作性和可移植性问题，为电子商务创造良好的应用环境，已是当务之急。

所谓电子商务标准，即电子商务活动全过程所涉及的标准，它包括"电子"与"商务"两部分的标准。"电子"是基础，它涉及信息技术方面的标准；"商务"是核心，主要包括电子商务活动的有关标准，包括信息流、资金流、物流等方面的标准。此外，电子商务标准还包括确保电子商务活动健康、顺利发展的安全标准、服务标准等。

我国电子商务标准的研究远未形成规模，有关研究成果的应用性、适用性、系统性都存在不足。因此，大力推进电子商务标准的研究与制定，建设我国电子商务标准体系，是我国标准化事业及IT产业的必然选择。

随着近年来电子商务在国内的升温，我国电子商务标准的发展日益受到政府的高度重视。我国电子商务标准的发展主要呈现以下特点。

(1)政府主导。虽然我国电子商务标准工作尚处于跟踪研究阶段，未进入实质性的制定和实施阶段，但仍然沿袭着以往政府主导的模式。各项研究工作都是在政府各有关部门的直接领导、协调下有条不紊地进行着，从而避免了由于各研究机构各自为政带来的资源浪费、成果重复、派别冲突等不良现象。

(2) 重视研究。我国对电子商务标准的研究始终紧跟国际发展潮流，相关标准的研究取得了较大进展。1999 年 5 月由北京市技术监督局主持召开的"99 北京电子商务标准化国际研讨会"是我国第一次以电子商务标准为主题的国际性学术研讨会，体现了我国在电子商务标准研究领域与国际同步发展的水平；上海市"电子商务相关标准研究"课题，集中了来自各行各业的专家、学者对电子商务标准进行了全面研究，形成了电子商务标准框架体系等研究成果；1999 年 4 月，上海市设立了"E 海信息标准化技术委员会电子商务分专业委员会"，从而形成了一支专门从事电子商务标准研究的专家队伍。

(3) 企业落后。由于我国长期形成的标准制定工作属于政府职能行为，企业仅处于接受地位，而且我国各企业目前的信息技术水平比较落后，因此，与信息技术发达国家相比，我国企业参与电子商务标准的制定工作存在显著差异。

总之，国内外电子商务标准的制定客观上存在着差距，世界上第一个互联网商务标准于 1999 年 12 月出台。我国的电子商务标准化建设要走向全球化、国际化，还有较多的机遇和较广泛的应用领域。目前的关键环节是推动企业加快电子商务化步伐，确定自身的内外业务流程规范；加强对国外电子商务标准的跟踪分析，及时掌握国外有关研究动态；在借鉴国外电子商务标准的基础上，制定既适用于本国又具国际化的电子商务标准。

3.4.2　我国电子商务标准的制定与发展

我国电子商务技术标准的制定工作起步较晚，标准也未成体系，所以更加重视合理选用国际标准。当前，我国正在把采用国际标准和国外先进标准作为一项重要的技术经济政策，积极推行。目前除一些 EDI 标准及部分有关网络标准是从国际相应标准等同或等效转换而来外，由我国自主制定的、直接与互联网电子商务相关的标准几乎是空白。但是，国家有关部委已经开始有所举动，我国信息产业部目前正在加紧制定电子商务标准。此次制定的标准，是由信息产业部电信传输研究组承担起草，主要参照了 IETF 的 RFC2801 及相关的国际标准文案。该技术体制主要规定 B—C 类电子商务的总体框架结构，包括总体结构、交易的通信流程等环节，制定该标准将促进我国电子商务向产业化发展。此外，中国科学院软件研究所电子商务研究中心与国内一些企业建立了 cnXML 联盟，旨在建立标准的形式并通过技术手段，逐步创造一个与国际化接轨的电子商务标准化环境。鉴于电子商务的飞速发展和全球经济一体化态势，应在一定原则指导下，采取灵活方式，加快我国电子商务标准的制定步伐。

1. 我国电子商务及标准发展状况

2014 年我国电子商务交易额突破了 13 万亿元，其中网上零售额达到了 2.8 万亿元，增长 49.7%，占同期社会消费品零售总额的 10.6%。电子商务正在成为我国经济发展的新引擎。移动端将替代 PC 端成为用户接触电商企业的"主屏幕"，已经是业界公认的电子商务行业趋势之一。进入 2015 年，我国的跨境电子商务、金融电子商务(P2P)、农产品电子商务(生鲜)等新模式又迎来了爆发期。

在我国电子商务市场迅猛发展的同时，出现了由于标准、法律缺失导致的大量交易欺诈、产品质量、交易安全等问题，给电子商务监管带来很多困难。国家发改委、标准委和科技部以及电子商务相关管理部门也高度重视，相继出台各种政策并配套项目支持推动电子商务的健康发展。

近年来伴随着我国电子商务市场的蓬勃发展，我国电子商务标准化工作也有了很大发展，初步建立了自主创新的电子商务标准体系；共提出50余项国家标准立项申请，其中被批准立项的国家标准计划有42项，已经发布的标准有11项，完成了16项标准的报批，目前正研制起草的标准有19项。

根据这两年来电子商务的发展现状和趋势，结合李克强总理对我国电子商务和标准化工作的殷切希望，深入领会国发〔2015〕24号文中对电子商务发展各项任务的要求，并通过多次与电商企业和行业内专家交流来重新梳理、完善和丰富目前的标准体系，旨在为未来我国电子商务标准的规划和计划提供科学依据，系统地指导和推进我国电子商务标准化工作。

2. 我国电子商务标准需求

电子商务标准的需求主要来自对电子商务各环节、各角色、各平台、各模式之间业务关系和信息传递关系的深入分析。为了能够全面、准确地分析电子商务标准化需求，建立了如图3-1所示的电子商务标准需求示意图。

由图3-1可以看出，电子商务涉及的角色主要有主体、客体和交易平台，其中主体主要包括供货商、运营商、第三方服务商、卖方、消费者、政府；客体主要是交易的各种产品或服务；交易平台主要有第三方运营平台(如淘宝网、天猫商城、阿里巴巴等)、自营平台(如京东商城、苏宁易购等)，以及近年来以京东商城和苏宁易购为主的、逐渐出现的混营平台。

电子商务产业链的主要业务环节包括采购、营销、认证、交易(包括询价、下单、订单确认)、支付、仓储配送和售后服务等，各环节的业务是基于网络和信息技术支撑实现的。

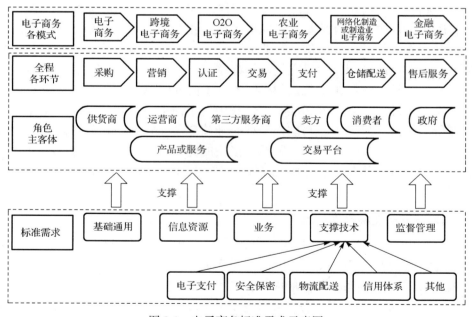

图3-1　电子商务标准需求示意图

交易模式根据电子商务市场的需求和发展不断派生出新模式，目前除了最基本的电子商务交易模式外，需要扩充的有跨境电子商务、O2O(Online To Offline)模式电子商务、农业电子商务、金融电子商务(P2P 电子商务)、网络化制造或制造业电子商务以及其他行业电子商务(如能源电子商务、化工电子商务、钢铁电子商务、林业产品电子商务、生鲜海产品电子商务等),以及将来不断产生的新型业态电子商务模式。

在不同的电子商务交易模式中,电子商务标准都应包括贯穿于各环节和各角色的信息资源类、业务类和保障整个交易环节安全可靠、高效运行的支撑技术类标准。

3．我国电子商务标准参考模型

电子商务标准体系是在电子商务领域内具有内在联系的、相互制约、相互作用、相互依赖和相互补充的各类标准组成的科学有机整体,是促进电子商务领域的标准组成趋向科学化、合理化的重要手段,一般用标准体系框架和明细表方式表达。

根据对我国电子商务标准需求的分析,为构建我国电子商务标准体系框架,不妨先建立电子商务标准参考模型(见图 3-2)。该模型主要从电子商务全程各业务环节、各参与角色、标准类型及电子商务交易模式四个维度对电子商务标准需求进行分析,并以标准类型为主要维度,每一标准类型都分别从交易模式、业务环节和角色三个维度提炼标准需求。

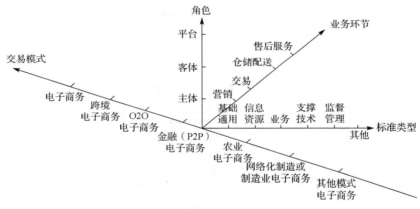

图 3-2　电子商务标准参考模型

4．我国电子商务标准体系框架

在我国电子商务标准参考模型基础上,电子商务的基础和引用类、信息资源类、业务类、支撑技术类和监督管理类五类标准分别从交易模式、业务环节和角色三个维度进行需求提炼,形成各个子类。电子商务标准体系框架如图 3-3 所示。

(1)基础和引用类标准主要包括基础标准和引用标准两个子类,其中基础标准是电子商务标准中总体性、基础性的标准;引用标准主要是电子商务中可以直接应用的、不属于电子商务本体系,但又被本体系引用的国家标准、行业标准和国际标准,主要包括现有的、需要遵循的、通用的基础数据和代码标准、网络安全技术与协议标准、网络基础标准等。

(2)信息资源类标准从交易模式、参与角色和业务环节三个维度进行分析,主要包括主体信息、客体信息、交易过程各环节中涉及的交易信息、物流信息以及一些基础数据等。主体信息标准主要解决电子商务中对参与方的有效管理和认证问题。电子商务中交易的主要对象就是客体,即产品和服务。客体信息根据不同的电子商务交易模式又包括:产品信息描述、服务产品信息描述(针对 O2O 模式)、知识产权信息描述、跨境电子商务产品信息描述等。客体信息类标准的制定、发布和实施对于保障网络交易中客体质量，保护消费者利益起到至关重要的作用。

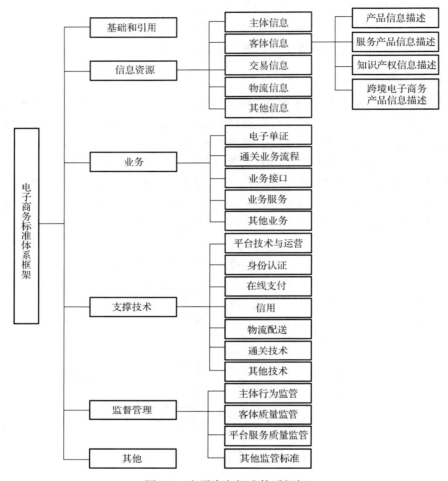

图 3-3　电子商务标准体系框架

(3)业务类标准主要是电子商务、跨境电子商务以及其他各类电子商务交易过程中涉及的电子单证、通关业务流程、接口和服务等标准。

(4)支撑技术类标准主要包括平台技术与运营、身份认证、在线支付、信用、物流配送、通关技术以及其他技术等标准。

(5)监督管理类标准是对电子商务市场进行监督管理的依据。按照从交易模式、角色和交易环节三个维度分析，主要包括主体行为监管、客体质量监管、平台服务质量监管以及其他监管标准。

本 章 小 结

本章介绍了国际电子商务立法状况与趋势和国外电子商务立法的进展与特点，并重点介绍了我国电子商务立法的问题，以及我国电子商务法律制度建设的内容。近年来，我国对网络及电子

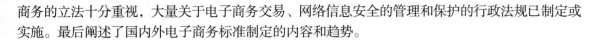

商务的立法十分重视，大量关于电子商务交易、网络信息安全的管理和保护的行政法规已制定或实施。最后阐述了国内外电子商务标准制定的内容和趋势。

复习思考题

1. 我国电子商务立法的层次如何划分？
2. 试举例介绍你知道的电子商务标准。
3. 国内外电子商务立法的趋势和特点有哪些？
4. 我国电子商务立法的近期内容有哪些？
5. 试述导入案例引起的学术争议有哪些，分析该案例在我国电子商务立法中的意义。

第 4 章

电子商务服务

本章提要

电子商务服务的兴起不仅改变了人们的思维方式、行为方式，而且也深刻地改变了人们的生活方式。本章主要从电子商务服务概念、电子商务服务质量管理、电子商务服务信任与信誉，以及电子商务服务实践四个方面深入浅出地介绍了电子商务服务的相关内容。首先，以电子商务服务的基本定义为切入点，介绍了电子商务服务的概念、特征和优势；其次，介绍了电子商务服务质量管理的重要性，回答了对特定的服务而言应该达到何种水平才是理想的状况；再次，分析了电子商务背景下信任和信誉的重要性及其相应的管理模式；最后，在实践和应用的层面探讨了电子商务服务的行业应用情况。

导入案例

Uber "优生活" ——提供改变生活方式的服务

Uber 是一家创立于 2009 年的美国硅谷科技公司，因旗下同名打车 APP 而名声大噪。2014 年 6 月，Uber 正式宣布在香港提供打车服务；2014 年 7 月 14 日，Uber 正式宣布进入北京市场；2014 年 10 月 20 日，Uber 宣布将拼车服务在国内七个城市推出；目前 Uber 已经将业务扩展到了上海、北京、天津、广州、厦门、西安等 40 多个中国大陆城市。为了扩大服务范围，提供更为优质的服务，2016 年 5 月 9 日 Uber 宣布在中国 3 个城市开始运营一项叫做"UberLife"优生活的新服务。优生活产品负责人王青云表示："优生活服务来源于一个用户调查数据，部分 Uber 用户在打上车之后也会不时打开应用查看，平均每个乘客要花掉 90 秒。"Uber 认为，在这项空闲时间里提供推荐服务，可以提高用户黏性。因此，"UberLife"优生活旨在通过大数据让志趣相投的人走到一起，帮助用户发现一个更好玩的城市和生活方式。值得一提的是，"优生活"中的活动及福利并非信手偶得，而是

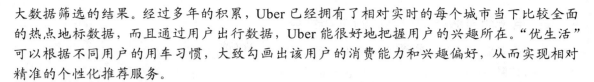

大数据筛选的结果。经过多年的积累，Uber 已经拥有了相对实时的每个城市当下比较全面的热点地标数据，而且通过用户出行数据，Uber 能很好地把握用户的兴趣所在。"优生活"可以根据不同用户的用车习惯，大致勾画出该用户的消费能力和兴趣偏好，从而实现相对精准的个性化推荐服务。

思考分析：

案例中"UberLife"优生活是一种新兴的服务，兼具消费者导向、个性化、社交化、数据化等电子商务服务特性，并且作为一种电子商务服务平台，具有广泛的发展空间及应用前景，但是如何进一步提高服务水平，从而提升用户感知、获取用户信任，并实现有效运营管理及规划呢？哪些因素将驱动其发展？是否存在这样的一个驱动机制呢？

4.1　电子商务服务概述

4.1.1　服务的定义和特性

有关服务概念的研究最早是从经济学领域开始的，并且最早可追溯到亚当·斯密的年代。法国经济学家萨伊则否定了亚当·斯密关于服务非生产性的见解，他指出：生产不是创造物质而是创造价值，服务劳动是生产性劳动。现代经济学中关于服务的定义则通常包含两层含义：第一，指第三产业中的服务劳动，它与"物质生产劳动"大致相同，但有交叉，如服务工作；第二，指服务产品，即以非实物形态存在的劳动成果，主要包括第三产业中一切不表现为实物形态的劳动成果。管理学界对服务概念的研究大致是从 20 世纪 50、60 年代开始的，美国市场营销学会的定义：服务是伴随着货物销售一并提供给顾客的利益、满足及其他活动。该定义将服务视为有形商品的一种附属物。而到了 20 世纪 70 年代，服务的概念已趋向于独立的活动，并已涉及服务的深层内容，即所有权与服务对象的状态变化。而 20 世纪 80 年代后，服务的概念彻底摆脱了商品的影子，而且日趋科学化和完善化。Gronroos（2002）指出，服务是具有或多或少无形性特征的一项活动或一系列活动，它通常是发生在顾客与服务人员、有形资源产品或服务系统之间的交互活动，在过程中为消费者提供问题的解决方案。Kotler（2002）认为，服务是一方能够向另一方提供基本上无形的任何活动和利益，并且不导致任何所有权的产生。

不管如何定义，对绝大多数服务而言，都具有以下四个共同的特征。

（1）无形性。无形性是指与有形的消费品或产业用品相比，服务的特质及组成服务的元素往往是无形的，无法用肉眼看见其存在，也很难用触摸感知其存在。

（2）同时性。服务本身不是一个具体的物品，而是一系列的活动或过程，因此在一定程度上具有生产和消费的同步性，在服务过程中生产者与消费者直接发生联系，生产过程即消费过程。

（3）易变性。易变性是指服务的构成成分及其质量水平并不稳定，并且很难统一界定。究其原因在于服务是以"人"为核心的，由于服务提供者自身因素的影响，再加上顾客参与服务的生产和传递，因此服务提供差异和服务感知差异是必然存在的。

（4）非存储性。服务的无形性和相连性使得服务不能像有形消费品和产业用品那样被存储起来，以备将来出售，而且绝大多数的服务也不可能被携带回家，因此生产出来的服务如不当时消费就会造成损失。

4.1.2 电子商务服务的概念、特性和优势

电子商务服务是随着电子商务的发展而兴起的，是电子商务应用规模不断扩大、影响不断深化的结果。Roland(2001)给出了电子商务服务的定义，并将其系统地整合到企业的内部。Laku(2001)提出电子商务服务主要是指通过电子化交互方式来提供服务的各项活动，包括股票交易、新闻传送等。Elisabeth(2004)提出电子商务服务是一系列发生在互联网上的行为，消费者通过网络同供应商接触，供应商通过网络为消费者提供产品或服务。

从信息技术的角度来看，电子商务服务是通过互联网递送的功能性软件，并由此产生新的交互界面和新的服务类型。从服务营销的角度来看，电子商务服务是一种增加顾客效用的电子手段，内容包括核心服务、便利性服务、支持性服务、补充性服务、用户界面等。从狭义上来讲，电子商务服务是供应商通过网络平台为消费者提供产品或服务的过程。从广义上来讲，电子商务服务是一种以技术为基础、以信息交流为手段、以客户为中心的组织服务理念和发展战略，其目的是为顾客提供更好的体验。

电子商务服务继承了传统服务的许多特性，如无形性、风险性、生产与消费的同步性、易逝性与不可存储性等，但在电子商务环境下，服务传递过程有着不同的特点，如图 4-1 所示。

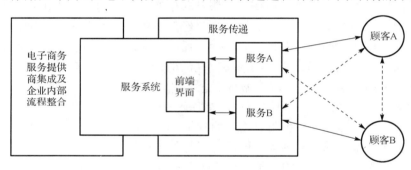

图 4-1　电子商务的服务传递

服务传递过程中直接与顾客接触的不再是服务人员，而是通信技术，或者说是网络。顾客通过网络这个媒介接受服务系统提供的服务或者间接接受服务人员提供的服务，这同传统服务过程中只涉及顾客与服务人员的服务不同。因此，电子商务服务过程的变化使电子服务除具有服务的特性外，还具有自己独特的特性。

1. 以消费者为导向

在电子商务服务过程中，由于网络的便捷性，顾客更多地参与到服务生产和消费过程中，因此，关注的焦点从供给面转向了需求面，即从以企业为中心转向以消费者为中心。越来越多的电子商务服务从设计阶段开始就以顾客的需求为中心，企业所提供的各项电子商务服务都最大限度地从消费者的需求出发，为消费者提供最大的服务效益，其发展重点已从自己的企业品牌资产转向顾客资产，在为顾客递送价值的过程中实现自身的价值，这是企业服务意识的提升和服务观念的创新。

2. 个性化

在传统条件下，企业由于受人力、物力的限制，所提供的服务只能是"粗放型"的，不可能按照个体的服务需求主动提供个性化的服务。在电子商务环境下，企业的服务能力有了

显著提高，使得面向消费者提供"一对一"的服务成为可能，消费者也可以根据自身的需求，定制具有个性特点的服务。

3．自助化

在电子商务服务的过程中，顾客所体验的服务离不开技术的支持，技术作为中介承担了电子商务服务提供商为顾客提供服务的任务。顾客常常是与信息技术(网站)发生直接的交互，而网站提供的功能也使顾客可以充分按照个人意愿选择服务项目，自助完成服务，从而更加主动地获取企业所提供的各种服务。

4．移动化

传统的电子商务是以 PC 机为主要界面，被称为"有线的电子商务"。但随着在手机、掌上电脑(Personal Digital Assistant，PDA)等手持移动终端上发展出来的商务活动的迅速兴起，电子商务服务移动化趋势日益明显。电子商务服务移动化的实现是将互联网、移动通信技术、短距离通信技术及其他信息处理技术进行有效结合的成果，使顾客可以在任何时间、任何地点进行各种商贸活动，实现随时随地、线上线下的购物、交易、支付活动，为顾客提供便捷的服务。

5．整体化

电子商务服务有很强的集成性，它要求企业不同部门打破各自为政的传统做法，建立快捷、顺畅的业务流程，加强部门之间的沟通协作，它把企业的不同部门的不同职能通过网络集成在一起，让消费者享受"一站式"服务，系统地为顾客提供问题的解决方案，最大限度地节省服务时间，提高服务效率，为顾客创造更大的价值。这时电子商务服务的管理理论基础也从传统的职能分工科学管理思想，转向功能集合的过程再造理论。

6．社交化

现代电子商务服务在沟通的及时性与互动性、分享的便利性等方面提出了更高的要求，而社交网络的出现让电子商务服务可以在人际关系链中传播得更快，在网络世界与消费市场的融合以及社会化媒体的推波助澜下，消费者的角色发生了质的改变，从单一的消费者转向集信息生产者、信息传播者、资源共享者等多元化角色为一体的新型消费者。

7．数据化

为了实现个性化、精准化的服务，企业需要以庞大的消费数据量为基础把握用户现有消费模式并创立更为有趣和有效的服务模式，寻找更多、更好的增加用户黏性、降低运营成本的方法和途径。服务的提供有赖于从凌乱纷繁的数据背后挖掘出更为符合用户兴趣和习惯的产品或服务。而且，服务提供过程也是原始数据收集的过程，这些原始数据是数据分析业务和数据可视化服务的基础。

电子商务服务是电子商务企业使用创新的交互模式为消费者提供服务的方式，它利用信息技术对传统服务方式和内容进行改造和创新。

4.2　电子商务服务质量管理

4.2.1　电子商务服务质量管理的重要性

由于服务的复杂性——它与有形产品不同，是一系列的过程，在这些过程中，生产和消费同步进行，而且顾客直接参与服务的生产过程，因此，服务质量也变得非常不稳定。电子商务服务在其实现的过程中，网上顾客很少去评价每一个细小的过程，相反他们更有可能将服务过程作为一个整体的过程或结果来进行评价。高质量的电子商务服务成为顾客利益得以实现的保障，它直接影响了顾客的满意度与忠诚度。因此，电子商务服务质量管理是非常重要的，主要体现在以下三个方面。

（1）对企业而言，在电子商务环境下竞争变得更加激烈，顾客只需一个单击就可以转向其他竞争对手，企业单纯依靠技术优势来构筑长期竞争优势是相当困难的。同时，产品价格信息通过网络传播变得很容易获取，顾客往往对典型的产品或服务的价格非常熟悉。为了减少价格透明化带来的不利影响，传统企业可以采取三种主要的战略：地理位置上的差异、服务质量差异和适度的转换成本。而网络的出现降低了地理位置的差异对消费者选择产品和服务的影响，同时也减少了转换成本，因此，电子商务服务质量管理就成为企业获取竞争优势的主要战略，同时，网络企业为顾客提供优质的电子服务，也成为一项有效的差异化营销策略。

（2）对顾客而言，电子商务服务质量管理应从顾客的实际需求出发，帮助顾客感知服务价值，保证服务质量。劣质的服务质量管理影响企业竞争力，只有当顾客对服务感到满意时，他才愿意为电子商务企业做有利的口头宣传，介绍新顾客，并为电子商务企业的产品或服务支付较高的价款，进而提高顾客满意度，增强顾客的忠诚度。

（3）对企业员工而言，电子商务服务质量管理也是保护员工的有效手段。由于服务的同时性和易变性，不同的员工提供的服务水平有高有低，不同的顾客对同一服务的感知也不尽相同。服务质量管理能够培训员工如何有效地服务顾客，提升顾客满意；而且能够指导员工如何应对突发状况，以让顾客满意的方式处理问题。电子商务服务质量管理使员工因过错而受责罚的可能性降低，从而实现了对员工的保护。

综上所述，电子商务服务质量管理对企业发展、顾客满意及员工满意均至关重要。

4.2.2　电子商务服务质量管理模型

对于特定的服务来说，究竟应当达到什么水平才比较理想？这取决于企业所采取的策略和顾客对服务的感知，这两个因素相互影响。企业通过一系列内部决策和活动向顾客提供了一定的服务，而顾客通过自身对企业所产生和传递的服务体验形成了感知的电子服务质量，即由于对电子商务服务质量的感知和预期而导致其做出最后的购买行为。如果服务提供者想成为市场中的佼佼者并试图满足潜在顾客对优异服务质量的追求，那么服务提供者就必须首先使顾客建立起较高的服务质量预期，然后为他们提供能感知到的优异服务，如图 4-2 所示。

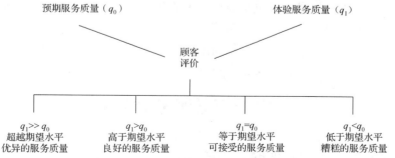

资料来源：Berry L.L.，Shostack G.L.& G.D.Upah.Emerging Perspective on Service Marketing.USA:American Marketing Association，1983.

图 4-2　顾客的服务质量评价

　　因此，电子商务服务企业的服务质量管理就是要通过对企业服务生产和传递过程的控制，最终提高顾客感知的服务质量。Zeithalm 等(2002)提出的电子商务服务质量管理差距模型是分析电子商务服务质量问题产生的原因并帮助管理者了解如何改进服务质量的重要工具，如图 4-3 所示。

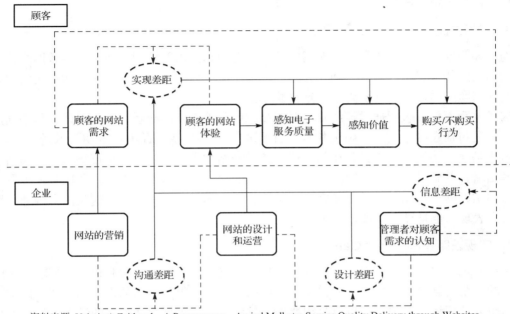

资料来源：Valarie A.Zeithaml，A.Parasuraman，Arvind Malhotra.Service Quality Delivery through Websites：A Critical Review of Extant Knowledge，2002，30(4)：362-375.

图 4-3　电子商务服务质量管理差距模型

　　该模型从顾客方面和企业(这里指电子商务服务提供商)方面，说明了服务质量问题是如何产生的。模型中体现了四个差距，包括信息差距、设计差距、沟通差距，以及这三个差距共同作用并反映在顾客方面的实现差距。而顾客方面的实现差距则直接影响了顾客感知电子服务质量、感知价值和购买/重购行为。以下分别分析这四个差距的形成原因。

1．信息差距(Information Gap)

　　由于负责网站设计和运营的部门对顾客所期望的网站特性等方面信息了解不完全、不充分，使电子商务企业对它的目标市场形成了不完整和不准确的认知。信息差距体现了顾客对网站特性的需求同企业管理层对这些需求的认知之间存在的差距。信息差距的存在，一方面，由于管理层对市场信息日常监控的忽视，在瞬息万变的市场条件下，没有及时更新顾客所期望的服务，导致了一定程度上的信息差距；另一方面，由于顾客的喜好捉摸不定，甚至对服务的理想水平要求常常是既不太高也不太低，而难以准确把握。因此，信息差距必然存在于电子商务服务质量管理中，管理者应该在可掌控的范围内尽量缩小这个差距。

2．设计差距(Design Gap)

　　作为电子商务服务发生的中介，电子商务网站从最初的设计阶段就应该充分考虑将顾客吸纳进来，企业应该从顾客出发，由企业对顾客期望的认知来决定网站的设计。同样，网站在运营过程中，更应该及时根据顾客的反馈对网站做出合适的调整。但即使企业的管理层对顾客期望有完整而准确的认知(即假设信息差距是不存在的)，该认知也往往难以完完全全地反映在网站的设计和功能上，由此可见设计差距是不可避免的。设计差距显示了将顾客的需求融合到网站的结构和功能中去的失败。由于信息差距的存在及管理层认知的不完全不准确，又累积了设计差距，导致电子商务服务质量缺口的进一步扩大。

3．沟通差距(Communication Gap)

沟通差距反映了由于市场人员对网站特点、能力和局限的认识不清，而导致网络营销行为与网站实际能够提供的服务之间存在差异。传统服务质量环境下在市场和运作之间缺乏有效沟通的问题同样存在于电子商务服务质量环境中。

沟通差距不仅仅包括通过传统媒介对产品或服务不准确的或者夸张的承诺，如平面广告和电视，还包括在网站上对网站服务本身的承诺(如对所购买商品的送货期限承诺)。不管夸大的承诺是通过传统促销方式传播的，还是通过网站本身传播的，由于市场人员或网络宣传无视网站潜在基础设施存在的缺陷，而许下不实的承诺所营造出的电子商务服务环境影响了顾客对网站的需求和期望，导致顾客的网站体验未能满足预先的期望。这是内部沟通差距的外部放大表现，也是导致实现差距的原因。

4．实现差距(Fulfillment Gap)

实现差距发生在顾客方面，直接表现为顾客的电子商务服务体验和预先对需求满足的期望之间的差距。该差距是由以下两种情况造成的：一种是由于夸张的市场承诺并不能准确地反映网站设计和运营的现实，也就是沟通差距导致的，如市场承诺顾客的退款保证，而事实上网站的技术支持不足或是对待顾客抱怨的处理机制不完善，而使顾客预期的退款保证没有实现；另一种可能在顾客缺乏外部承诺时发生，如顾客自己并没有能力接受电子商务服务而实现对服务的预期目标，这种服务失败并不是夸大外部承诺的结果，而是由于网站设计和运营的缺陷，忽视对顾客本身特点的考虑而缺乏对顾客期望的整合，这种类型的实现差距源于累积的信息差距和设计差距。

简而言之，整个实现差距源于信息、设计和沟通差距的累积，具体表现为顾客的电子商务服务体验和期望之间的差距，并最终形成顾客的感知服务质量，导致购买/不购买的行为，如图4-4所示。

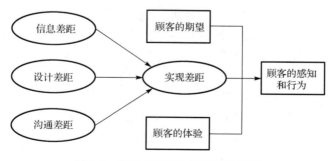

图4-4　实现差距产生的原因和后果

电子商务服务质量管理的差距模型说明了四种电子商务服务质量差距是由于服务管理过程不完善而造成的。企业可以根据电子商务服务质量管理的差距模型对电子商务服务质量管

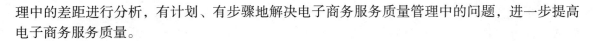

理中的差距进行分析，有计划、有步骤地解决电子商务服务质量管理中的问题，进一步提高电子商务服务质量。

4.3　电子商务服务的信任与信誉

4.3.1　电子商务背景下的信任和信誉的重要性

心理学界一般认为信任是个人或组织信赖另一方的口头或书面承诺的意愿。管理学界通常认为信任是一方对另一方在履行职责、承担风险、非投机行为等方面的预期，对信任的研究常常与组织绩效、企业风险、交易成本等联系在一起。营销学界将信任理解为对另一方具有信心并依赖对方的意愿，并且强调信任可以被看作是对合作伙伴可信程度的信念。信息系统领域认为信任包括信念与动机两个方面：信念包含能力、诚实、善良、可预测性；而动机包含依赖对方的意愿、依靠的主观可能性。

电子商务服务的特质决定了在该领域研究信任具有重要的意义和价值。电子商务中的信任是一个实体评估另一个或一群实体将会进行某一特定行动的主观概率水平，这种评估先于该实体对此特定行为的监控之前，需要在一定的情形之下做出，并会影响该实体自身的行动。在电子商务活动中，只有交易双方有了互相信任，才有可能推动更进一步的合作，以期达到利益最大化。

信任在电子商务过程中所起到的作用远远超过了它在传统经济活动中所起到的作用。顾客愿意为他们所信任的商家做出有力的口头宣传，并且今后也会再次购买这些商家的产品或服务。信任是决定营销效果的一个重要因素，对电子商务企业来说，这点尤为重要，其原因有以下几点。

（1）信任会降低交易成本。在社会学、组织行为学以及营销学领域，许多文献都提到信任可以降低电子商务的成本。在电子商务活动中，如果信任度较低，只能依靠烦琐的契约、监督和法律手段保证电子商务的正常运行，因此交易成本比较高；相反，如果信任度较高，控制机制的需要减少，就可以有效地降低交易成本。

（2）信任可以降低交易风险。在商务活动中，交易一方对另一方控制力越小，就越需要对另一方的信任，信任对方才会对对方的行为有一个明确的预期，这种预期会降低交易风险。

（3）信任可以促进交易各方的进一步合作。西方学者普遍认为，信任是自愿的、有目的的，信任的目的是保持双方良好的合作，从而使双方受益；当人们认为他人的行为可能会损害自己的利益或自己面临较大决策风险时，人们是否信任对方就可能决定人们的行为方式。

网络环境的非人性化、非面对面的特点决定了交易者要对产品、交易对象进行直接观察是十分困难的，这就使得在传统经济中占主导地位的基于认知的信任和基于熟悉的信任作用减弱，互联网开放、共享的设计思想不可避免地使基于系统依赖的不确定性加重，使得交易双方不敢轻易相信对方。网络经济的特点决定了在网络环境下的信任基础更弱，这也意味着在电子商务活动中建立信任的难度更大。

4.3.2　电子商务环境下的信任模式

关于电子商务环境下的信任问题，Kini 和 Choobineh（1998）的观点比较有代表性。他们研究了电子商务环境下信任的来源，认为电子商务环境下信任的来源是信息环境、系统、个人特质和任务，其中：环境包括展示的平台、组织情况及效益；系统包括系统的安全性和可靠性；个人特质包括个性中信任倾向是否有效益；任务即指交易的风险。他们据此提出了一个电子商务环境下的信任整合模式(见图 4-5)。

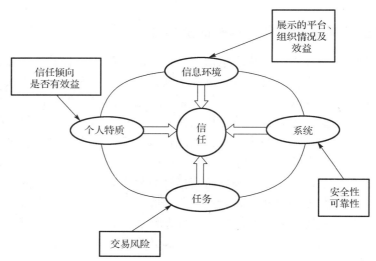

资料来源:Kinia，J. Choob Ineh.Trust in Electronic Commerce: Definition and Theoretical Considerations [J].1998(3).

图 4-5　电子商务环境下的信任模式

信任和不信任行为只存在于充满风险和不确定性的信息不对称环境中。网络环境下信息不对称的加重使其表现出比传统经济更严重的潜在投机、欺诈倾向。消费者在网上交易过程中所面临的不确定性比在传统交易环境中所面临的不确定性要高出许多。网上交易可能会给消费者带来两种风险：系统环境的不确定性(System-Dependent Uncertainty)和交易的不确定性(Transaction- Specific Uncertainty)。

(1)系统环境的不确定性。系统环境的不确定性是由于外在环境或者外生因素造成的不确定性。外生不确定性来自于环境的变动或者是其他相关的环境因素所造成的。在电子商务环境下，软件和硬件的可靠度、电子系统的稳定性、潜在的系统问题、安全机制的漏洞等都是外生不确定性的主要来源。外生不确定性无法利用交易双方先前所约定的合约或是协定避免。

(2)交易的不确定性。交易的不确定性是由于交易双方信息不对称所导致的不确定性因素。从消费者的角度来看，在电子商务的环境里，交易的不确定性主要来自于消费者无法与其交易对象进行太多的互动，对于产品的品质检验也比在实体商店困难很多。

系统环境的不确定性和交易的不确定性给网上消费者带来的风险感知比传统环境下要大。严重的信息不对称则是信任问题的根源。电子商务与传统交易的差异体现在以下几个方面。

(1)实际接触。在电子商务中，交易双方缺乏真实接触。传统交易过程中通过面对面的接触，买方和卖方可能建立起长期的合作关系。在电子商务交易中由于缺乏真实接触，信任难以建立。

(2)虚拟身份。尽管随着技术的进步，互联网的身份鉴别技术在逐步完善，但总体而言，互联网是一个虚拟的世界，你可以是你宣称的任何人，用户无法从电子商务网站上的说明来确定商家的身份。

(3)商品识别。由于电子商务商家没有实体的商店，顾客无法像通常那样到现场考察商家的规模和实力。电子商务网站提供的商品说明只是文字和图片，顾客无法亲自感受、体验商品的质量。电子商务网站上也没有真实的销售人员，买方所能获取的商品信息有限。

（4）交易规则。网络交易不能"一手交钱一手交货"，必定会存在时间差。因此，人们不得不寻求高度的信任感作为交易的前提。

4.3.3　电子商务服务提供商的信任管理

电子商务的发展面临着在整个经济环境缺乏诚信保证的条件下，如何确保用户信任安全的问题。电子商务信任管理是一个利用先进的网络信息技术对获信人的信用数据进行特殊处理，以帮助授信人规避信任风险的过程。合理地开展信任管理能有效控制电子商务中的信用风险，提高网络经济的效率。目前电子商务主要有三种较为典型的信任管理模式，即中介信任管理模式、交托信任管理模式、担保信任管理模式。

1．中介信任管理模式

中介信任管理模式是将网站或网站联合第三方服务商作为在线交易中介人，达成交易协议后，买方将款项交给网站，当网站核对无误后，通知卖方向买方移交物品；当网站收到买方的收货通知后，再将款项交给卖方。这种模式是单边的，是以网站的信誉为基础的，但存在着交易过程复杂、交易成本高、适用范围小等缺陷。

2．交托信任管理模式

交托信任管理模式是指交易双方通过网站进行交易活动，在取得物品的交易权后，网站让买方将货款支付到网站指定的账户里，让卖方将货物交给网站设在各地的办事机构，当网站的办事机构核对无误后再将货款及货物交给对方。这种模式虽然能在一定程度上减少了商业欺诈等商业信用风险，但需要网站有充足的资金去设立众多的办事机构，因而降低了交易速度，增加了交易成本。

3．担保信任管理模式

担保信任管理模式是指网站或网站的经营企业为交易各方提供担保，通过提供担保来解决信用风险问题。这种模式一般只适用于具有特定组织性的行业，如在中国电子商务协会倡导下的中国电子商务诚信联盟。

结合目前各类电子商务服务提供商所采取的信任管理措施，可将电子商务信任管理的措施划分为以下几种。

（1）认证制度。当前的认证制度主要采取四种认证方式，即身份证认证、营业执照认证、地址认证、手机认证。每一种认证方式都要求提供个人资料，通过第三方机构对个人资料进行确认，以保证交易者的身份具有一定的可追溯性，提高电子商务交易的安全保障和交易双方的信任度。

（2）在线信誉系统。用户在网站上交易成功后，在评价有效期内，就该交易互相做出评价（如-1，0，1）。在线信誉系统通过收集评价信息，计算用户的信任度。用户信任度将为交易用户提供极有价值的参照，为在线交易提供安全保障。

（3）信用评级。网站根据用户累积信任度的高低，对用户的信任度进行评级。

（4）第三方契约服务。网站研发支付工具或与独立第三方合作向交易用户提供第三方契约服务，以抵制不运送物品、虚假描述、退款欺诈等行为。

(5)设立安全交易基金。安全交易基金是网站为增强用户网上交易信心而提供的一种无偿赠送金额，用来鼓励用户在网上交易过程中遵守诚实信用的交易原则，使买卖双方放心地进行在线交易。

(6)信用炒作惩罚措施。对于信用炒作，网站都做出了相应的惩罚措施，如取消恶意用户通过非正常交易获得的信任度、视情节严重情况冻结账户等。

4.4 电子商务服务实践

4.4.1 应用视角的电子商务服务框架

电子商务的优点在于能够全面渗透到各行各业，在各个领域得到充分、全面的应用。互联网的应用涉及很多传统产业，迫使人们转变思想观念，重组业务流程，实施行业电子商务。银行开展网上银行服务业务，证券业积极利用网络进行证券交易，传统商家纷纷建立自己的网站，通过网上商场卖东西。

与此同时，传统经济没有的新行业也应运而生，如内容服务商(Internet Content Provider，ICP)、网络服务商(Internet Service Provider，ISP)、数据中心(Internet Data Center，IDC)、身份认证机构(Certificate Authority，CA)等。因此，从应用角度来看电子商务服务，可以用图4-6来展示。

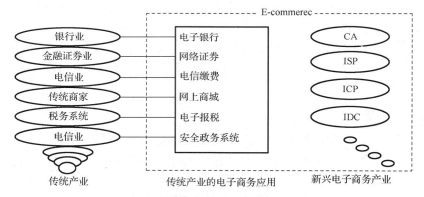

图4-6 应用视角的电子商务服务框架

4.4.2 传统服务业的电子商务应用

计算机技术和网络技术的发展直接促进了电子商务的兴起，电子商务的发展对各行业而言既是机遇也是挑战。对于传统服务业而言，利用电子商务的信息技术优势，将其融入电子商务服务中，将大力促进传统服务业的发展。

1. 零售服务业的电子商务应用

在电子商务环境下，传统零售服务业可以充分利用电子商务平台所提供的先进信息技术来加强内部管理，降低外部交易成本，取得更大的效益。电子商务改变了传统商品间接流转机制，以一种方便的浏览方式，让消费者通过网络对商品信息一目了然，达到亲临现场的效果，并在线上下单购买，减少路途的劳累和人员的拥挤。网络零售还能让消费者享受到亲临现场无法达到的目标，即当现有产品无法满足消费者需求时，互动式交易场景可以为其提供满足个性的机会，如消费者可以通过电子邮件或电子留言向商家订货，实现自己的消费需求。除此以外，电子零售还具有高效率性，它超越了传统零售经营的空间和时间限制，充分体现和满足了现代消费者的效率观。

2. 餐饮服务业的电子商务应用

目前，我国餐饮服务业的电子商务应用主要是通过网络来实现餐饮活动每个环节的电子化、网络化，包括信息发布、交流、产品宣传、售前售后服务、交易和企业内部业务流程的进行等。餐饮服务业对电子商务的应用可从两个方面来探讨，即内部管理和外部营销。就内部管理而言，餐饮企业内部电子商务管理系统将企业财务、生产、采购、人力资源整合到一个平台上，从而实现了管理的便捷化；而在线食材订购使得餐饮服务业电子商务供应链走向完整化、健全化。就外部营销而言，企业主要通过企业自建平台、团购网站、餐饮综合性网站、外卖网站、区域性餐饮网站、私人定制等方式，激发消费者的消费动机，满足客户多样化需求，促成线上用户与线下商品服务的完美对接，减少企业运营成本，提升利润空间。

3. 旅游服务业的电子商务应用

旅游企业可利用现代信息手段，将旅游景点、旅游饭店、旅游设施、交通工具等的三维景象在电子商务网上展现出来，提高旅游产品被事前感知的程度，增强游客的信任。另外，在电子商务环境下，通过旅游电子商务网站，旅行者可以更方便地查询旅游资料，预订酒店、机票、门票，安排行程路线等；旅行社可以更高效地安排导游、改善管理、降低成本；旅游主管部门可以更快捷地收取税款、掌握旅游风向、实现宏观调控。旅游电子商务将彻底改变现在旅行社的运作模式和体制形态，使传统的旅游经营发生革命性的变化。

4. 政府政务服务的电子化

电子政务是指国家机关在政务活动中，全面应用现代信息技术、网络技术以及办公自动化技术等为社会提供公共服务的一种管理方式。电子政务除了具有传统的行政管理特点外，还具有快捷性、方便性、现代性和虚拟性等特点。在各国积极倡导的"信息高速公路"应用领域中，"电子政务"被列为第一位。电子政务的发展也正对政府管理的技术、公共舆论的引导、公共活动的参与以及公共部门的形象等方面提出挑战。在社会不断发展壮大的背景下，社会公共问题的解决已不再局限于政府这一唯一的行为主体，而更多地向多元治理主体转变。电子政务的发展是政府管理行为顺应民主政治的要求、扩大公共治理主体、改变治理形式的表现，是现代公共管理的要求。

4.4.3 现代服务业的电子商务应用

1. 健康服务业的电子商务应用

2015年政府工作报告中"互联网+"行动的提出，预示着"互联网+健康"模式将成为未来医药经济的主导。健康产业对电子商务的应用主要表现在以下几个方面：第一，重塑产业链，通过电商平台、微博、微信等途径改变传统商业模式，推动产业整体腾飞，未来着眼于处方药的网售及健康产业网络化；第二，搭建大健康平台，加强多领域合作，未来着眼于实行互联网金融战略，旨在建立医药平台，将医药行业上下游连接起来；第三，加强互动营销，与跨行业企业合作达到提供互动产品、提升用户与企业间互动的目的，未来着眼于通过进一步提高产品和服务质量，构建新型客户黏性系统；第四，中医药文化上线，通过电商产品研发部门开发新产品并在网上销售，未来着眼于投建本草纲目线上百科，增加网络健康咨询师，形成大健康网络销售格局；第五，服务黏性提升，积极寻找合适的互联网企业进行并购，增加除客户拜访以外的客户接触信息渠道，未来着眼于采取"快速响应、提升顾客体验，对细节近乎苛刻地关注和提升"的行动理念；第六，加深终端能见度，通过网络整合营销，全方位关注用户体验，着眼于通过平台与顾客进行互动，从互动中积累并挖掘大数据，优化产品线。

2. 金融服务业的电子商务应用

在全球网络经济中，金融电子化的发展是最引人注目、最突出的。这主要表现在两个方面。第一，金融交易的通约性最强，金融活动与其他经济活动相比更容易信息化，更适合借助计算机网络进行。从银行、证券、期货、保险到投资咨询，信息网络技术都获得了普遍而快速的应用，从而使金融业成为与信息网络技术结合最紧密的经济部门之一。第二，网络银行悄然兴起，因为它有着不可比拟的竞争优势：银行实现交易无纸化、业务无纸化和办公无纸化，大幅度提高了银行业务的操作速度，降低了服务成本；虚拟银行电子空间允许以百万计的银行客户和金融客户根据需要随时到虚拟银行里漫游；电子化支付系统使得交易越来越便捷，电子化转账结算能提高自己的账户资金处理速度，从最终意义上实现电子商务。

3. 教育产业的电子商务应用

教育的电子化、信息化是教育改革的必然之路。电子商务使得教学教育变得更加方便、快捷，并在一定程度上改善了传统教育模式的成本高、知识范围狭窄、知识更新慢等弊端。其主要表现形式有：第一，数字图书馆，它的服务是以知识概念引导的方式，将文字、图像、声音等数字化信息，通过互联网传输，从而做到在时间、空间上不受限的信息资源共享；第二，电子出版社，全面开发知识资源，通过协议出售数字教学资源，并拥有独特的电子商务运作模式；第三，网络学习平台，包括网上教学和教学辅导、网上自学、网上师生交流、网上作业、网上测试以及质量评估等多种服务在内的综合教学服务支持系统，为学生提供实时和非实时的教学辅导服务；第四，知识和信息中介公司，可实现知识超市共享，极大地丰富网络的知识量，并服务于远程教育的传播；第五，现代商务职业介绍所，为教育末端的就业问题提供解决方案，以电子商务为基础进一步帮助毕业并且获得学位的相关人员寻找合适的工作。

4. 物流服务业的电子商务应用

电子商务的发展对物流产业具有的影响是全方位的，它改变了物流的运作模式和经营形态，实现了物流高效化、合理化、系统化，主要表现在以下几个方面。第一，运输类物流应用，通过电子商务渠道，客户能够进行班次与货物的信息查询、在线订票、运力预约、装货预约、单证报表传递、发货管理等。第二，仓储类物流应用，以第三方物流为载体，为生产企业提供产品的仓储、包装、加工、配送、分拣、装卸、理货、保税等物流服务，建立仓储信息管理系统，为客户提供电子数据交换服务。第三，物流公共信息平台，提供物资资讯、物流专线、车源货源、招标采购等信息服务，供需双方减少了交易信息匹配成本，扩展了物流服务的范围，形成商业联盟，降低物流系统成本。第四，复合型物流应用，结合互联网、信息技术、传统物流服务，在全国范围内建立仓储和转运中心及快递实体运营网络，联合认证加盟商，向客户提供快运、快递、软件等服务，实现企业内部信息化建设，与合作企业互联互通。

4.4.4 新兴的电子商务服务

信息技术的发展不仅带来了传统和现代服务业的电子商务应用，同时也催生了为电子商务应用提供服务的服务，即电子商务服务。

电子商务服务业是伴随电子商务的发展、基于信息技术衍生出来的，为电子商务活动提供服务的各行业的集合；是构成电子商务系统的一个重要组成部分和一种新兴服务行业体系；是促进电子商务应用的基础和促进电子商务创新和发展的重要支撑性基础力量。电子商务服务的范围大于电子商务应用范围，因为供给往往有可能创造原先并不存在的需求。电子商务服务也能涉及企业和个人的商务、工作和生活的各个环节、层面和范围。

电子商务服务平台是电子商务服务业的核心，也是电子商务服务业越来越重要的表现形式，按服务的类型分类如下。

(1) 电子商务交易服务平台：提供网络营销、网上销售、网上采购和交易信息发布等。

(2) 电子商务业务服务平台：提供基于网络的研发设计、现代物流、财务管理、人力资源、管理咨询和技能培训等业务流程外包服务。

(3) 电子商务技术服务平台：提供电子商务网络基础设施和技术支持，以及基于网络的信息处理、数据托管和应用系统等 IT 外包服务。

本 章 小 结

本章从电子商务服务的角度介绍了电子商务。第一节概述了电子商务服务，从传统服务的定义和特性引出了电子商务服务的概念、特性和优势。第二节从电子商务企业的角度阐述了应该如何发现电子商务服务管理中存在的问题。第三节探讨了电子商务服务中的重要问题——信任和信誉，阐述了在电子商务服务信任模式下，电子商务服务提供商应该如何进行信任管理来促进电子商务服务的发展。第四节从应用的视角描述电子商务服务框架，并从传统服务业的电子商务应用、现代服务业的电子商务应用和新兴的电子商务服务三个方面阐述电子商务服务的全面应用。

复习思考题

1. 什么是服务？电子商务服务和传统的服务有什么不同，有何新特点？
2. 企业为什么要进行电子商务服务质量管理？
3. 举例说明你在接受电子商务服务时所面临的信任问题。
4. 分别举例说明传统服务的电子商务应用和新兴的电子商务服务两种电子商务服务的表现形式。

第 5 章

电子商务链与模式

内容提要

本章主要介绍电子商务链和电子商务模式，首先，阐述电子商务链的基本概念；其次，分别说明电子商务的业态模式、电子商务的商务模式和电子商务的服务模式。

导入案例

唯品会网

唯品会网（www.vipshop.com，www.vip.com）是国内知名的品牌折扣 B2C 网站，它率先在中国开创了"名牌折扣+限时抢购+正品保险"商业模式、不断升级的"精选品牌正品+深度折扣+限时限量"特卖模式，主要是进行时尚名牌商品的销售，以较低的折扣价向消费者出售正品名牌商品。其电子商务模式为生产商、商贸企业或个人利用互联网来实现与客户之间的信息沟通、产品定制、产品传递等功能的网络营销模式。

唯品会由沈亚和洪晓波于 2008 年创立于广州，隶属于广州唯品会信息科技有限公司。唯品会是中国最大的名牌折扣网站之一，目前汇集了上千家一、二线品牌商品，主要包括名牌服装、鞋子、箱包、配饰、香水、化妆品、奢侈品、旅游等品类。截至 2016 年 8 月 31 日，唯品会的"注册 VIP"超过 1 亿人，日均订单量超 50 万单。每天帮 VIP 们节省数亿元，超过82.1%的 VIP 们买了还会再买，从此陷入与唯品会日日约会的"缠绵热恋"，尽情享受商品、价格、服务的 360 度无死角的惊喜。

唯品会坚持以安全诚信的交易环境和服务平台、可对比的低价位、高品质的商品、专业的唯美设计、完善的售后服务，全方位地服务于每一位会员，以提升客户满意度为己任，让消费者享受畅快、安全、放心、便捷的消费流程体验和服务，致力于打造中国最大的名牌折扣网和中国一流的 B2C 网络购物平台。

2012 年 3 月 23 日，唯品会在美国纽约证券交易所（New York Stock Exchange，以下简称

"纽交所")上市，是华南首家在美国纽交所上市的电子商务企业。唯品会(NYSE:VIPS)公司市值已超过百亿美元，位居中国互联网公司排名前五。截至 2014 年 9 月 30 日，唯品会第三季度净营收达 8.826 亿美元，连续八个季度实现盈利，目前已成为全球最大的特卖电商，其所代表的"特卖"模式也已成为国内三大主流电商业态之一。

思考分析：

分析唯品会电子商务商业模式的特点及其成功的因素。

5.1 电子商务链

商务是企业为了实现某一商业目标，在具体进行交易过程中的实际操作步骤和处理过程，由交易前的准备、贸易磋商、合同与执行、支付与清算等环节组成。商务以买卖交易环节为核心，包含了其他与该交易相关的环节，是一切与买卖商品或服务相关的商业事务的总称。

5.1.1 商务链的概念

商务链抽象地将交易活动表现为不同节点，每个节点分别代表一定的经济事务，通过将这些节点有效地串联起来，共同形成了一个交易链。

商务链是将商务活动进行联系与划分，并使之有序化的逻辑链条。交易买卖的过程可以细分为交易前、交易中和交易后。交易前包括商品信息的展示与沟通、交易中主要是以价格为核心的谈判与签约；交易后表现为以货币和商品交换为主的支付和配送。交易链是狭义的商务链，也是整个商务链的核心所在。广义的商务链还包括商品与市场的准备和售后服务阶段两个环节，被称为商务链 I 框架，如图 5-1 所示。

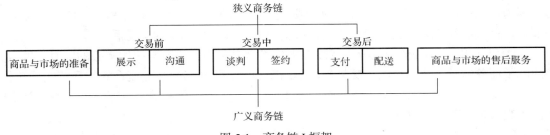

图 5-1 商务链 I 框架

在商务链 I 的基础上，结合电子商务实践的发展及网上网下商务活动比较研究的需要，将商务活动进一步细化为 10 个节点，增加身份确认、交易确认、商务评价、纠纷处理环节，(其中纠纷处理为可选环节)，形成商务链 II 的框架图，如图 5-2 所示。

交易过程不仅存在信息流、商流、资金流和物流等一般商务活动默认的四流，还存在人员流与信用流。

信息流反映的是商业经济活动及其特性的各种信息，从出发者向接收者运动的过程；它是整个商品流通过程的组成部分，贯穿于商品流通的始终。商流以货币为媒介，通过商品购进与销售活动实现商品价值形态的变化及所有权的转移；它是商品交易的核心所在，其他几流的存在基本上都以商流为前提。商流在任何一个交易阶段都存在。资金流是为了实现商品交易，使货币实现从一方主体转移到另一方主体或经由第三方实现资金中转。物流是商流引起的，又是商流的基础和保证。物流在传统经济时期主要是实物商品的流动，在网络环境下，物流是有形产品和无形产品（商品）的总和。围绕商务活动的人员流动形成了人员流。网络环境下，信息流、资金流、商流、物流等环节的人员流动大幅减少，互联网跨越时空的特性使得商务活动在较少的人员流动情况下就可完成大量工作。信用流代表商务活动中信誉的传播。目前较常见的信誉传播、控制机制有第三方的权威（如司法部门）、公证（如民间团体）、验证（如证书颁发中心）、保证（如担保体系）等中介，它们通过传播声誉，实施适当的失信惩罚或是建立有共同兴趣的团体促进信任的达成，实现信任行为。

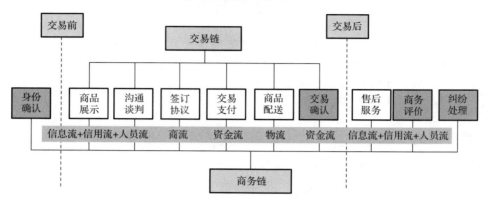

图 5-2　商务链 II 的框架图

5.1.2　商务链流程

电子商务链与商务链本质上是基本相同的，如图 5-2 中"六流"的电子商务各链条的关系。

在这个电子商务链分析框架中，身份确认被称为前商务阶段，售后服务、商务评价和纠纷处理为后商务阶段，其余六个交易环节则是商务链的核心，产品展示和沟通谈判为交易前环节，签订协议和交易支付为交易中环节，商品配送和交易确认为交易后环节。

"六流"在电子商务链中的分布状况在突出显示电子商务研究与应用重心的同时，也为完整的电子商务活动，特别是电子交易各环节的顺利实施提供借鉴。商流在签约环节实现转移，付款和送货节点则对应完成资金流和物流，信息流、信用流和人员流贯穿整个链条。整个电子商务交易过程就包括这 10 个环节，这 10 个环节的顺利实施就能保证电子商务的顺利实现，当然，有一些环节在不同的商品交易中繁简程度会有所不同。表 5-1 是商务链核心环节的进一步说明。

1）身份确认

商务参与者在电子商务活动中，首先必须有一个商务身份，商务身份不同于自然身份，参与者的商务身份包括资质和场地等，电子商务活动的身份可能是合法获取的，也可能是不真实的或非法取得的。总之，电子商务活动参与者的身份必须让参与者主观接受，才能进行电子商务活动。当然，电子商务活动的身份也可能是自然禀赋的身份，只要是其他参与者或外部机构不禁止的主体，自然就获得了电子商务活动的身份。在现实的电子商务活动中，参与者只有认可其他参与者的身份，才能进行电子商务活动。在这里，身份确认主要指凭借一定的方法对交易主体的身份及其真实性进行识别、验证和确定。

表 5-1 商务链核心环节的说明

阶 段		环 节	解 释
前商务		身份确认	指凭借一定的方法对交易主体的身份及其真实性进行识别、验证和确定
交易链	交易前	商品展示	卖方对其销售商品的用途、特性、优势、价格及相关信息的介绍、说明、发布等活动
		沟通谈判	买卖双方或多方就商品价格、质量等信息的交流、咨询。即围绕商品的价格、质量、交易方式等为主要内容的双边或多边磋商、洽谈
		签订协议	买卖双方或多方就商品交易正式达成的购销协议、购销合同等，这是商务链的核心环节
	交易中	交易支付	买方按协议规定向卖方或第三方保障机构支付商品相关的部分或全部费用
		商品配送	卖方根据协议规定向买方配送商品或实施服务
	交易后	交易确认	买方或多方根据交易协议对商品或服务的执行情况进行确认，包括商品或服务的质量、数量等
后商务		售后服务	交易完成后，卖方向买方提供的咨询、维护等一系列相关活动
		商务评价	交易完成后，买方或多方对卖方或多方及其商品或服务的品质、数量等商务环节的各个方面进行口头或书面的评价
		纠纷处理	当交易主体之间发生纠纷，交易主体间自行协商解决或委托第三方进行处理

2) 商品展示

商品展示是狭义交易链中的第一个环节。商品，即交易对象，是欲进行买卖的可触及商品(实物商品)和不可触及商品(信息商品及服务)；在计划经济时期，展示被更多地定位在成果的播报及功绩的展露上，展示中的市场营销功能、产品的宣传广告功能、企业形象的塑造功能等实用功能被忽视。在市场经济，尤其是网络经济环境下，展示显得尤其重要，因为在虚拟的交易空间中，展示以其投入少、沟通畅、信息快、市场明等优势为卖方做好企业、产品、品牌的宣传，为买方全面了解商品做好铺垫。在这里，我们将展示表述为：卖方对其销售商品的用途、特性、优势、价格及相关信息的介绍、说明、发布等活动。

3) 沟通谈判

沟通谈判是在商品展示的基础上，买卖双方或多方就商品的价格、质量、交易方式等内容进行的双边或多边磋商、洽谈。

沟通特指买卖双方或多方在交易达成之前，就商品价格、质量及优势等信息进行的交流、咨询等活动。

谈判特指围绕商品的价格、质量、交易方式等为主要内容的双边或多边磋商、洽谈，谈判的最终目的是为了交易的达成，即实现签约。

4) 签订协议

签订协议包括书面签订、口头签订或心里默认的方式。签订协议是参与电子商务活动的各方依据自愿原则，就电子商务活动的参与者、商务条件、产品或服务、价格及相关承诺等内容，达成共识的行为表示。签订协议未必有实务形式的体现，电子商务活动参与者口头方式或不拒绝的心理也是一种认同的协议方式，具有同等商务约束效力。在此，签订协议主要指买卖双方或多方就商品交易而正式达成的购销协议、购销合同等，这是商务链的核心环节。

合同，主要有书面合同和口头合同两类。《中华人民共和国合同法》第十一条规定："书面合同是指合同书、信件和数据电文(包括电报、电传、传真、电子数据交换和电子邮件)等可以有形地表现所载内容的形式。"此处，将电子合同也归类于书面合同，因为电子邮件订立的合同存储在磁盘、光盘中，构成了明确、可靠的证据，证明了合同的存在，符合书面合同的要求。口头合同指发生经济交易时，没有可证明交易双方权利义务的书面凭证，而直接进行实际履行的情况。

此外，在网络环境下还产生了点击合同。点击合同(Clickwrap Contract)是指在电子商务中由销售商或其他经营者通过互联网发出要约，用户以其"点击"行为表示承诺从而达成意思表示一致的合同。点击合同的当事人与传统的格式合同的当事人相比有以下特点。(1)点击合同的订立对相对方当事人和物资设备的要求更高。网络交易活动中，相对方当事人必须借助计算机网络才能完成交易，不仅需要软硬件设备，还应懂得相关知识。(2)在点击合同关系中，相对方当事人的身份和性质往往难以确定。点击合同以互联网为媒介，合同采用的是"电子讯息"或"数据电文"的形式，不仅与传统合同法就某些合同的书面形式要求不符，而且此种格式合同往往难以保存，极易丢失，其证据效力会受到影响。(3)拟订点击合同条款的部分网络服务商享有合同修改权和终止权，与传统的格式合同不同，网络内容提供商可预先设定修改和终止合同的权利。

5) 交易支付

交易支付包含两个方面的内容，一方面是商务标的物(商品、服务)的支付，另一方面是为取得标的物(商品、服务)必须给予对方货币或标的物的支付。两种支付都以对方支付的承诺互为条件，商务参与者可以约定二者支付实践的先后次序。交易支付是依据签订协议的内容，以上两种支付可以一次全部完成，也可以分多批支付。交易支付可有多种方式，可以是基于交易主体的货到付款(一手交钱，一手交货)，也可以是基于第三方的(通过银行进行转账)支付；可以是基于传统媒介的，也可以是通过互联网进行的支付；还可以是移动支付，即通过手机进行支付。

6) 商品配送

传统意义上，配送是按照用户的订货要求，在物流据点进行分货、配货，并将配好的货送交收货人的活动。现代意义上，配送是流通加工、整理、拣选、分类、配货、运送等一系列活动的集合。通过配送，才能最终使物流活动得以实现；而且，配送活动增加了产品价值，有助于提高企业的竞争力。在此，配送是一个更广义的概念，指卖方向买方配送物品或实施服务的过程。配送环节实现了商品使用权的转移。虽然信息产品不产生实际的物流活动，可直接在网上实现转移，但仍存在使用权的转移。而服务类商品的交易实际上完成的是商品享用权的转移，也可称其为一种泛义的物流。

7) 交易确认

买卖双方或多方根据交易协议对商品或服务的执行情况进行确认，包括商品或服务的质量、数量等。根据电子商务活动不同，交易的确认可以是有形形式的确认，也可以是无形形式的确认。有形形式的确认是指各参与方通过电子签字文档的形式确认；无形形式的确认是指各参与方对交易支付、商品(服务)配送过程在约定时期内不提出异议的确认。

8) 售后服务

售后服务指交易完成后，卖方向买方提供的咨询、维护、保养等一系列相关活动。它对销售企业尤其重要，良好的、人性化的售后服务能够提高企业的整体知名度，创建品牌效应，宣扬企业文化；而一个不及时、难兑现承诺的售货服务必将引起客户满意度的下降，进而影响潜在客户的购买力或消费力。在网络环境下，售后服务可以是多种形式的，除了传统的上门拜访、开通服务热线、发放调查表、定期进行信件联络等外，还出现了网上专家论坛等。

9) 商务评价

商品评价是指电子商务活动的参与者依据协议约定，对其他参与者所提供的行为、物件、服务、货币等内容进行评价的过程。商务评价行为与交易确认行为一样，可以根据协议约定

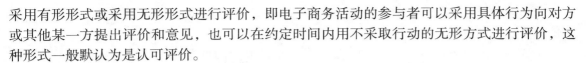

采用有形形式或采用无形形式进行评价，即电子商务活动的参与者可以采用具体行为向对方或其他某一方提出评价和意见，也可以在约定时间内用不采取行动的无形方式进行评价，这种形式一般默认为是认可评价。

10) 纠纷处理

纠纷处理是指在参与者对对方履行协议情况有异议情况下，依据相关法律、法规及道德约束向其他个人或组织发出请求，要求纠正对方行为的过程。纠纷处理在电子商务活动中并不一定是必然行为，它是在商务参与者对对方行为、物件、服务及相关内容有异议的情况下发生的行为过程。纠纷处理仍然属于该电子商务活动的一部分。

5.2　电子商务的业态模式

任何一种商务活动都有其业态模式，电子商务也不例外。从不同的视角出发，电子商务的业态模式可以有不同的分类。电子商务的参与者众多，如企业、消费者、政府、接入服务的提供商(ISP)、在线服务的提供者、配送和支付服务的提供机构等。这些参与者可以概括为 B(Business，企业)、C(Consumer，消费者)、G(Government，政府)。由此形成了以下电子商务业态模式：B2B、B2C、C2C、C2B、B2G、C2G 等。目前，应用范围比较广泛的是企业与企业间的电子商务(B2B)、企业与消费者间的电子商务(B2C)、消费者与消费者间的电子商务(C2C)三大类。

5.2.1　B2B 电子商务

B2B 电子商务指的是企业与企业之间开展电子商务活动的一种模式，它利用供应链管理(Supply Chain Management，SCM)技术，通过 Internet，以中心制造厂商为核心，将上游原料和零配件供应商、下游经销商、物流运输商、产品服务商，以及往来银行结合为一体，构成了面向最终客户的完整的电子商务供应链。其目的是为了降低企业采购成本和物流成本，提高企业对市场和最终顾客需求的响应速度，从而提高企业的市场竞争力。B2B 是电子商务中历史最长、发展最完善的商业模式。

对生产企业来说，引入电子商务后，其商务过程大致如下：通过电子查询进行需求调查→通过电子单证调查原材料信息，确定采购方案→生产→通过电子广告促销→以电子货币的形式接收资金→同电子银行进行货币结算→商品交割。这一过程涉及以下四个阶段：交易前的准备阶段、交易谈判和签订合同阶段、办理交易前的手续阶段、交易合同的履行和索赔阶段。

在交易前的准备阶段，买卖双方和参与交易各方进行签约前的各种准备工作。在交易谈判和签订合同阶段，买卖双方在网上对所有交易细节进行谈判，将磋商结果以文件的形式确定下来，即以书面文件形式和电子文件形式签订贸易合同。在办理交易前的手续阶段，买卖双方办理各种手续，也是双方贸易前的交易准备过程。交易中可能要涉及中介方、银行金融机构、信用卡公司、海关系统、商检系统、保险公司、税务系统、运输公司等，直到办理完可以将所购商品从卖方按合同规定开始向买方发货的一切手续为止。在交易合同的履行和索赔阶段，卖方备货、组货，同时进行报关、保险、取证、信用等，卖方将商品交付给运输公司包装、起运、发货。买卖双方可以通过电子商务服务器跟踪发出的货物，银行和金融机构按照合同约定，处理收付款、进行结算，出具相应的单据等，直到买方收到所购商品，整个交易过程才完成。在交易过程中出现违约时，需要进行违约处理工作，受损方将向违约方索赔。

从上述过程可以看出 B2B 电子商务将会为企业带来更高的生产率、更低的原材料价格、更低的劳动成本和更多的商业机会。

B2B 电子商务模式可以分为面向制造业或面向商业的垂直 B2B、面向中间交易市场的 B2B 两种模式。面向制造业或面向商业的垂直 B2B（又称行业 B2B）可以分为上游和下游两个方向。生产商或商业零售商可以与上游的供应商形成供货关系，比如，Dell 电脑公司与上游的芯片和主板制造商就是通过这种方式进行合作的。生产商与下游的经销商也可以形成销货关系，比如，Cisco 与其分销商之间所进行的交易。垂直 B2B 成本相对要低很多，这是因为垂直 B2B 面对的多是某一个行业内的从业者，所以，客户相对比较集中而且有限。面向中间交易市场的 B2B（又称区域性 B2B）。这种交易模式是水平的 B2B，它将各个行业中相近的交易集中到一个场所，为买卖双方提供了交易机会，例如 Alibaba、慧聪网、中国制造网等。

5.2.2　B2C 电子商务

B2C 电子商务指的是企业与消费者之间的电子商务，实际上是企业和消费者在网络构造的虚拟市场中开展的买卖活动。其最大的特点是：供需双方直接交易、速度快、信息量大、费用低。近几年随着国际互联网络的发展，B2C 电子商务异军突起，已出现许多大型超级市场，出售的产品从食品、饮料到电脑、汽车等，几乎包括所有的消费品。从长远看，这种在线销售模式必将在电子商务领域中占据重要地位。

在 B2C 电子商务中，购物过程大体上经历这几个环节：顾客（即消费者）进入企业网站，搜寻商品；通过对话框输入订单信息，包括商品名称、数量、收货地址、付款方式等；企业网站应答、确认订单；顾客付款；企业按订单要求将货物交付收货人。这种交易方式减少了交易环节和交易成本，不仅有利于最终消费者，而且可以大大提高厂家的销售利润。

B2C 电子商务企业有亚马逊（Amazon.com）、京东商城、新蛋等。采用 B2C 模式进行网上零售的企业，一般需要商业策划团队、网络营销团队、网站开发团队、网站运营团队、物流管理团队分担不同的工作。

5.2.3　C2C 电子商务

C2C（Consumer to Consumer）表示消费者与消费者之间的电子商务活动，它是消费者之间在网上进行的小额交易活动。C2C 电子商务实际上就是通过计算机网络为买卖双方提供一个在线交易平台，使卖方可以提供商品进行拍卖，买方可以自行选择商品进行竞价。C2C 电子商务与传统的现实商务世界中的跳蚤市场十分类似，本质上是为交易双方提供一个交易场所，使每个人都有机会参与电子商务。在 C2C 电子商务中，消费者自己掌握整个交易过程。网上拍卖是 C2C 的一种主要类型，国外的典型代表是 eBay，国内主要是淘宝、易趣和拍拍。

5.2.4　C2B 电子商务

C2B 电子商务指的是消费者与企业之间的电子商务活动。C2B 电子商务先有消费者需求产生而后有企业生产，即先有消费者提出需求，后有生产企业按需求组织生产。通常情况为消费者根据自身需求定制产品和价格，或主动参与产品设计、生产和定价，产品、价格等彰显消费者的个性化需求，生产企业进行定制化生产。

C2B 是以消费者为核心，消费者当家做主。C2B 产品具有以下特征：第一，相同生产厂家的相同型号的产品无论通过什么终端渠道购买价格都一样，也就是全国人民一个价，渠道不掌握定价权（消费者平等）；第二，C2B 产品价格组成结构合理（拒绝暴利）；第三，渠道透明（O2O 模式拒绝山寨）；第四，供应链透明（品牌共享）。

5.2.5 B2B2C 电子商务

B2B2C 模式是一种新的业态模式。这种模式打破了传统商务模式的界限，将企业、消费者集中在一个平台上进行交易。在传统的 C2C 交易平台上，参与的双方都是消费者，这种方式的交易有很大的局限性。比如，C2C 交易模式中卖方的信誉和产品很难保证，而当卖方以商家的身份出现后这些问题在一定程度上得到了解决。同时，在 C2C 交易平台上，商家的出现保证了产品的连续性，使得交易平台上的产品更加丰富，这增加了对买家的吸引力。相对传统的 B2B 和 B2C 网站而言，B2B2C 模式降低了营销成本、增加了收益。

5.2.6 B2G 电子商务

B2G 电子商务指的是企业和政府之间通过网络开展的商务活动，一般包括税款缴纳、海关通关、政府采购等内容，覆盖了企业与政府间的很多事务。其特点是速度快、信息量大。采用这种模式之后，公开性与透明度提高，企业可以随时随地了解政府的动向，事务处理中间环节的时间延误和费用也将减少。政府采购是比较典型的 B2G，政府机构在网上进行产品、服务的招标和采购。这种采购模式投标费用较低，供货商可以直接从网上下载招标书，并以电子数据的形式发回投标书；供货商也可以得到更多的甚至是世界范围内的投标机会；即使是规模较小的公司也能通过网络获得投标机会。

5.3 电子商务的商务模式

商务模式（Business Model），又称商业模式、经营模式、业务模式，指做生意的方法，是一个公司赖以生存的模式，一种能够为企业带来收益的模式。商务模式规定了公司在价值链中的位置，并指导其如何赚钱。企业必须按照一定的商务模式运作才能够产生收益、维持生存。在电子商务中，企业商务模式也很多，一个企业可以根据自身的特点将这些不同的模式组合在一起使之成为其独有的商务模式。

5.3.1 广告模式

网络广告模式是传统媒体广告模式的扩展。广告发送者通过 Web 站点，提供内容和服务（如 Email、聊天室、论坛等），在这些内容和服务中同时包含着广告。广告可以是站点的主要或唯一的收入来源。站点可以是内容的创造者、提供者，也可以是内容的分发者。浏览量非常大或者高度专业化时，广告模式才能正常运作。

1. 一般化的门户入口

Web 站点需要高浏览量，典型的需要每月有上千万的浏览量，这些浏览量是由一般化的或各种各样的内容所驱动的。如百度、Google 等搜索引擎和目录站点或者类似于美国在线（American Online，AOL）的内容提供站点。高浏览量使广告有收益，并且为站点提供各种各样的服务提供了可能。对浏览量的竞争产生了一整套的免费内容和服务，如电子邮件、股票信息、公告板、聊天、新闻和本地信息等。

2．个性化的门户入口

一般化的门户入口通常会破坏用户的忠诚，而个性化的门户入口则允许对界面和内容进行个性化处理来提高用户的忠诚度，如 My Yahoo。这种站点的收益基于用户选择的信息量和可能的信息价值，个性化能够支持"专业化的门户入口"模式。

3．专业化的门户入口

在这种模式中，比较固定的用户数比高浏览量显得更为重要。如只吸引家庭购物者或者新婚夫妇的站点就属于专业化的门户。这类站点搜索访问量很大，可作为某类广告的聚集地，发布广告的企业也愿意为获得这些特殊的浏览者而付费。

4．注意力/激励市场

这种模式就是"为注意力而付费"模式，就是对观看内容和完成表单填充、参加比赛、经常观看弹出式广告的浏览者付费。这种模式对于具有复杂的产品信息的公司特别有吸引力，不采取这种方式，可能会很难吸引消费者的兴趣。这个概念是由 CyberGold 提出的，它把发布广告的企业和希望节省金钱的消费者聚集到了一起。

5．免费模式

这种模式免费为用户提供一些有价值的东西，如 Web 服务、Internet 访问、免费硬件、电子贺卡、免费试用等。这些免费的赠品为广告创造了一个较高的浏览量。

6．打折商品

这类网站以成本价或低于成本的价格销售商品，通过产品销售吸引用户，提高平台的访问量，增加网站流量。这种模式主要通过广告产生收益，获得收入。

现阶段网络广告的主要形式有网幅广告(包含旗帜、横幅、按钮、通栏、全屏、巨幅、摩天楼广告等)、文本链接广告、电子邮件广告、插播式广告(弹出窗口广告)、流媒体广告等。网络广告现阶段主要有 CPM、CPC、CPA 以及按位置、广告形式等多种综合收费模式。

以下为相关术语的含义。

CPA（Cost-per-Action）：每次行动的费用，即根据每个访问者对网络广告所采取的行动来收费的定价模式。这种方式对用户行动有特别的定义，包括形成一次交易、获得一个注册用户，或者对网络广告的一次单击等。

CPC（Cost-per-click）：每次单击的费用。根据广告被点击的次数收费。如关键词广告一般采用这种定价模式。

CPM（Cost per Thousand Impressions）：每千次印象费用，即广告条每显示 1000 次(印象)的费用。CPM 是最常用的网络广告定价模式之一。

CPO（Cost-per-Order）：也称为 Cost-per-Transaction，根据每个订单/每次交易来收费。

PPC（Pay-per-Click）：是根据点击广告或者电子邮件信息的用户数量来付费的一种网络广告定价模式。

PPL（Pay-per-Lead）：根据每次通过网络广告产生的引导来付费的定价模式。例如，广告客户为访问者点击广告完成了在线表单而向广告服务商付费。这种模式常用于网络会员制营销模式中为联盟网站制定的佣金模式。

PPS（Pay-per-Sale）：根据网络广告所产生的直接销售数量而付费的一种定价模式。

5.3.2　拍卖模式

C2C 型拍卖网站是拍卖模式的典型代表，C2C 又称为个人对个人的拍卖分类目录，任何人都可以在这类网站上拍卖商品或参加商品竞拍。拍卖站点是中间人，扮演经纪人的角色，拍卖站点的收入一般来自佣金或对加入拍卖的参与者收费。通常，拍卖站点也不一定针对个人消费者，小型企业也可以在这些网站上拍卖自己的产品或参加竞拍。

在 C2C 型拍卖网站中，拍卖品包罗万象，有新货，也有旧货，这些拍卖网站的市场定位也有所不同。C2C 型拍卖网站也可分为一般/偏一般、利基/偏利基两种形态。

一般拍卖网站强调的拍卖品种类众多而且范围广泛，车类、古董、钱币邮票等收集物、书籍、电影音乐、家电、电脑软硬件、钻石珠宝、陶瓷玻璃、运动休闲、电子器材、玩具、衣服配件以及房产等拍卖物应有尽有，在一家拍卖网站上通常都可以见到其中的很大一部分。总之，凡是合法的物品都可以上网拍卖。所以，一般拍卖网站大都采取 C2C 的经营形态，原因是 C2C 的一般拍卖网站向所有个人开放。只要是合法、合理的拍卖物，拍卖网站中间商都不会加以限制。它就像线上的跳蚤市场一样，可以充分满足人们寻宝的动机，可以充分满足人们收集物品的嗜好。著名的 eBay、Amazon Auction、Yahoo Auction 都属于此类，国内的易趣、淘宝、拍拍、有啊等也属于这种形态。

利基拍卖网站的经营重心在那些种类稀少而特殊的商品上。它针对的是某些特殊的目标群体。许多小型网站为了争取在网上拍卖市场中的生存空间，采取的一般也是利基市场的策略，其拍卖物通常价格不菲并且需要专家鉴定，一般会有一群对该物品狂热的访客，形成线上虚拟社群。如钱币、邮票、美酒、古董、艺术品、二手汽车、乐器等专门拍卖网。

C2C 型的利基拍卖网站在国外很常见。如果经营得当，商品种类通常也会多样化。国内这样的网站还不多，这也许可以成为以后国内中小拍卖网站经营发展的一个方向。

部分 C2C 网站市场定位分类见表 5-2，部分拍卖网站经营形态介于 C2C 与 B2C 之间。

表 5-2　C2C 网站市场定位分类

一般/偏一般市场	利基/偏利基市场
www.ebay.com	www.golfauction.com（高尔夫）
auctions.amazon.com	www.uscents.com（钱币）
auctions.yahoo.com	www.guitarauction.com（吉他）
易趣网	
淘宝网	
拍拍网	

5.3.3　交 易 模 式

分析国内外知名电子商务企业，大致可以归纳出前端介绍型、中间促进型、后端撮合型、一体化型、混合型五种主要的电子商务交易模式。

1．前端介绍型

前端介绍型是指通过在特定的网站或网页上提供交易品（包括商品和服务）的外观、结构等物理特征、性能（或特性）以及价格等信息，向潜在购买者展示交易品和交易条件，具体的交易仍通过传统方式进行。潜在购买者对交易品的相关信息进行分析、比较，产生购买意愿后，需向分销商、代理商等中间商或交易品制造商现场确认购买。该模式下，交易的可靠性和安全性均不存在任何障碍，购买者获得的效用增值主要是节约的选购成本——交易前期进行信息搜集、比较等准备工作的支出，而出售方的效用增值即盈利增加则包括产品销售利润和节约的产品广告、宣传等推广支出两部分。这是制造商目前应用最广泛的一种模式。

2. 中间促进型

中间促进型是指由独立于交易双方之外的第三方搭建开放式的交易平台，吸引供需双方进入平台发布供需信息，平台提供者本身既不参与交易过程，也不进行任何诱导或撮合，是否交易由买卖双方自行判断、决定。中间促进型的实质就是构建一个基于开放式网络的虚拟互动交易平台，从法律角度理解就是在网络上进行的居间行为。该模式下交易的可靠性和安全性一方面有赖于平台提供者对进入平台者的筛选和验证，另一方面取决于交易双方的沟通和评判，所以相对而言该模式下的交易存在一定的不确定性。对于交易双方而言，获得的效用增值与前端介绍型相同，即交易成本的降低；平台提供者的盈利来源则相对要广一些，如广告收入、提供支付工具和短信服务等增值业务的收入甚至收取交易费用（如注册费、年费）等。显然，平台提供方以帮助交易双方获取效用增值为盈利基础和来源。该模式主要适用于无意于从事实物贸易的投资者。

3. 后端撮合型

后端撮合型通常先由撮合者确定交易品和供应商，然后通过网络向潜在购买者发布交易品的信息和交易条件，潜在购买者通过比较分析撮合者提供的交易品的信息确定购买数量，并向撮合者订购，撮合者收取价金后再向供应商订购并向购买者交付实物。这一模式的本质在于通过网络汇总相同需求并创造更好的交易条件（如更优惠的价格、更方便的交付）。该模式在一定程度上与前端介绍型相反，与中间促进型相似，并且具备代理的某些特征。在这种模式下，交易双方都因为节约了交易成本而获得效用增值，而撮合方则能够获得与平台提供方相似的盈利来源，三方之间构成典型的多赢关系。该模式在国内起步相对较晚，目前主要应用形式有两种：一是由网站建设方提供团购商品，访问者自行报名并按规定支付货款；二是各种通过网络论坛自发汇集、组织的组团购买。

4. 一体化型

在一体化型交易模式下，交易品出售方搭建包括交易品展示和订购两大板块的开放式交易平台，并建设匹配的物流配送系统，同时为潜在购买者提供交易品相关信息和完整的交易服务。购买者在展示板块获取交易品信息并形成购买意愿后，即可通过订购板块下订单并支付包括配送费用在内的交易款，出售方按约定的方式将交易品交付购买方。一体化型交易模式实际上是依托不受时空限制的网络，运用信息交换技术改良传统交易模式中信息交换的环节而产生的一种新交易模式。交易双方在其中获得的效用增值完全来源于交易成本的降低。一体化型交易模式下的出售方会呈现大而全和细而专两种完全相反的经营方向，但最终目的都是有效降低购买者的购买成本。国内一体化型交易模式主要运用于实物商品的交易。

5. 混合型

混合型交易模式不再局限于参与交易的某几个环节，而是介入交易的全过程——既提供交易信息，又控制实物流动。一方面，建立自有库存、构建物流渠道，并通过借助第三方场所的方式铺设自己的零售渠道；另一方面，通过网络向潜在购买者提供交易品外部形态、内部特性和交易价格等相关信息，同时为购买者提供支付接口，并提供配送或自行提货的交付选项。潜在购买者一旦决定购买，通常只需提供购买者身份确认、交易品代码、配送或领取时间和地址等信息，并通过支付接口支付价金，即可在指定时间、地点接收或领取所购交易品。这种交易模式提供一站式购买的完整交易服务，便捷性最高，购买者可以获得上述各种模式所有的效用增值，所以交易一旦完成，购买者可以获得最大化的效用增值。

无论是实体经济还是虚拟经济，盈利都是经济组织生存、发展的根本。电子商务交易模式与传统交易模式一样，其本质都是促进交易的形成并为购销双方提供效用增值。与传统交易模式相比，电子商务交易模式的核心竞争力不在于产品或服务的品质，而在于有效地降低交易成本。未来电子商务的发展必将更多地借助第三方物流，向实物交易领域拓展，逐步形成以节约交易成本为核心竞争力、以降低前期准备成本和后期交付成本为两大侧重点，融合所有交易环节的全新交易模式。

随着网络的进一步普及，网络消费群体将更加庞大、多样，也将更接近于传统交易群体的构成，同时，电子商务也将吸引更多的实物和服务，从而使交易品更为全面和丰富。与此对应，电子商务领域的经营业态会更加趋向于多样化，交易模式也将进一步发展、完善和细分。

5.4　电子商务服务模式

电子商务模式是关于企业如何开展电子商务获得盈利从而生存下去的各种要素的组合，为企业创造价值是电子商务模式的根本所在；电子商务服务模式则是通过服务的形式为企业创造价值。

5.4.1　电子商务服务模式的概念

电子商务服务为交易提供帮助，即使产品是离线购买的，也可以在线提供客户服务。它能够提供搜索和比较功能，服务工具包括跟踪工具、聊天室、电子邮件和自动应答、帮助系统和呼叫中心等。从现代服务业的角度看，电子商务服务模式是传统电子服务的延伸和整合，是基于网络的新兴商务服务形态。

5.4.2　电子商务服务模式的分类

根据服务类型，电子商务服务模式可以分为电子商务交易服务模式和电子商务业务服务模式两种类型。电子商务交易服务模式提供网络营销、网上销售、网上采购和交易信息发布等服务，如阿里巴巴、慧聪网等；电子商务业务服务模式提供基于网络的研发设计、现代物流、财务管理、人力资源、管理咨询和技能培训等服务，如金算盘全程电子商务服务等。

根据服务对象，电子商务服务模式又可以划分为供应商集中模式和购买者集中模式两种类型。在供应商集中模式中，虚拟销售商将供应商的产品目录标准化，加上索引，集中起来提供给购买者，这种任务可以由 ISP 或者像 NTT、MCI 这样的大型电信企业来完成。在购买者集中模式中，购买者的询价单会被集中在一起，然后提供给众多供应商，随后供应商可以进行投标。购买者(通常都是小企业)可以从批量折扣中获益，而供应商的好处是可以接触更多的购买者。

5.4.3　电子商务服务模式的特性

电子商务服务模式通过服务的形式为企业创造价值。它具有三个特性。第一个特性是服务流程化、数字化。电子流代替了实物流，可以大量减少人力、物力，降低成本；突破了时间和空间的限制，可以在任何时间、任何地点进行交易，效率大大提高。第二个特性是服务的开放性、全球性。这一特性使中小企业拥有了更多的贸易机会，使中小企业可以以相近的成本进入全球电子商务市场，使中小企业有可能拥有和大企业一样的信息资源，提高了中小企业的竞争力。第三个特性是服务的交互性。面向中小企业的 B2B 服务与面向个人消费的 C2C 服务相互渗透，相互融合，相互促进。

5.4.4　服务于中小企业的电子商务服务模式

中小企业电子商务深入开展需要一个高效完善的环境，需要不断创新电子商务服务模式。

1. 中小企业 ASP 服务平台

ASP（Application Service Provider）中文意思是应用服务提供商。它是一种通过互联网为企业等客户提供应用服务的新型服务中介。面向制造业的 ASP 应用服务已不仅仅是简单的技术支持，还包括设计、加工、管理、市场营销等应用软件服务以及为缺乏设计、加工、管理能力的用户提供相应的制造能力的服务。企业可以通过 ASP 服务平台委托拥有相应制造能力的服务提供商为其设计产品、编制复杂零件数控程序和加工工艺，提供加工设备，进行人力资源、项目、订单等管理，以及提供产品维护等服务。此外，ASP 应用服务还包括面向企业或行业的数据中心的建立与维护，办公系统的运行维护管理等信息服务，以及网上培训学习等。

面向中小型制造企业的 ASP 服务平台能够提供计划、采购、设计、制造、管理、市场服务等各业务环节的服务，这些服务涉及企业信息化实施和应用的各个层面。这个平台可以根据企业的业务过程，提供供应商分析、特定行业领域的咨询、企业现状和信息化水平的诊断、信息化规划和建设的建议，以及面向全球市场的战略分析。

在现阶段建立 ASP 商业服务模式，较为可行的方法是分阶段实施。首先开展那些与企业核心业务关系不大的外部数据和事务的应用，如电子邮件系统、人事管理系统、办公自动化系统等；经过磨合期后，再考虑涉及企业的核心业务，如企业资源计划（ERP）、供应链管理系统（SCM）等事务的应用，使企业享有 ASP 运作模式带来的好处。

2. 电子商务物流服务平台

电子商务物流服务平台指的是对整个物流系统进行计划、协调、操作和优化的各种活动与过程，其目标是要在现代网络信息技术和物流管理系统支撑下，建立起供应链中核心企业与供应商、销售商直到用户之间的一体化的、利益共享的物流联盟，通过这种集成化管理模式的服务，准时生产，缩短产品生产时间，降低物流成本，满足多样化的用户需求。

物流信息化可以实现物流内部集成、外部集成以及内外部之间的无缝链接，这将为信息、价值等资源无障碍流动创造条件，同时也为企业采用敏捷制造、精益生产、柔性管理等现代生产技术搭建了技术平台。电子商务物流服务平台能节省交易成本，降低生产成本，降低采购成本，降低库存水平，可以大大缩短生产周期。

电子商务物流服务平台功能完善、服务便利、反应速度、服务成本低、服务可以延伸，

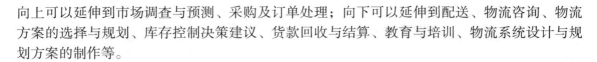

向上可以延伸到市场调查与预测、采购及订单处理；向下可以延伸到配送、物流咨询、物流方案的选择与规划、库存控制决策建议、货款回收与结算、教育与培训、物流系统设计与规划方案的制作等。

3. 电子商务交易服务平台

电子商务具有显著的规模效应和边际效益递增特性，它的发展逐渐打破了企业、行业界限，促使不同行业融合发展，共同参与到某一商务活动中而成为企业价值链的一部分。企业的价值增长不再单纯地取决于企业自身或某一方，而是需要处于价值链的不同环节的企业或个人协调、努力，实现多方共赢。企业、个人、各种服务机构(银行物流公司等)、网络运营商、内容提供商、终端制造商等，这些交易的参与者共同构成了电子商务的价值链。

电子商务使企业突破了时空限制，可以使企业同时在实物价值链和虚拟价值链上运营。虚拟价值链的每一个价值增值环节都可以创造价值，其战略价值主要表现在虚拟价值链对实物价值链的信息化上，通过信息化增强实物价值链的可视性，便于管理者对实物价值链的各环节进行协调管理，取得协同效应。通过基于价值链的电子商务服务平台拓展、整合业务是中小企业开展电子商务的必由之路。

随着电子商务应用的不断深化，电子商务服务将能提供更高质量的增值服务，这对中小企业的生存与发展具有重要意义。

本 章 小 结

本章围绕电子商务链和电子商务模式展开，第一节对电子商务链的基本概念进行了阐述；第二节勾画出了电子商务的业态模式；第三节简要介绍了电子商务的商务模式；第四节分析了电子商务的服务模式。本章内容参考、借鉴了近年来有关电子商务交易链、电子商务模式研究的成果，教学时可有所选择。

复习思考题

1. 说明电子商务链的框架。
2. 电子商务的业态模式、商务模式、服务模式各有哪些，请简要说明。
3. 试用电子商务链思想分析 eBay 网站。

经济管理知识

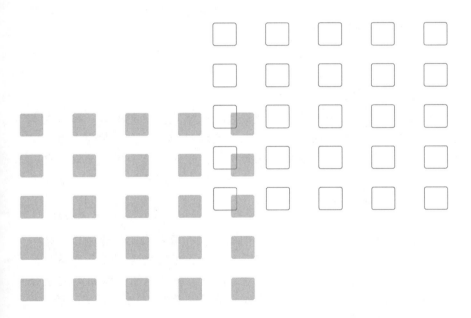

第 6 章

电子商务经济学基础

本章提要

一种新的商务模式的诞生必然有其经济学的合理性，而经济学上的合理性是以交换商品的特性和交换所利用技术的特性为基础的。本章从三个方面对电子商务活动进行了分析，分别是传统经济学视角、网络经济学视角和信息经济学视角。

导入案例

中国电信"乐享 4G"背后的经济学和策略

电信企业作为网络经济的典型代表之一，其经营的最大特点就是高固定成本、初始成本和低边际成本，这种独特的成本构成是中国电信在制定经营策略时的一个重要考量：为了实现收益最大化，为了通信技术迭代前快速收回成本，也为了与竞争对手争夺市场份额。中国电信一直以来都根据技术和市场的变化制定营销策略，这些策略包括市场细分策略、服务差异化策略、捆绑策略、锁定策略和差别化定价策略等。

中国电信于 2016 年推出"乐享 4G"合约存费送机活动。根据市场客户的消费分布情况，把客户消费档次分为从 79 元到 599 元的 11 个档次。不同的档次有着不同的语音通信分钟和网络流量数。另外，中国电信还为商务人士、上班族和学生设计出不同的定制服务套餐包系列，每个套餐包系列又包含不同的通信服务内容以及流量。例如，商务人士套餐系列就包含专门针对北京商务人士的 180 元的先锋卡，内含每月 1GB 的全国流量和 4GB 的北京流量；专门针对北京商务人士的 660 元的任性卡，包括 100GB 的北京流量和 20GB 的全国流量，这一系列中还有一个套餐包是 25 元的国际漫游包，专门针对需要经常出国的人士；学生套餐包系列有 81 元的人悦卡餐包、180 元的先锋卡餐包、20 元的月餐包以及 10 元的闲时流量包，同时还推出不同费用的流量包。

在宽带业务方面，中国电信推出了天翼宽带，在安装宽带的同时还可以附带安装一部家庭固定电话和一部天翼高清机顶盒。家庭固定电话免收安装费和月租费，固定电话产生的通信费需按月支付，天翼高清机顶盒免收月功能费。固定电话当月产生的通信费在次月交清，如欠费不交会导致宽带、固话、天翼高清一同停机，欠费交清后同时恢复。

中国电信的各种服务促销计划都是基于网络服务成本的构成特点，即已经投入的固定成本、初始成本很大，而且是沉没成本，一旦付出就难以挪作他用。同时对于中国电信而言，在初始成本既定的情况下，新增客户带来的附加成本很小，所以它可以利用边际成本"为零"的特点使用多种策略。

套餐的特点既可以防止客户支付意愿的分散，也能够在一定程度上锁定客户。在中国电信市场目前的"号码不可携带"的情况下，宽带业务绑定固话和电视在一定程度上锁定了市场，预存了未来的利润增长点，如可能出现的增值业务。免固话月租和机顶盒免月功能费也是顺水人情，因为边际成本为零。

思考分析：

观察分析中国电信推出的"乐享 4G"营销策略，分析该策略的经济学基础。

6.1　电子商务的传统经济学视角

传统经济学以研究物质资料的生产、交换、分配与消费等经济关系和经济活动规律及其应用为宗旨，它的研究范围局限于物质产品、物质财富、物质市场、物质生产劳动等，总之都与"物质"（包括能源）有关。信息革命促使经济学除了研究"物质"，同时还要以研究信息资料的生产、交换、分配与消费等经济关系和经济活动规律及其应用为己任，把它的研究范围扩大到信息产品和信息服务、信息财富、信息市场、信息生产劳动等，总之不仅与物质、能源有关，而且与信息有关。信息产品再生产与物质产品再生产同时并存，且相互促进，还有以后者为主转向以前者为主的趋势。两者的运行既服从于共同的一般规律，如生产、交换、分配、消费各环节构成不断的循环或周转等，又具有各自不同的特殊规律。对信息产品再生产的特殊规律至今研究不多，但对有些已显露的特点的探讨正在成为热门话题。

6.1.1　电子商务蕴含先进的生产力要素

在信息经济社会，经济信息化、信息数字化、数字网络化是经济活动的基础，而电子商务正是建立在这样的基础上的。广义的电子商务不仅仅指买卖活动，它也包括围绕交易的进行而涉及的各种经济活动。生产力是生产关系的物质基础。生产力究竟是由哪些要素组成的，历来有不同的观点。例如，"两要素说"把生产力理解为人类作用于自然界的生产能力。"三要素说"认为生产力指的是生产总量，决定该量的生产过程的要素即生产要素也就是生产力要素。因此，它除劳动工具和劳动力之外，还包括劳动对象。劳动对象的发掘与变革对生产力的增长起着越来越大、越来越明显的作用。"多要素说"视生产力为生产率或劳动生产率，而它的高低除受上述三要素的影响外，还随着社会生产力的发展而发展。这种发展，一方面，表现在决定生产力的主导因素的变化上，如从生产工具主导论到"科技是第一生产力"的科技进步主导论的变化；另一方面，表现为决定生产力的要素在不断增加中，除科技、管理外，又有教育、信息与知识等。世界银行1998/1999 年报告《知识与发展》认为，"信息是每一个经济的生命线""知识是发展的关键""知识就是发展"。1991 年乌家培曾提出，"信息是最重要的生产力软要素"，并对此观点做过全面的论述。

6.1.2 对边际效益递减理论作用范围的影响

电子商务属于微观层面的网络经济。网络经济阶段，信息成了主要资源，该资源可再生和重复利用，对其生产者无竞争性且对其使用者无排他性，它的成本不随使用量的增加而成比例增加；同时信息技术发展快、变化大、生命周期短；而且需求往往是由供给创造的，产品受市场容量饱和的影响较小。因此在投入与产出的关系中出现了边际效益递增的规律性现象，这种现象还会因网络效应的作用而强化。在农业经济和工业经济中，由于物质和能量资源的有限性或稀缺性、技术进步的相对稳定性、市场容量的饱和性，当需求依靠供给来满足时，在任一投入产出系统中，随着投入的增加边际产出(即边际效益)呈递减趋势。这一规律性现象广泛存在，具有普遍性。边际效益递减是与负反馈相联系的，而边际效益递增是与正反馈相联系的。负反馈反映原有的差异逐渐缩小以至消失的倾向，正反馈则反映初始的微小差异不断扩大导致全然不同的结果的趋势。当然，这些变化都是有条件的。认为在传统的工农业经济中只有边际效益递减的规律性，而在信息经济或网络经济中只有边际效益递增的规律性的观点，是与现实相悖的。人们会发现，在物质产品生产达到一定的经济规模之前也有边际效益递增的现象，而在信息产品生产中，当技术方向有问题时也会出现边际效益递减甚至为零或为负的现象。网络经济所改变的仅仅是缩小了边际效益递减规律的作用范围，使它在经济活动中不再成为起主导作用的规律。

6.1.3 对规模经济理论相对重要性的影响

在网络经济中，尽管规模经济仍然是提高经济效益、优化资源配置的重要途径，但由于生产技术和管理技术的集成化、柔性化发展，数字化神经网络系统的建立与应用，由于外部市场内部化与外包业务模式的并行发展，还由于相关业务甚至不同业务的融合，当软件、多媒体、信息咨询服务、研究与开发、教育与培训、网络设备与产品等变动成本占总成本较高比例的信息产业、网络产业、知识产业在经济中起主导作用时，增加经济性效应的途径就越来越多样化了。范围经济(通过产品品种或种类的增加来降低单位成本)变得更加重要了，差异经济(通过产品或服务差异性的增加来降低成本和增加利润)、成长经济(通过拓展企业内外部的成长空间来获取利润)、时效经济(通过抢先利用机遇扩大市场份额来赢得竞争优势)等各种提高经济效益的新途径出现了，这些途径不仅大企业在利用，而且更适用于大量中小企业。不可否认，规模经济作为人类经济活动提高效益的基本途径，这个事实没有变，但它的相对重要性由于网络经济的发展确实变化了，它不再是最重要的更不是唯一的经济性效应。

同时还要注意，规模经济的动力机制也发生了变化，网络经济时代企业家正在享受前所未有的规模经济并借此建立了庞大的帝国。这种规模经济的主要驱动力来自需求方，是需求方规模经济。网络用户越多，网络越有价值，而且没有限制瓶颈，没有阈值。而工业经济时代的规模经济是供给方规模经济。供给方规模经济有自然能力的限制(阈值)，超过这个阈值，供给方就要面对规模不经济问题了。

6.1.4 对通货膨胀率与失业率此消彼长"理论"的影响

英国经济学家 A.W.菲利普斯于 1958 年提出失业率与通货膨胀率(简称"通胀率"或"物

价上涨率"）之间存在着此消彼长的变动关系，低失业率与高通胀率相伴，而高失业率则与低通胀率同时并存。若用纵坐标表示通胀率、横坐标表示失业率，那么两者之间的这种关系就表现为从左上方向右下方倾斜的曲线，这就是所谓的菲利普斯曲线。上述"理论"已为资本主义经济发展的实践所否定。20世纪70～80年代两次石油危机时期，出现了高失业率与高通胀率并存的"滞胀"，推翻了失业率与通胀率反方向变动和可相互替换的"理论"。到了90年代，信息产业和经济全球化的发展，使美国出现了在经济高增长中低失业率与低通胀率并存的新经济现象，又一次证明了不存在什么菲利普斯曲线。据美国商务部分析，1996年和1997年，美国信息技术产业的价格下降使国民经济的价格指数下降了1%，导致通胀率降至30年的最低点，同时信息技术产业还在以往5年内提供了1500万个工作岗位，使失业率降至24年来最低点。

6.1.5 对经济周期波动理论的影响

正像工业与工业化熨平传统农业生产的季节性波动一样，信息业与信息化熨平了传统工业（汽车业、建筑业等）经济的周期性波动。按照美国经济学家熊彼特的"创新理论"，由于创新的产生不是连续的、平稳的，而是时高时低的，因此会出现经济的周期性波动，每个周期包括危机、萧条、复苏、高涨四个阶段。第一次世界大战前，主要资本主义国家大约平均间隔8～10年爆发一次危机。第二次世界大战后，由于发达国家采取了反危机措施，使经济周期发生变化，危机持续时间缩短，萧条和复苏之间的界限因经济上升速度加快而不明显，高涨时经济发展劲头不强。于是，出现了经济衰退与经济高涨交替更迭的简化经济周期说。以美国经济为例，自1991年4月走出第二次世界大战后的第9次衰退期以来，截至2000年年中，美国经济膨胀达到了历史上最长的一次——110个月。美国经济周期这种新变化是多种原因共同作用的结果。但是，最主要的一个原因是：20世纪90年代以来美国以信息技术为代表的高科技及其产业的迅猛发展，导致经济周期进一步变化。美国信息技术等高科技产业已经取代了传统的周期性产业，而成为推动经济增长的主要动力。当美国1995年和1996年汽车产业和房地产业陷入萧条时，适逢信息技术产业异军突起，结果促进了经济再次高涨。随着网络经济尤其是电子商务的兴起，则会更有利于延缓衰退期的到来，而使经济继续趋向高涨。

但是，经济周期波动决不会因此而消失。在一定条件下，高科技及其产业也有衰退的可能。何况经济周期波动不仅仅是由技术与产业的状态所决定的。在经济波动与金融波动相互影响加剧、彼此依存更加紧密的环境下，发生经济波动是很难避免的，美国2008年的金融危机就是一个证明。新经济并没有完全摆脱商业周期，而只是使商业周期的形式可能与以往不同。美国经济的"一高两低"现象是特定历史阶段的特定产物，不可能成为新经济社会恒定和普遍的现象。随着美国经济众多不确定因素的变化，这种经济现象也会发生变化。始于2008年的房地产领域的次贷危机最终演变成全球范围内的金融危机甚至经济危机就是最好的证明。最早提出"新经济"思想的《商业周刊》，在界定新经济这一名词时，也说新经济并不意味着通货膨胀已经死亡，或经济周期已经消失，并不意味着我们不会有另一次经济衰退，并不意味着股市必将摆脱自我调整而永远上升……它也不意味着亚洲金融风最不会影响美国。谈"新经济"我们的意思是指这几年出现的两种趋势：第一种趋势是经济的全球化，第二种趋势是信息技术革命。当时的美国总统克林顿在加州硅谷就新经济问题发表看法时也表示：高科技提高了劳动生产率并为美国经济的增长开辟了更大的空间，但他并不认为高科技已改变了所有的经济规律。他说："即使我承认在座各位改变了美国经济的性质，但我并不认为硅片已彻底废除了规范美国经济的法则。""我不敢断定你们改变了供给与需求的法则，甚至完

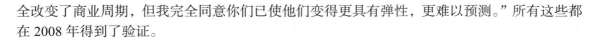

全改变了商业周期，但我完全同意你们已使他们变得更具有弹性，更难以预测。"所有这些都在 2008 年得到了验证。

6.1.6　网络经济与垄断的新特点

网络经济的核心是信息产业，在网络经济时代，虽然垄断仍然是一种普遍的经济现象，但它有了新的特征。

（1）从垄断产生的原因看，信息技术产业垄断的形成除了供给方因素外，还有需求方因素，具体表现如下。

①　标准制定形成的垄断。在网络经济条件下，"系统"产品互补组件之间的兼容程度直接影响网络规模(用户基础)的大小，从而影响用户对该网络产品的采用和产品的市场地位。如果市场上只存在单一标准，或者存在多个标准但这些标准之间可以兼容，那么厂商的垄断很难形成。但如果存在多个标准而且它们之间不兼容，那么一旦一种产品或技术成为行业标准，它就可以获得市场控制力，甚至垄断整个市场，而标准竞争的输家则血本无归。在这种情况下，企业为获取垄断地位，围绕技术或产品标准的竞争就变得非常激烈。谁首先在市场上建立起自己的标准，成为被市场接受的领先技术，谁也就赢得了进一步控制市场的资本和条件。

②　市场先行者地位形成的垄断。计算机操作系统、办公软件、处理器、字处理等系统的升级竞争，以及开发者和制造者的产品预告策略都是想获得市场先行者的地位。成为先行者就会获得市场一半以上的份额，这样形成的"安装基础"，对于潜在的市场进入者而言就是一种威慑、一种壁垒。先行者策略有时和标准策略是高度相关的，先行者往往想尽办法成为标准，或者通过较大的市场份额成为事实上的标准。

③　锁定形成的垄断。网络经济时代，高科技产品的使用必须投入精力学习。由于"学习曲线"的累进效应，用户一旦掌握了某项技术，以后只需更新这项技术即可，如果转而学习别的技术，其转换成本很高，这样对需求方就产生了"锁定效应"，把消费者锁定在该产品的使用上。例如，用户在计算机上一直安装的 Windows 系统，在其系统升级时将优先选择 Windows 的系列产品，而购买新软件时也会优先考虑 Microsoft 的产品，因为在使用过相当长的时期后，许多用户已经形成心理依赖，此时的转移成本将非常高，超过对其他品牌的预期满意度。垄断厂商通过对顾客实施锁定策略和手段，获得巨额的垄断利润。

④　网络效应的存在。不管是有形的还是虚拟的，网络都具有一个基本的经济特征：连接到一个网络的价值取决于已经连接到该网络的其他人的数量。网络效应分为直接效应和间接效应。直接效应表现为消费同类商品的人越多，导致消费者从中获得的直接收益就越大。经典例子如电话机和传真机，这两类产品本身具有功能和审美等多种属性，但是如果电话机/传真机和大多数消费者使用的产品不同(如与电信部门的入网标准不兼容)，无法拨通别的号码，则没有消费者会花钱购买。间接效应表现为消费同类商品的人越多，导致消费者从中获得的间接收益就越大。换句话说，这部分网络价值源于产品附带的售后服务、技术支持或者互补产品。例如汽车，在某一局部范围内拥有某一型号汽车的人越多，相应厂家的零配件和服务设施往往也越完善，消费者使用该汽车也就越方便。互补产品的例子，如游戏机厂商，需要有大量的游戏软件开发商聚集在其周围为其产品开发应用软件。而索尼的 PS2 作为全世界销量遥遥领先竞争对手的游戏机，其对软件开发商的吸引力也最大；而为其开发游戏者越多，消费者购买 PS2 可供选择的游戏种类越多、质量越高。

⑤ 产品差别化形成的垄断。利用产品差别化形成垄断从而获得超额利润在以往的经济中早已存在，但在网络经济条件下，由于信息技术产品和信息服务独特的成本构成，即"高固定成本，低边际成本"，所以产品以及服务的差别化非常容易，建立在产品差别化基础上的"价格歧视"的市场策略也容易实施。这样在网络经济条件下，厂商往往利用产品差别化来增加其产品的不可替代性，牟取市场控制力，侵占消费者剩余，获得超额垄断利润。

（2）从垄断导致的结果看，在工业经济时代垄断导致垄断者减少产量，提高价格，损害消费者利益、阻碍科技进步、垄断企业内部出现低效率等。但在网络经济时代，垄断导致的结果又有了不同的表现形式。

① 知识和信息技术产业面临供给方和需求方的规模经济，它的垄断导致厂商提高产量、降低价格，消费者得利，打破垄断实际上是伤害消费者。

② 网络经济时代，经济的发展依赖创新——形成创造性思想，并将其转化为有用的产品和服务。古典经济学家认为，完全竞争的市场结构最有利于技术进步，而垄断的市场结构由于能够通过合谋、掠夺性定价、纵向限制或合并等手段获得高额利润，从而使企业没有动力投入资本去进行研发和创新。而熊彼特则认为：垄断企业具有优越的生产方法和较高的生产效率与组织效率。而且大企业有能力承担创新的风险，对垄断利润的追求可以成为创新的激励机制；大企业对利润进而对创新的追求增加了竞争，竞争必然走向垄断。企业家利润中包含着的垄断收益是"颁给成功革新者的奖金"。由于知识和信息本身具有外部性，一旦创新成功，会引来很多模仿者，模仿成本大大低于研发成本，创新者如果没有对产品的垄断，高成本就得不到补偿，就会损害创新者的利益。熊彼特认为：技术创新与技术进步引起的经济增长能实现消费者长期福利最大化。厂商垄断不能单方面看作是静态低效率，而应将垄断利润看作是对创新的短暂回报。熊彼特强调：如果厂商希望得到投资回报，竞争必定是不完全的。技术创新条件下，市场具有连续的、暂时的垄断特征。一个技术创新使前面的创新会过时，潜在竞争的威胁促使在位厂商必须不断地进行研究开发，因此潜在竞争是从事研究开发的重要刺激物。

③ 在工业经济时代，处于垄断地位的企业进行技术创新的动力减弱。而网络经济时代由于主导产业本身的特点，经济系统内存在自动抑制垄断负面效应的力量，即使拥有垄断地位的厂商仍然有很强的创新动力。因为知识、信息产品是耐用品，但很容易过时，垄断是暂时的，是竞争性垄断，一旦新厂商开发出更新的产品，原有厂商的垄断力量马上消失。为了维护原有优势，垄断厂商必须不断创新，向市场推出新产品。例如，Intel 公司的芯片由每隔 18 个月更新一次发展为每隔 9 个月更新一次。垄断厂商必须不断更新自己的老产品，推出新产品，这样才能保持领先地位。

④ 电子商务的广泛使用，降低了厂商的交易成本，缩小了厂商的最佳规模；在网上开一个公司比开一个传统的商店或公司成本更低，进入壁垒也更低。这样，新的进入者容易进入市场，从而减缓垄断程度，促进竞争。所以网络经济时代信息产业的垄断不会阻碍科技进步和创新，反过来正是这种对垄断地位的不断追求，刺激了创新，推动着科技进步。同时高额的垄断利润为创新提供了资金保证。

当然，围绕垄断既有资源配置效率问题，也有国际范围内国别利益问题。其中的争议仍在进行中，在此，我们并不是说网络经济条件下的垄断是好的、有效率的垄断，只是说垄断带来的资源配置效率损失并没有工业经济那么大，或者至少说效率的损失是不同的。毕竟不仅在美国而且在欧洲，微软的利用操作系统进行捆绑的垄断行为已经引起业界以及公众的不满。欧洲初审法院也对微软做出了高额的罚款处罚。如何规制网络经济中的垄断行为是摆在国际社会和各国政府面前的一个值得研究的课题。

（3）从判断垄断程度的标准看，工业经济时代用市场结构和市场行为来衡量是否存在垄断。勒纳指数和贝恩指数可用于衡量单个企业的垄断势力，前者反映企业产品的市场价格和边际成本 MC 的偏离程度，后者反映企业产品的市场价格和平均成本 AC 的偏离程度。在网络经济时代，判断垄断程度的主要依据是市场行为，而不是市场结构，原因如下。

① 网络市场本身就是寡占型的，例如，网络公司只有最好的前 3 名才能活下去，其余均死亡。目前美国的 10 大网络公司中，只有美国在线、雅虎、电子港湾、英克托米 4 家能赚钱，而且这 4 家也有兼并的迹象。有观点认为网络经济中"只有第一，没有第二"。边际成本趋向于零的产业，其供给能力无限大，市场结构本身就是垄断的。另外市场份额指标在计算时，还必须考虑进口的同类商品的市场份额。

② 垄断企业占有很大的市场份额是暂时的，产业中随时会产生的创新，会使该产品突然过时，今天是第一的，不能保证永远第一。另外网络时代企业组织结构的扁平化，企业规模向小型化方向发展，垄断不一定和大规模相连，垄断产品的价格也不是传统垄断下的高价。所以对垄断的判断只能看其有无反竞争的市场行为，例如，滥用市场行为排挤竞争对手、设置进入障碍等。而这些标准是无法量化的，只能依据反垄断当局根据调查做出的解释。微软的垄断案不在于它的价格和市场份额，而在于其"捆绑销售"，给对手设置进入障碍等市场行为。

（4）从垄断和竞争的关系看，工业经济时代垄断被认为是妨碍效率的。自由竞争是市场经济之根本，竞争是目的，垄断和竞争是对立的。在网络经济时代，垄断是竞争过程中出现的市场现象，它贯穿整个竞争过程，它和竞争交替出现，两者统一于创新，原因如下。

① 如果说工业经济时代竞争是在二维平面上进行的，那么网络经济时代竞争是在多维空间上进行的。前者的垄断和企业的大规模、标准化生产相连，相应的市场需求是统一的、稳定的，产品的开发周期和生命周期都较长，市场份额稳定，在市场份额上你多我少，争夺激烈，市场份额一向是反垄断法针对的焦点。垄断厂商对创新不感兴趣，20 世纪初以福特生产流水线为代表的大规模生产模式把创新的任务从企业家和工人的手中分离出去，专门由"象牙塔"里的科学家来承担，导致创新和生产的分离。网络经济时代虽然也有市场份额的竞争，但市场份额不稳定。传统产业的大规模生产正转向大规模定制，厂商面临的是多元化的细分市场，产品的生命周期和开发周期都很短。20 世纪 30 年代美国经济学家张伯伦强调的产品差异性是垄断的原因之一，在今天得到了印证，生产过程的创新日益重要，创新从"象牙塔"的实验室回到了生产车间。另外由于"供给创造需求"规律的作用，厂商可以通过开发一种新产品，开辟一个新市场来树立垄断势力，避免和竞争对手针锋相对，这样某一维度上的垄断迫使对手在别的维度上创新。

② 网络经济时代企业的分工模式出现了新变化，分工从公司内向公司外发展，公司模式变成"有头有尾无中间"，大公司不再拥有厂房和设备，而重视新产品的研制、设计、开发、销售，把中间的制造过程委托给别的企业，例如，耐克公司和 TCL 公司就是如此。企业的产品要垄断市场，必须在两头有竞争力，这种竞争力需要创新来把握。

（5）从垄断势力的影响范围看，网络时代地球变成了"地球村"，竞争在全球范围内进行，国与国之间的竞争变成了企业与企业之间的竞争，垄断势力的影响范围是全球性的。为了树立本国产业的国际竞争力，政府在反垄断的同时，鼓励企业兼并，以抢占新兴产业的制高点，在这里政府的意志发挥重要作用。如果微软垄断所排挤的是国外的竞争对手，那么相信美国政府决不会肢解微软。

6.2　电子商务的信息经济学视角

6.2.1　信息经济学的兴起与发展

信息经济学起源于 20 世纪 40 年代，发展于 50～60 年代，到 70 年代基本发展成熟。在创建初期，研究重点多种多样，有的学者侧重于基础理论研究，有的学者则侧重于应用研究，也正是这两种研究的互相补充和互相促进，才奠定了信息经济学的理论基础。进入 70 年代以后，信息经济学的发展基本上达到了成熟，其标志是有大量信息经济的论著问世，如美国霍罗威茨的《信息经济学》、英国威尔金森的《信息经济学——计算成本和收益的标准》、日本曾田米二的《情报经济学》等。信息经济学的研究从一开始就有两条主线。

一是以弗里兹·马克卢普(Fritz Machlup)和马克·尤里·波拉特(Mac Uri Porat)为创始人的宏观信息经济学。宏观信息经济学又称情报经济学、信息工业经济学，以研究信息产业和信息经济为主，是研究信息这一特殊商品的价值生产、流通和利用以及经济效益的一门新兴学科。它是在信息技术不断发展的基础上发展建立起来的，是经济学的重要领域。美国普林斯顿大学的弗里兹·马克卢普(F. Machlup)教授在 1962 年发表了其专著《美国的知识生产和分配》，书中提出了知识产业的问题，并对 1958 年美国知识产业的生产进行了统计测定。美国斯坦福大学的马克·尤里·波拉特(Mac Uri Porat)博士在马克卢普的研究的基础上，于 1977 年完成了《信息经济》(The Information Economy) 9 卷本的内部报告，第一次把产业分为农业、工业、服务业、信息业，并把信息部门分为第一信息部门和第二信息部门。第一信息部门是由向市场提供信息产品和信息服务的企业所组成的部门，第二信息部门是由政府和非信息企业的内部提供信息服务的活动所组成的部门。波拉特的统计测算和数量分析方法不仅引起了美国商务部的重视，而且于 1981 年被经济合作与发展组织(OECD)所采纳，用来测算其成员国的信息经济的发展程度。

二是以斯蒂格勒、阿罗和日本的宫泽为最早研究者的西方信息经济学、微观信息经济学。微观信息经济学起源于 20 世纪 50 年代，形成于 60 年代，发展于 70～80 年代。微观信息经济学又被称为理论信息经济学。美英的研究是从微观的角度入手，研究信息的成本、价格、信息对工资、价格和其他生产要素的影响，并提出用不完全信息理论来修正传统的市场模型中信息完全和确知的假设，重点考察运用信息提高市场经济效益的种种机制。因为主要研究在非对称信息情况下，当事人之间如何制定合同、契约，及对当事人行为的规范问题，故又称契约理论或机制设计理论。而日本则侧重于抽象研究信息系统评价的基本原理和方法。两者都是信息经济学的理论基础。70 年代以后，美国霍罗威茨的《信息经济学》、日本增田米二的《信息经济学》、美国霍肯的《下一代经济》等著作相继问世。1996 年，英国剑桥大学的詹姆斯·莫里斯教授和美国哥伦比亚大学的威廉·维克里教授因其对西方信息经济学研究做出的贡献而获得诺贝尔经济学奖。

6.2.2　电子商务对信息完整性及对称性的影响

网络技术的产业化应用导致信息不对称和信息不完全倾向大大弱化，信息经济学理论的解释力受到削弱。信息经济学理论的基本假定有两个。假定之一：买卖双方的信息是不对称的，这种不对称又分为获取信息时间的不对称和信息内容的不对称。信息内容不对称又可以分两类：一是双方知识的不对称，这是外生的、先定的，不是双方当事人行为造成的；二是指在签订合同时双方拥有的信息是对称的，但签订合同后，一方对另一方的行为无法管理、约束，这是内生的，取决于另一方的行为。对于这类信息不对称，信息经济学称之为隐藏行动。假定之二：人们获得的信息都是不完全的。因此，能否全面、准确地获得信息是人们进行正确决策的关键，同时也决定了人们在博弈中所处的地位和优势。信息不对称和不完全会引起三个基本问题：一是事前信息不完全引起的逆向选择问题；二是事后信息不完全引起的道德风险和激励问题；三是交易双方信息不对称引起的搜寻问题。由此产生了委托人-代理人理论，委托人指拥有信息劣势的一方，代理人指拥有信息优势的一方。在新经济中，这种假定的现实性受到了影响，信息的专有性和垄断性受到了冲击，经济中创造大量与信息有关的就业机会，形成了专门从事信息交易的新型市场。在这里，信息被作为商品进行开发、收集、筛选和处理，并借助网络技术，以几乎实时的速度，快捷而全面地传递到全球信息消费者的网络界面上，这使得人们在获取信息方面不再受到时间和空间的限制，因而信息不对称和信息不完全性大大弱化，信息经济学中诸如隐藏(信息)行为的道德风险模型、逆向选择模型、信号传递模型和信息甄别模型等理论模型的解释力受到削弱，原来这些模型所表述的经济学现象也会被新的现象所取代。

(1)市场交易主体的信息不对称状态得以改善，从而降低了交易费用。市场经济主体之所以以电子商务的形式从事经济活动，最根本的原因在于交易费用的差异和网络经济效应的存在。按照罗纳德·哈里·科斯(R.H.Coase)的分析，交易费用是获得准确的市场信息所需要付出的费用，以及谈判和经常性契约的费用。交易费用在市场经济中是不可避免的，这是由信息不对称和信息不充分所决定的。正像企业的存在是为了节约市场交易费用，即用费用较低的企业内交易替代费用较高的市场交易一样，电子商务的开展也是为了节约交易费用，即用费用较低的网络电子交易替代费用较高的市场交易。市场主体进入信息网络不仅可以极大地降低为获取准确的市场信息所要付出的费用，而且能够在极短的时间内迅速完成对信息的收集、处理、加工和分析工作，使信息资源同物质资源与能量资源有机结合，创造出"互补效应"。另外，信息网络化可以使市场主体及时掌握现时信息，从而改变了那种依靠经验和"预测"的事前决策的行为方式，转向依靠学习和适用的"即时决策"的行为方式，产生巨大的"学习效应"。无论是生产者，还是消费者，也无论是金融机构，还是政府职能部门，都越来越深切地感受到网络经济能为他们节约成本，并带来巨大的收益。正是市场主体对网络经济的实际需求，推动了网络经济的产生与发展。

(2)市场交易主体的信息不完整状态得以改善。这样不但降低了交易费用，而且使资源达到最佳配置。首先，电子商务是以信息网络为基础进行的交易活动，每一个交易主体都将自己的需求信息放到网上，同时也有众多的潜在客户在网络上搜寻信息，通过分析对比，各方可能找到自己最佳的交易伙伴。证券业电子商务的应用充分体现网络的优势，它不但传输股票信息，而且同时利用网上分析系统精练信息，支持决策。其次，网上搜索技术的发展使得这种信息获得变得更加容易，而且大大地节省了搜寻时间。搜索引擎使信息得以排序和组织，使一次信息有序化，方便查找、方便利用。它能以查询器方式、指示数据库方式、菜单方式或其他方式对网上一次信息进行替代、改组，实现网上信息控制，其产品是"网上二次信息"和"网上三次信息"。最后，随着网上认证技术的发展，搜寻所获得信息的质量也得以提高。数字认证、网上信用调查、进入管理机构的黑名单数据库、网上保险、公证等手段，在很大程度上降低了交易风险。面对由于信息爆炸导致的注意力不足和"信息雪盲"现象，通过信息定制方式可以改善信息质量，提高特定信息的完整度。同时随着移动电子商务的发展，人们可以随时随地获取信息，信息完整性也将得以提高。

（3）信息的搜寻得以更为便利地解决，从而使代理成本降低。电子商务不可能消灭中介，只不过中介活动的形式、内容、技术手段等发生了变化。许多中介咨询公司利用网络技术开展业务，他们普遍采用信息技术和电子信息装备，专业从事信息收集、加工或创造工作，更有效地开发和利用信息资源，采用全文数据库形式、超文本形式、全页形式或其他手段将网外电子信息或非电子信息组织起来，输入高速信息网络作为自己的资源，面向用户提供信息服务。由于专业性和网络技术的高效率，使得中介机构的代理活动的成本降低，从而为中介者向信息需求方索取较低的佣金留下空间。

6.3　电子商务的网络经济学视角

在美国得克萨斯州大学的经济学家 Soon Yong Choi，Dale O.Stahl 和 Andrew B.Whinston 所著的 *The Economics of Electronic Commerce* 一书中，提出了"电子商务经济学"的概念。他们认为电子商务和信息网络实际上是一个硬币的两个面，电子商务是以信息网络为载体进行的交易活动。通过信息网络可以使交易低成本、高效率、实时地进行，从而更新了交易方式，扩大了市场范围，方便了交易的进行。其论述的范畴包括以下几个方面：网络经济时代数字产品区别于实物产品的经济学特征；质量不确定性问题；中介在预防市场失灵中的作用；如何保护版权以提高电子商务的市场效率和产品质量；广告和其他营销策略的作用；买方利用网络查询产品质量和价格等行为对电子商务的影响；网络经济中的三大产品策略；产品选择和定制、消费者偏好、差别定价；电子商务对财政金融的影响。其著作用微观经济学的分析为电子商务这样一个全新商业模式的发展做了基础性的经济学解释，并对电子商务发展的战略前景做出了预测。在此，本书只论及网络经济的特性、规律和产品定制问题。

6.3.1　网络的外部性、正反馈及规模经济

所有的网络都有一个基本的经济特征：连接到一个网络的价值取决于已经连接到该网络的其他人的数量。或者说，网络"越大越好"。这个规律有不同的名字：网络效应、网络外部性和需求方规模经济。外部性的基本概念是：一般的市场交易是买卖双方根据各自独立的决策缔结的一种契约，这种契约只对缔约双方有约束力而并不涉及或影响其他市场主体的利益。但在某些情况下，契约履行产生的后果却往往会影响到缔约双方以外的第三方（个体或群体）。这些与契约无关的却又受到影响的经济主体，可统称为外部，它们所受到的影响就被称为外部效应。契约履行所产生的外部效应可好可坏，分别称为外部经济性和外部非经济性。网络外部性是指：网络形成的是自我增强的虚拟循环，增加了成员就增加了价值，反过来又吸引更多的成员，形成螺旋形优势。例如，在一定容量限度内，上网的人越多，微软产品使用人数越多，消费者对微软产品的评价就越高，就越愿意出高价来购买微软的产品。所以，在网络外部性作用下，信息产品一旦拥有了足够大的顾客基础，市场就自然而然地建立起来了。而且，在未达到消费的临界容量之前，产品定价往往高于边际成本。这就是微软盈利高的原因所在。"网络外部性"是信息经济中正反馈的主要原因，是梅特卡夫法则的本质。

正反馈是指强者更强，弱者更弱，引起极端的结果。正反馈可以引起良性循环，也可以引起恶性循环。网络产品具有正反馈的特性，但并不意味着所有网络产品都能在竞争的市场中生存。事实上，当两个或更多的公司争夺正反馈效应很大的市场时，往往只有一个竞争者成为赢家。当然，赢家通吃并不意味着一旦落后就放弃、失败者马上被推出市场，而是说赢家在市场中获得了最大的份额、最丰厚的回报，是第一名，而不是第二名。如何引发正反馈中的良性循环是管理中的重要问题。网络正反馈效应是指在网络经济中，随着市场的扩大、使用人数的增多，产品和服务的价值越来越高，信息资源在被大家共享的同时总量却在增加。实际上，网络正反馈效应也解释了边际效益递增规律性的原因。

规模经济的基本含义是：由于社会分工的细化和专业化协作的加强，生产的经济效益和生产规模之间存在着一定程度的数量关系。在一定的限度内，经济规模的增加可以带来经济效益的提高。生产方的规模经济带来正反馈，几乎每个产业发展的早期都要经过正反馈的阶段。传统产业的规模经济被称为供应方规模经济，基于供应方规模经济的正反馈有自然限制，超过这一点负反馈就起主导作用，这种限制源于组织内部的交易成本大于市场的交易成本。这就是通用汽车不能完全占据整个市场、汽车市场是寡头市场而不是垄断市场的原因。但在网络经济中正反馈是由市场需求方引起的，而不仅仅是供给方。需求方规模经济与供给方规模经济的不同在于：需求方规模经济在市场足够大时不会分散，当已经有很多人使用某种网络产品时，下一个顾客更倾向于购买同样的产品。在网络经济中，供应方规模经济和需求方规模经济结合起来，使得正反馈作用更加强烈。

网络信息产品的需求方规模经济是普遍规律。任何通信网络都具有这样的特征：使用网络的人越多，它对每个人的价值就越大。供应方规模经济和需求方规模经济的结合作用是双重的：需求方的增长既减少了供应方的成本，又使其对其他用户更具吸引力，这样又加速了需求的增长。

6.3.2　网络经济的三大规律

网络经济在许多方面不同于传统经济。这些不同源于网络经济的特殊规律，这些规律能够解释新经济中的许多现象，比如，美国经济周期的变化、美国的通胀与失业、经济增长、产业结构的变化等，下面我们简单介绍网络经济的三大规律。

(1)摩尔定律(Moore's Law)。摩尔定律实际上是一个经验法则，这一定律是以英特尔公司创始人之一的戈登·摩尔命名的。1965 年，摩尔预测单片硅芯片的运算处理能力，每 18 个月就会翻一番，而与此同时，价格则减半。实践证明，这一预测有 30 多年是比较准确的。摩尔定律的背后实际上是学习曲线(Learning Curve)，学习曲线说明了随着产出的增加，厂商不断改进它的生产，结果单一产品的成本不断下降。学习曲线被认为在 IT 的硬件行业中发挥着巨大作用。这是收益递增的真正原因，因为它显示了一条下降的边际成本曲线。但目前来看，起码在芯片领域这个定律的作用遇到了一定的瓶颈，因为集成密度的升级成本剧增(见图 6-1)。

(2)梅特卡夫法则(Metcalfe's Law)。梅特卡夫法则认为，网络经济的价值等于网络节点数的平方。这说明网络产生和带来的效益将随着网络用户的增加而呈指数形式增长。梅特卡夫法则是基于每一个新上网的用户都因为别人的联网而获得了更多的信息交流机会。对于梅特卡夫法则，虽然有些学者有不同意见，但它至少指出了网络具有极强的外部性和正反馈性：联网的用户越多，网络的价值越大，联网的需求也就越大。由此，我们可以看出梅特卡夫法则并没有说明供给方面的收益递增，而是指出了从总体上看消费方面存在效用递增——需求创造了新的需求。梅特卡夫法则描述的是产品特性对消费行为的影响，而且，这种特性并不是在所有的网络产品中都存在，它只是在所谓的"平台"性产品中才存在（见图 6-2）。

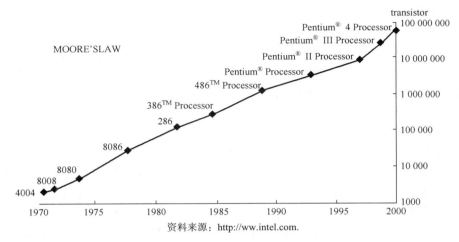

资料来源：http://ww.intel.com.

图 6-1　摩尔定律（每个英特尔微处理器中的晶体管数量）

（3）达维多定律（Davidow's Law）。达维多定律认为，进入市场的第一代产品能够自动获得 50% 的市场份额。达维多定律即网络经济中的马太效应，就是说在信息活动中由于人们的心理反应和行为惯性，在一定的条件下，优势和劣势一旦出现，就会不断加剧、自行强化，出现滚动的累积效应，造成优劣强烈的反差。某个时间内往往会出现强者越强、弱者越弱的局面，而且由于名牌效应，还可能发生强者通赢、胜者通吃的现象。所以任何企业在本产业中必须第一个淘汰自己的产品。英特尔公司的微处理器并不总是性能最好、速度最快的，但它几乎总是新一代产品的首家推出者。同样，微软公司的 MS-DOS 和 Windows 也并不是当时最好的微机操作系统，但它通过和 IBM 结成战略联盟，并不断推出新产品，终于成为市场的主流产品，无人能与之抗衡。达维多定律说明网络经济中的主流化现象。由于消费者对于一些网络产品的使用产生习惯性，他们的消费行为显示出巨大的黏性。这些消费者很难再转而使用其他的相似产品。应该说达维多定律也没有说明收益递增，同梅特卡夫法则一样，它仍然描述的是产品特性对消费行为的影响，而且，这种特性并不是在所有的网络产品中都存在，它只是在所谓的"平台"性产品中才存在（见图 6-3）。

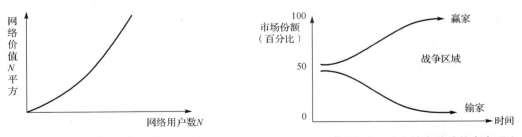

图 6-2　梅特卡夫法则：网络经济的价值等于网络节点数的平方　图 6-3　达维多定律：马太效应导致的赢家通吃

6.3.3 产品定制

产品的定制实际上就是厂商将产品根据顾客的需求进行差别化、个人化。经济学定义的差别化产品是指基本用途和特性充分相似，但不完全相同的产品。Windows NT、Windows98、Max OSX 和 Linux 等都是同一类别产品的差别化产品。操作系统、字处理系统、网络服务系统和门户网站是不同的产品和服务，而在每一组内的多种产品和服务都是同一产品经差别化的产物。电子商务的出现使得传统产品和数字产品都更容易被差别化。生产芭比（Barbie）娃娃的公司向顾客提供一系列的差别化产品，允许客户选择他们自己喜欢的芭比娃娃的皮肤颜色、着装、头发颜色和发型等，以此来最大限度地迎合不同消费者的需求。数字产品具有的可改变性使得数字产品很容易被差别化。

数字化定制生产成功的典型是戴尔电脑公司。该公司早在 1996 年 7 月就通过电子商务直接配置和订购计算机了，其通过电子商务销售的收入90%来自中小企业和个人用户，他们的需求千差万别。戴尔公司通过网络与客户建立了直接的联系，只生产客户签下了订单的计算机，实现了零库存生产（Just In Time，JIT），不但大大降低了生产经营成本，而且让用户更加满意，牢牢锁定了大批客户的注意力。产品差别化存在着程度之分，人们可以借助多种方式或者从多个方面对产品进行差别化。假设某种产品只可以从一个特征进行差别化，而该特征的变化是从无差别化到最大差别化。这里，无差别化的产品就是标准化产品，最大程度差别化则是能够完全满足消费者偏好的完全个性化的产品。产品差别化可以分为水平差别化和垂直差别化。水平差别化是指对于同种产品的不同版本之间的优劣没有公认的标准，只取决于不同消费者的主观好恶。垂直差别化是指假定不同消费者对产品和服务各项特征的偏好相同，都认为产品特征数量和消费数量越多越好，但是，对额外增加的消费数量或者额外增加的特征评价却不相同。我们将这种情况形成的差别化称为产品的垂直差别化。例如，不同消费者对在线金融信息时效性的评价相同，都认为它们越具有时效性就越好，但是，对相同数量信息的效用评价不同，这样，提供给不同消费者的不同数量的信息就构成了垂直差别化的产品。

如果将经济发展看成是一个不断复杂化的过程和更多类型的产品和服务不断出现的过程，那么，产品标准化的重要性则在不断地减弱，产品差别化作为厂商基本策略的作用在不断增强。在现实中，标准化的产品可以通过改变其价值链上的其他特征而实现差别化，这也是在线 B2B 交易得以迅猛发展的原因之一。在完全标准化的产品市场上，产品是完全相互替代的，厂商无法获得超额利润，它只有增加产品的差别化程度才有可能摆脱这种困境。从厂商商业策略的角度看，差别化包括本厂商产品与竞争对手产品的差别化，以及厂商提供给自己客户的产品之间的差别化两种形式。互联网所提供的相互沟通平台为信息提供者大大增加了研究顾客的机会。在利用网络独有的顾客信息方面走在最前列及干得最出色的公司将会获得大量的回报。取得用户信息的两种主要方法是：注册/开账单和观察，包括观察客户的点击流。互联网为个性化定制提供了巨大的空间，不论是对于传统产品还是对于数字产品都是如此。

本 章 小 结

通过本章的学习，我们应该认识到，在信息网络经济中，一些新的经济现象出现了，但解释这些经济现象不需要新的经济学，"技术会改变，经济规律不会"。经济学的基本规律仍然是不可动摇的，只不过用既有的经济规律解释网络经济的一些现象，稍微要多走一些路而已。100 年前的 20 世纪工业巨头利用新生的电力和电话网络等基础设施给世界经济带来的影响，跟今天的企业利用电脑和互联网对世界经济的改变一样。我们要做的事情就是透过现象看本质，不要迷离于现象，只见树木不见森林。

复习思考题

1．网络经济下的垄断有哪些特点？
2．试述网络经济的三大规律。三大规律仍然在发挥作用吗？
3．调查分析电子商务对企业发展的影响，分析一个成功的典型案例和一个失败的典型案例。

互联网金融与网络财务

本章提要

通过本章的学习，了解互联网金融的含义、特点及其主要业态，互联网金融的风险和监管；了解网络财务的含义及其产生和发展，网络财务的基本构架，同时了解网络会计及在网络会计条件下财务信息处理的变化。

导入案例

余额宝的兴起——互联网金融案例

余额宝，是由第三方支付平台支付宝为个人用户打造的一项余额增值服务品牌。2013年6月17日，余额宝正式上线，是目前国内规模最大的公募基金。

余额宝的前端是一个标准的货币基金，投资操作层面与其他货币基金没有特别大的不同。余额宝的后端是互联网渠道，这是它与传统货币基金的重大差异。互联网渠道实现了交易费用的下降。

余额宝兴起的背景是国内大量的小投资者缺乏低风险投资渠道，同时市场资金利率走高，货币基金火爆。余额宝具有互联网金融渠道低成本、交易便捷的优势，是互联网思维"得屌丝者得天下"的典型运用。其主要用户为熟悉网络操作的淘宝客户以及传统银行不关注的低净值用户人群。

随着各类"宝宝"的兴起，当前余额宝的资金收益率已经不具备吸引力，但淘宝的交易便捷性还是存在的。同时，随着各类直接对接资金需求的高收益P2P平台逐步为大众所知，其中股东背景雄厚、管理规范的P2P平台开始走红，如陆金所、玖富金融、团贷网、美利金融等。

思考分析：

请根据你使用余额宝的经历，谈一谈你的看法，讨论其利弊和优缺点。

7.1　互联网金融基础

7.1.1　互联网金融的含义

尽管目前业界和学术界对互联网金融尚无明确的、获得广泛认可的定义，但对互联网支付、P2P 网贷、众筹融资等典型业态分类有比较统一的认识。根据中国人民银行金融稳定小组的解释，互联网金融是互联网与金融的结合，是借助互联网和移动通信技术实现资金融通、支付和信息中介功能的新兴金融模式。广义的互联网金融既包括作为非金融机构的互联网企业从事的金融业务，也包括金融机构通过互联网开展的业务。狭义的互联网金融仅指互联网企业开展的、基于互联网技术的金融业务。

7.1.2　互联网金融的特点

1. 拓展金融服务边界

传统金融机构以银行、证券、保险为中心，金融资源供需在结构和总量上存在失衡，大型金融机构多服务于大型客户，中小企业贷款难、直接融资难、民营企业受歧视等问题长期得不到解决，这使得企业不能平等地参与到金融活动中。而资源开放化的互联网金融使用户获取资源的方式更加自由，拓展了互联网金融受众的有效边界，也使得中小客户群体的资金融通需求得到满足，打破了传统金融业的高门槛，从而优化了资源配置。目前互联网金融以其平民化、大众化的特征，拓展传统金融市场的边界，使小型客户的理财投资需求得到满足，使金融业成为一个开放的市场，让原本专业性较强的金融业务走进千家万户，惠及广大百姓。互联网金融带来了更加开放的市场、更加便利的服务，大大拓展了金融服务的广度和深度。

2. 低成本与高效性

借助互联网信息技术，互联网金融打破传统金融机构必须通过实体网点提供服务的限制，突破时间和空间的限制，以较低的成本使得因偏远分散、信息太少而难以得到金融服务的小微群体可以随时随地根据自己的需求来获得金融服务。同时，在互联网金融模式下，大数据确保信息的全面性，云计算保证海量信息的高速处理，二者的有机结合，极大地提高了投资效率并降低了交易成本。并且，资金交易过程都在网络上完成，边际交易成本极低，从而形成了成本低廉的新型融资模式。此外，由于互联网的开放性和共享性，人们通过社交网络生成和传播金融信息，使得投资者通过自己的方式对该金融产品有了更深刻的了解，传统金融市场中的信息不对称问题得以缓解。

3. 大数据与云计算

金融业务的核心要素是信用、定价与风险控制，每一要素均对数据的数量、质量及数据的深度挖掘、处理技术有较高的要求。互联网金融渗透到社交、商务、生活等方面，积累了海量的数据信息，包括历史交易记录、客户交互行为、违约支付概率等，这些数据信息都成为信用评级的重要资源和资产，形成了更加完善的征信体系。互联网金融通过云计算技术，收集、挖掘、整理和加工大数据，可以用较低成本摸清互联网金融的参与者，尤其是经营规模或信用额度低于一定标准的客户的信用状况，从而有效解决小微客户因信用评级造成的融资困难。同时，运用数据分析量化用户行为，了解用户群的特点，有效进行市场细分，定位用户的需求和偏好，为精准营销和个性化定制服务提供数据支撑。

4．风险扩大化

互联网金融的本质仍然是"金融"，而金融的存在必然伴随着风险，尤其是这种基于网络构建而成的金融更伴随着巨大的不确定因素，这就需要风险意识和风险管理水平同步发展。互联网金融的出现使得进入金融行业的门槛降低，一定程度上实现了普惠，但也同时加剧了该行业的风险。缺乏金融风险控制经验的非金融企业大量涌入，加之互联网金融行业发展迅速，涉及客户数量众多，一旦出现风险事故，极有可能产生多米诺骨牌效应，使得风险迅速蔓延以至于造成群体性事件，甚至最终给互联网金融行业及相关经济体造成损失。

7.1.3 互联网金融业态

1．银行业互联网化

随着电子商务的迅猛发展，电子支付的需求越来越多。许多非金融企业参与互联网金融，逐渐改变了银行多占资金支付的格局，传统中间业务收入不断受到分流挑战。为此，各大银行开始适应互联网潮流定制新兴发展战略，发展特色业务，创立自己的品牌。银行的业务渠道不断创新，除网络银行、手机银行外，还积极发展微信银行等多种电子渠道。

1）网络银行

网络银行是指商业银行以现有的银行业务为基础，利用互联网技术向客户提供信息服务和金融交易服务，为客户提供综合、统一、安全、实时的金融服务，是信息技术和金融创新的有机结合，是金融电子化最新发展的产物，又被称为在线银行（Online Banking）、虚拟银行（Virtual Banking）等，主要功能包括：信息展示；网上金融服务和信息管理。

2）手机银行

手机银行，也称移动银行，是利用移动通信网络及终端办理相关银行业务的简称，它由手机、GSM短信中心和银行系统构成。作为一种结合了货币电子化与移动通信的崭新服务，移动银行业务不仅可以使人们在任何时间、任何地点处理多种金融业务，而且极大地丰富了银行服务的内涵，使银行能以便利、高效和安全的方式为客户提供传统的和创新的服务。

3）微信银行

随着微信大军的蜂拥而至，银行业关注到了微信平台上的上亿用户资源，微信银行应运而生。微信银行是各大商业银行将银行业务转向微信平台的一种举措，它同网络银行、手机银行一样具有查询余额等各项功能，是新兴的银行服务平台。与手机银行基于短信处理业务不同的是，微信银行是建立在智能手机上的，它借助腾讯公司微信软件的公众服务接口，为客户提供包括转账汇款、自助缴费、手机充值、余额提醒、预约办理等一系列服务，集借记卡、信用卡等业务为一体。

2．证券业互联网化

证券业是互联网的天然适应者，证券公司的产品主要以数据交换的形式存在于后台数据

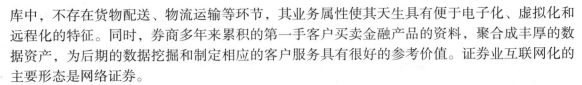

库中，不存在货物配送、物流运输等环节，其业务属性使其天生具有便于电子化、虚拟化和远程化的特征。同时，券商多年来累积的第一手客户买卖金融产品的资料，聚合成丰厚的数据资产，为后期的数据挖掘和制定相应的客户服务具有很好的参考价值。证券业互联网化的主要形态是网络证券。

1）网络证券的概念

网络证券是指证券行业基于互联网为客户提供的一种全新的金融服务。狭义上，可以把网络证券理解为以 Internet 为基础平台的网上证券交易。但从广义上来说，网络证券是利用先进的信息技术，依托 Internet、GSM 网、有线电视网、寻呼网等现代化的数字媒介，以在线方式开展传统证券市场上的各种业务，并在此过程中实现诸如在线路演、虚拟经纪人业务等一系列的业务创新。

2）网络证券的内容

（1）为个人和机构投资者提供投资理财的全方位服务；

（2）为投资者提供国际经济分析、政府政策分析、企业经营管理分析、证券板块分析、证券静态、动态分析等方面的服务；

（3）以每日国内外经济信息、证券行情、证券代理买卖、投资咨询、服务对象的辅助决策分析及提供特别专题报告等方式来为投资者服务；同时也提供外汇、期货等方面的辅助服务。

3. 保险业互联网化

随着互联网时代的到来，保险公司纷纷加入互联网金融的创新浪潮中，积极开展互联网保险业务。互联网保险是指保险公司或保险中介机构通过互联网为客户提供有关保险产品和服务的信息，并实现网上投保、承保等保险业务，直接完成保险产品的销售和服务，并由银行将保费划入保险公司的金融服务。

保险公司可以通过网络保险来推销自己的产品和服务，投保人可以通过在网络上查询各个保险公司的险种、保费、保单利益以及公司的信誉状况等，做出适合的选择。保险公司设有专门的咨询设备和咨询人员，投保人有任何疑问，都可以通过电话或者 E-mail 进行咨询；决定投保时，可以通过网络进行保险邀约，填写电子保单，并将保费划入保险公司的银行账户。经保险公司核保之后，即可得到与保险公司签订的电子保险合同。当被保险人发生保险事故、保险公司出险时，可以通过电子账户进行保险金额的给付。网络保险具有虚拟性、直接性、无纸化、时效性的特点。

4. 第三方支付

第三方支付是指具有一定实力和信誉保证的非银行机构，借助通信、计算机和信息安全技术，采用与各大银行签约的方式，在用户与银行支付结算系统间建立连接的电子支付模式。第三方支付包括以支付宝、财付通、盛付通为代表的互联网支付企业，也包括以快钱、汇付天下为代表的金融性支付企业。通过第三方支付平台，买方选购商品后，使用第三方平台提供的账户支付货款，由第三方通知卖家货款到达、进行发货。买方检验物品后，就可以通知付款给卖家，第三方再将款项转至卖家账户。

第三方支付通过其支付平台在消费者、商家和银行之间建立连接，起到信用担保和技术保障的作用，实现从消费者到商家以及金融机构之间的货币支付、现金转账、资金结算等功能。采用第三方支付，既可以约束买卖双方的交易行为，保证交易过程中资金流和物流的正常双向流动，增加网上交易的可信度，同时还可以为商家开展 B2B、B2C、C2C 等交易提供技术支持和其他增值服务。

5．P2P 网贷平台

P2P 网贷，指的是 Peer-to-Peer，即点对点信贷。其中第一个 P，指的是缺乏理财渠道的个人投资者，即出借人或投资人；第二个 P，指的是传统金融机构不愿意或无法贷款但却急需资金的中小客户，即借款人。

P2P 网贷平台是连接借款人和投资人的中介，通过平台进行资金借、贷双方的匹配，需要借贷的人群可以通过网站平台寻找到有出借能力并且愿意基于一定条件出借的人群，平台提供服务，并进行审核，帮助贷款人通过和其他贷款人一起分担一笔借款额度来分散风险，也帮助借款人在充分比较的信息中选择有吸引力的利率条件，满足投资人和借款人需求。

6．众筹

众筹模式，是指项目发起人利用互联网和社交网络的传播特性，向公众展示自己的创意，争取得到足够的认同和支持，募集公众资金的模式。众筹项目以实物、服务或媒体内容等作为回报，一般不能涉及资金或股权。

众筹模式通过搭建网络平台面对公众筹资，让有创造力的人获得他们所需要的资金，以便使他们的梦想得以实现。这种模式打破了传统的融资模式，开创了人人皆可成为投资人的新模式，每一位普通人都可以通过众筹模式获得从事某项创作或活动的资金，使得融资的来源不再局限于风投、银行、资本市场等传统渠道，而是来源于大众。

众筹模式与 P2P 网贷的不同之处在于，其服务于融资方，更多是通过众筹平台对项目进行宣传，希望通过介绍、宣传等吸引公众关注，从而获得资金支持。众筹主要有两个方面的应用：一是针对创业企业，创业企业通过众筹，把社会上大量分散资金集中起来，完成初期发展所需的资金；二是对于创新产品，众筹相当于提供预先检测市场反应的平台，企业可以把产品需要的基本费用在众筹平台完成筹资之后再进行生成和市场拓展。

7.2　互联网金融的监管

7.2.1　互联网金融的风险

互联网金融除了与传统金融业务一样面临着信用风险、流动性风险和市场风险外，还涉及以下三方面的特殊风险。

1．互联网金融的操作风险

操作风险指源于系统在可靠性和完整性方面的重大缺陷而导致潜在损失的可能性，它跟技术有着直接或间接的关系。网络金融的操作风险包括电子犯罪带来的安全风险，内部雇员欺诈带来的风险，系统设计、实施和维护带来的风险以及客户操作不当带来的风险。

互联网金融的操作风险不仅来自金融机构或网络平台的外部，有时还来自互联网金融企业内部。内部操作风险造成的威胁更大，如企业内部职员的欺诈行为造成的操作风险。此外，随着所采用的网络技术和系统设计越来越复杂，技术本身也会带来操作风险。如 2013

年8月16日，光大证券公司的乌龙指事件导致当日上证A股成分股暴涨暴跌，其原因就来自该公司自营套利系统的设计漏洞，缺乏头寸控制机制。

2. 互联网金融的法律风险

互联网金融的法律风险从根本上来看，实际上属于缺少法律规定，或者适用现有法律不明确造成的风险。

例如，在处理银行与客户的关系方面，现有的法律总是更倾向于保护客户，为银行施加了更大的义务。如美国于1978年实施的《电子资金转移法》规定银行在向客户提供ATM卡等借记卡服务的时候，必须向客户披露一系列信息，否则，银行要面临潜在的风险。而电子货币，特别是智能卡出现以后，智能卡是否需要披露同样的信息，即便是监管机构也无法立刻做出决定。因为两种卡的性能完全不一样，要求借记卡业务披露的信息可能对于智能卡来讲没有任何意义。而且，有的时候，要求过于严格，造成发卡银行成本过大，又会阻碍业务的发展。在这种情况下，开展此项业务的银行就会处于两难的境地，以后一旦出现争议或诉讼，谁也无法预料会出现什么样的后果。

3. 互联网金融的信誉风险

与传统金融机构相比，互联网金融机构面临的信誉风险显得更为严重。在传统业务中，最常见的信誉风险表现为一家银行因出现财务问题，导致大量的储户挤兑。而互联网金融机构产生的信誉风险除源于互联网金融机构经营不善外，还可能由于技术设备的故障、由于系统的缺陷，导致客户失去对该金融机构的信心而产生信誉风险。比如，新闻媒体报道某家金融机构被黑客入侵，尽管可能没有造成任何损失，但是客户会立刻对该金融机构的安全性产生怀疑。由于互联网金融的业务处在起步和发展阶段，客户对互联网金融的安全存在潜在的不信任，因此信誉风险的出现对互联网金融业务的影响尤其大。

7.2.2 发达国家对互联网金融的监管

1. 互联网支付监管

各国通常要求支付机构获得支付业务许可后才能营业，但其准入门槛一般低于银行牌照的申领要求。各国对互联网金融机构支付业务的监管主要强调反洗钱、沉淀资金托管、重要信息披露、消费者权益保护等。

美国非金融机构支付服务实施联邦和州两级监管，监管重点是消费者权益保护、信息报告、反洗钱和打击金融犯罪等。英国金融行为管理局(FCA)要求，包括互联网支付机构在内的所有支付机构需注册并符合相关的审慎监管要求。法国第三方支付机构由法国银行监管局会同法国央行，根据《欧盟电子货币指引Ⅱ》的相关规定进行监管，第三方支付机构应当满足实缴股本、高管资质、公司治理和内控机制方面的准入要求。德国《支付服务监管法》规定，第三方支付机构应获得联邦金融管理局(BaFin)颁发的电子货币机构牌照，并且不能发放贷款，支付过程中的沉淀资金需要委托第三方托管或提供担保，遵守反洗钱规定。日本《资金清算法》规定，从事支付业务的非银行机构必须获得金融厅的许可，单笔业务资金不得超过100万日元。

2. P2P网络借贷监管

各国对P2P网络借贷监管主要有两种做法：一是金融监管机关根据法定职责，各司其职，制定适度和有针对性的监管规则；二是要求 P2P 平台申领银行牌照，适用银行业的监管规则严格监管。

美国 P2P 网络借贷的特点是放贷人不直接向借款人发放贷款，而是由 P2P 平台向放贷人出售与贷款相对应的收益权凭证。因此，个人通过购买平台的贷款份额参与放贷的行为，被美国证监会（SEC）认定为证券投资行为，受证券法约束。英国 P2P 网络借贷适用《消费信贷法》，相关专门立法正在积极推进中，未来的监管原则包括：平台在提供贷款前应向借款人提供贷款安排的详细解释，确定主要风险，平台应在贷款之前对借款人的信用状况进行评估等。法国和德国都没有对 P2P 网络借贷进行专门监管，而是根据银行法的规定进行监管，任何机构以任何形式提供存款或贷款等银行类业务，都必须获得银行牌照。日本主要通过"地下金融对策"系列法律对 P2P 网络借贷进行监管，强化市场准入规则，规定贷款利息上限，防止借款人过度借贷，强化对高利贷、无登记营业、违法发布放贷广告等行为的处罚力度。

3. 众筹融资监管

各国对众筹融资的发展通常持鼓励、支持态度，但监管尺度有所不同，在一定程度上体现了适度监管的理念。

美国《创业企业融资法案》允许小企业通过众筹融资获得股权资本，对符合条件的众筹融资可以豁免证券法下的发行注册要求。英国目前认可众筹股权融资的合法性，但并没有针对众筹融资的特别立法，而是将其纳入现有的金融监管框架进行监管。法国金融市场监管局和银行监管局于 2013 年 5 月联合发布了《众筹融资指引》，规定涉及证券认购或股权投资的，应遵守证券法律；涉及贷款的，应遵守银行法规。德国《资本投资法》规定，任何机构接受委托帮助他人发行证券或投资产品，都必须申请金融业务牌照。2013 年 3 月，欧盟委员会公布"欧洲经济长期融资绿皮书"，提出要支持众筹融资等非传统融资方式。日本对众筹融资的监管主要适用《金融商品销售法》及《金融商品交易法》。

7.2.3 我国互联网金融监管应遵循的原则

目前，互联网应用的大众化和金融服务的普惠功能已经呈深度融合、相互促进的大趋势，互联网金融创新有利于发展普惠金融，有旺盛的市场需求，应当给予积极支持，也应当占有相应的市场份额。但必须清醒地认识到互联网金融的金融功能属性和金融风险属性，把可能引发的风险控制在可预期、可承受的范围内。

（1）互联网金融创新必须坚持金融服务实体经济的本质要求，合理把握创新的界限和力度。包括互联网金融在内的金融创新必须以市场为导向，以提高金融服务能力和效率、更好地服务实体经济为根本目的，不能脱离金融监管、脱离服务实体经济抽象地谈金融创新。

（2）互联网金融创新应服从宏观调控和金融稳定的总体要求。包括互联网金融在内的一切金融创新，均应有利于提高资源配置效率，有利于维护金融稳定，有利于稳步推进利率市场化改革，有利于央行对流动性资金的调控，避免因某种金融业务创新导致金融市场价格剧烈波动，增加实体经济融资成本，也不能因此影响银行体系流动性转化，进而降低银行体系对实体经济的信贷支持能力。

（3）要切实维护消费者的合法权益。互联网金融企业开办各项业务，应有充分的信息披露和风险揭示，任何机构不得以直接或间接的方式承诺收益，误导消费者。开办任何业务，均应对消费者权益保护做出详细的制度安排。

（4）要维护公平竞争的市场秩序。在市场经济条件下，公平竞争是保证市场对资源配置起决定性作用的必然要求。在线上开展线下的金融业务，必须遵守线下现有的法律法规，必须遵守资本约束。不允许存在提前支取存款或提前终止服务而仍按原约定期限利率计息或收费标准收费等不合理的合同条款。任何竞争者均应遵守反不正当竞争法的要求，不得利用任何方式诋毁其他竞争者。

（5）要处理好政府监管和自律管理的关系，充分发挥行业自律的作用。利用"中国互联网金融协会"的成立契机[①]，充分发挥协会的自律管理作用，推动形成统一的行业服务标准和规则，引导互联网金融企业履行社会责任。互联网金融行业的大型机构在建立行业标准、服务实体经济、服务社会公众等方面，应起到排头兵和模范引领作用。

7.3　网络财务基础

7.3.1　网络财务的含义

人们对网络财务的研究已有一段时间，但目前对"网络会计""网络财务"尚无明确的定义。金蝶网络财务软件白皮书(金蝶公司，2000)中对网络财务软件是这样定义的：网络财务软件是能够在局域网和广域网范围内整合使用、适合远程应用、支持电子商务的财务管理软件。傅元略在《网络财务》一书中提出：所谓网络财务，就是一种基于计算机网络技术，以整合实现企业电子商务为目标，以财务管理为核心，财务、业务协同，业务流程重组，支持电子商务，能够提供互联网环境下财务核算、财务管理及其各种功能的、全新的面向供应链、支付网关等需要安全支付的财务管理系统。Barnes 提出：以网络技术为主的各种信息技术，为企业的财务管理提供了更广阔、更先进的技术手段与方法，企业可以以柔性技术为基础保持技术的领先，以信息网络为依托实现资源的整合，将财务与网络相结合形成网络财务，并开发网络财务软件，实行动态的、实时的财务管理。网络财务理念的提出，给人们带来了一种新的会计思想，引起了一次观念的深刻变革。

7.3.2　网络财务的产生与发展

21 世纪是网络的世纪，随着高科技信息时代———网络时代的到来，全球信息处理网络化将成为历史发展的必然趋势。互联网的出现不仅给全球经济和社会带来了巨大变革，也给企业创造了无限商机，推动企业经营走向电子商务，而作为电子商务重要组成部分之一的网络化会计信息系统也随之产生，网络财务将成为企业财务发展的必然趋势。

网络财务的前身是会计电算化，它是会计电算化发展到一定阶段实现从量变到质变的产物。会计电算化在 20 世纪 50 年代开始起步，由于当时计算机硬件价格昂贵、程序设计复杂，只有少数的计算机专业人员能够掌握这门技术，会计电算化发展缓慢，只限于应用在工资核算等简单的项目上。第三代大、中、小型通用电子计算机的大规模网络技术和会计专用计算机的发展，给会计电算化开辟了广阔天地，70 年代以后，会计电算化呈现普及之势。

---

① 2016 年 3 月 25 日，经国务院批准，中国互联网金融协会正式成立。首批单位会员有 425 家，包括银行、证券、保险、基金、期货、信托、资产管理、消费金融、征信服务以及互联网支付、投资、理财、借贷等机构，还包括一些承担金融基础设施和金融研究教育职能的机构，基本覆盖了互联网金融的主流业态和新兴业态。

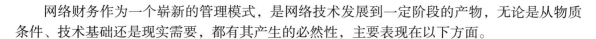

　　网络财务作为一个崭新的管理模式,是网络技术发展到一定阶段的产物,无论是从物质条件、技术基础还是现实需要,都有其产生的必然性,主要表现在以下方面。

1. 网络财务是网络化发展的必然产物

　　信息技术的每一次进步都会带动财务及企业管理技术手段的发展。随着计算机技术和信息处理技术的迅速发展,国际互联网已将世界变成一个地球村,实现了计算机互联,信息共享。计算机技术和企业的财务管理有机地结合形成了会计电算化,实现了会计核算和财务管理的现代化。同时,互联网的迅速发展,给会计电算化带来一个技术革新的机遇,是财务管理继 PC 机、Windows 平台之后的又一次技术变革,为网络财务提供了强大的发展空间和良好的发展平台,正是网络时代呼唤网络财务的到来。

2. 财务软件的发展为网络财务提供了技术基础

　　网络财务是现代信息技术支持下的财务软件发展到一定阶段的产物。基于 Internet/Intranet 的 Web 技术、网络数据库技术和三层结构组织技术的成功应用为网络财务管理软件的开发提供了坚实的技术基础。其中大型数据库技术提供了高达 TB(1TB=1000GB)级的数据处理能力,不但能海量存储数据,同时还实现了对数据的高速安全处理;三层结构(即数据库层、中间层、客户层三个层次)这一先进成熟的数据应用结构,也为开发处理数据量庞大的网络财务软件提供了条件。另外,杀毒软件、防火墙技术、Windows NT 用户安全机制等,也为网络财务软件的运用提供了一定的安全保障。

3. 网络财务是信息化发展的客观要求

　　信息化建设的目标就是以现代化的信息手段管理企业,通过高效的管理,提高企业的经济效益和市场竞争力。网络财务的出现,以及相应的产品和解决方案的出台,为企业信息化真正走上实时、准确、科学的道路开启了大门。同时互联网为企业经济信息系统提供了最大限度的全方位的信息支持,它正在改变企业的传统商业模式和运作方式,也影响和改变着财务管理模式,为了适应这种环境变化,更好地利用网络带来的优势,网络财务便应运而生,并迅速得到广泛的重视和应用,成为当代财务管理学中最有潜力的新领域。

7.4　网络财务的基本架构

7.4.1　网络财务信息系统

1. 网络财务信息使用者的需求

　　在网络环境下,信息使用者对会计信息提出了新的需求。网络财务系统应能满足信息使用者的以下需求。

　　(1)实时性。系统能根据信息使用者的要求实时披露财务信息。

　　(2)多样性。财务信息系统在内容上应能提供财务的和非财务的、定量的和定性的使用者想知道的信息;在计量属性上,应从单一的历史成本计量属性到历史成本、现行成本、可变现净值等多重计量属性并存;在列表形式上,应从单一信息媒体到文、图、音、像等多种信息媒体并存。

(3)可定制性。系统可以根据信息使用者的要求，从不同的角度提供个性化的财务信息。

(4)共享性。通过网络获取财务信息，可使得财务信息的再利用更加方便，可提高信息利用效率，减少信息不对称性。

2. 网络财务信息系统的构成及主要特点

网络财务信息系统是一个人机结合的系统，不仅需要计算机硬件、软件、网络通信设备的支持，还需要人在一定的规程下充分利用它们进行各项操作。因此，网络财务信息系统的主要构成要素包括硬件、软件、人员、数据和规程。

网络财务信息系统根据其功能可分为三个层次，即会计核算系统、财务管理信息系统和财务决策信息系统。我国目前应用的财务软件大都处于会计核算系统这个层次。

网络财务信息系统的主要特点如下。

(1)与现代信息技术的高度融合。它按信息处理的要求，充分利用现代信息技术，对企业的会计工作流程、方式和方法进行了重新构建，以适应企业瞬息万变的管理要求。

(2)与业务管理系统的高度协同。它包括与企业内部的协同、与供应链的协同、与社会相关部门的协同，如网上银行、网上保险、网上报税等。

(3)高效率的集中式管理。互联网的出现，使集中式管理成为可能。

(4)高度实时化的动态核算系统。传统会计是一个静态的、事后反映型的核算系统；而网络财务的发展将改变这一历史，变传统的事后静态核算为高度实时化的动态核算。

(5)强大的远程处理能力。网络财务软件从设计到开发应用都定位在网络环境的基础上，使得跨地区、跨国界的财务核算、审计、管理和贸易成为可能。同时，网络化管理将使企业的各种财务信息得到快速便捷的反映，最终实现财务信息的动态实时处理和财务的集中式管理，如便捷的远程报账、远程报表、远程查询和审计。

7.4.2 网络财务的实施

1. 网络财务的实施方案

网络财务的实施，一般来说有以下两个步骤。

(1)应根据自身的实际情况进行需求分析，确定到底要利用网络财务系统完成哪些工作。

(2)根据企业需求进行网络方案设计。目前常用的高速网络技术有快速以太网、FDDI 分布式光纤数据接口、ATM 异步传输模式、千兆位以太网。网络财务还是一个新兴的领域，其实现没有固定的模式，故要依据企业的不同情况"量体裁衣"。

2. 网络财务的实施途径

网络财务一般通过网络财务软件和网上理财服务两种途径来实现。

网络财务软件是指基于网络计算机技术，以整合实现电子商务为目标，能够提供互联网环境下的财务管理模式、财务工作方式及其各项功能的财务管理软件系统。

网上理财服务是指具备数据安全保密机制，以专营网站方式在网上提供的专业理财服务。网上理财服务的具体体现是网上自助式软件的应用，它是活动服务主页（Active Sever Page，ASP）的一种重要服务方式。

3. 网络财务发展的法律基础

网络财务的诞生和发展除了要有一定的技术基础外，一些相关法律、法规的制定也为其实施提供了保障。财政部颁发的《会计电算化工作规范》中明确指出：具有一定硬件基础和技术力量的单位，都要充分利用现有的计算机设备建立计算机网络，做到信息资源共享和会计数据实时处理。新《会计法》中增加了建立网上销售核算内部控制制度的规定，这样就使得网络财务模式的建立更有法可依。有了法律的明文规定，网络财务的安全和权限问题将得到大幅度改善。此外，新《会计法》对各行业和各地域会计制度进行了统一。但对于跨地域的大型企业来说，不同地域会计准则的一致性将成为网络财务能否充分发挥作用的关键因素。网络财务是个新生事物，针对如何具体在网络财务的程序和方法上操作，如何实施内部控制，如何提供财务报告，如何保障财务信息真实性等一系列问题，还没有相应的法规予以规范，理论界和实业界也都处于探索阶段。

7.4.3 网络财务成本控制

网络财务软件在成本数据归集方面，设计了全面的数据自动源，可以提供成本分析、成本核算、成本预测的功能，满足会计核算的事前预测、事后核算分析的需要，还可以分别从总账、工资、固定资产、成本系统中取得各种成本费用数据。

成本管理模块可以从存货核算、工资管理、固定资产管理和总账中自动提取成本数据。每个成本的期间数据都会同步自动产生。在成本计划方面，可以编制全面的成本计划，待成本核算工作结束后，针对此计划的成本差异分析结果就会自动产生。在成本预测及分析方面，可以做出部门成本预测和产品成本预测。

7.4.4 网络财务报告

1. 网络财务报告的内涵及层次

网络财务报告的内涵将因环境的变迁、网络技术的发展而不断发展。在现有技术条件下，网络财务报告是指企业通过网络披露企业各项经营业务与财务信息，并将反映企业各种生产经营活动和事项的财务报告存储在可供使用者随时查阅的数据库中，供使用者查询企业的财务状况、经营成果、现金流量及其他重要事项。

网络财务报告分为以下三个层次。

（1）在线财务报告。在线财务报告是指企业在国际互联网上设置网站，向信息使用者提供定期更新的财务报告。

（2）实时财务报告。它指整个会计循环通过网络自动完成，从原始数据的录入到数据处理再到生成财务报告都通过联网的计算机来完成。在这一阶段，用户可随时获得实时报告信息。

（3）按需定制的财务报告。这是网络财务报告的高级阶段，指以披露通用目的财务报告为基准，进一步披露企业经过编码的经济事项源数据，可根据用户的选择自动定制用户所需的财务报告。随着 XBRL 分类体系构建完毕，经过测试并广泛投入使用，定制报告模式也成了现实。

2. 网络财务报告的新型模式——XBRL

XBRL 是可扩展财务报告语言（eXtensible Business Reporting Language）的缩写，是一种基于可扩展标记语言（XML）框架，专门为公司编制和发布网络财务报告而开发出来的语言。有了 XBRL 就能够实现按需定制的目标，也能整合财务信息供应链上各方的利益。

基于 XBRL 的网络财务报告具有以下特点。

（1）无须改变现存的会计规则，也无须公司额外披露超出现有会计规则要求的信息，只是改进了编制、分析与发布企业报告信息的流程。

（2）以标准化的标记来描述和识别每个财务信息项目，即为每个财务项目定义标记（Tags），使财务报告的编报标准趋向统一。

（3）可以编制、发送各种不同格式的财务信息，交换与分析财务报表中所含的信息。

（4）可以允许使用者跨系统平台传递和分析信息，降低信息重新输入的次数。

3．XBRL 网络财务报告的信息披露

XBRL 根据财务信息披露规则，将财务报告内容分解成不同的数据元，再根据信息技术规则给数据元赋予唯一的数据标记，从而形成了标准化规范。以这种语言为基础，通过对网络财务报告信息的标准化处理，可以将网络财务报告中不能自动读取的信息转换为一种可以自动读取的信息，大大方便了对信息的批量需求和批量利用。

XBRL 网络财务报告的信息披露包括以下几个层次。

第一层次，主要是对传统会计报表内容进行披露，包括资产负债表、损益表、现金流量表及其附注。

第二层次，对其他财务报告进行披露。如设立专用报告区，针对不同的使用者或使用者集团进行披露。

第三层次，对一些在传统会计报表基础上扩展出来的信息进行披露。如对在企业的生存与发展中占举足轻重地位的智力资源信息或类似的知识资本信息进行披露；对不符合传统会计要素定义与确认的标准，且不具有实物形态的衍生金融工具信息进行披露。

第四层次，报告一些非财务信息。非财务信息是指诸如企业背景、企业关联方信息、企业主要股东、债权人及企业管理人员配备的信息。为了增加企业信息的透明度、增加受托责任与诚信度，还要对具体的公司信息进行披露，如战略、计划、风险管理、薪酬政策等信息。

第五层次，主要是指对以多媒体技术在公司网站上提供股东大会、董事会或其他重要会议的现场纪实的录像或录音等信息的披露。在网站上进行多层次信息的披露，除了应提供当年的数据信息外，为了满足信息使用者的需要，还可以提供历史的数据，其内容也以多层次的信息模式为依据。

7.4.5 网络财务安全

网络系统的安全是网络财务发展的前提。网络财务使原来的单一会计电算化系统变成一个开放的系统，而会计业务的特点又要求其中的许多数据对外保密，因此，安全就成为网络财务中备受用户关注的问题。由于财务涉及资金和公司机密等，任何一点漏洞都可能导致大量资金流失，所以应对其传递手段和存储工具严格要求，要从技术和法律上为它创造一个安全的环境，抵抗来自系统内外的各种干扰和威胁。如在技术上加强对网上输入、输出和传输信息的合法性、正确性控制，在企业内部网与外部公共网之间建立防火墙，并对外部访问实行多层认证，及时做好备份工作。备份是防止网络财务系统意外事故最基本、最有效的手段，包括硬件备份、系统备份、财务软件系统备份和数据备份四个层次。发展适合网络财务的新技术是网络财务发展的基础。在法律上，应建立电子商务法律法规，规范网上交易、支付、核算行为，并制定网络财务准则。此外还必须有第三方对安全进行确认，即建立网络安全审计制度，由专家对安全性做出相应评价。

7.4.6　网络审计

财务信息存储的电子化、网络化，财会组织部门的扁平化，内部控制形式的变化等使得对审计线索、审计技术、审计方法、审计手段、审计标准，以及对审计人员的知识结构、技能的要求发生了很大的变化。网络审计将成为在网络财务环境下进行审计工作的必然趋势。网络审计面对的企业内部环境是集成化的信息系统，它的合理性、有效性、安全程度直接影响到审计工作的质量和效率，如硬件设备的稳定性、兼容性、软件本身质量的高低及对企业实际情况的适应性等。而这些又受技术和人为的诸多因素影响，即审计环境中的不确定因素增加了，从而增加了审计的风险。

利用网络通信系统，建立网络化的审计机制，可实现账簿文件的在线式随机审计，即管理层或审计机构可以通过网上授权，提取被审单位的会计信息，审计经营单位财务数据的真实性和有效性。这种机制对各经营单位产生了严格的制约作用，可更加有效地防范经营单位弄虚作假、推迟做账等。实现联机方式下的在线式随机审计，可加强监管力度，减少审计过程中人为因素的干扰，而且审计的时点可由审计人员随机决定，无须事先通知被审单位，这大大降低了监管成本。网络审计在现阶段还只是起步阶段，对许多问题尚无很好的解决办法，如财务数据结构的不统一等，但网络审计是未来的发展方向，这是不容置疑的。

综上所述，网络财务是对财务管理的延伸发展，是一门新兴学科，对传统财务管理提出了世纪性的挑战，是推动我国经济发展的强劲动力。

本 章 小 结

网络金融是传统金融与现代网络技术高度紧密结合的产物，它是以计算机网络技术为基础的金融活动和相关服务的总称。网络金融催生了电子货币的发展，并为金融监管带来了新的挑战。

网络财务的技术基础是网络。它是以财务管理为核心、业务管理和财务管理协同的综合系统。网络财务是网络化、信息化发展的必然产物，是网络时代企业财务管理的新模式。

复习思考题

1．根据我国现行保险法规，讨论网上保险合同的有效性。

2．查询我国当前市场上使用较多的网络财务管理系统的相关信息和资料，回答以下问题。

(1)列举在国内使用较多的网络财务管理系统有哪些。

(2)从中选出一个较为常见的网络财务管理系统，具体了解它有什么特点，分别由什么系统模块组成，各个系统模块相应负责什么会计工作。

第 8 章

网络贸易与营销

本章提要

本章重点阐述了网络贸易的特点、主要模式、网络营销的职能及全员网络营销方法。基于电子商务当前的发展趋势，本章对网络营销观念演进及网络营销管理内容体系也进行了重点介绍。

导入案例

义乌小商品批发市场经营户如何开展网络贸易

地处浙江省中部的义乌中国小商品城，是国内最大的小商品批发市场，也是目前全球最大的小商品集散中心，被联合国、世界银行等国际权威机构确定为世界第一大市场。根据浙江中国小商品城集团公司官方网站的介绍，义乌中国小商品城拥有商铺 6 万多个，来自世界各地的 10 万余家生产企业包括 6000 余个知名品牌在这里常年展示 16 个大类、4202 个种类、33 217 个细类、170 万个单品。2013 年，公司实现营业收入 36.55 亿元，利润 9.43 亿元，资产总额达 240.70 亿元。2015 年义乌进口商品博览会总成交额达 11 亿元，第 21 届中国义乌国际小商品博览会于 2015 年 10 月 25 日闭幕，5 天展期实现成交额 171.73 亿元。"十二五"期间，义乌商城集团加大电子商务投资力度，建成了"以实体市场为依托、线上线下一对一的网络商务平台"，构建具有信息展示、信用担保、交易支付、物流配送、安全认证等全流程的具有义乌特色的电子商务平台。

浙江振翔文具公司是一家入驻义乌国际商贸城专业生产毛绒玩具及文具的供应商，属于传统的小商品生产和批发企业。早期，为利用互联网开拓市场，公司曾开展了一些网络推广活动，例如，做过自己的商务网站、在供求信息平台上发布过信息等，但由于没有专门的网络营销人才，加上一些服务商的服务有限，因此并没有取得显著的效果。2008 年 7 月，中国小商品城集团所属的义乌中国小商品城网站(www.onccc.com)新版上线，作为批发市场的经营户，振翔文具公司获得了第一批免费加入 Onccc 网站的机会。网站客服人员到振翔文具公司商铺采集了最新的企业介绍和产品信息，经精心处理后发布在 Onccc 网站为市场经营户提供的二级域名网站(zhenxiangwt.onccc.com)上。随着中国小商品城网的大规模推广，发布在网站上的企业信息也获得了被潜在用户了解的机会，用户不仅可以通过网站分类目录和站内关键词检索发现振翔文具公司的新产品，而且通过百度和谷歌等搜索引擎检索相关业务关键词时，在搜索结果页面都能很容易地找到振翔文具公司的信息。通过这些简单的网络推广方式，振翔文具公司首次体验到了网络贸易的价值，经过短短 2 个月时间，就已经完成了 3～4 宗网络生意。振翔文具公司也逐渐从传统小商品市场批发模式向传统与网络批发相结合的模式转变。

　　浙江振翔文具公司是数以万计的小商品批发商中的一员，这种实体市场贸易与网络贸易共存的模式代表了众多中小企业的经营现状。从传统的批发市场到实体市场与网络贸易一体化，义乌中国小商品城网(www.onccc.com)为小商品经营者的贸易模式转型发挥了其他第三方 B2B 电子商务平台无法替代的作用。正是基于"立足市场，服务市场"的经营理念，中国小商品城网为市场经营户提供了大量针对性的服务，通过对重点经营户的电子商务知识培训及各种定向网络推广，许多小商品批发商对网络营销方法等有了进一步的认识，掌握了网络贸易的技巧，从而在依托批发市场的网络推广模式中找到了适合自己的网络贸易模式，让实体市场和网上市场实现有效的结合。

　　思考分析：

　　1. 义乌中国小商品城建立的网上平台——义乌中国小商品城网(www.onccc.com)对入驻义乌的经营者有何意义？

　　2. 义乌小商品经营者如何借助网络扩展自己的业务？

8.1　贸易与网络贸易

　　贸易是自愿的货品或服务交换，传统的贸易通常需要在交易市场中完成。网络贸易简单来说就是通过计算机网络(这里特指互联网络)实现的货品或服务交换，支持网络贸易的基础是基于计算机网络的电子商务交易支持系统，可认为是电子化的市场形态，包括信息流、物流、资金流中的部分或全部流程的实现。随着互联网应用的普及，网络贸易已经成为传统贸易方式的重要补充，在国际贸易领域，网络贸易甚至在一定程度上形成了对传统贸易方式的替代关系。

8.1.1　网络贸易的特点

　　通过对贸易流程中的主要环节的比较，如商品展示、市场推广、商务沟通、订单处理、交易成本、交易效率、售后服务等，我们可以看出网络贸易相对于传统贸易具有明显的优势。表 8-1 列举了网络贸易部分流程的优势所在。

表 8-1　网络贸易的优势

商 业 流 程	优 势 示 例
商品展示	● 多渠道产品展示：可通过企业网站、电子商务平台、网络社区、网络广告等多种渠道多种方式展示产品 ● 信息量大、更新及时 ● 用户获取商品资料的便利性大大提高

续表

商 业 流 程	优 势 示 例
市场推广及 信息传播	● 网络推广成本相对较低：可采用多种网络推广方法，包括许多免费推广，降低了企业开拓市场及跨地区经营的成本 ● 网络推广方式灵活：根据企业市场需要和市场预算，可采用阶段性、区域性、针对性的定向推广，例如，以按点击付费的搜索引擎广告可随时采用或终止 ● 信息传播渠道多：潜在用户可通过多种方式获取企业的网站或产品信息，如搜索引擎、分类目录、B2B电子商务平台、电子邮件、即时通信等
商务沟通	● 实时沟通：通过即时通信、E-mail 等互联网工具不仅沟通成本降低，而且既可以实时沟通，又可以随时把信息传递给商业伙伴，待方便时回复
订单处理	● 高效透明的电子化处理：不仅可实现网上下订单、网上支付，而且买方还可跟踪订单处理流程，掌握商品配送时间等信息
售后服务	● 降低顾客服务响应时间：在收到顾客服务请求后，可快速回答顾客问题，例如，通过在线客服实时交流、FAQ问答库、电子邮件自动回复等 ● 建立长期顾客关系、提高顾客满意度：通过提供用户订阅的邮件列表、RSS 等方式获得顾客的长期关注，为顾客提供满意的服务

网络贸易方式具有高效率、低成本等一系列优势，但也面临着一系列新问题，如网络交易的安全性、网络法律问题、诚信评估、网络欺诈等，这些问题都可能对网络贸易造成严重损失。因此在企业的商业活动中，并不一定是电子化程度越高越好，网络贸易手段只是为了更好地支持商业活动，有时候将传统贸易手段和网络贸易方式的优势结合起来，可能更加适合现阶段企业经营的需求。

另外，当网络贸易的优势为众多企业所了解之后，必然引起更加激烈的市场竞争，而且由于买方获取产品信息的成本更低，更加方便在多个供应商之间进行比较，使得买方的采购成本和转换成本降低，因此在完全网络化的环境中，卖方无疑将承受更大的讨价还价压力。

8.1.2　网络贸易的主要模式

目前对网络贸易模式并没有公认的分类方法，综合多种观点，本书仅讨论基于电子市场模式划分的网络贸易的模式。

以交易成本理论为基础，可以将电子市场分为有偏的电子市场和无偏的电子市场。根据电子市场模式的不同，网络贸易模式相应地可分为基于有偏电子市场的网络贸易，以及基于无偏电子市场的网络贸易。这里定义的无偏电子市场与常见的第三方 B2B 电子商务平台有类似的特征，而有偏电子市场则包括企业自行建立的 B2B 或 B2C 电子商务网站平台，以及为企业自身经营目的定制的其他网络交易工具。两者的区别在于企业的网络交易行为所依赖的网络环境不同，相应地商业流程及处理方式也有一定差异。

有偏电子市场与无偏电子市场的不同首先表现在它们各自依赖的协调机制是不同的，无偏电子市场模式的协调机制更依赖于市场，而有偏电子市场更依赖于层级。无偏电子市场模式主要通过市场的力量来协调供需、协调不同企业之间的外部交易。

在无偏的电子市场模式中，任一特定产品的设计、价格、质量和交付日期等交易的条件都取决于市场驱动力的大小(因为一个过程的输出可能是另一过程的输入)。因此，交易者在对电子市场中诸多可能的资源进行比较的基础上，以及在对各种因素进行最佳组合的基础上做出最终的选择。有偏的电子市场模式协调机制更接近于电子层级方式，是基于价值链的买卖双方之间紧密联系的一对多的网络连接关系。

有偏的电子市场模式通过将发起者的电子市场与其交易伙伴的价值链相融合，使交易伙伴之间的关系更加稳定。在有偏的电子市场模式中，参与者通过价值链相互参与以及价值链和供应链的整合来协调彼此的经济活动，产品的设计、价格、质量和交付日期（产品会沿价值链向下传递）等取决于管理人员的决策，而不是市场的驱动力。表8-2将有偏电子市场模式与无偏电子市场模式进行了比较。

表8-2　有偏电子市场模式与无偏电子市场模式的比较

比较的项目	无偏电子市场	有偏电子市场
开放程度	公开	有限公开
电子市场提供的功能	网上在线采购、拍卖等	合作的价值链流程与实时交互
收入来源	聚集和发现客户、市场交易成本的节约	价值链创造的价值和其他成本的节约
业务流程	标准化、非专有	定制化和专有化
交易频度	一次性的、零星的	长期的、稳定的
交易者数量	大量的买方和卖方	单一的卖方和大量的买方；单一的买方和大量的卖方
交易者的关系	多对多关系	一对多关系
交易成本	每次交易中都发生	事先确定的或协商好的
客户忠诚度	低	高
价值链	交易者不直接参与对方的价值链	需要与交易伙伴的价值链整合
客户的转移成本	低	高

Malone等人认为电子市场演化的过程是从电子层级到有偏电子市场，再到无偏电子市场，最终到个性化的电子市场，如图8-1所示。

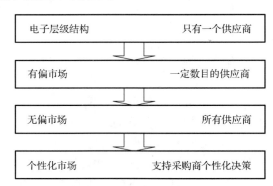

图8-1　电子市场的演进过程（根据Malone的EMH绘制）

从电子市场的发展来看，B2B电子市场目前是一个有偏市场与无偏市场共存的时期，几乎主要的行业都建立了自己的电子市场，在以买方为主的电子市场中，市场的发起者往往具有强大的采购能力，因而电子市场具有垄断的性质。以卖方为主的电子市场涉及的行业较多，包括化工产品、能源、钢铁、电信带宽和电子配件等。一般来说，在这些电子市场中交易的产品都是标准的产品，以便于采购商比较价格、降低采购成本，在这里聚集了大量的采购方和供应商，垄断的可能性不大。而无偏的电子市场则主要为产品市场较为分散的行业和大量的中小型企业服务，这类行业和中小型企业一般不容易成功发起自己的电子市场，因而由无偏的第三方来组织则更具有优势。可见，有偏电子市场和无偏电子市场各有优势和存在的必要性。在相当长的时期内，电子市场的有偏市场和无偏市场将共存，但最终将向个性化的市场方向演进，如图 8-2 所示。

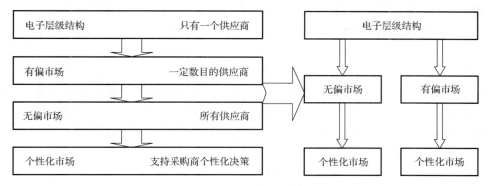

图 8-2　电子市场的演进的修正图

8.2　网络贸易与跨区域经营

网络贸易为跨区域经营提供了便利的经营环境，因此外贸企业率先成为网络贸易的参与者和受益者，面向海外采购商的网络推广已经成为外贸企业获得订单的首要渠道。本节以外贸企业网络贸易的开展为出发点，介绍和分析影响外贸企业进行网络贸易的相关因素。

8.2.1　外贸企业开展网络贸易的主要内容

根据一般的外贸流程，外贸企业网络贸易的主要内容包括：产品网络展示、网络推广、商务洽谈、合同签订及履约等，其中如何有效利用互联网资源进行产品展示和推广是获得订单最重要的内容。外贸企业网络营销的主要内容包括：

（1）国际市场调研；

（2）制订外贸网络营销计划；

（3）构建自己的商务网站和/或选择合适的外贸推广网络资源；

（4）发布企业和产品供求信息；

（5）必要的网络推广（包括付费推广及免费推广，常见网络营销方法参见本章 8.3 的内容）；

（6）跟踪管理客户咨询、贸易洽谈等商务活动。

常用的外贸网络推广资源包括：搜索引擎（含通用搜索引擎、地方搜索引擎以及专用的商务信息搜索引擎等）、B2B 电子商务平台、网络黄页等。

8.2.2　影响外贸企业网络贸易的主要因素

随着互联网应用环境的快速发展，外贸企业网络贸易在发展过程中也难免遇到一些问题，如网络推广成本增加、有效询盘比例降低等，中小企业的外贸网络营销面临更多的困难。通过对外贸企业网络方法的分析发现，影响外贸企业网络贸易的主要因素包括下列三个方面。

1）过于依赖 B2B 电子商务平台，企业网站本身的运营能力不足

B2B 电子商务平台有其自身的优点，例如：操作相对比较简单，无须太多专业知识；潜在客户集中，潜在机会较大；企业发布商业信息与主动获取买方信息的双重功效等。因而大量中

小型外贸企业都将 B2B 电子商务平台作为网络上获得订单的主要方式，甚至是唯一方式。但实际问题是，因为操作简单，所以会有各级各类企业发布大量供求信息，而这些信息的有效甄别越来越难。激烈的竞争使得每个企业实际可获得的有效浏览并不理想，大量的无效咨询造成沟通成本增加，获得用户的总成本大大上升，许多企业甚至很久都不能从网上获得一单生意。

依靠单一的 B2B 电子商务平台是初级的网络贸易手段，当企业具备一定的网络运营推广能力之后，还应开辟多种网络渠道进行推广才能获得理想的效果。实际上最重要的网络推广手段是企业自己的网站平台建设和运营，把主动权掌握在自己手里才能保持持续的网络竞争力。大量中小企业由于缺乏足够的专业人才，对企业网站本身的运营能力不足，这已经成为制约企业开展网络贸易的主要因素之一。

2）过度依靠免费推广及低层次网站推广

开展网络贸易可以利用许多免费推广资源，例如，网站登录企业黄页、分类目录和搜索引擎等，这些方式直接、简单、无须直接投入费用，但是免费推广的效果是有限的。另外，可以随意在网上发布的信息，也存在可信度不高等问题，影响采购商的信任。有些企业则利用那种所谓一次性在数以千计网站发布信息的软件，以为通过这种低级的信息发布方式就是网络推广了，就可以网络贸易了，结果是，大量中小企业并没有找到真正有效的网络营销和管理方法。没有专业的推广和管理，已经很难取得成效。

3）对网络推广效果缺乏有效的监测和管理

由于中小企业的网络推广对第三方平台和工具的依赖较多，相应的网络推广管理问题也就暴露出来。由于信息发布分散并且缺乏有效的统计分析管理手段，使得企业难以掌握推广的效果及问题所在。例如，询盘过少的原因在哪里？成交率低的原因是什么？哪些用户访问过自己的产品信息，他们是通过什么渠道来访问的？客户关心的是哪些内容？诸如此类的问题，都需要进行专业的分析才能找到正确的答案和解决办法，才能提高网络推广的有效性。在网络贸易活动中，网络营销及其管理始终是最重要的内容。

网络贸易及营销需要向专业化发展，需要专业的知识和专业的人才，而不仅仅停留在免费信息发布和发送垃圾邮件等不再有效的低层次手段上。

8.3　网络营销管理

在前面有关外贸企业网络推广的相关内容中，已经多次涉及网络营销的概念，本节系统地介绍网络营销的一般原则、方法体系及管理。网络贸易涉及商务流程的各个环节，不过从企业经营者的角度来看，网络贸易对企业最有价值的内容之一是通过互联网获得顾客，为实现网络贸易提供有效的支持活动，这就是网络营销的研究范畴。

同许多新型学科一样，目前网络营销也没有统一的定义，从实践应用的角度，比较有影响力的定义是："网络营销是企业整体营销战略的一个组成部分，是为实现企业总体经营目标所进行的，以互联网为基本手段营造网上经营环境的各种活动。"可见，网络营销与传统市场营销并不是对立或者互相独立的关系，而是基于互联网手段的营销延伸出具有自身特点的网络营销环境、模式、规律和方法。

8.3.1 中国网络营销的发展历程

网络营销是随着互联网进入商业应用而逐渐诞生的，尤其是万维网（WWW）、电子邮件、搜索引擎等得到广泛应用之后，网络营销的价值才越来越明显。电子邮件虽然早在 1971 年就已经诞生，但在互联网普及应用之前，并没有被应用于营销领域，到了 1993 年，才出现基于互联网的搜索引擎，1994 年 10 月网络广告诞生，1995 年 7 月目前全球最大的网上商店亚马逊成立。1994 年对于网络营销的发展被认为是重要的一年，因为网络广告诞生的同时，基于互联网的知名搜索引擎 Yahoo!、Webcrawler、Infoseek、Lycos 等也相继诞生。另外，由于曾经发生了"第一起利用互联网赚钱"的"律师事件"，促使人们对于 E-mail 营销进行深入思考，也直接促成了网络营销概念的形成。基于事实，可以认为网络营销诞生于 1994 年。相对于互联网发达的国家，我国的企业网络营销起步较晚，从 1994 年 4 月 20 日中国正式接入国际互联网到 2009 年之间，我国的网络营销大致经过初始阶段、萌芽阶段、高速发展阶段，并且逐渐进入到普及应用阶段，网络营销已经成为企业经营成功的重要法宝。

1997 年之前，中国的网络营销基本上没有清晰的概念和方法，也很少有企业将网络营销作为主要的营销手段，当时有的只是极个别先知先觉企业在网上发布商品供应信息的星星之火，只是一种初始状态。1997 年前后的部分事件标志着中国网络营销进入了萌芽阶段，如网络广告和 E-mail 营销在中国的诞生、电子商务的促进、网络服务如域名注册和搜索引擎的涌现等。到 2000 年年底，多种形式的网络营销被应用，网络营销呈现出快速发展的势头并且逐步走向实用的趋势，尤其 2001 年之后，企业网络营销已不再是空洞的概念，而是进入了实质性的应用和发展时期，以"企业上网"为主要业务的一批专业服务商开始快速发展，一些公司已经形成了在该领域中的优势地位，这种状况也标志着国内的网络营销服务领域逐渐开始走向清晰化。从 2001 年开始中国网络广告的市场规模开始逐年稳步增长，2001 年 4.6 亿元，2010 年 325.5 亿元，2013 年中国互联网广告市场规模达 1100 亿元，2015 年为 2093.7 亿元，特别是随着智能手机及 4G 网络的普及，移动广告市场规模迅速扩大，2015 年突破 900 亿元，同比增长率高达 178.3%。

经过 10 多年的发展，现阶段网络营销发展的特点和问题可归纳为以下几个方面。

1）企业网站数量持续稳定增长，专业水平有待进一步提高

从 1998 年到 2015 年底，中国 WWW 网站数量从 5300 个，发展到 423 万多个，其中约 60%左右为企业网站，表现出快速发展的趋势。尽管企业网站数量在持续增长，但相对于我国 2000 万左右的企业来说，企业拥有独立网站的比例并不算高，而且最重要的是，企业网站建设的专业水平有限，2006 年前后曾出现企业网站年增长率（3.1%）低于 WWW 网站总量增长率（3.8%）并且远低于域名和上网人口等指标增长率的现象，从另一个角度说明了企业网站专业水平不高影响了企业建站的积极性。国家在 2010 年加大互联网领域的安全治理力度后，中国网站数量下降，而整体质量得以提高，在此基础上，2011 年网站数量重新开始稳步回升。不过总体来说，企业网站的网络营销价值越来越受到企业的认同，与企业网站数量不断增长相对应的是，企业网站的形式和目标也在不断发展，企业网站从最初的信息展示型"企业主页"，逐渐向网络营销型、效益型演变。特别是随着移动终端的发展，企业微信公众号、APP 应用等成为了企业网络营销越来越重要的工具。

2）网络营销服务模式多元化

企业网络营销的应用取决于网络营销环境的发展，不断发展的网络营销服务模式为企业

开展网络营销提供了丰富的选择，也为网络营销效果提升创造了更多的条件，同时网络营销服务市场日益完善，从基础服务、推广服务到运营管理，各个领域均出现一批有行业影响力的网络营销产品和品牌。图 8-3 为企业网络营销服务的层次与常见模式示例。

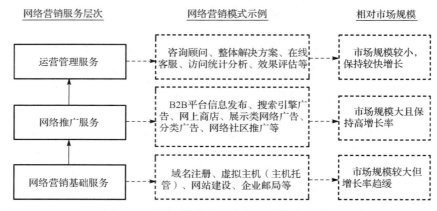

图 8-3　企业网络营销服务的层次与常见模式

3）企业对网络营销的认识和需求层次提升

在不同的阶段企业对网络营销服务有不同的需求，从网站建设、网站推广到网站运营管理服务需求层次的提升，表明企业对网络营销效果的要求越来越高，同时也意味着企业的网络营销竞争更加激烈。企业对网络营销需求层次提升的信号包括：投入在网络营销的预算不断增加、企业希望获得完整的网络营销解决方案而不仅仅是购买孤立的网站推广产品、规范的网站优化思想获得越来越多的认可等。

4）中小企业面临以效果为瓶颈的网络营销困境

中小企业是网络营销应用最活跃的群体，但由于受经营资源如营销预算和专业人才的制约，随着网络营销竞争的加剧，付费网络推广成本在不断提高，让一些中小企业陷入网络营销困境之中，甚至因为网络营销而"很受伤"。现阶段企业对网络营销效果的理解和要求很难形成统一认识，在一定程度上影响了企业网络营销的信心。不过，从另外的角度来看，企业开展网络营销遇到困难实际上也为专业的网络营销服务提供了机会。"为企业网络营销效果负责，让专业的人做专业的事"，代表着专业化程度越来越高的网络营销服务市场未来的发展方向。

5）网络营销环境不规范的现象仍然比较突出

尽管上网人数、网络带宽以及人们对网络营销的认识等环境因素在不断改善，同时新的网络营销产品和服务也在不断出现，但是网络营销环境不规范的现象仍然比较突出，比如，垃圾邮件问题、网站建设服务规范问题、搜索引擎营销的法律问题、网络营销效果评估问题等。在网络营销环境不够规范的情况下，再加上企业自身的网络营销专业知识有限，结果必将加大企业的网络营销学习成本，也不可避免地影响网络营销的发展。

总之，现阶段中国网络营销的核心问题就是利用专业的网络营销知识提高企业网络营销的应用水平，其中既包括网络营销理论体系的研究，也包括对网络营销实践经验的总结，同时还需要网络营销宏观环境的进一步规范。

8.3.2　网络营销的职能

为理解网络营销的基本框架，我们用网络营销的职能来说明网络营销的组成，同时也说明网络营销所包含的基本内容。通过对网络营销实践应用的归纳总结，网络营销的基本职能表现在八个方面：网络品牌、网站推广、信息发布、销售促进、销售渠道、顾客服务、顾客关系、网上调研。

（1）网络品牌。网络营销的重要任务之一就是在互联网上建立并推广企业的品牌，以及让企业的网下品牌在网上得以延伸和拓展。网络营销为企业利用互联网建立品牌形象提供了有利的条件，无论是大型企业还是中小企业都可以用适合自己企业的方式展现品牌形象。网络品牌建设是以企业网站建设为基础，通过一系列的推广措施，达到顾客和公众对企业的认知和认可。网络品牌价值是网络营销效果的表现形式之一，通过网络品牌的价值转化实现持久的顾客忠诚和更多的直接收益。

（2）网站推广。获得必要的访问量是网络营销取得成效的基础，尤其对于中小企业，由于经营资源的限制，发布新闻、投放广告、开展大规模促销活动等宣传机会比较少，因此通过互联网手段进行网站推广的意义显得更为重要，这也是中小企业对于网络营销更为热衷的主要原因。即使对于大型企业，网站推广也是非常必要的，事实上许多大型企业虽然有较高的知名度，但网站访问量却不高。因此，网站推广是网络营销最基本的职能之一，是网络营销的基础工作。

（3）信息发布。网络营销的基本思想就是通过各种互联网手段，将企业营销信息以高效的手段向目标用户、合作伙伴、公众等群体传递，因此信息发布就成为网络营销的基本职能之一。互联网为企业发布信息创造了优越的条件，不仅可以将信息发布在企业网站上，还可以利用各种网络营销工具和网络服务商的信息发布渠道向更大的范围传播信息。

（4）销售促进。市场营销的基本目的是为增加销售提供支持，网络营销也不例外，各种网络营销方法大都直接或间接地具有促进销售的效果，同时还有许多针对性的网上促销手段。

（5）网上销售。网上销售是企业销售渠道在网上的延伸，一个具备网上交易功能的企业网站本身就是一个网上交易场所，网上销售渠道建设并不限于企业网站本身，还包括建立在专业电子商务平台上的网上商店，以及与其他电子商务网站不同形式的合作等。

（6）顾客服务。互联网提供了更加方便的在线顾客服务手段，从形式最简单的 FAQ（常见问题解答），到电子邮件、邮件列表，以及在线论坛和各种即时信息服务等，在线顾客服务具有成本低、效率高的优点，在提高顾客服务水平、降低顾客服务费用方面具有显著作用，同时也直接影响到网络营销的效果，因此在线顾客服务成为网络营销的基本组成内容。

（7）顾客关系。顾客关系对于开发顾客的长期价值具有至关重要的作用，以顾客关系为核心的营销方式成为企业创造和保持竞争优势的重要策略，网络营销为建立顾客关系、提高顾客满意度和顾客忠诚度提供了更为有效的手段，通过网络营销的交互性和良好的顾客服务手段，增进顾客关系成为网络营销取得长期效果的必要条件。

（8）网上调研。网上市场调研具有调查周期短、成本低的特点，网上调研不仅为制定网络营销策略提供支持，也是整个市场研究活动的辅助手段之一，合理利用网上市场调研手段对于制定市场营销策略具有重要价值。

网络营销的各个职能之间并非相互独立的，而是相互联系、相互促进的，网络营销的最终效果是各项职能共同作用的结果。图 8-4 描述了网络营销八项职能之间的关系。

网络营销的职能是通过各种网络营销方法来实现的，同一个职能可能需要多种网络营销方法的共同作用，而同一种网络营销方法也可能适用于多个网络营销职能，因此完全将网络营销职能与方法之间建立一一对应的关系是不合适的。网络营销的八项职能也说明，开展网络营销需要用全面的观点，充分协调和发挥各种职能的作用，让网络营销的整体效益最大化。

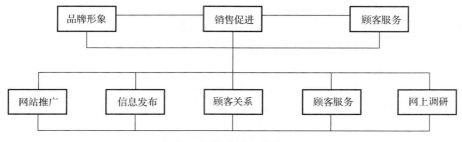

图 8-4　网络营销职能关系图

8.3.3　网络营销观念演进：全员网络营销

随着网络营销应用的普及和深入，一些新的网络营销模式、方法不断出现，作为实践性很强的领域，网络营销理论研究总是相对滞后于网络营销实践应用的发展，"全员网络营销"（Total Internet Marketing，TIM）就是随着Web2.0的发展应用逐渐从博客营销（Blog Marketing）、SNS（社会性网络）营销等相关概念演化发展而形成的新的网络营销理念。

1．全员网络营销的概念

"全员网络营销（TIM）是由于Web2.0等互联网技术的发展，在传统网络营销一般原则基础上形成的一种新的网络营销思想和模式，使得网络营销扩展到企业的每一个员工，甚至整个业务流程中各个机构的相关人员，每个人都可以根据个人的知识资源对企业网络营销活动发挥影响。"

全员网络营销仍然是以传统的网络营销基本思想和方法为基础，并且将企业的产品、技术、企业文化、管理思想、发展动态等，通过相关人员或个人以不同形式向用户和公众传播。其中个人的知识资源和表达能力等将成为个人对全员网络营销贡献大小的关键因素，这是区别于传统网络营销的基本特征之一。博客营销和近几年刚刚兴起的微信营销是全员网络营销的典型表现形式。

"博客营销是一种基于个人知识资源（包括思想、体验等表现形式）的网络信息传递形式。因此，开展博客营销的基础问题是对某个领域知识的掌握、学习和有效利用，并通过对知识的传播达到营销信息传递的目的。"可见，博客营销强调的是个人知识资源通过互联网的传播，这里讲的个人并没有特指企业市场人员，而可能是从总裁到基层销售人员的任何一个个人，只要他具有通过博客向用户和潜在用户传递有价值信息的能力。通过对博客营销的研究发现，相对于早期网络营销策略和方法来说，博客营销最大的变化在于，企业市场人员自主发布信息的渠道增加了，而且这种信息发布资格可以扩展到企业的每个员工。随着博客的影响力越来越大，博客已经成为企业信息发布（尤其是非官方信息）的重要形式之一，这是基于企业网站信息发布、网络广告等传统网络营销方法所不具备的。

微信营销是网络经济时代企业或个人营销模式的一种。微信营销主要体现在以安卓系统、苹果系统的手机或者平板电脑中的移动客户端进行的区域定位营销，商家通过微信公众平台，结合微信会员管理系统展示商家微官网、微会员、微推送、微支付、微活动，已经形成了一种主流的线上线下微信互动营销方式。微信拥有庞大的用户群，借助移动终端、天然的社交和位置定位等优势，每个信息都是可以推送的，能够让每个个体都有机会接收到这个信息，继而帮助商家实现点对点精准化营销。用户可以通过扫描识别二维码身份来添加朋友、关注企业账号；企业则可以设定自己品牌的二维码，用折扣和优惠来吸引用户关注，开拓O2O的营销模式。微信的点对点产品形态注定了其能够通过互动的形式将普通关系发展成强关系，从而产生更大的价值。

随着各种互联网技术的广泛应用，网络营销已经不再只是网络营销专业人员的事情，公司各个部门的员工乃至供应商、销售商及其他合作伙伴等都可能通过博客或微信等方式对企业网络营销产生影响，即网络营销的影响因素扩展到企业外部，包括企业员工的社会关系网络、业务合作伙伴等，网络营销向全员化演变的趋势非常明显。因此，全员网络营销是对网络营销思想和方法的进化，是传统网络营销理念的演进。

2. 全员网络营销对"传统网络营销"的影响

全员网络营销是网络营销发展到一定阶段的产物，在这一阶段的网络营销将表现出新的特征。充分了解Web2.0时代全员网络营销的特点，对于制定和实施有效的网络营销策略具有重要意义。

全员网络营销对"传统网络营销"的影响主要表现在下列五个方面。

1）进一步强调了网络营销的系统性

网络营销的系统性可以从三个方面描述：网络营销策略的系统性、网络营销人员的系统性、网络营销管理的系统性。早期的网络营销以企业网站维护、信息发布、网站推广等为主要内容，从事网络营销相关工作的只是相关部门的专业人员，相对而言对于网络营销过程的控制比较容易。TIM由于涉及公司多个部门甚至企业外部的关系网络，对于网络营销系统性的三个方面都将产生新的问题。例如，相对于单向信息传递为主的互联网1.0来说，Web2.0的主要特点之一在于用户与网站之间、用户与用户之间的互动，同时用户获取信息的渠道更多、更快，这就要求有与新环境相适应的网络营销信息发布及传播方式，并对用户获取信息的行为变迁有更深入的了解。

2）强化了网络营销的基本职能

全员网络营销尽管并未改变网络营销的基本职能，但在一些方面对这些职能有所强化，如信息发布、在线服务、顾客关系等，这也表明TIM对企业网络营销能力是有价值的，通过对网络营销过程的各个环节发生影响并最终对提升综合网络营销能力发挥积极作用。

3）TIM更重视人的因素

由于更多的人员直接地或者间接地参与到企业网络营销活动中，因此在全员网络营销中人的因素将更为显著，为了对网络营销信息传递过程进行有效控制，对网络营销能力等方面的研究从以互联网营销资源和方法为主转向对人的研究为主，信息发布者和信息接收者的行为都将成为研究的对象，这与传统营销中只重视消费者行为是不同的。因此网络营销的内容体系也将有一定的变化。

4）TIM对网络营销的专业性要求更高

网络营销的基本任务之一就是合理利用互联网工具有效地向用户传递有价值的信息，无论是Web2.0之前的网络营销还是之后的网络营销，这一基本任务都不会改变，要改变的是如何更有效地传递信息以及如何让信息对用户更有价值。由于博客等Web2.0应用为企业的网络

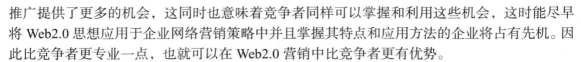

推广提供了更多的机会，这同时也意味着竞争者同样可以掌握和利用这些机会，这时能尽早将 Web2.0 思想应用于企业网络营销策略中并且掌握其特点和应用方法的企业将占有先机。因此比竞争者更专业一点，也就可以在 Web2.0 营销中比竞争者更有优势。

5) 网络营销效果评价的复杂性进一步提高

尽管很多具体的网络营销活动可以进行量化，如网站的页面浏览次数和用户来源分布、网络广告点击率、搜索引擎关键词广告每次点击的成本、每获得一个顾客的平均成本等，但从严格意义上来评价网络营销的总体效果往往是非常困难的，因为网络营销的效果表现在多个方面，如品牌提升、减少顾客服务成本以及促进线下销售等，所以如何评价网络营销的综合效果一直是一个难题。全员网络营销策略的引入，必然对网络营销效果评价带来更大的复杂性，这将成为网络营销研究的难点之一，也将对全员网络营销的应用产生一定的限制。

8.3.4　网络营销管理基础

网络营销管理的意义在于让企业网络营销活动有计划、有目的地进行，发现网络营销过程中的问题并进行适当的控制，从而达到提升网络营销总体效果的目的。网络营销管理并不仅仅是一项网络营销活动的阶段性总结，而是融入到网络营销活动的整个过程之中。也正是因为如此，网络营销管理的内容体系实际上非常庞大，涉及网络营销各个层面的问题，到目前为止，对于网络营销管理的研究还处于初级阶段，研究范围、研究方法都还很不完善。

网络营销工作时时都离不开网络营销管理，只是这些工作可能是零散的，不够系统的，有时也缺乏针对性，比如，对网站流量的统计分析、对于网络广告效果的跟踪控制、对于网站的优化设计、对于主要竞争者的研究、对于网站链接的管理等。网络营销管理的作用在于将这些管理工作系统化、规范化。

网络营销管理的内容相当繁多，并且贯穿于网络营销策略制定和网络营销实施过程之中的多个层面，将网络营销管理的内容完全系统化并不是件简单的事情，要比制定一项具体的网络营销策略复杂得多。下面是对网络营销管理内容的粗略分类，尽管不尽完善，但对于了解网络营销管理的框架体系仍有一定的参考价值。

根据研究和应用的不同角度，可以用多种方法对网络营销管理内容体系进行分类，具体如下。

(1) 按照网络营销管理的形式，参照管理学的研究方法，可以将网络营销管理分为：网络营销计划管理、网络营销人事管理、网络营销组织管理、网络营销策略实施管理、网络营销效果评价和控制等。每一项网络营销管理职能都可以细化为若干具体的工作，并且与网络营销具体策略的实施建立对应关系。

(2) 按照开展网络营销的阶段划分，可以将网络营销管理分为：网络营销总体策划阶段的管理、网络营销准备阶段的管理、网络营销实施过程的管理、网络营销效果控制与评价管理等。

(3) 按照网络营销工作的性质，可以将网络营销管理分为：单项网络营销策略管理、阶段性网络营销管理和连续性网络营销管理。单项网络营销策略管理针对的是某一项具体的网络营销活动或者某一项网络营销策略（如邮件列表营销管理、竞争者网络营销策略调研等）；阶段性管理主要针对某个时期，或者网络营销发展的某个阶段进行的临时性管理措施，如在网站建成之后进行的专业性诊断、网站推广不同阶段的推广计划和效果评价等；连续性网络营销管理则具有长期性、重复性的特征，如网站内容维护管理、在线顾客关系管理、顾客关系管理等。

(4)按照对网络营销工作的内容，可以将网络营销管理分为：网络营销基础环境管理、网络营销产品和服务管理、网络营销的内容管理、用户行为研究与管理、网站流量统计管理等。

(5)按照网络营销的八项基本职能，可以将网络营销管理分为：网络品牌管理、网站推广管理、信息发布管理、在线顾客关系管理、在线顾客服务管理、网上促销管理、网上销售管理、网上市场调研管理。

网络营销管理贯穿于整个网络营销活动中，网络营销管理的内容体系也相当庞大，每一项网络营销职能均包含多种具体的网络营销管理内容，在不同的阶段，网络营销管理的任务和实现手段也会有一定的差别，有些属于阶段性网络营销管理，有些则属于长期性、连续性的管理内容。在对网络营销各项具体职能进行管理的基础上，才可能进行网络营销效果的综合评价。

从网络营销管理的应用现状来看，目前对于网络营销管理的应用，主要是在网站推广管理方面相对比较成熟，这也是最基本的网络管理活动。随着大数据、云计算等信息技术的迅速发展并逐渐运用于网络营销活动之中，网络营销又将迎来一次巨大的发展。

本 章 小 结

网络贸易就是通过计算机网络实现的货品或服务交换，支持网络贸易的基础是基于计算机网络的电子商务交易支持系统，可认为是电子化的市场形态。网络贸易是发生在电子市场的贸易形式，具有高效率、低成本、提高顾客满意度等优势。网络营销发展呈现了既是大势所趋、增长迅速，又面临发展瓶颈和模式挑战的特点。

复习思考题

1. 比较分析中国小商品城网(www.onccc.com)与阿里巴巴(china.alibaba.com)提供的网络贸易支持功能的差异，如果你是浙江义乌小商品批发市场的批发商，如何更好地利用各种网络资源开展自己的网络贸易。

2. 假定您是某纺织品企业的外贸营销总裁，目标市场是北美地区，试选择不少于三种网络推广资源，制定一个北美市场网络推广方案框架。

第 9 章

电子商务战略与安全管理

本章提要

本章较为详细地讨论了电子商务战略与规划问题；在此基础上分析了电子商务战略实施中的相关问题；最后，阐述了电子商务的安全管理和信用管理。

导入案例

红星美凯龙的电商之路

红星美凯龙是中国家具业第一品牌。近几年，随着电子商务的迅猛发展，越来越多的传统零售商纷纷迈进电商的大门。红星美凯龙作为传统家具业的领导者，也在 2012 年 8 月宣布成立红美商城。商城的业务主要分为三大体系：包括以家居建材产品为主的在线 B2C 平台业务、以家纺家饰及小件家居用品为主的线上闪购业务和家居用品的团购业务，分别对应页面顶端的"商城""抢购""团购"三个入口。

在上线运营的半年内，红美商城交易额仅为 4 万元左右，但先期投入已达 2 亿元。2013年 1 月，红美商城被传发生人事震荡，原电商负责人于 2012 年年底离职。随后，2013 年 3月份红美商城全新改版，正式更名为星易家，由红星美凯龙体系的领导全权负责，同时把线上销量纳入线下商城的考核体系，让线下商城共同参与电商业务。但红星美凯龙之前在红美商城上的巨额投资也几乎全都无法收回了。

其实，自从红美商城成立以来，就一直致力于做大做强线上业务，但却忽视了线上业务必须以线下为依托才能发挥其真正的作用。因为红星美凯龙线上线下两块业务从未真正融合，而是各自为营，寻求自身的发展。这样就导致线上线下无法实现很好的联动，线下多年来创立的品牌形象无法在线上得到很好的利用，致使对消费者的吸引力不够。线下也无法利用线上强大的传播作用扩大其客户群。

思考分析：

1. 红星美凯龙失败是因为战略失误还是实施上的缺陷？
2. 电商业务应如何与传统零售业务更好地结合？

9.1 电子商务战略与规划

9.1.1 战略的含义

"战略"一词源于希腊文"strategos"，其义为"将军"，用以指"指挥军队的艺术和科学"。《辞海》中对战略的解释为"泛指重大、带有全局性和决定性的计谋"。战略意味着追求某些东西，放弃某些东西的决策，比如，在某些场合可能要放弃眼前利益，追求长远的利益；有时可能需要放弃局部利益，谋求全局利益的最大化；而有时可能用空间换时间，有时需要用时间换空间。完整的战略有以下三方面要素：首先，它是一个影响重要事物未来发展方向的规划；其次，它是具有前瞻性的、用于指明发展方向的一幅蓝图；最后，战略具有很强的策略性，成为其他行为决策的指导原则。本章将集中讨论企业层面的战略。

美国哈佛大学教授波特对战略的定义堪称公司战略传统定义的典型代表。他认为，战略是公司为之奋斗的一些终点与公司为达到它们而寻求的途径的结合物。波特的定义概括了 20 世纪 60 年代和 70 年代对公司战略的普遍认识，它强调了公司战略的一方面属性：计划性、全局性和长期性。

而在 1989 年，加拿大学者明茨伯格将战略定义为"一系列或整套决策或行动方式"。从本质上看，现代概念更强调战略的另一方面属性：应变性、竞争性和风险性。

9.1.2 战略管理理论

安索夫（Ansoff）《公司战略》（1965 年）一书的问世，开了战略规划的先河。截至 1975 年，安索夫《战略规划到战略管理》的出版，标志着现代战略管理理论体系的形成。该书将战略管理明确解释为"企业高层管理者为保证企业的持续生存和发展，通过对企业外部环境与内部条件的分析，对企业全部经营活动所进行的根本性和长远性的规划与指导"。

其间，论述企业组织与外部环境关系的著作还有劳伦斯与罗斯奇合著的《组织与环境》（1969 年），提出公司要有应变计划，以求在变化及不确定的环境中得以生存；卡斯特（Kast F.E.）与罗森茨韦克（Resenzweig J.E.）的《组织与管理——系统权变的观点》（1979 年）虽是权变理论学派的代表作，但其分析的问题也是从长期角度看待企业如何适应环境，认为在企业管理中要根据企业所处的内、外条件随机应变，组织应在稳定性、持续性、适应性和革新性之间保持动态平衡。

迈克尔·波特（Porter M.E.）的《竞争战略》（1980 年）可谓把战略管理的理论推向了高峰，该书中的许多思想被视为战略管理理论的经典，如五种竞争力（进入壁垒、替代威胁、买方砍价能力、卖方砍价能力和现有竞争对手的竞争）、三种基本战略（成本领先、标新立异和目标集聚）、价值链的分析等，通过对产业演进的说明和各种基本产业环境的分析，得出不同的战略决策。波特的《竞争战略》以及后来的《竞争优势》和《国家竞争优势》在全球范围内产生了深远的影响。

20 世纪 90 年代以前的企业战略管理理论，大多建立在对抗竞争的基础上，都比较侧重于讨论竞争和竞争优势。时至 90 年代，战略联盟理论的出现，使人们将关注的焦点转向了企业间各种形式的联合。这一理论强调竞争合作，认为竞争优势是构建在自身优势与他人竞争优势结合的基础上的。但是，联盟本身固有的缺陷，以及基于竞争基础上的合作，使得这种理论还存在许多有待完善之处，企业还在寻求一种更能体现众多优越之处的合理的安排形式。进入 90 年代中期，随着产业环境的日益动态化、技术创新的加快、竞争的全球化和顾客需求的日益多样化，企业逐渐认识到，如果想要发展，无论是增强自己的能力，还是拓展新的市场，都得与其他公司共同创造消费者感兴趣的新价值。企业必须培养以发展为导向的协作性经济群体。

9.1.3　战略管理过程

一般来说，战略管理包含三个关键要素：战略分析——了解组织所处的环境和相对竞争地位；战略选择——战略制定、评价和选择；战略实施——采取措施使战略发挥作用。战略管理的过程，如图 9-1 所示，包括九个步骤：确定组织的宗旨和目标、外部环境分析、发现组织面临的机会和威胁、组织资源分析、识别自身的优势和劣势、重新评价组织的宗旨和目标、制定战略、实施战略、评价结果。

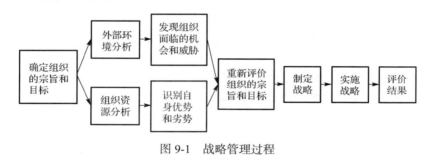

图 9-1　战略管理过程

1．确定组织的宗旨和目标

每个组织都有一个宗旨，它规定了组织的目标：我们到底从事的是什么事业？明确企业的宗旨可以促使管理者仔细确定企业的产品和服务范围。比如，有学者指出，美国铁路公司之所以不景气是由于它们错误地规定了它们所从事的事业。在 20 世纪三四十年代，如果铁路公司认识到它们从事的是运输事业而不仅仅是铁路事业，它们的命运也许会完全不同。

2．外部环境分析

环境是管理行为的主要制约因素，环境分析是战略过程的关键因素。这主要是因为组织的环境在很大程度上限定了管理者可能的选择。成功的战略大多与环境相适应。每个组织的管理者都需要分析组织所处的环境，需要了解市场竞争的焦点，未来准备实施的法规对组织有何影响及组织所在地的劳动力供给状况等。重要的是准确把握环境的变化和发展趋势及其对组织的影响。外部环境分析可以从企业所面对的宏观环境、产业环境、竞争环境和市场需求状况几个方面展开。外部环境分析要了解企业所处的环境正在发生哪些变化，这些变化给企业带来的是更多机会还是更多威胁。

3．发现组织面临的机会和威胁

企业外部环境的机会是指环境中对企业有利的因素，如政府支持、高新技术的利用等。企业外部环境的威胁是指环境中对企业不利的因素，如新竞争对手的出现、技术老化等。

分析了环境之后，管理者需要评估组织可以发掘什么机会，组织正面临哪些威胁。由于组织控制的资源不同，同样的环境对于一个企业来说是机会，而对于另一个企业来讲却可能是威胁。企业可以做的就是充分利用好所面对的机会，同时避免可能遇到的威胁。

4．组织资源分析

在分析完外部环境之后，应把视角转向企业内部。企业的持续竞争优势主要是由资源禀赋决定的，只有丰富的内部资源才能为企业带来源源不断、可持续的现金流。企业资源包括有形资源、无形资源和组织资源三类。其中有形资源包括物质资源和财务资源；无形资源通常包括品牌、商誉、技术、专利、企业文化及组织经验等；组织资源是指企业协调、培植各种资源的技能，它比有形资源和无形资源更加难以界定。

5．识别自身的优势和劣势

对企业自身资源的分析，可以使企业管理者认识到企业的独特之处，即企业将来能够在市场上保持独特竞争力的源泉所在及自身存在的不足，并且决定其能否和如何利用外部环境提供的机会消除可能的威胁，从而获取持久的竞争优势。因此，在战略分析中，企业应当全面分析和评估内部资源的构成、数量和特点，识别企业在资源禀赋方面的优势和劣势。

6．重新评价组织的宗旨和目标

将步骤3与步骤5合并在一起，对企业进行内、外部情况的再评价，通常称为 SWOT 分析，它把对企业的优势（Strengths）、劣势（Weaknesses）、机会（Opportunities）和威胁（Threats）的分析结合在一起，以便发现企业可能的细分市场。

按照 SWOT 分析，管理者需要重新评价公司的宗旨和目标。如果需要改变企业的整体方向，则战略管理过程可能需要从头开始；如果不需要，则管理者可以制定战略。

7．制定战略

企业战略需要分别在公司层、事业层和职能层设立。做出的战略选择需要符合三个层次的要求，只有如此，这些战略才能最佳地利用企业资源、充分利用环境的机会。在制定战略的环节，管理者应当寻求企业的适当定位，以获得优于竞争对手的相对优势。

8．实施战略

战略实施是一个相当重要的过程。无论战略制定得多么完美，如果不能顺利地实施，则企业不可能获得最后的成功。在战略实施的过程中，涉及企业管理者的领导能力、企业的战略结构关系等问题。战略实施是一个非常全面而又复杂的过程，企业所有的职能层和部门都必须严格执行所制定的战略，为了同一个战略目标而努力，一旦偏离了战略目标的方向，公司相关管理层必须马上做出战略变革和调整。只有这样，才能保证战略的顺利实施。

9．评价结果

最后一个步骤是评价结果，包括战略实施的效果如何，需要做哪些调整等。评价结果的过程非常重要，它能为企业管理者制定新的战略，并为战略实施提供及时、有用的信息。

9.1.4　战略管理层次

如果所有的企业都生产一种产品或提供一种服务，则任何企业的管理者只需开发单一的战略计划。但是，许多企业的业务都是多元化的，如美国通用电气公司就是一家经营多种事业的企业，从飞机发动机到电灯泡，几乎无所不包；并且，这些多元化公司还拥有多种职能部门，这些部门为企业的每种业务提供支援，如财务、市场营销等。因此，需要区分公司层战略、事业层战略和职能层战略，如图 9-2 所示。

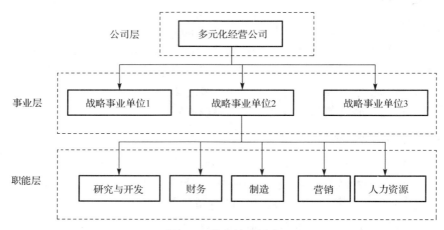

图 9-2　战略管理层次

本节主要讨论公司层战略和事业层战略，但这不是说职能层战略不重要。职能层战略（Functional-level Strategy）是针对组织中各职能领域，如生产、营销、财务、人力资源等提出的战略，主要解决如何支持事业层战略的问题。该战略主要在各职能领域提供综合的、长期的指导，但不涉及日常管理。正是因为职能层战略是基于公司层战略和事业层战略而制定的，所以本节将讨论的重点放在上面的两个层次。

1．公司层战略

公司层战略（Corporate-level Strategy）描述了整个组织的总方向，强调组织的经营范围和资源配置，回答的问题是企业拥有什么样的事业组合及各事业在公司中的地位。公司层战略框架包括总战略和公司业务组合矩阵。

1）总战略

有些公司是成功的、获利丰厚的公司，同时它们在向不同的方向发展，有的公司基本满足于维持现状，有的公司则迅速开发新业务，有的公司却在削减和出售它的一些业务项目。这些不同的发展方向都可以用总战略来解释，具体的类型有下面的几种。

（1）稳定战略（Stability Strategy）。这种战略持续地向同类型的顾客提供同样的产品或服务，维持市场份额，并保持企业一定的投资回报率。其特征是很少发生重大的变化。当企业的绩效令人满意且环境看上去将保持稳定时，管理者应当追求稳定战略。

（2）增长战略（Growth Strategy）。它意味着提高企业的经营层次，包括一些通行的衡量标准，如更高的销售量、更大的市场份额等。增长可以通过直接扩张、合并同类企业或多元化经营的方式实现。

（3）收缩战略（Retrenchment Strategy）。这种战略是指缩小经营规模或减少多元化经营的范围。一般的管理者是不太愿意进行收缩战略的。但是，当出现咄咄逼人的国内外竞争者、制度失调等不利于企业维持原有优势地位时，收缩是可行的方案。

（4）组合战略（Combination Strategy）。这是指同时实行两种或多种前面提到的战略。例如，公司的某种事业可能实行增长战略，而另一种事业可能实行收缩战略。

2）公司业务组合矩阵

公司业务组合矩阵是制定公司层战略比较实用的方法之一。该方法是由波士顿咨询集团（BCG）于 20 世纪 70 年代初期开发的。该方法将企业的每一个战略事业单位标在一个二维的矩阵图上，从而确定哪一个事业单位可以给企业带来较高的潜在收益，哪一个事业单位是企业资源的漏斗。BCG 矩阵图区分出四种业务组合，如图 9-3 所示。

预计增长率		市场份额	
		高	低
	高	明星事业 Stars	问号事业 Question Marks
	低	现金牛事业 Cash Cows	瘦狗事业 Dogs

图 9-3　BCG 矩阵图

（1）现金牛（Cash Cows）事业，即低增长、高市场份额、已经进入成熟期的事业。处在这个领域中的产品产生大量的现金，可以为企业提供资金，但目前由于增长率低，也无须增大投资，因而成为企业回收资金，支持其他产品尤其是明星产品投资的后盾。

（2）明星（Stars）事业，即高增长、高市场份额的事业。这个领域中的产品处于快速增长的市场中，拥有占支配地位的市场份额，但能否产生正的现金流量，还取决于新工厂、设备和产品开发对投资的需要量。这类产品可能成为企业的现金牛产品，但需要加大投资以支持其迅速发展。

（3）问号（Question Marks）事业，即高增长、低市场份额的事业。"高增长"说明市场机会大，前景好，而"低市场份额"则说明在市场营销上存在问题。这个领域中的产品是一些投机性产品，带有比较大的风险，这些产品可能利润率很高，但占有的市场份额很小。对问号产品应采取选择性投资战略。因此，对问号产品的改进与扶持一般均列入企业长期计划中。

（4）瘦狗（Dogs）事业，即低增长、低市场份额的事业。这个领域中的产品既不能产生大量现金，也不需要投入大量现金，是没有希望改进其绩效的产品。

2．事业层战略

事业层战略（Business-level Strategy）考虑的是在每个事业领域中如何与竞争对手展开竞争。如在某项事业领域提供什么产品或服务；目标顾客是谁；各事业部如何支持、配合公司总目标的实现等。事业层战略框架包括适应战略方法和竞争战略方法。

1）适应战略方法

适应战略方法的框架是雷蒙德·迈尔斯（Raymond Miles）和查尔斯·斯诺（Charles Snow）在研究经营战略的过程中提出的。首先，他们提出四种战略类型：防御者、探索者、分析者和反应者；其次，他们论证了采用前三种战略中的任何一种都能够取得成功，只要所采取的战略与经营单位所处的环境内部结构和管理过程相吻合；但同时他们也发现，反应者战略常常导致失败。

(1)防御者战略(Defender Strategy)。该战略寻求向整体市场中的一个狭小的细分市场稳定地提供有限的一组产品。在这个有限的细分市场中，防御者拼命奋斗以防止竞争者进入自己的地盘。该战略倾向于采用标准的经济行为，如以竞争性价格和高质量的产品或服务作为竞争手段。并且，防御者往往不受其细分市场以外的发展和变化趋势的诱惑，而是通过市场渗透和有限的产品开发获得成长。经过长期的努力，真正的防御者能够开拓和保持小范围的细分市场，使竞争者难以渗透。麦当劳公司就是在快餐业中奉行防御者战略的典型。

(2)探索者战略(Prospector Strategy)。该战略追求创新，积极发现和发掘新产品和新市场机会。该战略的成功与否取决于开发和俯瞰大范围环境条件、变化趋势和实践的能力，以及必要的灵活性。联邦快运公司就采用探索者战略发展出了隔夜包裹递送业务。

(3)分析者战略(Analyzer Strategy)。该战略靠模仿生存，复制探索者的成功思想，总是试图使风险最小化和利润最大化。分析者基本上紧跟更具创新精神的竞争对手，而且是在竞争对手已经证实了市场的存在之后才进入该市场。海尔公司往往只进入市场比较成熟的行业。

(4)反应者战略(Reactor Strategy)。这是当其他三种战略实施不当时所采取的一种不一致和不稳定的战略模式。一般地，反应者总是对环境变化和竞争做出不适当的反应，往往效果不理想，并且在实施某种特定战略时表现得犹豫不决。

2)竞争战略方法

竞争战略方法的分析框架是由哈佛大学教授波特(Michael Porter)提出的。其竞争战略框架表明，成功取决于选择正确的战略，即所选择的战略类型应与组织和产业的形势相适应。波特的贡献是详细地阐明了管理者怎样才能够建立和保持高于产业平均生产率水平的竞争优势。

(1)产业分析。波特教授认为，某些产业比其他产业具有内在的高利润率，如制药行业，所有该产业中的竞争者，都能够获得较高的边际利润。但是，并不意味着处于"瘦狗"产业中的企业就不能够大量盈利，其关键在于获取竞争优势。

在任何产业中，都有五种竞争力量(见图9-4)控制产业的竞争规则：进入壁垒、替代威胁、购买者的砍价能力、供应商的砍价能力及现有竞争者之间的竞争。其中，进入壁垒，如规模经济、商标知名度以及资本需求等因素，决定了新竞争者进入产业的难易程度；替代威胁，如转换成本和购买者忠诚度等因素，决定了顾客转向其他竞争者的可能性和程度；购买者的砍价能力，如购买者的购买量、购买者掌握的情报及可供选择的替代产品等因素，决定了购买者的影响力；供应商的砍价能力，如供应商的集中程度和可供选择的替代输入等因素，决定了供应商是否有左右产业中下游企业的能力；现有竞争者之间竞争的激烈程度取决于产业的增长率和产品差异等因素。

这五种力量从整体上决定了产业的盈利程度，直接影响到企业的产品价格水平、成本结构和投资需求，管理者应当通过评估这五种力量来评价某个产业的吸引力。

(2)选择竞争优势。波特认为，没有一家企业能够成功地通过为所有的人做所有的事达到超过平均水平的绩效。所以，管理者必须通过选择一种能给企业带来竞争优势的战略。管理者可以从三种基本的战略中进行选择，即成本领先战略、特色优势战略、目标集聚战略。究竟采取哪一种战略，取决于企业的长处和竞争对手的短处。企业必须避免与产业中所有的竞争对手进行竞争，而应当将企业置于竞争对手所不具备的强有力的地位上。

① 成本领先战略(Cost Leadership Strategy)，以最低的单位成本和价格向用户提供标准化的产品。成功地实施这一战略，要求企业必须是成本的领导者，而不仅仅是竞争成本领导地位的企业之一。另外，企业所提供的产品或服务必须是能与同类产品竞争的，或至少是顾客

愿意接受的。获得成本领先优势的典型操作方式包括高效率的运作、规模经济、技术创新、较低的人工成本或者低廉的原材料获得。

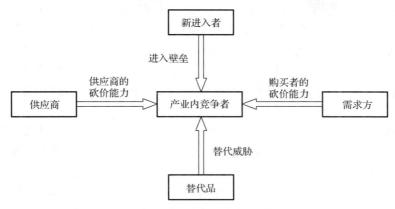

图 9-4　产业分析的五种力量

② 差异化战略(Differentiation Strategy)，又称标新立异、别具一格战略，在用户重视的一些方面为企业的产品或服务塑造一种与众不同的形象。选择差异化战略的关键是特色的选择必须有别于竞争对手，并且足以使得溢价收益超过"别具一格"的成本。

③ 目标集聚战略(Focus Strategy)，又称专一化战略，企业选择某特定的用户群或某一细分市场，寻求成本领先优势或别具一格优势。近年来的研究表明，专一化战略也许是对小企业最有效的战略，因为小企业一般不具有规模经济或是内部资源，从而难以成功地实行其他两种类型的战略。

(3)保持竞争优势。无论采取三种战略中的任何一种战略，企业要想获得长期的成功还必须能够保持竞争优势，也就是说，企业必须能够阻挡来自竞争对手的侵蚀，或是跟上产业结构演变的趋势。技术变革、顾客需求变化，尤其是某些竞争优势很容易被竞争对手模仿，这就使得保持竞争优势相当困难。因此，管理者需要建立某些障碍使模仿难以进行，如利用专利或版权减少被仿冒的机会；当一种产业存在规模经济时，通过降低价格、扩大销售量提高市场占有率；与供应商签订专供合同限制竞争对手的供应能力；鼓励政府对进口商品征税等，这些都是有用的战略。

9.1.5　电子商务战略框架

21 世纪是信息的时代，也是电子商务时代。在 21 世纪的初期，PC 终端带动了电子商务的快速发展。这几年，在移动网络、云计算、物联网等先进技术的推动下，电子商务更是进入了一种全新的模式。在十多年的时间内，中国实现了从电子商务实践者到全民电子商务的跨越。李克强总理提出，制订"互联网+"行动计划，推动移动互联网、云计算、大数据、物联网与现代制造业结合，促进电子商务、工业互联网和互联网金融健康发展。

如何面对电子商务方式、如何适应电子商务时代并积极参与国际竞争，是涉及每个人、每个企业、每个部门乃至国家发展与生存的重大问题。因此，国家、企业与个人都必须进行规划、制定其发展战略，并在电子商务时代发挥作用。此处，集中讨论企业组织的电子商务战略，其框架如图 9-5 所示。从图中可以看出，企业制定的电子商务战略需要解决三个方面的问题，即企业想在何处竞争？企业想要创造什么类型的价值？企业应该如何建立和组织以便创造所期望的价值？

显然，这三个方面有很强的内在联系，必须同时考虑这三个问题。只有管理者同时考虑了所有的相关维度，制定的战略才更有可能成功。

电子商务战略框架的第一部分主要考虑企业的外部环境和市场的状况。关键问题是"企业想在何处竞争"，回答这个问题要依靠对以下因素的分析：①宏观环境分析。对宏观环境的分析能帮助企业了解政治、经济、社会或技术领域的发展趋势。②行业结构分析。如波特的竞争力模型为决定行业的吸引力提供了一个指导性框架。③市场分析。客户拥有不同的偏好和期望，因此把市场按照年龄、性别、收入水平等因素分割成反映客户购买特性的单独部分是有帮助的。

电子商务战略框架的第二部分主要考虑价值创造和战略的选择。这里最主要的问题是"企业想要创造什么类型的价值"，回答这个问题，企业需要解决：①电子商务中价值创造的概念。为了了解一个企业获得竞争优势的潜力，首先需要分析一下它所能创造的价值，这包括了解客户利益的构成及成本的构成。②用于价值创造的战略选择。当决定如何为它的客户创造价值的时候，一个企业可以从许多战略中进行选择，如成本领先战略和差异化战略。当然，企业还可以试着通过开发新的市场来打破传统的竞争形态，以便重新定义它们所提供的价值。

电子商务战略框架的第三部分主要考虑企业的结构和组织问题。关键问题是"企业该如何建立和组织以便创造所期望的价值"。在内部组织环境中，我们需要考虑三个维度。①企业的横向边界。当讨论横向边界时，首先需要问"企业组织的规模和范围应该有多大？"了解这些为企业应该有多大及为了盈利需要多大的市场提供了参考。其次是"企业应该以怎样的速度成长？"有些人认为不应该计较早期进入市场的成本，快速成长有很多益处，但事实证明这也可能存在一些弊端。②企业的纵向边界。是否需要重构价值链存在激烈的争论，流行的管理观点建议企业把焦点放在核心竞争力上，而把其他价值创造过程外包给外部提供商，但这不一定是万能药。因为如果公司规模较大的话，多元化经营可以达到公司资源共享、互补的作用，从而有效地降低成本。③企业的内部组织。在电子商务时代，企业"应该如何从内部进行组织？"这需要考虑企业与客户在线交互的类型、配送渠道和组织结构等因素。

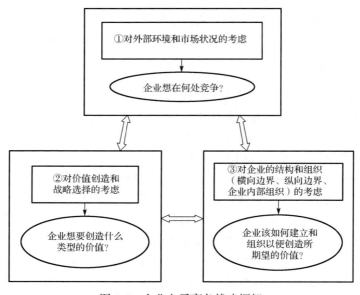

图 9-5　企业电子商务战略框架

9.1.6 电子商务战略规划路线图

为了帮助企业管理者或者即将成为管理者的人员制定电子商务战略，本节介绍一个路线图（见图9-6），由以下六个步骤组成：愿景规划、企业目标定义、客户价值创造、市场细分及定位、组织结构和电子商务财务问题。

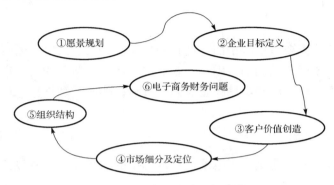

图 9-6 电子商务战略规划路线图

1. 愿景规划

愿景是战略规划的起点，它指出企业的未来状态，影响着企业的战略内容。亚马逊在其2002年年度报告中指出，提供先进的客户定位及广泛的产品选择是企业未来发展的重点。企业希望提供世界上最广泛的选择，成为最强的以客户为中心的企业，在这里，客户能够寻找及发现任何他们想在线购买的东西。

阐明企业愿景的目标要注意两点：①确立方向，集中注意力和精力于高层管理者。高层管理者制定且支持愿景规划，这是十分重要的，否则，该愿景规划将很难被实施。②鼓励创造力和革新力。为详细阐述一个愿景，需要超越现有的范围及状况来扩大思考，愿景指出了努力的方向及努力的目标，但是，并没有讲述你如何才能实现它。

2. 企业目标定义

愿景对于表明企业的发展方向是十分重要的。选择一些参数，以衡量企业为了达到愿景目标而付出的努力也是十分重要的。这些参数就是可量化的目标，包括利润、销售额、税收及客户满意度等。

由于愿景种类的不同，目标也是有区别的。但是，它们都必须有这样一个共性，即可以衡量和量化。只有这样它们才能为员工提供努力的方向，也只有这样才能够跟踪过程、进行调整，以达到目标。

3. 客户价值创造

回答这个问题时，需要思考为什么客户会购买本企业的产品或服务。客户之所以会这样做，是因为价格合适或者产品质量好或者两者兼有。

如果某企业决定主要在价格上与人竞争，那么就要在本企业所属的行业中成为成本的领先者。或者争取与竞争者之间的差异化优势，通过提供简单操作，广泛产品选择，高服务质量等来达到这个目标。

4．市场细分及定位

与价值创造紧密相关的是企业的客户。目标市场细分有两步：首先，选择进行潜在市场细分的标准，例如，可以依据客户类型（如消费者、法人及政府）或年龄、收入等进行市场细分；其次，基于市场细分，确定什么样的产品及服务适合细分市场的需要。例如，eBay 从一开始就定位于 C2C 在线拍卖平台的大众市场。

5．组织结构

在这个环节，企业需要考虑电子商务活动的规模，分析价值链上的每个活动及它们的潜在成本；需要考虑电子商务活动的范围，即企业提供产品和服务的目标市场。然后对电子商务活动进行整合，需要确定哪些活动在企业内部进行，哪些活动外包。最后根据整合结果确定组织结构。

6．电子商务财务问题

最后的也是最重要的问题是关于电子商务活动中的财务问题，一般按照成本结构和收入结构来考虑财务问题。

确定电子商务活动的成本结构需要考虑价值链的每个独立部分，如产品、IT、营销、销售及售后服务，还需要分析其潜在成本。需要企业回答这样一些问题："当规模扩大时成本如何变化""企业应如何运用互联网降低成本"等。

电子商务活动的收入结构取决于企业所实施的商务种类，举例如下：广告收入和使用费收入，如 P2P 电子商务；交易费和信息邮寄费收入，如 C2C 电子商务；交易费、主机托管和服务费用、会员费和预订费，如 B2B 电子商务；交易费、广告收入和预订费，如 B2C 电子商务。

9.2　电子商务战略实施

企业采取电子商务战略的过程包括方法的制定、评估、选择、实施、控制，其中电子商务战略实施是战略的关键部分。电子商务战略实施可以分为四个阶段：电子商务战略实施的准备阶段、计划阶段、运作阶段以及控制与评价阶段。通过各阶段的紧密配合，保证电子商务战略的顺利实施。

9.2.1　电子商务战略实施概述

1．电子商务战略实施的概念

电子商务战略实施是建立实施电子商务战略的组织机构，按照已确定的计划分解、落实目标，将电子商务战略付诸实施的过程，同时进行实时控制，确保各个环节顺利实现。

2．电子商务战略实施的模式

（1）指挥型。这种模式具体表现为企业的高层决策者根据现有的信息技术和企业发展水平，使用专家决策系统，制定并发布战略，中层和基层人员负责实施。此模式的优点是决策时间短、实施时不需要有较大变化，但是由于战略实施人员处于被动执行状态，有时对战略目标缺乏充分了解，会出现战略实施偏差，导致战略实施不能达到预期目标。

（2）控制型。这种模式具体表现为在电子商务战略的实施过程中，企业的管理人员通过内部网络和行政管理信息系统，对战略实施进行控制。当外部环境出现变化，通过企业信息管理系统的再建设、系统的技术优化以及应急措施的处理等增加战略成功机会；当实施过程出现偏差时，高层管理者可以对其进行实时控制。但是，如果环境变化过快，企业来不及改变自己内部的状况，这种模式便发挥不出作用。

(3) 合作型。这种模式具体表现为企业高层管理人员与其他的管理人员实现更多的互动和在线交流，运用头脑风暴法全方位地考虑战略的制定和实施问题。在此模式中，高层管理人员起到协调和纽带的作用，听取各个管理层的建议并综合采纳，保证决策信息的准确性，但也不排除主观因素会影响战略实施的情况。

(4) 增长型。这种模式具体表现为一种自下而上提出战略的新型模式，企业运用电子商务平台，实现企业内部的跨级交流，便于集中来自一线管理人员的经验与智慧，从而鼓励中下层管理人员制定战略，高层战略人员从众多战略中做出判断，并指导中下层管理人员实施自己的战略。

(5) 文化型。这种模式的特点是企业主管人员重点考虑如何动员全体员工都参与电子商务战略的实施活动，即企业主管人员运用企业文化手段，不断向企业全体员工灌输电子商务战略思想，建立共同的价值观和行为准则，使所有成员在共同的文化基础上参与战略的实施活动。

9.2.2 电子商务战略实施过程

1. 电子商务战略准备阶段

电子商务战略准备阶段是战略实施的初始阶段，主要工作包括以下几个方面：

(1) 企业购买满足战略实施所需的软、硬件设施，并搭建电子商务平台；

(2) 使员工对新的战略有充分了解，调动企业管理人员实施战略的积极性和主动性，提高对企业电子商务战略的认可度；

(3) 利用现代信息技术，对企业业务流程优化和重组进行准备，确保在战略实施过程中，业务流程优化和重组顺利进行；

(4) 对企业员工进行信息技术培训，提高员工技能，培养适合企业发展的高素质人才；

(5) 使员工清晰地认识到电子商务战略可能存在的风险，以便更好地处理突发事件。

2. 电子商务战略计划阶段

根据电子商务总体战略制订出战略的实施计划，将总体战略分解为几个阶段实施，并借鉴信息技术对各阶段目标进行统筹规划、全面安排，制定出阶段目标的时间表，确保电子商务战略的实施有章可循。其具体内容包括以下两个方面。

(1) 建立战略模型并分解和细化战略目标。战略目标的分解和细化是制订战略计划的核心，使企业的战略计划能有效落实到每个环节，它可以分为层次细化和时间细化两种。层次细化是指将企业各个阶段尤其是现阶段的电子商务战略目标，结合企业的组织结构，层层分解，细化到每个岗位；时间细化是把电子商务战略的各个阶段分解成小的时间段，便于战略的实施。

(2) 电子商务战略方案的落实。电子商务战略方案的落实是制订战略实施计划的根本问题，具体包括人员落实、任务落实、方法落实和技术落实。

① 人员落实是指在战略的执行过程中应该由什么人负责的问题，主要包括：A. 战略实施管理人员的落实。战略实施的管理人员是企业实施战略计划的重要支撑，对其的落实是指将拥有一定组织管理能力、创新能力和业务处理能力的人员落实到各个管理环节，来保证战略的顺利实施。B. 具体战略实施者的落实。这是更为具体的环节，主要是指将战略的实施落实到各模块的项目人员及具体岗位操作人员。

② 任务落实是指在战略计划执行过程中该做什么，主要包括：A. 优化资源配置。例如，利用信息系统中的数学建模、业务流程再造等方式整合优势资源，实现成本最小化，效果最大化。B. 动态调整组织结构。通过设计或调整支持战略的组织结构，形成与组织能力相匹配的竞争优势，使企业员工各司其职、各尽所能，人力资源优势得到充分发挥。C. 发挥战略领导作用。给企业员工传授新思想，形成更适合电子商务战略实施的企业文化，保证企业电子商务战略实施的顺利进行。

③ 方法落实主要解决的是怎样高效完成战略计划的问题。通过各个部门紧密合作，协调沟通，选择恰当的方法高效快捷地完成既定目标。

④ 技术落实主要解决的是借助哪些技术来完成战略计划的问题。通过分析企业当前的技术基本状况和发展趋势，根据电子商务战略目标选择切实可行的技术方案，并引进先进的电子商务技术，进一步提出开发和维护的方法，保证数据和信息安全，保障战略实施过程中系统的稳定运行。

3. 电子商务战略运作阶段

电子商务战略运作阶段是指企业将前期准备的人、财、物按照计划阶段的准备逐步开展，是企业电子商务战略实施的核心；电子商务建立的财务预算系统、人力资源系统、绩效评估系统是运作的基础；先进的信息技术和有效的激励制度是运作的影响因素。

4. 电子商务战略的控制与评价阶段

电子商务战略的控制与评价是一个动态实施的过程，通过对企业短期和中长期战略的实施进行控制和评价，纠正实施过程中的偏差，使战略实施向着预期的方向前进。

9.2.3 电子商务战略实施的关键因素

电子商务的战略实施并不是简单的过程，它涉及大量的资金、时间和工作安排。在具体的过程中需要考虑下面五个关键因素。

1. 信息共享能力

（1）企业内部信息共享能力，指借助电子商务平台，实现企业内部资源共享以及信息及时发布，避免信息孤岛。

（2）企业外部信息共享能力，指利用企业外部网络，与供应商共享生产计划、生产能力信息、订单信息和客户反馈信息，与销售商共享客户反馈信息。

2. 决策制定的准确性

决策制定者分析企业内外部环境，总体把握企业的基本情况，识别电子商务的关键应用领域，准确制定出适合企业发展的电子商务战略。

3．商务协同能力

商务协同能力是指企业向供应商提供企业实时的库存信息；根据合作伙伴要求，改造业务流程；根据客户需求组织生产；追踪和获得客户的反馈意见。

4．系统的稳定性和可靠性

系统的稳定性和可靠性要求企业在系统生命周期内快速识别危险源，并采取有效的控制措施，从而使系统在性能、时间和成本范围内达到最佳的效果。良好的系统开发和维护，完善的系统备份和数据库，是实现电子商务系统稳定的必要条件。

5．良好的员工素质

高素质、高技能的人才队伍是电子商务战略实施的立足之本。通过建立良性的用人机制和适合高素质人才发展的平台，提高他们解决问题的能力，增强员工的整体竞争力。

9.3　电子商务的安全管理

考虑到安全性问题，电子商务企业必须开始规划并实施相应的安全管理战略，以便降低风险并开发相应的电子商务安全解决方案。落实电子商务信息安全的保障，需要在研究和发展技术的同时，关注安全管理体系的建立、执行和完善。此类战略的设计要综合考虑每家企业及其每位客户在电子商务应用中的不同要求。

当前，较多企业在信息安全方面存在着"重技术、轻管理"、高层对信息安全认识不全面、员工信息安全教育不足、缺少信息安全监督审计机制、缺少完善的信息安全制度、对信息安全管理不够重视等方面的问题。因此，不仅电子商务的安全管理是保障安全的一个重要方面，而且恰当的电子商务安全战略对提升用户信心、增加品牌资产、提高投资回报率和市场份额与价值都有重要作用。

9.3.1　电子商务安全管理包含的内容

分析电子商务面临的安全问题，主要依据对电子商务整个运作过程的考察，确定电子商务流程中可能出现的各种安全的问题，分析其危害性，发现电子商务过程中潜在的安全隐患和安全漏洞，从而使电子商务安全管理能够做到有的放矢。

电子商务的安全管理主要包括信息的安全管理、信用的安全管理、管理过程的安全及电子商务法律保障等内容。

1．信息的安全管理

从技术上看，电子商务信息的安全管理要解决以下三个方面的问题。

（1）冒名偷窃。"黑客"为了获取重要的商业秘密、资源和信息，常常采用源 IP 地址欺骗攻击。入侵者伪装成源自一台内部主机的一个外部地点传送信息包，在 E-mail 服务器使用报文传输代理中冒名他人，窃取信息。

（2）篡改数据。攻击者未经授权进入电子商务系统，使用非法手段删除、修改、重发某些重要信息，破坏数据的完整性，损害他人的经济利益或干扰对方的正确决策，造成电子商务交易中的信息风险。

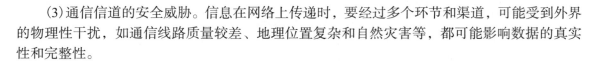

（3）通信信道的安全威胁。信息在网络上传递时，要经过多个环节和渠道，可能受到外界的物理性干扰，如通信线路质量较差、地理位置复杂和自然灾害等，都可能影响数据的真实性和完整性。

2. 信用的安全管理

信用的安全管理要解决以下三个方面的问题。

（1）来自买方的信用安全问题。对于个人消费者来说，可能存在在网络上使用信用卡进行支付时的恶意透支，或使用伪造的信用卡骗取卖方货物的行为；对于集团购买者来说，存在拖延货款的可能，卖方需要为此承担安全风险。

（2）来自卖方的信用安全问题。卖方不能按质、按量、按时送、寄消费者购买的货物，或者不能完全履行与集团购买者签订的合同，造成买方的安全风险。

（3）买卖双方都存在抵赖的情况。买卖双方都有可能会抵赖曾经发生过的交易。

3. 管理过程的安全

管理者在安全管理过程中起到的作用至关重要，若管理者保密观念不强或不懂保密规则，业务不熟练，规章制度不健全，素质差、缺乏责任心，故意非法访问，超越权限操作，窃取系统或用户信息等都会造成严重的安全事故。防止此类安全事故的发生就需要设计完善的制度，形成一套相互关联、相互制约的制度群。目前，人员管理常常是电子商务安全管理上最薄弱的环节。在中国，近几年来计算机犯罪大都呈现内部犯罪的趋势，其主要原因是工作人员职业道德素养不高、安全教育不足和管理松懈。

4. 电子商务法律保障

要保证电子商务的安全运营，法律的保障是不容忽略的。而且，技术支持和组织保障最后都需要法律来规定其效力。电子商务涉及的主要法律问题如下。

（1）知识产权保护。保护知识产权问题是电子商务比较重要的问题之一。由于在 Internet 上知识产权的主要表现形式是信息，保护的难度相对比较大。世界知识产权组织在 1996 年 12 月讨论形成了《世界知识产权组织版权保护条约》，对信息网络环境下的软件、数据库的著作权保护和信息的数字化、网络传输、技术措施、版权信息等问题进行了系统的解释和必要的明确，但仍然有许多问题没有解决，并且还有涉及发达国家与发展中国家利益差异的问题。

（2）电子合同的法律地位。电子商务活动中电子合同的有效性、电子印章和签名的有效性是世界各国共同关注的法律问题。

（3）电子证据的认定。信息网络中的信息具有不稳定性、虚假性、易变性和可失效性的特点，一旦发生各种纠纷，电子证据的认定比较困难。

（4）防止侵犯个人隐私。由于 Internet 上信息有共享性和开放性的特点，这就必然会涉及侵犯家庭或个人隐私权的问题。

（5）防范、制止利用高技术手段犯罪。利用计算机病毒、计算机网络进行各种犯罪是 Internet 时代的新特点，这也会对电子商务的发展产生影响，使人望而却步。

电子商务是世界性的经济活动，其法律框架也不应局限于一国之内，而应该适用于国际间的贸易往来。联合国国际贸易法委员会（UNCRTRAL）已经完成了一个法律范本，以支持电子商务在国际贸易中的应用。其内容包括：电子合同的有效性、有效的电子文件的规范、电子签名的合法性和其他身份辨认程序、知识产权的保护、商标权和域名的保护、企业和隐私的保护等。

2004 年 8 月 28 日，中国第十届人大常委会第十一次会议通过了《中华人民共和国电子签名法》（以下简称《电子签名法》），并确定于 2005 年 4 月 1 日正式开始实施。为了配合《电子签名法》的实施，原信息产业部于 2005 年 2 月 8 日发布了《电子认证服务管理办法》。根据国务院关于规章清理的统一部署，2009 年 2 月 28 日工业和信息化部修订并重新颁布了《电子认证服务管理办法》。2006 年 5 月 18 日，国务院发布了《信息网络传播权保护条例》。2010 年 5 月 19 日，中国人民银行通过了《非金融机构支付服务管理办法》。为配合《非金融机构支付服务管理办法》的实施工作，中国人民银行于 2010 年 12 月 1 日正式发布《非金融机构支付服务管理办法实施细则》。

在电子商务的交易活动中，第三方支付作为一种由独立非银行社会机构提供资金结算服务的支付模式，随着电子支付交易量的增加正不断地发展和完善，已逐渐成为 B2C 和 C2C 的主要支付渠道。然而，第三方支付却是在政策模糊、法律真空与监管缺位中摸索着前进的，其中埋伏着巨大的金融风险与经济安全隐患。而《非金融机构支付服务管理办法》的实施，使第三方支付行业结束了原始成长期，被正式纳入国家监管体系，并拥有合法的身份。未来第三方支付行业将面临行业高度集中与差异化优势并存的格局，并迎来盈利模式的变革性突破，同时也打响了国内支付行业淘汰赛开始的第一枪。

9.3.2　电子商务安全管理体系的结构

电子商务安全是一个系统工程，单纯的技术或者任何一个方面都无法达到理想的安全级别。电子商务安全既是计算机和网络的安全，又是管理的安全。要确保电子商务的安全，必须加强对有关人员的安全意识和安全技术的培训，建立完善的电子商务法律和法规，严格按照各种法律、法规和制度来管理和运作电子商务系统。图 9-7 是电子商务安全管理体系的结构示意图。

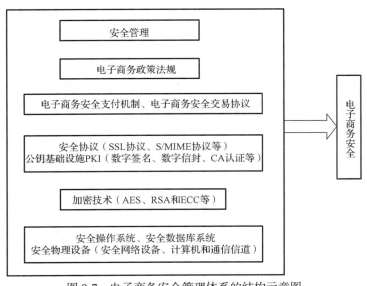

图 9-7　电子商务安全管理体系的结构示意图

本 章 小 结

　　本章首先介绍了战略、战略管理理论、战略管理过程、战略管理层次、战略规划过程、电子商务战略框架、电子商务战略规划路线图等电子商务问题；其次，在此基础上，又详细介绍了电子商务战略实施的概念、模式与战略实施过程以及电子商务战略实施的关键因素；最后，对电子商务的安全管理进行了深入的探讨，其中包括电子商务安全管理包含的内容、电子商务安全管理体系结构等。

复习思考题

1. 电子商务战略管理框架包括哪些方面？
2. 电子商务面临哪些安全威胁？

第 10 章

电子商务组织与
电子商务业务管理

本章提要

　　企业的电子商务活动可以被理解为一种企业组织形态和业务活动。本章从管理的视角阐述电子商务。首先，定位了企业电子商务和电子商务企业的组织形式，并对电子商务企业进行了科学分类；其次，介绍了电子商务业务的运营过程和业务模式的类型和内涵。在此基础上，对企业电子商务业务运用过程中的客户关系管理(CRM)、供应链管理(SCM)、企业资源管理(ERP)和企业流程再造(BRP)进行了系统的介绍，为企业电子商务的推广应用提供了系统的思路。

　　导入案例

当当网的商业模式

　　当当网(www.dangdang.com)是一个"纯网络"型 B2C 网上商店，于 1999 年 11 月正式开通，至今已从早期的网上卖书拓展到网上卖百货，包括图书音像、美妆、家居、母婴、服装和3C数码等几十个大类，数百万种商品。物流方面，当当网在全国 600 个城市实现当天达，在 1200 多个区县实现了次日达；货到付款(COD)方面，覆盖全国 2700 个区县，每天为成千上万的消费者提供安全、方便、快捷的服务，给网上购物者带来极大的方便和实惠。当当网的商业模式包括以下几个方面的内涵。

　　1. 战略目标

　　当当网肩负"更多选择、更低价格"的使命，达到在中国境内网上零售市场占有率第一的目标，当然，这个市场占有率的第一也是从营业额、会员人数等多个角度来考量的。

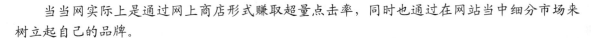

当当网实际上是通过网上商店形式赚取超量点击率，同时也通过在网站当中细分市场来树立起自己的品牌。

2. 竞争优势

当当网的最大优势，在于一直贯彻了以客户为中心的市场战略，并树立了"让顾客的购买越来越方便"的企业宗旨，使顾客的购买体验越来越好，客户忠诚度也越来越高。

3. 盈利模式

(1) 直接销售，压低制造商（零售商）的价格，在采购价与销售价之间赚取差价。

(2) 虚拟店铺出租费，产品登录费、交易手续费；此外还可以利用平台，充分利用付款和收到货物再支付的时间差产生的巨额常量资金进行其他投资。

(3) 广告费，现在这一部分增长得很快。

当当网的盈利模式总结起来就是一个双赢的良性循环。当当网提供物美价廉以及品种多样的商品，配合完善的特色服务吸引更多的用户，依靠规模化和低成本运营以带给用户更多价格上的优惠，以"让利"这种方式来获得更多用户的支持，这显然是一个双赢的良性循环。当当网的成功也正是因为早已认识到并始终坚持实践着这样的一个循环。

4. 营销策略

(1) 产品组合。当当网经营 33 大类商品，销售方式以 B2C 为主。

(2) 定价。作为全球最大的中文网上图书音像城，当当网为了更好地推动图书音像商品的网上销售，推出了比价活动，即当当网商品的售价都在其他网站价格的 90% 以下。当当网打出"价格牌"，也是对自己价格与品种优势信心的一种表现。

当当网参加比价的商品大概占总体的 40%。降低利润能够更好地吸引顾客，对整体销售额的扩大有好处；同时，当当网此举也是为了引导消费，扩大市场，将更多优惠送给顾客。

(3) 渠道。当当网业务起步于互联网，没有线下实体店，只在互联网上销售，是典型的互联网电子化渠道。

(4) 促销。个性化地促销策略，通过"为您推荐"系统对顾客浏览和购买的浏览记录进行分析，针对不同顾客的购物习惯向其进行个性化的产品推荐。

5. 核心能力

一个商店的核心竞争力就是其商品的结构，有多少种可以卖的东西，且这些东西是否价廉物美。当当网主要是卖音像、图书，非常讲究品种。比如，一本菜谱书，你是给读者五个选择还是给读者五十个选择，还是五百个选择，含金量是不一样的，当当网提供给顾客更多的选择。

6. 竞争优势

当当网的竞争优势是提供物美价廉以及品种多样的商品，配合完善的特色服务吸引更多的用户。在当当网成长的这些年里，以常年打折销售树立起的低价形象是最为用户所称道的。当当网上商品的平均售价一直是实体书店的 7.5 折左右，并且首创了"智能比价"系统，来保证其网上销售价格的竞争优势。

近年来当当网在保持传统图书优势的基础上，不断增加经营品类，百货商品更是日益丰富。与此同时，当当网还不断努力提升用户的购物体验，例如，"个性化商品推荐"服务，即根据每一位用户的购买习惯来推荐针对其本人的特色商品。该服务在推出短短几周的时间里

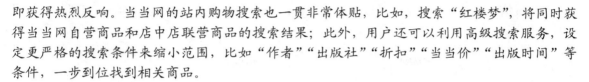

即获得热烈反响。当当网的站内购物搜索也一贯非常体贴，比如，搜索"红楼梦"，将同时获得当当网自营商品和店中店联营商品的搜索结果；此外，用户还可以利用高级搜索服务，设定更严格的搜索条件来缩小范围，比如"作者""出版社""折扣""当当价""出版时间"等条件，一步到位找到相关商品。

思考分析：

请对比当当网与京东网在图书销售上的优势与劣势，并进行分析说明。

10.1　电子商务组织管理

企业是一个动态的概念，也可以被理解为一种企业组织形态，随着社会经济的发展，尤其是随着企业间通信技术、网络技术的发展，企业组织形态经历了实体企业、虚拟企业、企业电子商务、电子商务企业四个阶段。

10.1.1　实体企业

实体企业是工业经济时代典型的企业组织形态，它是相对于信息时代的企业组织而言的。实体企业具有在明确分工基础上的完善功能、建立在统一指挥和有效控制下的科层结构、为达到垄断目标而最终求得集中化和规模化等特点。

在工业经济时代，实体企业保证了企业生产的高效率和大规模生产的能力。但是，随着信息时代的到来，实体企业的弊端开始暴露出来，这就需要根据信息时代的要求对企业组织结构进行变革。

10.1.2　虚拟企业

虚拟企业是 20 世纪 80 年代，随着经济全球化和企业竞争的日益激烈，企业为适应市场变化，及时提供高效率、低成本、高质量的产品或服务而采取的一种组织形式，随着网络和通信技术的发展，虚拟企业迅速风靡全球。虚拟组织是由一些独立公司组成的临时性网络组织，这些独立的公司包括供应商、客户，甚至竞争对手，他们通过信息技术组成一个整体，共享技术、共担成本并可以进入彼此的市场。虚拟组织没有办公中心，也没有组织章程、等级制度，更没有垂直体系。

1. 虚拟企业的组成部分

(1) 战略联盟。许多公司通过战略联盟使自己以很快的速度和很强的灵活性进入新的市场，接触新的技术，从其他组织、个人，甚至竞争对手那里得到所需的技术和专业人员，并把他们联合在一起以打破新产品市场的壁垒。

(2) 核心能力。1990 年，普拉哈兰德和哈梅尔在《公司的核心能力》中提出："一个公司应该集中精力于关键的经营活动和业务流程，全副武装地面对商业环境中的任何挑战。"

从理论上来讲，核心能力是一个企业所擅长的经营活动，这些核心的经营活动是它战胜竞争对手的优势所在。

这一思想以合作伙伴关系产生出联合体，相应地，这些联合体也仅集中精力于他们的核心能力和会给他们带来竞争优势的东西上。通过把他们的核心能力转移到最终产品中去，合作参与者都会为构筑最终产品而努力。

（3）诚信。虚拟企业的参与者以前所未有的信任感和责任感把本企业的命运交到其他公司手中。

随着联合的盛行以及客户与供应商之间关系的日益紧密，企业将不得不与潜在的竞争对手合作，但这种合作不具备法律所维系的安全性。

战略联盟的参与者必须以相互信任的原则来履行既定的职能，承担既定的责任，并为在最终产品中创造价值而提供准确的信息。

当建立了相互信任的关系后，员工个人将很乐意提供他们的观点和信息。

（4）组织重建。虚拟企业的建立要求周密地规划现有的内部活动和工作流程，以充分利用合作者提供的处理信息的基础设施。反之，也要求把处理信息的基础设施按照既定的运作方针进行安排。

2．虚拟企业的要素

虚拟企业是一群人在共同目标的指引下，为完成共同任务而产生的互动关系，如图 10-1 所示。因此，虚拟企业的三个重要的要素就是人、目标和连接。

其中，人是虚拟企业的基本存在要素，由具备若干自主权的独立成员组成；目标是凝聚虚拟企业的向心力、成员间必须达成共识的目标；连接是一个纵横交错的网络，是虚拟企业成员间联系的渠道，具有彼此互动的关系。

10.1.3　企业电子商务

1．企业电子商务的概念

企业电子商务就是指传统企业通过计算机技术、通信技术、网络技术三大技术平台来配置资源，进行生产经营的一种组织形式。

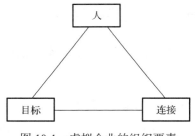

图 10-1　虚拟企业的组织要素

2．企业电子商务的组织要素

（1）活动。同传统的企业商务活动相比，企业电子商务活动具有虚拟化、成本低、实时性、效率高、透明化、全球化、服务个性化等特点。

（2）资源。对企业电子商务活动而言，知识资源构成了其资源要素的核心，物资资源退居次要地位。

（3）制度。企业电子商务的制度要素主要表现为虚拟团队的行为规范，而虚拟团队的行为规范可以分为虚拟合作行为规范和虚拟社区行为规范。

（4）目标。企业电子商务的目标更加强调对消费者的反映应建立在各类快速反应系统及计算机网络之上，它可以对市场采取及时的行动，完成从原材料到生产和销售的全过程。

3．企业电子商务组织的网络型结构

企业电子商务活动打破传统理念与地理、产品范围，形成跨地区、跨国界的经营，进入全球化的网络经济领域，其组织结构是网络型的大森林组织结构。所谓网络型大森林结构，指的是管理层次少、控制幅度大、同层次组织之间平等互利、控制幅度以目标需求为限、纵横联系密切、像一棵棵大树组成大森林那样的纵横交织体系。

10.1.4　电子商务企业

1.　电子商务企业的概念

在企业实现商务电子化的同时，商务主体直接交易的便捷性得到了空前提高，交易成本大大降低。电子化交易手段大大扩展了交易主体的选择空间并加速经济全球化进程，交易主体之间"多对多"的交易关系推动"全球网络化供应链"的形成。纯粹的电子商务企业是组成全球网络供应链的一个重要环节，其目标是通过提供交易信息和交易平台公共服务，提高交易主体之间的交易效率。

2.　电子商务企业的分类

电子商务企业提供的服务可以概括为三个方面：公共交易信息服务、公共交易平台服务、公共应用系统服务，具体可以有以下几种形式。

（1）经纪商型企业。这是非常普遍的电子商务企业形式，在经纪商型的电子商务企业中，企业作为市场的中介商将买者和卖者结合起来，并从他们的交易中收取费用。它们可以是商家对商家的、商家对消费者的、消费者对消费者的或消费者对商家的经纪商。

（2）广告商型企业。在广告商型的电子商务企业中，网站的所有者提供了一些内容和服务来吸引访问者，通过向网站上的广告客户收取广告费用来获取利润。

（3）信息媒体型企业。在信息媒体型的电子商务企业经营中，公司收集客户中有价值的信息，并将其卖给能够从中提炼出有用信息的公司，帮助他们很好地向其客户提供服务。信息媒体通常向消费者提供一些免费的内容、现金等作为回报，来换取他们的信息，当然，信息媒体还可以收集公司及其网站的相关信息并出售给消费者。

（4）销售商型企业。这种企业就是在线的批发或零售商通过互联网销售他们的货物或服务。货物可以通过列出价格表或拍卖的方式销售。

10.2　电子商务业务管理

10.2.1　电子商务运营过程

传统企业是电子商务的运营主体，在传统企业运营电子商务过程中，需要做好以下工作。

1.　制定企业电子商务规划

制定企业电子商务规划是企业实施电子商务的首要任务，在这个阶段，首先，要确定企业电子商务的目标，明确企业实施电子商务是为了增加收益、减少开支、改善客户关系；了解企业电子商务的目标客户和目标市场；了解竞争对手实施电子商务的情况，增强本企业电子商务的针对性；根据电子商务目标分配企业电子商务资源，并制定切实可行的预期目标和行动计划。其次，要制定电子商务预算并严格执行，既要制定电子商务的初始投资预算，也要制定分阶段的实施预算，还要明确电子商务的收益模式，考虑电子商务的投资回报。最后，要了解相关法律，熟悉知识产权、网站内容所有权、版权、许可权、商标等相关法律对电子商务的影响。

2．进行企业组织结构变革和业务流程重组

为适应企业电子商务的发展需要，企业要进行组织结构的变革，使之与企业电子商务组织相一致，同时还要进行业务流程重组，改变不适应电子商务业务流程的传统流程。

3．完成企业内部信息化建设

企业电子商务是建立在企业内部信息化基础上的，企业成功实施电子商务必须加强内部信息化建设，不仅要构建网络基础设施，完成办公自动化系统的建设，更要实施企业资源计划，将企业的人力资源、财务、销售、制造、采购、库存、质量、成本等职能有效地集成在一起，实现对企业的动态控制和各种资源的集成和优化。

4．创建企业电子商务网站并加以宣传推广

在制定网站建设规划的基础上，通过自建或服务器托管方式建立网站，通过网站发布企业的产品或服务信息，实现在线交易，以实现电子商务的具体运用。

在网站的运行过程中，要加强对网站的维护、宣传和推广，以不断扩大网站的用户规模，提高网站的利用效率，增加电子商务的商业价值。

5．完善企业电子商务增值系统

电子商务的成功开展，不仅要加强在线功能，还要加强电子商务的增值系统建设，要广泛地应用客户关系管理、供应链管理、产品开发管理等电子商务增值系统。

6．评估电子商务效果

企业在实施电子商务的过程中，要从网站效果、商业利益等方面进行电子商务效果的评估，总结实施电子商务的经验教训，采取相应措施加以改进。

10.2.2 电子商务商业模式

在电子商务业务管理过程中，电子商务商业模式的选择是非常关键的。

1．商业模式的描述

许多人认为，电子商务重在商务，然而企业电子商务采用怎样的商业模式和策略才能不断取得成功，电子商务有哪些基本的模式，如何在基本的电子商业模式基础上创新，创造适合企业自己特殊情况的新型商业模式等问题一直是企业电子商务管理的重要议题。影响一个电子商务项目绩效的首要因素是它的商业模式。电子商务的商业模式是电子商务项目运行的秩序，是电子商务项目所提供的产品、服务、信息流、收入来源以及各利益主体在电子商务项目运作过程中的关系和作用的组织方式与体系结构。它具体体现了电子商务项目现在如何获利，以及在未来长时间内的计划。

商业模式也许是网络中讨论最多却最不容易理解的内容。不过，它却是大多数网络公司在争取风险资金时风险投资公司考察的核心内容之一。商业模式规定了公司在价值链中的位置，并指导其如何盈利。

2．电子商务商业模式的内涵

研究和分析电子商务商业模式的分类体系，有助于挖掘新的电子商务模式，为电子商

商业模式创新提供途径，也有助于制定企业特定的电子商务策略和实施步骤。

电子商务商业模式一般分为经纪模式、广告模式、信息媒介模式、销售商模式、制造商模式、合作模式、社区模式、订阅模式、效用模式。不管哪种类型的商业模式，一般来说，应该包括以下一些主要内涵。

1）战略目标

一个电子商务项目要想成功并持续获利，必须在商业模式上明确战略目标。企业的这种战略目标本质上表现为企业的客户价值，即企业必须不断向客户提供对他们有价值的、竞争者又不能提供的产品或服务，才能保持竞争优势。按照迈克尔·波特的竞争优势理论，这种竞争优势可以表现在产品/服务的差别化、低成本、目标集聚战略上。

(1)产品/服务的差别化战略，主要是从产品特征、产品上市时间、客户服务差别化以及品牌形象等方面来表现的。公司可以通过提供竞争者无法提供的、特征化的产品来增加差别化；公司率先将产品投向市场，往往因产品是市场上唯一的，自然而然产品就具有差别性了，进而可以获得丰厚的利润；电子商务可以帮助公司更好地实施以客户为中心的发展战略；公司可以通过互联网来建立或强化自己的品牌形象，使客户感到他们的产品是差别化的，进而建立和保持客户的忠诚度，使谁拥有了客户，谁就拥有了未来。

(2)低成本战略，是一种先发制人的战略，这意味着一家公司提供的产品或服务比其竞争者让客户花费更少的金钱。这种成本的降低表现在生产和销售成本的降低上，一方面，公司通过电子商务方式与供应商和客户联系，大大提高订货和销货效率，使订货、配送、库存、销售等成本大幅度降低；另一方面，通过互联网，企业可以为客户提供更加优质的服务，甚至可以让客户通过互联网进行自我服务，大大减少了客户服务成本。其实，电子商务在减少公司的产品或服务成本的同时，也可以大大降低客户的交易成本。

(3)目标聚集战略，是一种具有自我约束能力的战略。当公司的实力不足以在产业内更广泛的范围内竞争时，公司可以利用互联网以更高的效率、更好的效果为某一特定的战略对象服务，往往能在该范围内超过竞争对手。比如，在竞争异常激烈的保险经纪行业中，有的保险经纪人利用互联网专门为频繁接触互联网而社交范围比较窄的研究、开发人员提供保险服务，取得了良好的经营业绩。

2）目标客户

公司的目标客户是指在市场的某一领域或地理区域内，公司决定向哪一范围提供产品或服务，以及提供多少产品或服务。其中涉及两个方面的问题。

(1)客户范围。从不同的角度来考虑，公司客户范围的界定需要从两个方面入手，一方面，要将公司客户在商家和消费者之间选择，如果公司主要向商家提供产品或服务，这就是 B2B 电子商务，商家在每个产业中，又有不同类型、不同规模、不同技术水平之分；如果公司主要向消费者提供产品或服务，这就是 B2C 电子商务，消费者可以根据性别、年龄、职业、受教育程度、生活方式、收入水平等特征划分为不同的类型。另一方面，要将公司客户在不同的地域内进行选择，公司要明确向世界上哪个地方销售产品或提供服务，因为互联网跨越时空的特点使得公司的市场范围大大延伸了。

(2)产品或服务范围。当公司决定向哪一领域提供产品或服务后，还必须决定要提供多少服务来满足这部分市场的需求。例如，一家定位于大学生的互联网公司必须决定要提供多少服务来满足他们多少需求。它可以在基本的连接服务、聊天室、电影、音乐、游戏、网上教学、考研答疑等方面来选择要提供的服务内容。

3)收入和利润来源

电子商务项目的一个极为重要的部分是确定公司的电子商务项目的收入和利润来源。在现实的市场中,很多公司直接从其销售的产品,或提供的服务中获得收入和利润。但是,在电子商务市场中,因为互联网的一些特性,使公司利用互联网从事电子商务的收入和利润的来源变得更加复杂。例如,从事网络经纪电子商务模式的公司的收入来源至少有交易费、信息和建议费、服务费和佣金、广告和发布费等;而一个采取直销模式的公司的收入则主要来自于对客户的直接销售,也可以来自于广告、客户信息的销售和产品放置费,还可以通过削减直接向客户提供服务的成本或减少配送环节来增加利润。

从向客户提供的产品或服务中获取利润非常重要的一个环节是对所提供的产品或服务正确地定价。在电子商务市场中,大多数产品或服务是以知识为基础的,以知识为基础的产品一般具有高固定成本、低可变成本的特点,因而产品或服务的定价具有较大的特殊性,企业定价的目标不在于单位产品的利润率水平,而更加重视产品市场占有率的提高和市场的增长。而且这种产品还具有能够锁定消费者的特点,使许多消费者面临着较高的转移成本,使已经在竞争中占有优势的公司不断拉大与其竞争者的距离。

4)价值链

为了向客户提供产品或服务的价值,公司必须进行一些能够支持这些价值的活动,这些活动往往具有一定的关联性,一般被称作价值链(见图10-2)。

在电子商务环境下,公司活动的价值链结构发生了革命性的变化:基本活动中的经营销售活动,如商品信息发布、客户沟通、供应和分销商订单处理乃至支付都可以通过电子商务在网上完成;进货、发货等原属于后勤的物流活动,则可以通过第三方物流加以完成;辅助活动中的人力资源管理和技术开发中的部分活动也都可以通过电子商务方式在网上完成。

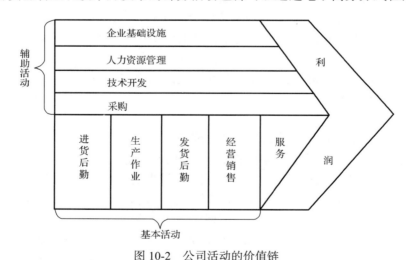

图 10-2 公司活动的价值链

5)核心能力

核心能力是相对稀缺的资源和有特色的服务能力,它能够创造长期的竞争优势。核心能力是公司的集体智慧,特别是那种把多种技能、技术和流程集成在一起以适应快速变化的环境的能力。

电子商务具有快速的实现周期,对信息和联盟也具有很强的依赖性,而且要坚持不懈地

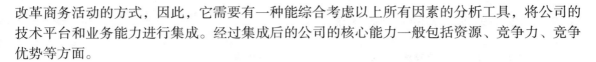

改革商务活动的方式，因此，它需要有一种能综合考虑以上所有因素的分析工具，将公司的技术平台和业务能力进行集成。经过集成后的公司的核心能力一般包括资源、竞争力、竞争优势等方面。

10.3 客户关系管理 CRM

客户关系管理(Customer Relationship Management，CRM)最早由 Gartner Group 提出，目的在于建立一个系统，使企业在客户服务、市场竞争、销售及支持方面形成彼此协调的、全新的关系实体，为企业带来长久的竞争优势。

10.3.1 CRM 的定义与内涵

1. CRM 的定义

CRM 是企业为了提高核心竞争力，达到竞争制胜、快速成长的目的，树立起以客户为中心的发展战略，并在此基础上开展的包括判断、选择、争取、发展和保持客户所需实施的全部商业过程；是企业以客户关系为重点，通过开展系统化的客户研究，优化企业组织体系和业务流程，提高客户满意度和忠诚度，提高企业效率和利润水平的工作实践；也是企业不断改进与客户关系相关的全部业务流程，在最终实现电子化、自动化运营目标的过程中，所创造并使用的先进的信息技术、软硬件和优化的管理方法、解决方案的总和。

2. CRM 的内涵

(1) CRM 是一种管理理念。CRM 的核心思想是将企业的客户视为最重要的企业资产，通过深入的客户分析和完善的客户服务来满足客户的个性化需求，提高客户的满意度和忠诚度，进而保证客户价值和企业利润的不断增长。

(2) CRM 是一种管理机制。CRM 是一种旨在改善企业与客户之间关系的新型管理机制，它可以应用于企业的市场营销、销售、服务与技术支持等多个与客户直接相关的领域。

CRM 通过向企业的销售、营销和客户服务等部门提供全面的、个性化的客户资料，强化各个部门进行信息分析、跟踪服务的能力，帮助这些部门与客户建立并保持一种相互信任的友好关系，为客户提供更快捷和周到的优质服务，提高客户满意度和忠诚度。CRM 在提高服务质量的同时，还通过信息共享和优化业务流程有效地降低了企业经营成本。

(3) CRM 是一种管理软件和技术。CRM 是信息技术、计算机软硬件系统集成的管理办法和应用解决方案的总和。它既是帮助企业组织管理客户关系的方法和手段，又是一系列实现销售、营销、客户服务流程自动化的软件以及硬件系统。

CRM 将企业营销活动与数据库、数据挖掘、系统集成等信息技术紧密联系在一起，为企业提供了一个全面的技术解决方案，使企业有一个基于互联网的面向客户的系统，从而顺利地实现由传统企业模式到以互联网络为基础的现代企业模式的转变。CRM 作为一种解决方案，集成了互联网、多媒体技术、数据库、数据挖掘和人工智能等当今最先进的信息技术。CRM 作为一套应用软件，体现了许多市场营销的管理思想，为营销活动提供了有力的技术保障。

10.3.2 基于电子商务的 CRM 系统

1. CRM 应用系统的基本架构

一个完整、有效的 CRM 应用系统，由四个子系统组成，分别是：业务操作管理子系统、客户合作管理子系统、数据分析管理子系统、信息技术管理子系统。

由以上四个子系统组成的客户关系管理的应用系统，基本的结构和体系，如图 10-3 所示。

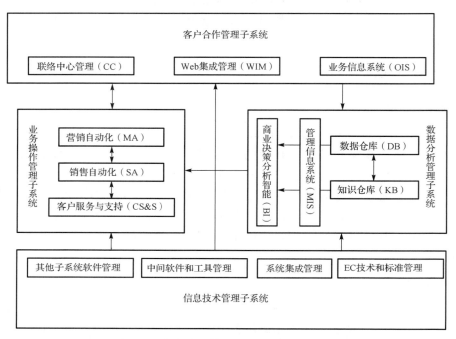

图 10-3　客户关系管理应用系统的基本架构

2. Internet 与电子商务对 CRM 的关键性要求

Internet 和电子商务对 CRM 具有关键性的影响。先进的客户关系管理应用系统必须借助 Internet 工具和平台，实现与各种客户关系、渠道关系的同步化、精确化。CRM 只有符合并支持电子商务的发展战略，才能最终成为实现电子商务的基本推动力量。

从这个意义上讲，Internet 和电子商务对完整的 CRM 应用系统的关键性要求有以下几点。

1) 客户信息同步化

为了使各种企业级的面向客户的部门能自如协调、系统能同步化运转，从而融合并实现一个连贯的、掌握客户关系全程的 CRM 系统，在企业的客户关系管理应用中，实现对客户完整的、实时的交互和信息的同步传递、共享至为关键。在 Internet 平台和电子商务背景下，如果以传统的客户观点或客户关系管理的思路来应对，将限制客户与企业的互动。比如，如果决策者只看到电话中心的记录，而对来自网络上的客户需求视而不见，就可能失去与目标市场建立密切关系的大好机会。同时，企业内部导向的、基于工作任务的、记录事件的能力对它在电子商务中与客户形成个性化的、全方位的关系没有帮助。所以，成功的 CRM 系统必须注重使客户信息、数据同步化、以基于网络的技术应用来保障每一次与客户的互动都能从对客户的全面了解开始，而当企业经营转向电子商务，或客户转向网上渠道时，CRM 不会因为出现信息缺陷而导致其再次落伍。

事实上，为提高客户信息系统的同步性，就要求客户关系管理应用系统在支持传统的客户沟通渠道或支持基于网络的客户方面，既有所侧重，又相互兼容，来自面向客户的整个渠道及功能模块的沟通应用要达到同步化。这也是在目前对电子商务模式尚未完全认识清楚的阶段，我们所能采取的最为稳妥、可能导致最小损失的前瞻性要求和措施。

2）Internet 在 CRM 系统中必须占据核心地位

从广义上讲，CRM 只是通过明确的规则和优化的工作流程帮助企业控制员工与客户的互动，但 Internet 将交流和达成交易的权力更多地移向客户一端，对于双方关系，企业将不得不给予客户更多的控制权。例如，以客户需要的服务的类型、客户需要的信息等来架构交互的方式。尽管 CRM 应用系统的产生应归功于网络技术的发展，但在企业对 Internet 的应用，及在 Internet 上运营的电子商务方面，在对 CRM 的关注、理解方面，并不能认为 CRM 已经为基于 Internet 的销售和售后服务渠道，进行实时的、个性化的营销做好了充分的部署。Internet 观念和技术必须处于 CRM 系统的中心，只有真正基于 Internet 平台的 CRM 产品，才能够支持未来企业全面电子化运营的需要。

3）支持与开发电子商务

客户关系管理应用系统要不仅能提供电子商务的对接口，还要能全面支持和开发电子商务。CRM 系统中包含的整套电子化解决方案，要能够支持如 B2B 以及 B2C 交易；要可以满足企业开展个性化一对一营销及电子店面创建的需求；在支付方面，要支持并提高 Internet 和客户机/服务器应用的能力；在客户服务方面，CRM 的自助式客户支持应用软件可使客户在线提交服务请求，并与交流中心链接，营造一种闭环客户支持环境；越来越多的组件要建立在 Web 浏览器上，以适应快速发展的电子商务对数据不断进行实时访问的要求。CRM 系统还要针对电信、金融、保险、IT 和公共事业等重点行业提供行业解决方案，针对其特定的工作重点提供单独的电子商务模块支持。

10.4　供应链管理 SCM

供应链管理（Supply Chain Management，SCM）是近年来在国内外逐渐受到重视的一种新的管理理念与模式。供应链管理是一项利用网络技术解决企业间关系的整体方案。目的在于把产品从供应商及时有效地运送给制造商与最终客户，将物流配送、库存管理、订单处理等资讯进行整合，通过网络传输给各个参与方，其功能在于降低库存、保持产品有效期、降低物流成本以及提高服务质量。

10.4.1　SCM 的内容结构

在以客户为中心的市场环境中，真正能使客户满意的是，将满足客户需求的产品在正确的时间、按照正确的数量、正确的质量和正确的状态送到正确的地点。这样，就在顾客、零售及服务商、批发商、研发中心及制造商、供应商，甚至供应商的供应商之间连成了一个完整的网链结构，形成了一条供应链，从而进行信息流、资金流、物流的传递（见图 10-4）。供应链管理（SCM）就是指对整个供应链系统进行计划、协调、操作、控制和优化的各种活动和过程，目标是使供应链上的各个主体形成极具竞争力的战略联盟，并使供应链运行的总成本最小或收益最大。

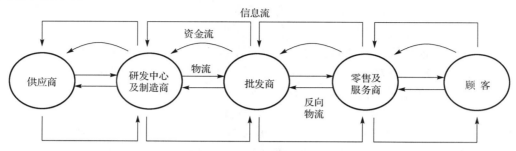

图 10-4　SCM 内容结构图

在供应链中，各个环节之间都是一种客户关系，每一个成员都是其他成员的客户。总体来讲，企业的供应链可以分为三个层级：企业内部的供应链，描述了企业中不同的部门通过物流参与企业的增值活动，这些部门被视作企业内部供应链中的客户或供应商，对企业内部供应链的管理重点是控制和协调部门之间的业务流程和活动，消除部门间的沟通障碍，削减成本，对内外客户的需求和市场变化做出快速反应；企业间的供应链，是由物料获取并加工成中间件或成品，再将成品送到消费者手中的一些企业和部门的供应链所构成的网络，使多个企业能在整体的管理下实现协作经营和协调运作，实现资源和信息共享，从而大大增强了该供应链在整个市场中的整体优势，并增强每个企业的核心竞争力；全球市场间扩展的供应链，是企业通过 Internet 与它在全球范围内的客户和供应商之间进行沟通，有效地管理企业的供应商和客户，使企业获得更多的商业机会。

10.4.2　SCM 的管理方法

目前，关于供应链应用系统管理技术在企业运营中获得了较好的效益，下面就主要技术进行简单的介绍。

1. 电子订货系统（EOS）

电子订货系统（Electronic Ordering System，EOS）是商家之间用电子方式取代热力传送各种单据的即时订货系统。

在工业经济时代，上下游商家之间通过电话、传真等来实现订货流程；在网络时代，通过网络和信息技术构建的电子订货系统来完成订货。

电子订货系统的一般运作方式是，商家将订货数据输入电脑后，这些资料就可以很快地通过 EOS 在网络上发送至上游商家或厂商。

2. 有效客户反应（ECR）

有效客户反应（Efficient Consumer Response，ECR）是 1992 年从美国的食品杂货业发展起来的一种供应链管理策略。它是在商品的分销系统中，分销商和供应商为消除系统中不必要的成本和费用，而形成的价值链最短、效益最大化的管理策略，它是杂货业供应商与销售商最佳的供应链管理系统。

3．快速反应（QR）

快速反应（Quick Response，QR）最初是美国零售商、服装制造商和纺织品供应商开发的供应链管理应用系统。这个行业的供应链管理是为了缩短从原料采购到加工，直到销售的运营流程时间。QR 的重点是对客户的需求做出最快的反应。QR 的具体策略有商品即时出售、自动物料搬运等。QR 采用统一产品条码，建立以 POS 系统为基础的商品销售、库存管理、自动补货等。

4．SCM 应用软件

应用软件根据企业实际进行开发应用，它可处理和链接所有部门的资料，决策者能够收到实时的信息。这些对精确规划、优化作业流程起着重要作用。

供应链应用软件的基本模块包括：会计（成本会计、财务控制、预算等）、物流（生产计划、库存控制、分销、采购、品质管理、储运等）、人力资源系统（薪资、员工规划、福利等）、软件的基本功能（图形用户界面、文件存档等一般应用）、工具程序（根据需要可以自行开发应用）。

10.5　企业资源管理 ERP

在以客户满意为导向的企业电子商务体系中，CRM 侧重于管理企业的客户，SCM 侧重于管理企业的供应链，这些都是企业的重要资源。作为企业资源计划系统、建立在信息技术基础之上的 ERP（Enterprise Resource Planning）的管理对象就是企业的各种资源和生产要素，而这些资源在企业运行发展中相互作用，成为企业进行生产活动、满足客户需求、实现企业价值的基础。ERP 能使企业的这些资源始终围绕客户进行配置，在生产中及时、高效地完成客户订单，最大限度地发挥这些资源的作用。

20 世纪 90 年代初，美国加特纳咨询公司（Gartner Group Inc.）针对经济全球化的趋势以及逐步形成的全球供应链环境，提出了 ERP 的理念。此后，一些知名的软件公司纷纷推出了各自的 ERP 软件，在不到 10 年的短暂时间内，就被广泛地认同和接受，并为众多的企业带来了丰厚的收益。

ERP 是一种以市场和客户需求为导向，以实现企业内外资源优化配置，消除生产经营过程中一切无效劳动，实现企业的物流、资金流、信息流、价值流和业务流的有机集成和以提高客户满意为目的，以计划和控制为主线，以信息网络为平台，集客户、市场、销售、计划、采购、生产、质量、服务、信息集成和业务流程重组等功能为一体，面向供应链的现代企业管理思想和方法，也是一套进行企业全面一体化管理的管理信息系统，一般包括生产控制、物流管理、财务管理、人力资源管理等通用模块。

10.5.1　ERP 的内涵

Gartner Group 公司通过一系列的功能标准来对 ERP 进行界定，其内容包括以下四个方面。

1．超越 MRP Ⅱ 范围的集成功能

相对于标准 MRP Ⅱ 系统来说，扩展功能包括质量管理、试验室管理、流程作业管理、配方管理、产品数据管理、维护管理、管制报告和仓库管理。这些扩展功能仅是 ERP 超越 MRP Ⅱ 范围的首要扩展对象，并非包括全部的 ERP 的标准功能。由于 ERP 的发展尚未达到 MRP Ⅱ

那样的标准和规范，目前尚不能像标准 MRP II 系统那样形成一个"标准 ERP 系统"。事实上，像质量管理、试验室管理、流程作业管理等许多不包括在标准 MRP II 系统之内的功能，在目前的一些软件系统中已经具备，只是还缺少标准化和规范化。

至于管制报告(Regulatory Reporting)功能的扩展，是由于 1990 年以来各国政府对制造业强制执行的环境控制、就业安全及消费者保证等法律、法规越来越严格，从而引起大量处理各种遵循法律、法规情况报告的需求。

2．支持混合方式的制造环境

混合方式的制造环境包括以下三种情况。

(1)生产方式的混合。首先，是指离散型制造和流程式制造的混合。由于企业的兼并与联合，企业多元化经营的发展，加之高科技产品中包含的技术复杂程度越来越高，使得无论是纯粹的离散型制造环境还是纯粹的流程式制造环境在一个企业中都很少见，通常是二者不同程度的混合。其次，是指单件生产、面向库存生产、面向订单装配以及大批量重复生产方式的混合。

(2)经营方式的混合。这是指国内经营与跨国经营的混合。由于经济全球化、市场国际化、企业经营的国际化，使得纯粹的国内经营逐渐减少，而各种形式的外向型经营越来越多。这些外向型经营可能包括原料进口、产品出口、合作经营、合资经营、对外投资直到跨国经营等各种形式的混合经营方式。

(3)生产、分销和服务等业务的混合。这是指多角色经营形成的技、工、贸一体化集团企业环境。

3．支持能动的监控能力

该项标准是关于 ERP 能动式功能的加强，包括：在整个企业内采用计划和控制方法、模拟功能、决策支持能力和图形能力。

与能动式功能相对的是反应式功能。反应式功能是在事务发生之后记录发生的情况。能动式功能则具有主动性和超前性。ERP 的能动式功能表现在它所采用的控制和工程方法、模拟功能、决策支持能力和图形能力上。例如，把统计过程控制的方法应用到管理事务中，以预防为主，就是过程控制在 ERP 中应用的例子。把并行工程的方法引入 ERP 中，把设计、制造、销售和采购等活动集成起来，并行地进行各种相关作业，在产品设计和工艺设计时，就考虑生产制造问题。在制造过程中，如有设备工艺变更，则要及时反馈给设计人员。这就要求 ERP 具有实时功能，并与工程系统(CAD/CAM)集成起来，从而有利于提高产品质量，降低生产成本，缩短产品开发周期。

4．支持开放的客户机/服务器计算环境

该项标准是关于 ERP 的软件支持技术的，包括：客户机/服务器体系结构、图形用户界面(GUI)、计算机辅助软件工程(CASE)、面向对象技术、关系数据库、第四代语言、数据采集和外部集成(EDI)。

10.5.2　ERP 与电子商务

面向整个供应链管理的 ERP 是一种科学管理思想的计算机实现。它对企业流程中不合理的部分提出改进和优化建设，并可能导致组织机构的重新设计和信息流程的重组，极大地扩

展了管理信息集成的范围。显然，ERP是企业开展电子商务的基础和后盾。

但是，传统ERP系统的集成范围局限于孤立的企业内部，难以突破不同企业之间的组织边界，只能在企业内部实现资金流、物流与信息流的一体化管理，缺乏向外延伸的客户信息流；在传统的ERP系统中，企业仍以产品为中心的管理模式，并没有构成客户、供应商以及合作伙伴整个的企业价值链。所以，研究电子商务环境下ERP变革以及企业如何使ERP与电子商务整合显得尤为重要。

电子商务与ERP的整合有助于减少流通环节，降低交易成本；加快资金周转速度；提高市场营销能力与拓展能力；方便客户信息记录、改善客户服务体系、增强客户关系管理等，从而促进企业从面向生产的管理转为面向市场的管理。

1．整合方向

ERP与电子商务的整合是通过供应链管理和客户关系管理来实现的，电子商务与ERP的联系主要基于以下特性。

(1) 基于供应链的兼容性。对应企业中的物流、资金流、信息流三流，存在三条供应链，即物资供应链、资金供应链和信息供应链。由于电子商务主要涉及采购与销售业务，因此网上采购部和销售部将成为企业新物流与资金流的一部分。在ERP中使用供应链管理思想，是企业的一种客观存在，任何企业应用系统都可以使用供应链管理的思想与方法。这样，通过组织结构和业务流程的重组，电子商务就可以纳入企业的供应链中。

(2) 基于客户关系管理的关联性。客户关系管理（CRM）是ERP系统的一个发展方向。面向客户的客户关系管理不仅仅是将销售过程自动化，而且帮助企业充分利用关键客户和企业数据来优化商业决策过程。CRM赋予客户与企业进行交流的能力，是通过电子商务模式进行的。电子商务系统的运行为客户与企业之间的交流提供中介，向ERP提供最直接的数据资料。电子商务是一种对客户来说最方便、对企业来说性价比最高的交流方式。

(3) 基于业务流程的辅助性。ERP系统作用于企业的整个业务流程，它有三个应用层次，即决策层的数据查询与综合分析、中间层的管理与控制、作业层的业务实现。而电子商务则可以为各个层次提供辅助性支持，比如，对于作业层而言，可以为市场提供网上广告发布、网上消费问卷调查等辅助手段。

(4) 基于应用的互补性。根据企业目前的内外部条件，企业在引入电子商务时，不会完全摒弃传统的采购与销售模式，而是两种模式、两个系统共同存在和互为补充。

2．整合策略

面对日益激烈的市场竞争，电子商务与ERP整合可以增强企业快速响应市场的能力；有助于改进企业管理信息的集成性、实时性、有效性；提高企业的信息化程度和企业的工作效率。可见，在企业发展过程中，如何使ERP更有效地支持电子商务、ERP如何与电子商务系统整合，是关系到企业成败的关键，具有十分重要的意义。但ERP与电子商务整合的实施是一个系统工程，它需要在进行全面深入地分析企业现状和前景的基础上，统筹规划，逐步实施。为使ERP更好地与电子商务相融合，应充分考虑应用软件各模块的合理划分和有机集成、围绕电子商务进行相应的企业组织创新和企业各部门的优化重组、转变传统观念、培养复合型人才的必要性等策略。

10.6　企业流程再造 BPR

电子商务系统的有效运行都要以科学的业务和管理流程为前提。传统的业务流程往往是本应属于整体而被分割在不同职能部门，或本应分散而又被聚合在一起，难以适应以客户导向、竞争激烈、市场变化为特征的企业经营环境，更难以将与电子商务有关的先进的管理思想和技术根植在企业的经营管理中，因此，进行业务流程重组（Business Process Reengineering，BPR）就成为企业实施电子商务重要的基础工作。

10.6.1　BPR 的内涵

BPR 管理思想是美国管理大师 Micheal Hammer 和 James Champy 于 20 世纪 90 年代初提出的，其目的是要对企业的业务流程进行彻底的变革，建立高效的运作机制，从而使企业在激烈的市场竞争中，缩短产品生命周期，降低成本，提高客户的响应度，使客户满意。要使企业的业务流程重组为客户满意提供组织保证，就要正确理解面向客户满意的业务流程的内涵，科学设计以客户为导向的业务流程。

所谓业务流程，就是企业以输入各种原材料和客户需求为起点，直到以企业创造出对客户有价值的产品或服务为终点的一系列活动。客户关心的只是流程的终点，但企业必须安排好整个流程，构成一套以客户为导向的流程体系（见图 10-5）。

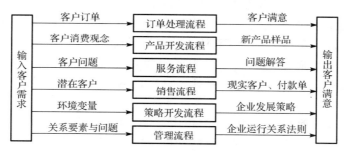

图 10-5　企业业务流程

1．订单处理流程

订单处理流程，输入的是客户的订单或某些需求意向，输出的是客户在正确的时间、正确的地点、以最优的价位，获得的正确的产品或服务、客户的付款单以及客户的满意。

2．产品开发流程

产品开发流程，输入的是客户的消费观念、消费欲望和消费倾向，输出的是能够满足客户个性化需求的新产品样品。

3．服务流程

服务流程，输入的是各类客户需要了解和处理的问题，输出的是问题的解答和解决方法以及客户满意。

4．销售流程

销售流程，输入的是潜在的客户，输出的是得到满足的现实客户和付款单。

5. **策略开发流程**

策略开发流程，输入的是企业的社会使命、客户需求变化等内外环境的各种变量，输出的是基于客户满意的有关企业发展的各种战略与策略。

6. **管理流程**

管理流程，输入的是企业内外环境中的各种关系要素和问题，输出的是企业运行的各种关系法则和办法。这一流程涉及企业各种资源的规划、组织和控制，以及企业各个部门之间依次接受产品和服务的内部客户关系的协调。

总之，实施 BPR 如同"白纸上作画"，这张白纸应是为客户准备的，首先，应当由客户根据自己的需求填满，其中包括产品的品种、质量、款式、交货期、价格、办事程序、售后服务等，然后，企业围绕客户的意愿，开展重建工作，以适应企业实施电子商务的需要。

10.6.2 BPR 的分类

根据流程范围和重组特征，可将 BPR 分为以下三类。

1. **功能内的 BPR**

功能内的 BRP 通常是指对职能内部的流程进行重组。在旧体制下，各职能管理机构重叠、中间层多，而这些中间管理层一般只执行一些非创造性的统计、汇总、填表等工作。计算机完全可以取代这些业务而将中间层取消，使每项职能从头至尾只有一个职能机构管理，做到机构不重叠、业务不重复。例如，物资管理由分层管理改为集中管理，取消二级仓库财务核算系统将原始数据输入计算机，全部核算工作由计算机完成，变多级核算为一级核算。

2. **功能间的 BPR**

功能间的 BPR 是指企业范围内，跨越多个职能部门边界的业务流程重组。例如，新产品开发机构重组，以开发某一新产品为目标，组织集设计、工艺、生产、供应、检验人员为一体的承包组，打破部门的界限，实行团队管理，以及将设计、工艺、生产制造并行交叉的作业管理等。这种组织结构机动灵活，适应性强，将各部门人员组织在一起，使许多工作可并行处理，从而可大幅度地缩短新产品的开发周期。

3. **组织间的 BPR**

组织间的 BPR 是指发生在两个以上企业之间的业务重组，如通用汽车公司(GM)与 SATURN 轿车配件公司之间的购销协作关系就是典型的组织间的 BPR。配件供应商通过美国通用汽车公司的数据库了解其生产进度，拟定自己的生产计划、采购计划和发货计划，同时通过计算机将发货信息传给美国通用汽车公司。这样，使美国通用汽车公司与其零部件供应商的合作更加协调，实现了对整个供应链的有效管理，简化了工作流程。这类 BPR 是目前业务流程重组的最高层次，也是重组的最终目标。

本 章 小 结

本章从管理的视角阐述了电子商务：首先，从企业组织形态的发展和演变过程来定位企业电子商务和电子商务企业的组织形式，对电子商务企业进行了科学分类；其次，介绍了企业电子商务的运营过程,描述了电子商务运营过程中电子商务商业模式的类型和内涵;最后,对供应链管理(SCM)、企业资源管理(ERP)、企业流程再造(BPR)和客户关系管理(CRM)进行了系统的阐述,为电子商务的推广和应用提供了系统的思路。

复习思考题

1. 从企业组织形式的演进来看,电子商务的组织经历了哪几个发展阶段?
2. 虚拟企业和电子商务企业有何异同?
3. 如何理解电子商务与 CRM、SCM、ERP、BPR 之间的关系?

电子商务基本技术

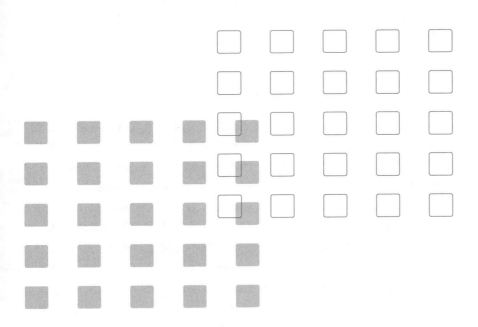

第 11 章

电子商务网站技术

本章提要

电子商务的发展离不开信息通信技术的支持，通信技术、数据库技术、网页技术等信息通信技术是电子商务的技术基础。通信技术实现信息的传递，数据库技术实现数据的存储和管理，网页技术为电子商务和用户提供交互界面。

导入案例

丽人丽妆从定性到定量——电商大数据案例

2006 年 10 月，黄韬正式进入淘宝，建立丽人丽妆淘宝网店，成为一家深耕化妆品的淘宝代运营商。和其他误打误撞进入的卖家不同，他走的每一步都有强大的数据支撑。这位清华大学计算机系的高材生，最擅长的便是软件编程，而这一优势让他在数据化营销上更为容易。黄韬对这点心知肚明，必须找到一个标准品行业，才能将数据化的营销优势发挥出来。

当年，淘宝没有数据魔方，所有店铺的购买记录都显示在产品下方。黄韬自编了一个程序，把淘宝上化妆品店铺的销售情况统计了一遍，各个品牌的销售情况便清晰地显现出来，这让丽人丽妆很快找到了方向。从黄韬的角度看，他的每一个程序或模型，都是为了解释一个现象或者为了满足某一个需求而建。为了能推算出一个品牌在天猫开旗舰店究竟能有多少销售额，黄韬建立了一个模型。对于化妆品来说，品牌可以分为国产和进口、价格高和低、大众线和专柜线、面向基本需求和特殊需求。用这些维度来划分，可以把化妆品分成很多种，这样便能看出哪些品牌未来在线上的发展空间有多大，旗舰店能够有多大的销售额。"这个数据推导起来很困难，要根据数据收集和梳理，再建立多个模型才可以，这些年，我们这套模型已经较完备了。"黄韬得意地解释，一旦能够做预测，那么代运营后续的进货、广告投入、仓库大小、客服多少，都可以根据预测的销售额来决定。

丽人丽妆把核心优势建立在化妆品行业上，建立了一整套研究化妆品的模型，并且再也没有踏足其他品类。而很多代运营商自己没有模型，往往不知道不同品类的区别在哪里，涉足多个类目，但最后都没做大。正是因为丽人丽妆一直朝着一个方向做，累积的优势也越来越明显。在黄韬看来，丽人丽妆虽然还不能建立完整的顾客生命周期的模型，但是各个局部的模型已经建立。例如"双十一"，丽人丽妆推测某品牌能卖 5000 万元，为了保险，进了 6000万元货，但最后实际销售额在 5000 多万元。这种售罄率是一般公司无法比拟的。正是靠这套模型，丽人丽妆成功代运营了 26 个知名品牌。

"当年两眼一抹黑，任何数据都没有，要自己编一个程序来数一下淘宝上各种品类的化妆品卖了多少。但现在有数据魔方、淘宝量子，便方便了很多。"黄韬还认为，随着聚石塔的成熟，卖家收集数据、分析数据的难度会逐渐降低。

事实上，对于卖家而言，数据越来越容易获得，但无法衔接仍然是个大难题。例如，电视广告如何衔接到线上销售。用营销的模型看一则有效的电视广告，Attention（引起注意）—Interest（诱发兴趣）—Desire（刺激欲望）—Action（促成购买），会发现所有走大众传播的方式，都是为了引起顾客的兴趣。在这个方面，丽人丽妆是用淘宝指数和百度指数作为参照，然后进行衔接的。虽然这个模型并不完备，但能有所指向。例如，投一个 2000 万元的电视广告，一般能引起百度指数上升多少。丽人丽妆根据代运营的品牌投电视广告的情况进行研究，得出大致的数据是百度指数上升 1000 点，能引起 60 万消费者的关注。之后，当消费者在百度上产生兴趣后，又有多少人在微博上讨论，这又涉及一个衔接模型。当在微博上，每个月有 30 万人主动提及这个品牌或者产品，那么在淘宝上会引起多少次的搜索，最后会形成多少销量？

只有对顾客生成的生态环境建立模型，才能根据卖家的经验数据去调整模型，在此基础上，才知道怎样使用这些数据。目前，电子商务界的模型大多支离破碎，没有一套能够覆盖从电视广告开始一直到最后顾客购买离开的完备模型。

虽然百度指数、微博上搜索人数、淘宝指数和销量，这些数据口径完全不同，但一定可以通过一种运算方式映射到一个模型里面去，从而得出当百度指数上升多少，相当于多少人购买的数据。现在这些定性认识无法精细化，大多根据经验，再通过数据的变化推测出品牌销量的变化，以及顾客好感度的变化。

大数据就像对经济学的研究，刚开始进行定性研究，到后来通过微分方程来描述东西变化。其实电商正在经历这个过程，当有数据时，会将营销模型逐渐细化。这是一个从定性到定量的过程。在未来，丽人丽妆希望能研究出更完备的模型，能够通过已知的参数推测出未知的参数。

思考分析：

请根据案例谈谈你对大数据和电子商务发展的看法。

11.1　通　信　技　术

从 19 世纪的模拟电话、电报通信到 20 世纪的 Internet，人类的通信手段发生了翻天覆地的变化。今天，通过将分布在不同位置的计算机连接起来，实现计算机之间的通信和数据交换，就能发挥其巨大作用。通信技术是计算机互联的基础。

11.1.1　通信系统的组成

所谓通信就是信号通过传输媒体进行传递的过程，而实现信息传递所需要的一切设备就构成了通信系统。通信系统要解决两大问题：一是如何表示信息，即用什么样的符号表示信息，如何编码；二是如何传输信息，即如何根据通信媒体的物理特性来传输编码数据。通信系统一般由五个部分构成，其概念模型如图 11-1 所示。

图 11-1　通信系统的概念模型

1．信息源

按照信息源输出信号的性质来分，信息源可以分为模拟信源和数字信源。模拟信源输出连续幅度的信号，如声音的强度、温度的高低变化等都是模拟信号。数字信源输出离散的值，每个离散值代表一个符号，如计算机、电传机产生输出的数据等。

2．发送设备

发送设备是将信源产生的信号变换成能够在传输媒体中便于传送的信号形式，送往传输媒体。

3．传输媒体

传输媒体是指从发送设备到接收设备信号传递所经过的物理媒体。传输媒体可以是有线的，如双绞线、同轴电缆、光纤等；也可以是无线的，如微波、通信卫星、移动通信等。无论哪种传输媒体，由于其固有的物理特性，信号在传递过程中都会产生干扰和信号的衰减。

4．接收设备

接收设备用于信号的识别，它将接收到的信号进行解调、译码操作，还原为原来的信号，提供给接收者。

5．接收者

接收者将接收设备得到的信息进行利用，从而完成一次信息的传递。

11.1.2　通信媒体

所谓通信媒体就是传输媒体，前面已介绍过包括有线的和无线的，它们具有不同的物理特性。数据传输的特征和质量是由传输媒体的特征和信号的特征决定的，每一种传输媒体在带宽、延迟、成本和安装维护等方面各不相同。

1．双绞线

双绞线(Twisted Pair)由螺旋状扭结在一起的两条绝缘导线组成，线对的扭结可以有效地减少串扰。双绞线有屏蔽和非屏蔽双绞线两种类型。其中屏蔽双绞线具有较高的带宽，因成本高而较少使用，非屏蔽双绞线因成本低而流行。两对线型的接插头称为 RJ-11，四对线型的接插头称为 RJ-45。现行双绞线电缆中一般包含 4 个双绞线对，具体为橙/白橙、蓝/白蓝、绿/白绿、棕/白棕。双绞线结构如图 11-2 所示。

双绞线既可以传输模拟信号，也可以传输数字信号。对于模拟信号，双绞线的中继距离为 5～6 km。采用频分多路复用技术可进行多个音频通道的复用，每个通道的容量为 3 kHz。

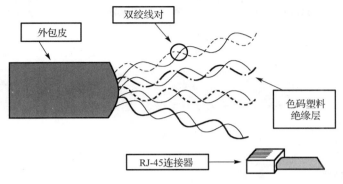

图 11-2　双绞线结构示意图

2．同轴电缆

同轴电缆（Coaxial Cable）以硬铜线为芯，外包一层绝缘材料。这层绝缘材料用密织的网状导体环绕，网外又覆盖一层保护性材料。其网状环绕导体可以将被传输的电磁信号反射回中心导体，也能屏蔽掉外界干扰信号对传输信号的影响。同轴电缆结构如图 11-3 所示。

3．光纤

光纤（Fiber Optic）是光导纤维的简称，是一种能够传导光信号的极细的传输介质。光纤由纤芯、覆层和保护层三个部分构成，如图 11-4 所示。纤芯为光通路，由纯净的玻璃和塑胶材料制成，每一路光纤包括两根，一根接收，一根发送。覆层包围着纤芯，由多层反射玻璃纤维构成，光密度比纤芯部分低，可将光线反射到纤芯上。保护层起保护和提供光纤强度的作用，防止光纤受到弯曲、外拉、折断和温度等的影响。

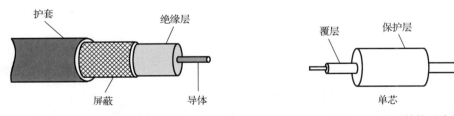

图 11-3　同轴电缆结构示意图　　　　　　图 11-4　光纤结构示意图

与同轴电缆比较，光纤可提供极宽的频带且功率损耗小、传输距离长（2 km 以上）、传输率高（可达数千 Mbps）、抗干扰性强（不会受到电子监听），是构建安全性网络的理想选择。

4．无线通信

无论使用双绞线、同轴电缆还是光纤作为通信媒体，都要在通信设备之间建立物理连接。而无线通信媒体都不需要架设或铺埋电缆或光纤，而是通过大气进行传输，目前主要有三种技术：微波技术、红外线技术、激光技术。无线通信已广泛用于电话领域构成蜂窝式无线电话网。由于便携式计算机的出现以及在军事、野外等特殊场合下移动式通信联网的需要，促进了数字化无线通信的发展。

卫星传输是微波传输的一种，也需通过在地球上空的同步地球卫星作中继来转发微波信号，才可以克服地面微波传输距离的限制，如图 11-5 所示。

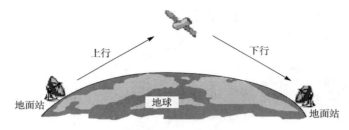

图 11-5　卫星通信

11.1.3　数据传输模式

传输模式（Transmission Mode）是指比特串从一台设备传送到另一台设备的方式，包括串行、并行、同步、异步、单工和双工通信。

1．串行和并行通信

串行通信（Serial Communication，也称串行传输，Serial Transmission）是指代表数据字符的比特在单个通信信道上，以每次一个比特的方式顺次地传输，即利用一条线路逐个传送比特的传输方式，如图 11-6(a) 所示。

并行通信（Parallel Communication，也称并行传输，Parallel Transmission）是指表示数据字符的所有比特在各个单独的信道上同时传输，即每个比特使用一条独立的线路，同时可以传输多个比特，这些线路通常被捆扎在一条电缆里，如图 11-6(b) 所示。

(a) 串行通信：一次传输一个比特　　　　(b) 并行传输：一次传输 8 个比特

图 11-6　串行和并行通信的传输方式

和并行传输相比，串行传输使用的线路少，因此价格较低，并且长距离传输更加可靠。

并行传输的应用很多，但因为使用多条导线，线路昂贵，所以并不适合长距离通信，而主要用于两个短距离设备之间的通信。例如，主机和打印机、显示器、硬盘等外围设备的连接等。并行传输的传输速度非常快。

由于新的高速度的信号传输技术的出现，串行通信中的速度问题正在解决。通用串行总线（Universal Serial Bus，USB）提供了多兆比特的串行接口，能够满足代 PC 机对并行端口的需要。

2．同步和异步通信

所谓同步，就是要求数据在传输时的定时与在接收时的定时在时间上基本保持一致，即发送和接收节点彼此间"处于同步(in sync)"状态。同步通信(Synchronous Communication)对比特流分组，它不是单独地发送每个字符，而是将多个字符组合成一个大的组一起发送。每一个组合称为一个数据帧，简称帧(Frame)。

异步通信(Asynchronous Communication)通过使用特殊的开始和停止比特封装的数据流(称为信元)来实现。键盘和计算机的通信是一个异步传输的例子，用户每一次按键就发送一个字符对应的一个比特串(即字符的编码，如 ASCII 码)。由于按键的速度是不确定的，因此内部硬件必须能够在任何时刻接收输入的字符。为此，异步通信通过"开始比特"通知接收方数据已经到达了，这就给了接收方响应、接收和缓存数据比特的时间。"终止比特"表示一次传输的结束，它在传输一个信元后出现。

3. 单工和双工通信

串行、并行、同步、异步通信表示不同的数据传送技术，而实现这些技术的特定类型的电路有单工、半双工和全双工。这些数据传送方式规定了发送和接收节点在传送数据时所遵循的协议。

单工通信(Simplex Communication)是指数据传输是单方向的，一个设备承担发送者的角色，另一个承担接收者的角色，而且两者不能颠倒。例如，电视传输。

半双工通信(Half-duplex Communication)是指双方可以互相通信，但是同一时间不能进行发送和接收数据的操作，发送和接收数据必须轮流进行，即每次仅在一个方向传输。例如，使用无线对讲机通信。

全双工通信(Full-duplex Communication)是指传输的双方可以同时对数据进行发送和接收，即在两者之间的传输通道中，允许两个方向的数据流动。例如，使用电话通信。

11.1.4　通信信道的速度和容量

所谓通信信道的速度表示数据速率，即数据从一个节点多快到达另一个节点；容量表示通信信道所能承载的数据总量。下面我们就来讨论关于信道的速度和容量的一些概念。

1. 带宽和数据速率

在模拟通信中，带宽(Bandwidth)指通信信道的总容量。它是指在信道上能够承载的最高频率和最低频率的差值。带宽越大，在给定频率范围内能够承载的信号就越多。

在数字通信中，带宽指数据速率(Data Rate)，表示在给定的时期内在通信媒体上可以传输的数据总量。数据速率以比特每秒(bit/s)为单位，不同类型信道的数据速率变化很大。例如，局域网的数据速率范围从 4×10^6 bit/s 到 1000 Mbit/s(称为兆比特每秒，Mbit/s)；使用调制解调器的拨号连接的带宽范围从 300 bit/s 到 33 600 bit/s 或 56 000 bit/s(即 33.6 bit/s～56 kbit/s)；使用广域网的带宽范围从 1.5 Mbit/s 到 622 Mbit/s，甚至更高。

2. 吞吐量

吞吐量(Throughput)是一个容易与带宽相混淆的概念。带宽代表以比特每秒表示的通信信道的理论容量，而吞吐量是指通信信道实际的数据传输速率。通信信道在实际传输时其数据传输总量会受到许多外部因素的影响，比如节点的处理能力、输入/输出处理器的速度、操作系统的开销、通信软件的开销、给定时间网络上的业务量等。

总之，带宽是信道的理论容量的量度，描述了信道能够支持的数据总量；而吞吐量则表示信道实际能够达到的容量。

11.2 数据库技术

11.2.1 数据管理技术及其发展

数据管理技术经历了人工管理、文件系统和数据库系统三个阶段。

1．人工管理阶段

该阶段处在 20 世纪 50 年代中期以前，当时计算机主要用于科学计算，其他工作还没有展开。当时的硬件状况是，外存只有纸带、卡片、磁带，没有磁盘等直接存取的存储设备。软件状况是，没有操作系统，没有管理数据的软件，数据处理的方式基本上是批处理。这个时期的数据管理具有以下特点：

（1）数据不保存；

（2）数据由应用程序管理；

（3）数据不共享；

（4）数据不具有独立性。

2．文件系统阶段

20 世纪 50 年代后期到 60 年代中期，随着数据量的增加，数据的存储、检索和维护等成为迫切需要解决的问题，数据结构和数据管理技术迅速发展起来。此时，计算机硬件方面有了磁盘、磁鼓等直接存取的外部存储设备；而软件中出现了操作系统和高级语言。操作系统中有了专门进行数据管理的软件，称为文件系统。处理方式上不仅有了批处理，而且能够联机实时处理。

在文件管理阶段，文件系统为应用程序和数据之间提供了一个公共接口，使应用程序采用统一的存取方法来操作数据，应用程序和数据之间不再是直接的对应关系。

3．数据库系统阶段

20 世纪 60 年代以来，计算机用于管理的规模越来越大，应用越来越广泛，数据量急剧增加，对数据共享的要求越来越迫切；同时，大容量磁盘已经出现，联机实时处理业务增多；软件价格在系统中的比重日益上升，硬件价格大幅下降，编制和维护应用软件所需的成本相对增加。在这种情况下，为了解决多用户、多应用共享数据的需求，使数据为尽可能多的应用程序服务，数据库技术应运而生，出现了统一管理数据的专门软件系统——数据库管理系统（DataBase Management System，DBMS）。

数据库技术的出现主要是为了克服文件管理系统在管理数据上的诸多缺陷，满足人们对数据管理的需要。与文件系统相比，应用程序不再直接访问数据文件，而是通过数据库管理系统来访问数据；数据文件也不再被应用程序管理，而由数据库管理系统统一管理。

4．数据库发展新技术

数据库技术发展之快、应用之广是计算机科学及其他领域的技术无可比拟的。随着数据库应用领域的不断扩大和信息量的急剧增长，占主导地位的关系数据库系统已不能满足新的应用领域的需求，如 CAD（计算机辅助设计）/CAM（计算机辅助制造）、CIMS（计算机集成制造系统）、GIS（地理信息系统）、MIS（管理信息系统）、KBS（知识库系统）等，都需要数据库新技术的支持。这些新应用领域的特点是：存储和处理的对象复杂，对象间的联系具有复杂的语义信息；需要复杂的数据类型支持；需要常驻内存的对象管理以及支持对大量对象的存取和计算。这些需求是传统关系数据库系统难以满足的。

自 20 世纪 60 年代中期以来，数据库技术与其他领域的技术相结合，出现了数据库的许多新的分支，例如，与网络技术相结合出现了网络数据库；与分布处理技术相结合出现了分布式数据库；与面向对象技术相结合出现了面向对象数据库；与人工智能技术相结合出现了知识库；与并行处理技术相结合出现了并行数据库；与多媒体技术相结合出现了多媒体数据库。

5．数据仓库

随着数据库应用规模、范围和深度的不断扩大，一般的事务处理已不能满足应用的需要，企业界需要在大量信息数据基础上的决策支持（Decision Support，DS）。数据仓库（Data Warehousing，DW）技术的兴起满足了这一需要。

数据仓库技术是目前数据处理中发展十分迅速的一个分支。所谓"数据仓库"，就是一种长期数据存储，这些数据来自于多个异种数据源。通过数据仓库提供的联机分析处理（OLAP）工具，实现各种粒度的多维数据分析，以便向管理决策者提供支持。数据仓库系统允许将各种应用系统集成在一起，为统一的历史数据分析提供坚实的平台，对信息处理进行支持。

数据仓库可以提供对企业数据的方便访问和强大的分析工具，从企业数据中获得有价值的信息，发掘企业的竞争优势，提高企业的运营效率，指导企业决策。数据仓库作为决策支持系统（Decision Support System，DSS）的有效解决方案，涉及三方面的技术内容：数据仓库技术、联机分析处理（On-Line Analysis Processing，OLAP）技术和数据挖掘（Data Mining，DM）技术。

11.2.2　数据库系统的组成

数据库系统是由数据库、支持数据库运行的硬件、数据库管理系统、应用程序、数据库管理员和用户组成，如图 11-7 所示。

1．数据库

数据库是长期存储在计算机存储介质上、有一定组织形式、可共享的数据集合。针对应用的需要进行收集并抽取大量数据，经过加工处理后保存在数据库中。数据库中的数据按一定的数据

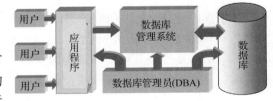

图 11-7　数据库系统的组成

模型组织、描述进行存储，具有较小的冗余度、较高的数据独立性和易扩展性，并为各种用户共享。数据库中的数据由数据库管理系统进行统一管理和控制，用户对数据库进行的各种操作都是通过数据库管理系统实现的。

2．支持数据库运行的硬件

硬件是数据库赖以存在的物理设备，包括 CPU、存储器和其他外部设备等。数据库系统

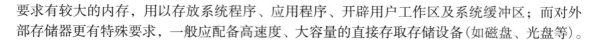

要求有较大的内存，用以存放系统程序、应用程序、开辟用户工作区及系统缓冲区；而对外部存储器更有特殊要求，一般应配备高速度、大容量的直接存取存储设备（如磁盘、光盘等）。

3．数据库管理系统

数据库管理系统（DBMS）是介于用户和操作系统之间的一层数据管理软件，属于系统软件。它由计算机软件生产厂家按商品软件出版，如 ORACLE 公司的 Oracle 系统、SYBASE 公司的 Sybase 系统、Microsoft 公司的 SQL Server 系统以及 MySQL 等。

数据库管理系统为数据库的建立、运行和维护提供了统一的管理和控制。用户通过数据库管理系统定义数据和操纵数据，由它保证数据的安全性、完整性、并发使用及发生故障后的系统恢复。数据库管理系统是数据库系统的核心，其功能的强弱是衡量数据库系统性能优劣的主要指标。

4．应用程序

一个数据库应用可分为客户端应用程序和服务端应用程序两类。客户端应用程序运行在客户端计算机上，实现用户的业务逻辑，通过客户端应用程序界面，用户可以发出不同的请求给服务器端，由服务器端程序完成各种各样的操作。服务器端应用程序运行在数据库服务器上，是真正存储和操纵数据的，它接收用户程序的请求，对数据进行不同的操作。一般情况下，客户端和服务器端的程序通过标准 SQL 语言通信。

客户端应用程序根据使用者的不同，可以分成两类：一类是供数据库管理员使用，提供强大的图形界面和命令以便管理员最大限度地维护数据库的运转；另一类为程序开发人员使用，提供一整套完整的用户接口界面让开发人员通过程序实现操纵数据的目的，这些程序最终将提交给用户使用，即通常所讲的应用程序。

数据库应用程序主要完成用户的业务逻辑，被安装在用户的计算机上。应用程序和数据库管理系统一起完成用户的业务处理。在这个应用中，数据库管理系统负责数据的管理，提供数据共享功能，因此多个应用程序可以同时使用同一个数据库。应用程序使用数据库是通过 DBMS 实现的。

5．数据库管理员

数据库的建立、使用和维护工作等只靠一个 DBMS 远远不够，还要由专门的人员来完成。大型数据库通常由专业人员设计，还要配上专职数据库管理员（Data Base Administrator，DBA）。DBA 是控制数据整体结构的一组人员，负责数据库系统（Data Base System，DBS）的正常运行，承担创建、监控和维护数据库结构的责任。

6．用户

按照应用数据库系统的方式不同，可以分为数据库开发人员和终端用户。数据库开发人员包括系统分析员、数据库设计人员和应用程序员。

11.2.3　数据库系统的体系结构

为了有效地组织和管理数据，提高数据库的逻辑独立性和物理独立性，美国 ANSI/SPARC（美国国家标准化组织/标准规划与需求委员会）数据库管理系统研究小组于 1975 年、1978 年提出了标准化的建议，将数据库体系结构分为三级：面向用户或应用程序员的用户级(外部级)、面向建立和维护数据库人员的概念级和面向系统程序员的物理级(内部级)。用户级对应外模式,概念级对应模式,物理级对应内模式,使不同级别的用户对数据库形成不同的视图。所谓"视图"是指观察、认识和理解数据的范围、角度和方法,即视图就是数据库在用户"眼中"的反映。显然不同层次(级别)的用户所"看到"的数据库是不相同的。数据库系统的体系结构如图 11-8 所示。

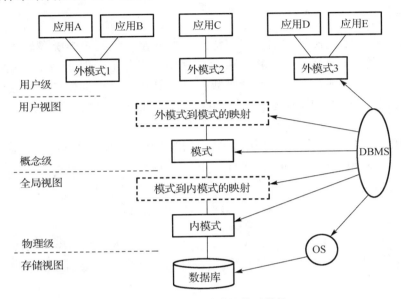

图 11-8　数据库系统的体系结构

1．模式

模式又称概念模式或逻辑模式,对应于概念级。它是由数据库设计者综合所有用户的数据,按照统一的观点构造的全局逻辑结构,是对数据库中全部数据的逻辑结构和特征的总体描述,是所有用户的全局视图。

模式是数据库系统结构的中间层,既不涉及数据的物理存储细节和硬件环境,也与具体的应用程序无关。一个数据库只有一个模式。定义模式时不仅要定义数据的逻辑结构,例如,数据记录由哪些数据项构成,数据项的名称、类型等,还要定义数据之间的联系。数据库管理系统提供数据模式描述语言(模式 DDL)来描述、定义模式,反映了数据库系统的整体观。

2．外模式

外模式又称子模式或用户模式,对应于用户级。它是数据库用户(包括程序员和终端用户)所看到和使用的局部数据的逻辑结构和特征的描述,是数据库的用户视图。

外模式是从模式中导出的一个子集,一个数据库可以有多个外模式。针对不同用户需求,其外模式可以是不同的。用户可以通过外模式描述语言(外模式 DDL)来描述、定义对应于用户的数据记录(外模式),也可以利用数据操纵语言(DML)对这些数据记录进行操作。外模式反映了数据库的用户观。

3．内模式

内模式又称存储模式,对应于物理级。它是数据库中全体数据的内部表示或底层描述,是数据库最低一级的逻辑描述，它描述了数据在存储介质上的存储方式和物理结构，对应着实际存储在外存储介质上的数据库，是数据库的存储视图。例如，记录的存储方式是顺序存储还是按照 B 树结构存储；数据是否压缩存储，是否加密等。

一个数据库只有一个内模式。内模式由内模式描述语言（内模式 DDL）来描述、定义，它反映了数据库的存储观。

4．二级映射

数据库系统的三级模式是数据在三个级别上的抽象，使用户能够逻辑地、抽象地处理数据而不必关心数据在计算机中的物理表示和存储。实际上，对于一个数据库系统而言，只有物理级数据库是客观存在的，概念级数据库只是物理级数据库的一种逻辑的、抽象的描述（即模式），用户级数据库则是用户与数据库的接口，它是概念级数据库的一个子集（外模式）。

为了能够在内部实现这三个抽象层次的联系和转换，数据库管理系统在这三级模式之间提供了两层映射：外模式—模式映射，模式—内模式映射。

11.3 网 页 技 术

随着计算机互联网技术的发展，Internet 在人们的生活、学习和工作中的位置越来越重要。越来越多的人开始学习网页设计，在学习网页设计前应当首先了解一些基本概念。

11.3.1 相关概念

1．网页

网页（Page）是 Internet 的基本信息单位，一般网页上都会有文本和图片等信息，而复杂一些的网页上还会有声音、视频、动画等多媒体内容。进入网站看到的是网站的主页，主页集成了指向二级页面以及其他网站的链接，浏览者进入主页后可以浏览最近更新的消息，找到感兴趣的主题，通过单击超链接跳转到其他网页或其他网站。

2．网站

网站（Website），是有独立域名、独立存放空间的内容集合，这些内容可能是网页，也可能是程序或其他文件，不一定要有很多网页，主要有独立域名和空间，哪怕只有一个页面也可以称为网站。网站是由域名和网站空间构成的。衡量一个网站的性能通常从网站空间大小、网站位置、网站速度、网站软件配置和网站提供的服务等几个方面考量。

3．域名和空间

从技术角度来看，域名是在 Internet 上用于解决 IP 地址对应的一种方法。一个完整的域名由两个或两个以上部分组成，各部分之间用英文的句号"．"来分隔，最后一个"．"的右边部分称为顶级域名，最后一个"．"的左边部分称为二级域名，二级域名的左边部分称为三级域名，以此类推，每一级的域名控制它下一级域名的分配。

从商业角度来看，域名是"企业的网上商标"。企业都非常重视自己的商标，而作为网上商标的域名，其重要性和其价值也已被全世界的企业所认识。从树立企业形象的角度看，域

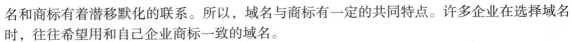

名和商标有着潜移默化的联系。所以，域名与商标有一定的共同特点。许多企业在选择域名时，往往希望用和自己企业商标一致的域名。

从域名价值角度来看，域名是互联网上最基础的东西，也是一个稀有的全球资源，无论是做电子商务，还是在网上开展其他活动，都要从域名开始。

空间就是放置网站文件的计算机的硬盘空间，不是在本地计算机上，而是在网络服务供应商提供的服务器上，浏览者可以在网络上访问这台计算机上放置的网页文件。

11.3.2　网页的基本构成元素

网页是构成网站的基本元素。不同性质的网站，其页面元素是不同的。一般网页的基本元素包括 LOGO、Banner（网幅图像广告）、导航栏、文本、图像、Flash 动画和多媒体。

1．网站 LOGO

网站 LOGO，也叫网站标志，它是一个站点的象征，也是一个站点是否正规的标志之一。一个好的标志可以很好地树立公司形象。成功的网站标志有着独特的形象标识，在网站的推广和宣传中起到事半功倍的效果。网站标志应体现该网站的特色及其内在的文化内涵和理念。

2．网站 Banner

Banner 是一种网络广告形式，是一种以 GIF、JPG 等格式建立的图像文件，在网页中，大多用来表现网络广告内容。Banner 广告一般是放在网页的顶部位置，在用户浏览网页信息时，吸引用户关注广告信息。

Banner 广告有多种规格，其中最常用的是 486×60 像素的标准广告。Banner 广告有多种不同的形式，如横幅广告、全幅广告、条幅广告、旗帜广告等，通常是以 GIF、JPG 等格式建立的图像文件或 Flash 文件。

3．导航栏

导航栏既是网页设计中的重要部分，又是整个网站设计中的一个较独立的部分。一般来说，网站中的导航栏位置在各个页面中出现的位置是比较固定的，而且风格也较为一致。导航栏的位置对网站的结构与各个页面的整体布局起到举足轻重的作用。

导航栏的位置一般有四种常见的显示位置：在页面的左侧、右侧、顶部和底部。有的在同一个页面中运用了多种导航栏，如有的在顶部设置了主菜单，而在页面的左侧设置了折叠式菜单，同时又在页面的底部设置了多种超链接，这样便增强了网站的可访问性。当然，并不是导航栏在页面中出现的次数越多越好，而是要合理地运用页面达到总体的协调一致。

4．文本

文字一直是人类最重要的信息载体与交流工具，网页中的文字（除网页图像中的文字）也称为文本，网页中的信息以文本为主。与图像相比，文字虽然不如图像那样易于吸引浏览者的注意，但却能准确地表达信息的内容和含义。

为了克服文字固有的缺点，人们赋予了网页中文本更多的属性，如字体、字号和颜色等，通过不同格式的区别，突出显示重要的内容。

5．图像

图像在网页中具有提供信息、展示形象、美化网页、表达个人情趣和风格的作用。可以

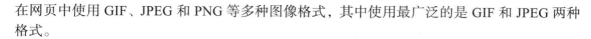

在网页中使用 GIF、JPEG 和 PNG 等多种图像格式，其中使用最广泛的是 GIF 和 JPEG 两种格式。

6．Flash 动画

随着 Internet 技术的发展，网页上出现了越来越多的 Flash 动画。Flash 动画已经成为当今网站不可缺少的部分，美观的动画能够为网页增色，从而吸引更多的浏览者。制作 Flash 动画不仅需要对动画制作软件非常熟悉，更重要的是设计者需要具有独特的创意。

7．多媒体

多媒体网页元素中，除了文本、图像和 Flash 动画外，还有声音、视频等其他媒体。

声音是多媒体网页中的一个重要组成部分，可以将某些声音添加到网页中。在添加声音前，需要考虑的因素包括其用途、格式、文件大小、声音品质及浏览器差别等。不同浏览器对声音文件的处理方法有所不同，彼此之间可能不兼容。

用于网络的声音文件格式非常多，常见的有 MIDI、WAV、MP3 和 AIF 等。在使用不同格式文件时，需要加以区别。很多浏览器不用插件也可以支持 MIDI、WAV 和 AIF 格式的文件，而 MP3 和 RM 格式的声音文件则需要用专门的浏览器插件播放。

视频文件的采用使网页变得精彩而富有动感。视频文件的格式也非常多，常见的有 RM、MPEG 和 AVI 等。

11.3.3　网页设计的常用工具

设计网页时，首先要选择网页设计软件。虽然用记事本手工编写源代码也能做出网页，但这需要对编程语言相当了解，并不适合广大的网页设计爱好者。由于目前所见即所得类型的网页设计工具越来越多，使用也越来越方便，所以设计网页已经变成了一件轻松的工作。Flash、Dreamweaver、Photoshop、Fireworks 这四个软件相辅相成，是设计网页的首选工具，其中 Dreamweaver 用来排版并布局网页，Flash 用来设计精美的网页动画，Photoshop 和 Fireworks 用来处理网页中的图形图像。

1．网页编辑排版软件 Dreamweaver

Dreamweaver 是一种所见即所得的网页编辑工具，能够使网页和数据库关联起来，支持最新的 HTML 编程语言和 CSS 技术，用于对 Web 站点、Web 网页和 Web 应用程序进行设计、编码和开发。Dreamweaver 8 包含一个简洁、高效的界面，且性能也得到了改进，不仅是专业人员制作网页的首选工具，而且普及到广大网页制作爱好者中。

2．网页动画制作软件 Flash

Flash 是一款功能非常强大的交互式矢量多媒体网页制作工具，能够轻松输出各种各样的动画网页，它不需要特别繁杂的操作，而且它的动画效果、多媒体效果十分出色。

3．网页图像制作软件 Photoshop

Photoshop 是 Adobe 公司推出的图像处理软件，目前已被广泛应用于平面设计、网页设计和照片处理等领域。随着计算机技术的发展，Photoshop 已历经数次版本更新，功能越来越强大。

4．网页图像制作软件 Fireworks

Fireworks 能快速地创建网页图像，随着版本的不断升级，功能的不断加强，Fireworks 受到越来越多网页图像设计者的欢迎。Fireworks 8 中文版更是以它方便快捷的操作模式，以及在位图编辑、矢量图形处理与 GIF 动画制作功能上的优秀整合，赢得诸多好评。

使用 Fireworks 8 设计网页图像，除了对相应的页面插入图像进行调整处理外，还可以使用图像进行页面的总体布局，然后使用切片导出。也可以使用 Fireworks 8 创建图像按钮，以便达到更加精彩的效果。

11.3.4　动态网页开发技术

1．CGI 技术

CGI（Common Gateway Interface）的含义是"公共网关接口"。CGI 是一段程序，是 HTTP 服务器与其他机器上的程序进行"交谈"的一种工具，其程序须运行在网络服务器上，提供客户端 HTML 页面的接口。绝大多数的 CGI 程序被用来解释处理来自表单的输入信息，并在服务器上产生相应的处理，或将相应的信息反馈给浏览器。CGI 程序使网页具有交互功能。CGI 技术的缺点：① CGI 是进程，服务器负担重，不适合大访问量的应用；② CGI 程序有对系统读写的权力，黑客可以设法控制系统，读写系统数据；③ 难学难用，编程效率很低。

2．ASP 技术

ASP（Active Server Page）意为"动态服务器页面"，是一个 Web 服务器端的开发环境，利用它可以产生和执行动态的、互动的、高性能的 Web 服务器应用程序。ASP 采用脚本语言 VBScript（Java Script）作为自己的开发语言。ASP 是微软公司开发的代替 CGI 脚本程序的一种应用。它可以与数据库和其他程序进行交互，是一种简单、方便的编程工具。ASP 的网页文件的格式是.asp，现在常用于各种动态网站中。ASP 是一种服务器端脚本编写环境，可以用来创建和运行动态网页或 Web 应用程序。ASP 技术的缺点：① ASP 最大的缺点在于网络的安全性和可靠性；② 一般国外 Windows 空间价格相对较高；③ 数据库连接方面，ASP 使用 ADO 对数据库进行操作，会相当耗费服务器资源；④ ASP 只能用于微软的服务器产品，不能实现跨平台运行；⑤ ASP 还无法完全实现一些企业级的功能，如完全的集群、负载均衡。

3．ASP.NET 技术

ASP.NET 不仅仅是 ASP 的升级版本，而且是一种建立在通用语言上的程序架构，能被用于一台 Web 服务器来建立强大的 Web 应用程序。ASP.NET 提供了许多比现在的 Web 开发模式更强大的优势。ASP.NET 技术的优点：① 执行效率高；② 适应性强；③ 简单易学；④ 高效可管理性；⑤ 多处理器环境的可靠性。ASP.NET 的缺点：① 客户端可以禁用 Cookie；② Cookie 在每次请求或发送时都会被加载，影响传输；③ 易被攻破，不适合存储安全信息；④ 不安全，以明文的形式直接从网络传输；⑤ 加密编码增加了页面的大小，增加了网络传输的难度。

4．PHP 技术

PHP（Hypertext Preprocessor）是英文超级文本预处理语言的缩写。PHP 是一种 HTML 内嵌式的语言，是一种在服务器端执行的嵌入 HTML 文档的脚本语言，语言的风格类似于 C 语言，现在被很多的网站编程人员广泛地运用。它可以比 CGI 或者 Perl 更快速地执行动态网页。用 PHP 做出的动态页面与用其他的编程语言相比，PHP 是将程序嵌入到 HTML 文档中去执行，执行效率比完全生成 HTML 标记的 CGI 要高许多。PHP 技术的优点：① 开放的源代码；② PHP 的便捷性；③ 跨平台运行；④ 效率高；⑤ 图像处理；⑥ 面向对象；⑦ 运行速度比 ASP 解释型语言快。PHP 技术的缺点：① 运行速度受限制；② 拓展性较差；③ 不适合应用于大型电子商务网站，而更适合一些小型的商业网站；④ 提供的数据库接口支持不统一，不适合运用在电子商务中。

5. JSP 技术

JSP（Java Server Pages）是由 Sun Microsystems 公司倡导、许多公司参与一起建立的一种动态网页技术标准。JSP 技术有点类似 ASP 技术，它是在传统的网页 HTML 文件中插入 Java 程序段（Scriptlet）和 JSP 标记（Tag），从而形成 JSP 文件。JSP 技术的优点：① 一次编写，多处运行；② 系统的多平台支持；③ 强大的可伸缩性；④ 多样化和功能强大的开发工具支持。JSP 技术的缺点：① Java 的一些优势正是它致命的问题所在，正是由于为了跨平台的功能，为了极度的伸缩能力，所以极大地增加了产品的复杂性；② Java 的运行速度是用 class 常驻内存来完成的，所以它在一些情况下所使用的内存比起用户数量来说确实是"最低性能价格比"了。

由 CGI、ASP.NET、ASP、PHP、JSP 这五种技术的分析可见，每一种技术都有其优点与缺点，它们分别适用于不同需求的网站开发，掌握不同技术的人员在网站开发技术方面也会有不同的选择。

11.4 电子商务新技术及其趋势

随着计算机互联网技术的发展，Internet 在人们的生活、学习和工作中的位置越来越重要，涌现了云计算、大数据物联网以及移动互联网等一批新技术。

11.4.1 云计算

云计算（Cloud Computing），是分布式计算技术的一种，其最基本的概念，是通过网络将庞大的计算处理程序自动分拆成无数个较小的子程序，再交由多部服务器所组成的庞大系统经搜寻、计算分析之后将处理结果回传给用户。通过这项技术，网络服务提供者可以在数秒之内，达成处理数以千万计甚至亿计的信息，达到和"超级计算机"同样强大效能的网络服务。

最简单的云计算技术在网络服务中已经随处可见，例如，搜寻引擎、网络信箱等，使用者只要输入简单指令即能得到大量信息。未来如手机、GPS 等移动装置都可以通过云计算技术，发展出更多的应用服务。进一步的云计算不仅只做资料搜寻、分析的功能，未来如分析 DNA 结构、基因图谱定序、解析癌症细胞等，都可以透过这项技术轻易达成。

11.4.2 大数据

大数据（Big Data）是一个较为抽象的概念，正如信息学领域大多数新兴概念一样，大数据至今尚无确切、统一的定义。当前，较为统一的认识是大数据有四个基本特征：数据规模大

（Volume），数据种类多（Variety），数据要求处理速度快（Velocity），数据价值密度低（Value），即所谓的"四 V"特性。这些特性使得大数据区别于传统的数据概念。大数据的概念与"海量数据"不同，后者只强调数据的量，而大数据不仅用来描述数据量大，还更进一步指出数据的复杂形式、数据的快速时间特性以及对数据的分析、处理等专业化处理，最终获得有价值信息的能力。

1．数据量大

大数据聚合在一起的数据量是非常大的，根据 IDC（Internet Data Center，即互联网数据中心）的定义至少要有超过 100TB 的可供分析的数据，数据量大是大数据的基本属性。现在用户可以通过网络非常方便地获取数据，同时用户在有意的分享和无意的单击、浏览时都可以快速地提供大量数据。

2．数据类型多样

数据类型繁多、复杂多变是大数据的重要特性。当前，在数据激增的同时，新的数据类型层出不穷，已经很难用一种或几种规定的模式来表征日趋复杂、多样的数据形式，这样的数据已经不能用传统的数据库表格来整齐地排列、表示。大数据正是在这样的背景下产生的。

3．数据处理速度快

数据的快速处理，是大数据区别于传统海量数据处理的重要特性之一。大数据要求快速、持续的实时处理。对不断激增的海量数据的实时处理，是大数据与传统海量数据处理技术的关键差别之一。

4．数据价值密度低

数据价值密度低是大数据关注的非结构化数据的重要属性。为了保证对新产生的应用有足够的有效信息，通常必须保存所有数据，这样就使得一方面是数据的绝对数量激增，一方面是数据包含有效信息量的比例不断减少，数据价值密度偏低。

11.4.3　物联网

物联网（Internet of Things），国际电信联盟在 2005 年将其定义为：将各种信息传感设备，如射频识别（RFID）装置、红外感应器、传感器、全球定位系统、激光扫描器等，与互联网结合起来而形成的一个巨大网络，从而实现智能化识别和管理。目前，已经有许多局部的物联网应用网络，处于物联网发展的初级阶段。物联网与人们生活密切相关，并将推动人类生活方式的变革。

在现阶段，物联网是借助各种信息传感技术、信息传输和处理技术，使管理的对象（人或物）的状态能被感知、被识别，而形成的局部应用网络；在不远的将来，物联网是将这些局部应用网络通过互联网和通信网连接在一起，形成的人与物、物与物相联系的一个巨大网络，是感知中国、感知地球的基础设施。

11.4.4　移动互联网

移动互联网（Mobile Internet），是互联网与移动通信各自独立发展后互相融合的新兴市场，目前呈现出互联网产品移动化强于移动产品互联网化的趋势。从技术层面的定义，以宽带 IP 为技术核心，可以同时提供语音、数据和多媒体业务的开放式基础电信网络；从终端的定义，用户使用手机、上网本、笔记本电脑、平板电脑、智能本等移动终端，通过移动网络获取移动通信网络服务和互联网服务。

移动互联网的核心是互联网，因此一般认为移动互联网是桌面互联网的补充和延伸，应用和内容仍是移动互联网的根本。

移动互联网的特点可以概括为以下几点。

（1）终端移动性。移动互联网业务使得用户可以在移动状态下接入和使用互联网服务，移动的终端便于用户随身携带和随时使用。

（2）业务使用的私密性。在使用移动互联网业务时，所使用的内容和服务更私密，如手机支付业务等。

（3）终端和网络的局限性。移动互联网业务在便携的同时，也受到了来自网络能力和终端能力的限制：在网络能力方面，受到无线网络传输环境、技术能力等因素限制；在终端能力方面，受到终端大小、处理能力、电池容量等的限制。无线资源的稀缺性决定了移动互联网必须遵循按流量计费的商业模式。

（4）业务与终端、网络的强关联性。由于移动互联网业务受到了网络及终端能力的限制，因此，其业务内容和形式也需要符合特定的网络技术规格和终端类型。

近年来，电子商务新技术的发展和应用已经在很多方面得以实现，比如，WebQQ 的出现、WORD 文档在线编辑和查看以及数据的云存储，都表明了电子商务新技术的创新发展为我们的生活带来巨大的变化。未来电子商务技术将更加朝前发展，实体虚拟化不再是梦想，意识控制进入虚拟世界，端坐家中也可走遍天下，电子商务将变得更加形象生动。

本 章 小 结

本章介绍了通信技术相关的概念和数据技术的发展及系统组成，最后介绍了网页技术的相关概念和使用的工具以及当前流行的电子商务新技术。通过本章的学习，可以更好地理解电子商务的技术组成，在此基础上领会电子商务的实现原理。

复习思考题

1．简述通信系统的组成。
2．论述电子商务与大数据、云计算等新兴技术的关系。
3．练习使用 ACCESS 数据库，包括：数据库建立、表格建立、数据录入等。

第12章

电子商务安全技术

本章提要

资源共享、快速和便捷是电子商务快速发展的原因，但是，这种开放性也使电子商务面临着各种各样的安全威胁。目前，电子商务的安全问题已成为制约电子商务快速发展的主要瓶颈。本章介绍了针对电子商务安全所采用的技术。

导入案例

宜信 P2P 系统

1. 项目背景

宜信总部位于北京，目前在全国 40 多个城市有自己的营业网点，每个网点有管理人员、销售人员、服务人员，因此宜信利用自己的网点优势，结合中国的社会信用状况，推出了个人对个人(又称 P2P)的信用贷款服务平台，为借款人和出借人提供借款服务。

为了保障相关电子借据、借款协议的合法合规性，宜信采用了天威诚信的托管型 CA 解决方案，从技术层面、法律层面保障 P2P 平台的安全性。

2. 项目内容

天威诚信采用国际上通用的 PKI/CA 技术，结合宜信 P2P 平台借款流程，从技术层面、法律层面、用户体验上为 P2P 提供一套完整的托管型 CA 安全解决方案，详细方案介绍如下：

(1) 出借人与宜信签署委托协议后，委托宜信签署与借款人的相关借款协议，委托协议签署后，宜信管理员登录到 CA 系统替出借人申请证书，将证书存储到宜信总部的证书管理平台统一管理；

(2) 借款人到业务网点办理借款时，先提交相关材料，宜信审核通过后，为借款人开通 P2P

系统登录账号，借款人登录 P2P 平台后，在线查看借款协议(P2P 自动调用出借人证书签署协议)，在线申请证书，并在线用证书签署协议；

(3)协议签署成功后，上传到 P2P 服务端，服务端验证后，显示协议签署成功，借款人退出系统时，向 CA 系统发送证书吊销指令，将证书吊销。整个流程如图 12-1 所示。

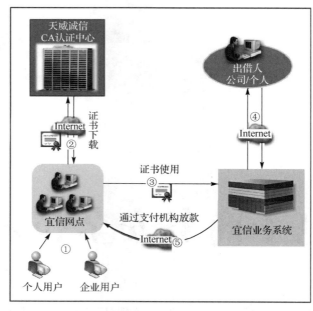

图 12-1　宜信 P2P 系统托管型 CA 安全解决方案示意图

3. 项目意义

(1)项目采用第三方托管 CA 安全解决方案，CA 系统自动签发证书，提高了工作效率；

(2)借款人和出借人方案采用软证书，不仅节省 USBkey 成本，同时借款人使用证书是一次一证，安全性比较高；

(3)方案采用数字证书和电子签章，不仅从技术和法律层面保障协议的安全性，同时实现了可视化电子签名，提高了用户体验度；

(4)方案结合宜信线下/线上借贷模式，不需要对宜信网点业务人员培训相关证书使用流程。

思考分析：

如何使用 PKI 实现 P2P 平台的安全？

12.1　电子商务的安全要素

1. 电子商务的安全要素

电子商务的安全要素大致有以下几点。

有效性：网上交易双方身份信息和交易信息真实有效。

保密性：信息在传输过程或存储中不被他人窃取。

完整性：完整性包括信息存储和传输两个方面。在存储时，防止非法篡改和破坏网站的信息；在传输时，接收端接收的信息与发送的信息完全一样，在传输过程中信息没有遭到破坏。

不可抵赖性：交易信息要提供可靠的标识，来保证信息的发送方不能否认已发送的信息，接收方不能否认已收到的信息。

审计能力：根据保密性和完整性的要求，对数据进行审计并记录审计结果。

2．电子商务的安全问题

电子商务的开放性，使它不可避免地存在各种各样的问题。从技术的角度看，目前存在的安全问题大致分为以下三种。

(1)网络安全问题：主要指由于 TCP/IP、应用层协议存在的漏洞，而引起的安全隐患，常常是黑客攻击的对象，如重放攻击、拒绝服务等。

(2)操作系统及应用程序的安全问题：主要指由于操作系统及应用程序存在的漏洞，而引起的安全隐患，如木马、各种病毒等。

(3)密码安全问题：主要采用一些密码解析技术进行密码的破译。目前，没有密码是不能破译的，只是时间问题。最常见的破译密码的技术是，采用数字字典技术，穷举可能的密码的方法，来寻找真正的密码。

12.2　密 码 技 术

1．密码技术概述

密码学是应用数学和计算机科学的一个分支。密码学包括两个分支：密码编码学和密码分析学。密码编码学主要研究信息变换，以保护信息在传输过程中不被敌手解读和利用的方法；密码分析学，主要研究如何分析和破译密码。二者相互利用，相互促进。密码学的作用有以下几点。

(1)机密性：提供只允许特定用户访问和阅读的信息，任何非授权用户对信息都不可解读和利用的服务。通过数据加密来实现。

(2)数据完整性：提供确保数据在存储和传输过程中不被未授权用户修改(篡改、删除、插入和重放等)的服务。通过数据加密、数据散列或数字签名来实现。

(3)鉴别：提供与数据和身份识别有关的服务。通过数据加密、数据散列或数字签名来实现。

(4)抗否认性：提供阻止用户否认先前的言论或行为的服务。通过对称加密或非对称加密，以及数字签名等，并借助可信的注册机构或证书机构的辅助来实现。

2．密码系统的组成

一个密码系统由明文空间、密文空间、密码方案和密钥空间组成。明文用 M(Message，消息)表示，明文的全集为明文空间；密文用 C(Cipher，密文)表示；密钥一般是一个随机序列，用 K(Key，密钥)表示。

假定 R_1 为加密密钥，R_2 为解密密钥，则 $E_{R1}(M)=C$，$D_{R2}(C)=D_{R2}(E_{R1}(M))=M$。

加密和解密算法的操作在称为密钥的元素(分别称为加密密钥和解密密钥)控制下进行。

加密信息的保密性基于算法的强度，依赖于密钥(K)的算法。

3．加密算法

加密算法主要分为两类，根据加密算法所使用的密钥是否相同，或是否能简单地由加密密钥导出解密密钥，可以将加密算法分为对称秘钥、非对称秘钥。

（1）对称密钥：使用同一密钥的加/解密，或者虽然不同，可以从其中任意密钥很容易地得知另外一个，称为对称密钥。

（2）非对称密钥：使用不同密钥的加/解密，或者从一个密钥推导出另一个密钥非常困难，称为非对称密钥。

4．AES 加密标准

AES（Advanced Encryption Standard），是 1997 年美国国家标准技术研究所确认的高级数据加密标准（AES）规范，是对称密码。采用分组密码算法，其分组长度和密钥长度相互独立，都可以改变。

在 AES 的分组密码体制中，密钥长度有 128、192 和 256 二进制三种，分组长度为 128、192 和 256 二进制三种。AES 所有的变换都是基于状态的变换。AES 是由轮函数通过多次轮迭代实现的，根据密钥长度和分组长度的不同，迭代次数不同，如表 12-1 所示。

表 12-1　轮数与密钥长度和分组长度的关系

轮数（Round）	Block　Length=128	Block　Length=192	Block　Length=256
Key　Length=128	10	12	14
Key　Length=192	12	12	14
Key　Length=256	14	14	14

初始化：将密码密钥按照一定的规则扩展成一个扩展密钥。

扩展后的密钥位的总数＝分组长度×（轮数+1）。

例如，当分组长度为 128 bits 和轮数为 10 时，轮密钥长度为 128×（10+1）=1408 bits，从扩展密钥中取出轮密钥：第一个轮密钥由扩展密钥的第一个 128 bits 组成，第二个圈密钥由接下来的 128 bits 组成，以此类推。

具体算法主要分为四个步骤，分别为 S 盒变换、行变换、列变换，与扩展密钥异或，如图 12-2 所示。

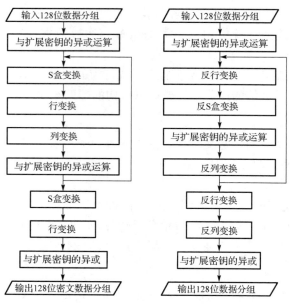

图 12-2　AES 加密/解密算法

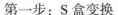

第一步：S 盒变换

ByteSubstitution 是一个非线性的字节替代，独立地在每个状态字节上进行运算。

该运算可通过查找 S 盒替换表。实现一个字节用两个十六进制数表示，高位为 x，低位为 y，这样在 S 盒替换表找出该字节替换后的字节。

第二步：行变换（ShiftRow）。

在行变换中，状态阵列的后 3 行循环移位不同的偏移量。第 1 行循环移位 C1 字节，第 2 行循环移位 C2 字节，第 3 行循环移位 C3 字节。

偏移量 C1、C2、C3 与分组长度 Nb 有关，如表 12-2 所示。

表 12-2　循环移位字节与分组长度

分组长度	C1	C2	C3
128	1	2	3
192	1	2	3
256	1	3	4

第三步：列变换（MixColumn）。

列变换就是从状态中取出一列，表示成多项式的形式，再乘以一个固定的多项式，取模运算后得到新的一列。AES 运算中，要求固定的多项式必须可逆。

第四步：轮密钥异或（AddRoundKey）。

将轮密钥与状态按比特异或。轮密钥是通过 Key Schedule 过程从密码密钥中得到的，轮密钥长度等于分组长度。

AES 解密算法是加密算法的逆运算。

5. 非对称密钥

非对称加密算法需要两个密钥：公钥（Publickey）和私钥（Privatekey），它们既可作加密密钥，也可作解密密钥。公钥与私钥是一对，如果用公钥对数据进行加密，只有用对应的私钥才能解密；如果用私钥对数据进行加密，那么只有用对应的公钥才能解密。因为加密和解密使用的是两个不同的密钥，攻击者想由公钥得到私钥的计算是不可行的，所以这种算法叫做非对称加密算法。 每个用户都可以得到其他所有用户的公钥，而用户的私钥则由用户严格保存。

1）欧拉定理（Euler）

RSA 采用的欧拉定理，它的安全性依赖于大数分解。公钥和私钥都是两个大素数（大于 100 个十进制位）的函数。据猜测，从一个密钥和密文推断出明文的难度等同于分解大整数为两个大素数。当大整数为 200 位时，素数分解需要 10^8 年。

欧拉定理：

设 x 和 n 都是正整数，若 $\gcd(x, n) = 1$（x, n 互质），则有 $x^{\varphi(n)}(\bmod n) = 1$。其中：$\varphi(n) = \{x \mid 0 \leqslant x \leqslant n-1, \gcd(x,n) = 1\}$

2）非对称密钥的密钥计算

① 选择两个大素数 p 和 q（秘密），计算：$n = p*q$，n 是公开的，计算 n 的欧拉函数 $\varphi(n) = (p-1)*(q-1)$。

② 随机选择加密密钥 e，要求 e 和 $\varphi(n)$ 互质。利用 Euclid 算法计算解密密钥 d，满足 $e*d(\bmod \varphi(n)) = 1$。其中 n 和 d 也要互质，e 是公钥，d 是私钥，n 是公开的。

3）非对称密钥证明

证明 $x = d(e(x)) = e(d(x))$，证明如下：

因为 $d * e(\bmod \varphi(n)) = 1$，可设 $d * e = k * \varphi(n) + 1$

$d(c) = c^d (\bmod n) = (m^e)^d (\bmod n) = m^{k*\varphi(n)+1} (\bmod n) = m * m^{k*\varphi(n)} (\bmod n)$

由欧拉定理，$m^{k*\varphi(n)} (\bmod n) = 1$，所以 $d(c) = m$。

4）非对称密钥例子

（1）第一步：建立 RSA 系统。

① $p = 13$，$q = 17$，又有 $n = 13 * 17 = 221$，$\varphi(n) = 12 * 16 = 192$；

② 选取一个公钥 $e_a = 71$，求私钥 d_a，使 $d_a * e_a (\bmod 192) = 1$，得 $d_a = 119$。

（2）第二步：用户 A 和用户 B 之间建立通信。

假设用户 B 发送的消息是 $m = 5$，用户 B 使用用户 A 的公钥 71 加密 m，得到密文 $c = m^{e_a} \bmod n = 5^{71} \bmod 221 = 112$，并把 c 发送给用户 A，用户 A 接到密文，用私钥解密，$m' = c^{d_a} = 112^{119} \bmod 221 = 5 = m$。

5）非对称加密算法的特点

非对称加密算法的保密性比较好，它消除了最终用户交换密钥的需要，但加密和解密花费时间长、速度慢，它不适合对文件加密而只适合对少量数据进行加密。

6）非对称密钥的应用

非对称密钥的应用保证了数据的机密性和不可否认性。例如，假设用户 A 向用户 B 传递数据，A 首先用 B 的公钥对数据进行加密，这样保证数据不能被其他用户看见（机密性），然后用自己的私钥对数据加密，这样保证数据的不可否认性。B 接收到数据，先用 A 的公钥解密，再用自己的私钥解密，得到真正的数据。

12.3 安 全 措 施

1．病毒的防范

1994 年 2 月 18 日，我国正式颁布实施了《中华人民共和国计算机信息系统安全保护条例》（以下简称《条例》），在《条例》第二十八条中明确指出："计算机病毒，是指编制或者在计算机程序中插入的破坏计算机功能或者毁坏数据，影响计算机使用，并能自我复制的一组计算机指令或者程序代码。"

1）病毒的特点

计算机病毒的特点主要有：

① 可执行性：是一段程序代码，可以执行；

② 传染性：也叫再生机制，能够从一台计算机传播给另一台计算机；

③ 破坏性：对网络和计算机有一定的破坏能力；

④ 潜伏性：依附于其他媒体而寄生的能力；

⑤ 针对性：针对一定的操作系统、应用软件、网络协议；

⑥ 触发性：病毒程序一旦被执行，病毒就被触发；

⑦ 主动性：病毒设计者的意图就是攻击计算机系统；

⑧ 衍生性：能从一种病毒衍生出另一种病毒（变种）。

2）病毒的危害

计算机病毒的主要传播方式有软盘、光盘、硬盘、网络。计算机病毒的主要危害有：

① 病毒激发后会对计算机数据信息进行直接破坏；

② 占用磁盘空间、对信息进行破坏；

③ 抢占系统资源；

④ 影响计算机运行速度；

⑤ 计算机病毒错误与不可预见的危害；

⑥ 计算机病毒的兼容性对系统运行的影响；

⑦ 计算机病毒给用户造成严重的心理压力。

3）病毒的防范措施

目前，对病毒的防治我们必须达成以下共识：（1）不存在这样一种反病毒软硬件，能够防治未来产生的所有病毒；（2）不存在这样的病毒软件，能够让未来的所有反病毒软硬件都无法检测；（3）病毒产生在前、反病毒手段滞后将是长期的过程。所以，对病毒防护应该做到：（1）开机时打开实时监控，定时对电脑文件进行扫描；（2）经常对操作系统打补丁，对反病毒软件进行升级；（3）经常对电脑内容进行备份，一旦病毒破坏导致数据丢失，应通过备份进行修复或者通过专业公司进行灾难恢复。

2. 防火墙

防火墙是指设置在不同网络或网络安全域（公共网和企业内部网）之间的一系列部件的组合。它是不同网络（安全域）之间的唯一出入口，能根据企业的安全政策控制（允许、拒绝、监测）出入网络的信息流，且本身具有很强的抗攻击能力，是提供信息安全服务、实现网络和信息安全的基础设施。图 12-3 是防火墙系统示意图。

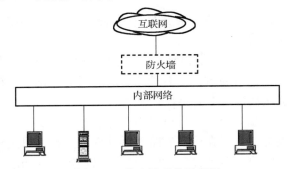

图 12-3　防火墙系统示意图

1）防火墙的作用

（1）防火墙可以保护脆弱或有缺陷的网络服务。一个防火墙能极大地提高一个内部网络的安全性，并通过过滤不安全的服务而降低风险。由于只有经过精心选择的应用协议才能通过防火墙，所以网络环境变得更安全。如防火墙可以禁止诸如众所周知的不安全的 NFS 协议进出受保护的网络，这样外部的攻击者就不可能利用这些脆弱的协议来攻击内部网络。同时，防火墙还可以保护网络免受基于路由的攻击，如 IP 选项中的源路由攻击和 ICMP 重定向中的重定向路径。防火墙可以拒绝所有以上类型攻击的报文并通知防火墙管理员。

（2）防火墙是集中化的安全管理。通过以防火墙为中心的安全方案配置，能将所有安全软件（如口令、加密、身份认证、审计等）配置在防火墙上。与将网络安全问题分散到各个主机上相比，防火墙的集中安全管理更经济。例如，在网络访问时，一次一密口令系统和其他的身份认证系统完全可以不必分散在各个主机上，而集中在防火墙一身上。

（3）防火墙可以加强对网络系统的访问控制。防火墙的主要功能是对整个网络的访问控制。比如，防火墙可以屏蔽部分主机，使外部网络无法访问，同样也可以屏蔽部分主机的特定服务，使得外部网络可以访问该主机的其他服务，但无法访问该主机的特定服务。防火墙不应向外界提供网络中任何不需要服务的访问权，这实际上是安全政策的要求了。控制对特殊站点的访问，如有些主机或服务能被外部网络访问，而有些则需被保护起来，防止不必要的访问。

（4）防火墙可以加强隐私保护。隐私是内部网络非常关心的问题。一个内部网络中不引人注意的细节可能包含了有关安全的线索而引起外部攻击者的兴趣，甚至因此而暴露了内部网络的某些安全漏洞。

使用防火墙就可以隐蔽那些透漏内部细节的服务，如 Finger、DNS 等。Finger 显示了主机的所有用户的注册名、真名、最后登录时间和使用 Shell 类型等。但是 Finger 显示的信息非常容易被攻击者获悉。攻击者可以知道一个系统使用的频繁程度，这个系统是否有用户正在连线上网，这个系统是否在被攻击时引起注意等。同样，防火墙可以拦截有关内部网络中的 DNS 信息，这样一台主机的域名和 IP 地址就不会被外界所了解。

（5）防火墙可以对网络存取和访问进行监控审计。如果所有的访问都经过防火墙，那么，防火墙就能记录下这些访问并做出日志记录，同时也能提供网络使用情况的统计数据。当发生可疑动作时，防火墙能进行适当的报警，并提供网络是否受到监测或攻击的详细信息。另外，收集一个网络的使用和误用情况是非常重要的，这样可以清楚防火墙是否能够抵挡攻击者的探测和攻击，并且清楚防火墙的控制是否充足。

2）防火墙的分类

防火墙技术可根据防范的方式和侧重点的不同而分为很多种类型，但总体来讲可分为两大类：包过滤防火墙和代理防火墙。

（1）包过滤防火墙，作用在网络层和传输层，它根据包头源地址、目的地址端口号和协议类型等标志确定是否允许数据包通过。只有满足过滤逻辑的数据包才被转发到相应的目的地出口端，其余数据包则被从数据流中丢弃。

它的优点：透明的防火墙系统，用户可以不考虑它是如何实现的，不需要对用户进行专门的培训；高速的网络性能，可以在标准的路由器软件上实行，只是执行简单的规则匹配，对路由器的性能几乎没有影响；支持网络内部隐藏，只需制定抛弃访问内部的 IP 地址的 IP 包，就可以实现对网络内部的屏蔽。缺点：设计和配置一个真正安全的分组过滤规则比较困难。因为管理员需要对各种网络服务、数据包的报头格式以及报头中每个字段特定的取值理解得非常透彻。过滤规则集太长，会难以管理和理解，没有办法进行安全验证，容易产生安全漏洞；包过滤防火墙并不能过滤所有的协议，不能对所有的应用协议完全控制。它虽然可以拒绝或允许某种应用层协议，但是，无法理解特定应用层协议的上下内容和数据，所以病毒可以利用应用层协议的漏洞，穿过防火墙，对内部的服务器进行攻击。

（2）代理防火墙，也叫应用网关（Application Gateway），它作用在应用层，其特点是完全"阻隔"了网络通信流，通过对每种应用服务编制专门的代理程序，实现监视和控制应用层通信流的作用。实际中的应用网关通常由专用代理服务器来实现。

所谓代理服务器，是指代表客户处理在服务器连接请求的程序。当代理服务器得到一个客户的连接意图时，它们将核实客户请求，并经过特定的安全化的 Proxy 应用程序处理连接请求，将处理后的请求传递到真实的服务器上，然后接收服务器应答，并做进一步处理后，将答复交给发出请求的最终客户。代理服务器在外部网络向内部网络申请服务时发挥了中间转接的作用。

它的优点：安全性能高，由于每一个内外网络之间的连接都要通过 Proxy 的介入和转换，通过专门为特定的服务如 HTTP 编写的安全化的应用程序进行处理，然后由防火墙本身提交请求和应答，没有给内外网络的计算机以任何直接对话的机会，从而避免了入侵者使用数据驱动类型的攻击方式入侵内部网；应用层所有通过防火墙的信息流可以被记录下来，网络连接建立之前可以对用户身份进行认证；应用层防火墙比包过滤防火墙易于管理和配置。缺点：速度相对比较慢，当用户对内外网络网关的吞吐量要求比较高时(比如要求达到 75 ~ 100 Mbps 时)，代理防火墙就会成为内外网络之间的瓶颈，所幸的是，目前用户接入 Internet 的速度一般都远低于这个数字；代理是专用，不同应用层协议采用不同的代理软件。

3) 防火墙的新发展

基于以上两种防火墙，又出现了许多新的技术，如安全认证防火墙、防病毒防火墙、多级过滤防火墙、自适应防火墙等。防火墙技术将不断向高度安全、高度透明化的方向发展。

3. 公开密钥体系

公开密钥体系(Public Key Infrastructure，PKI)，是一个用非对称密码算法原理和技术来实现并提供安全服务的具有通用性的安全基础设施，能够为所有网络应用提供采用加密和数字签名等密码服务所需要的密钥和证书管理。

1) PKI 的组成

① 认证机构 CA：证书的签发机构，它是 PKI 的核心，是 PKI 应用中权威的、可信任的、公正的第三方机构。

② 注册机构 RA：注册功能也可以由 CA 直接实现，但随着用户的增加，多个 RA 可以分担 CA 的功能，增强可扩展性，应注意的是 RA 不容许颁发证书或证书作废列表(Certification Revocation List，CRL)。

③ 证书库：证书的集中存放地，提供公众查询、常用目录服务器服务，采用 LDAP 目录访问协议。

④ 密钥备份及恢复系统。

⑤ 签名密钥对：签名密钥相当于日常生活中的印章效力，为保证其唯一性，签名密钥不做备份。签名密钥的生命期较长。

⑥ 加密密钥对：加密密钥通常用于分发会话密钥，为防止密钥丢失时丢失数据，解密密钥应进行备份。这种密钥应频繁更换。

⑦ 证书作废处理系统：证书由于某种原因需要作废，终止使用，这将通过 CRL 来完成。

⑧ 自动密钥更新：无须用户干预，当证书失效日期到来时，自动启动更新过程，生成新的证书。

⑨ 密钥历史档案：由于密钥更新，每个用户都会拥有多个旧证书和至少一个当前证书，这一系列证书及相应私钥(除签名私钥)组成了密钥历史档案。

⑩ PKI 应用接口系统：为各种各样的应用提供安全、一致、可信任的方式与 PKI 交互，确保所建立起来的网络环境安全可信，并降低管理成本。

2)PKI 的特点

① 节省费用：在一个大型的组织中，实施统一的安全解决方案比实施多个解决方案要节省费用。

② 互操作性：在一个企业中如果实施多个方案，无法实现互操作性。

③ 开放性：不同企业、行业需要进行电子交易，因此需要开放的、可互操作的方案，PKI 提供了一致的解决方案。

④ 可验证性：可由第三方机构(如 CA)验证操作和交互是否正确。而独立的解决方案，每个都要进行测试，各方案之间的交互很难进行大规模的、全面的测试。

⑤ 可选择性：这里的可选择性是指基础设施的提供者可选择。提供者可以是一个企业的特设机构，也可以从社会上的候选者中选择。它取决于提供者的专业水平、价格、服务功能、名望、公正性、长远稳定性等因素。

3)证书的结构

数字证书是各类实体(持卡人/个人、商户/企业、网关/银行等)在网上进行信息交流及商务活动的身份证明，在电子交易的各个环节，交易的各方都需验证对方证书的有效性，从而解决相互间的信任问题。证书是一个经证书认证中心数字签名的包含公开密钥拥有者信息以及公开密钥的文件。简单地说，数字证书是一段包含用户身份信息、用户公钥信息以及认证机构名、认证机构的数字签名的文件。其中，认证机构的数字签名可以确保证书信息的真实性。证书格式及证书内容遵循 X.509 标准。

4)数字信封

数字信封就是信息发送端用接收端的公钥，将一个通信密钥(即对称密钥)给予加密，生成一个数字信封，然后接收端用自己的私钥打开数字信封，获取该对称密钥 SK，用它来解读收到的信息。以下是数字信封在发送端和接收端的具体实现过程。

发送方执行步骤如图 12-4 所示。

(1)将要传输的信息经散列函数(Hash Fuction，Hash)后，得到一个数据摘要 MD，MD=hash(信息)。

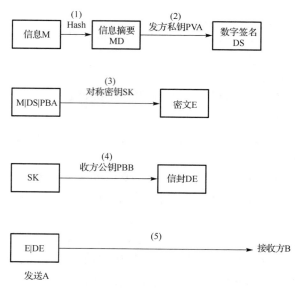

图 12-4 发送方执行步骤

(2)发送方 A 用自己的私钥 PVA 对数据摘要 MD 进行加密，得到 A 的数字签名 DS。

(3)发送方 A 将信息明文、数字签名和它的证书上的公钥三项信息，通过对称算法，用对称密钥 SK 进行加密，得到密文 E。

(4)发送方在发送信息之前，必须事先得到接收方 B 的证书公钥 PBB，用 PBB 加密 SK，形成一个数字信封 DE。

(5)E+DE 就是将密文与数字信封连接起来，即 A 所发送的内容。

接收方执行步骤如图 12-5 所示。

(1)接收方 B 用自己的私钥 PVB 解密数字信封 DE，获取对称加密密钥 SK。

(2)接收方 B 用 SK 将密文 E 解密还原成信息明文、数字签名 DS 和 A 的证书公钥 PBA。

(3)B 将数字签名用 A 的公钥 PBA 进行解密，得到信息摘要 MD。

(4)B 再将已收到的信息明文，用同样的 Hash 函数计算，得到信息摘要 MD′。

(5)比较 MD 与 MD′，若相等，则接收。

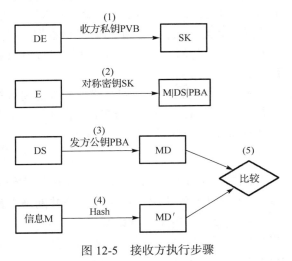

图 12-5 接收方执行步骤

4．SSL 协议

SSL 是指使用公钥和私钥技术组合的安全网络通信协议。SSL 协议指定了一种在应用程序协议(如 HTTP、Telenet、NMTP 和 FTP 等)和 TCP/IP 协议之间提供数据安全性分层的机制。它为 TCP/IP 连接提供数据加密、服务器认证、消息完整性以及可选的客户机认证，主要用于提高应用程序之间数据的安全性，对传送的数据进行加密和隐藏，确保数据在传送中不被改变，即确保数据的完整性。

1)SSL 协议的目标

SSL 以对称密码技术和公开密码技术相结合，可以实现如下三个目标。

① 秘密性。SSL 客户机和服务器之间传送的数据都经过了加密处理，网络中的非法窃听者所获取的信息都将是无意义的密文信息。

② 完整性。SSL 利用密码算法和散列函数(Hash)，通过对传输信息特征值的提取来保证信息的完整性，确保要传输的信息全部到达目的地，避免服务器和客户机之间的信息受到破坏。

③ 认证性。利用证书技术和可信的第三方认证，可以让客户机和服务器相互识别对方的

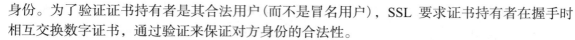

身份。为了验证证书持有者是其合法用户（而不是冒名用户），SSL 要求证书持有者在握手时相互交换数字证书，通过验证来保证对方身份的合法性。

2）SSL 协议的组成

SSL 协议分为两层：底层和上层。底层有 SSL 记录协议；上层包括：SSL 握手协议、SSL 密码变化协议、SSL 警告协议。

① SSL 记录协议。它建立在可靠的传输协议（如 TCP）之上，提供连接安全性，有两个特点：保密性，使用了对称加密算法；完整性，使用 HMAC 算法，用来封装高层的协议。

② SSL 握手协议。SSL 基于会话安全。通过 SSL 握手协议创建 Session，它确定了一组密码算法的参数。Session 可以被多个连接共享，从而可以避免为每个连接协商新的安全参数而带来昂贵的开销。客户机和服务器之间相互认证，协商加密算法和密钥，提供连接安全性。它有三个特点：身份认证，至少对一方实现认证，也可以是双向认证；协商得到的共享密钥是安全的，中间人无法知道；保证协商过程是可靠的。

③ SSL 警告协议。信息发送出现错误时，使用 SSL 警告协议发送告警信息的级别和说明。

④ SSL 密码变化协议。发送状态切换消息，把密码参数设置为当前状态。一般在握手协议中，当安全参数协商一致后，发送此消息。这条消息使得接收方改变当前状态读参数，使得发送方改变当前状态写参数。

SSL 协议用非对称加密算法进行密钥协商，用对称加密算法将数据加密后进行传输以保证数据的保密性，并且通过计算数字摘要来验证数据在传输过程中是否被篡改和伪造，从而为敏感数据在 Internet 上的传输提供了一种安全保障手段。

5．SET 协议

SET（Secure Electronic Transaction）是由 Visa 和 Master Card 两大信用卡组织联合开发的电子商务安全协议。它是一种基于消息流的协议，用来保证公共网络上银行卡支付交易的安全性，因而成为 Internet 上进行在线交易的电子付款系统规范。

它采用公钥密码体制和 X.509 数字证书标准，主要应用于 B2C 模式中保障支付信息的安全性。SET 协议本身比较复杂，设计比较严格，安全性高，它能保证信息传输的机密性、真实性、完整性和不可否认性。SET 协议是 PKI 框架下的一个典型实现，也是一个基于可信的第三方认证中心的方案。

1）SET 协议的角色

SET 协议中的角色主要如下。

① 持卡人。在电子商务环境中，消费者和团体购买者通过计算机与商家交流，持卡人通过由发卡机构颁发的付款卡（如信用卡、借记卡）进行结算。在持卡人和商家的会话中，SET 可以保证持卡人的个人账号信息不被泄露。

② 发卡机构。它是一个金融机构，为每一个建立了账户的顾客颁发付款卡，发卡机构根据不同品牌卡的规定和政策，保证对每一笔认证交易的付款。

③ 商家。它提供商品或服务，使用 SET，就可以保证持卡人个人信息的安全。接受卡支付的商家必须和银行有关系。

④ 银行。在线交易的商家在银行开立账号，并且处理支付卡的认证和支付。

⑤ 支付网关。它是由银行操作的，将 Internet 上的传输数据转换为金融机构内部数据的设备，或由指派的第三方处理商家支付信息和顾客的支付指令。

2) SET 安全协议的主要目标

SET 是一个基于可信的第三方认证中心的方案，保证了电子交易的机密性、数据完整性、身份的合法性和不可否认性。它要实现的主要目标有下列四个方面。

① 信息在 Internet 上的安全传输，保证网上传输的数据不被黑客窃听。

② 订单信息和个人账号信息的隔离，在将包括消费者账号信息的订单送到商家时，商家只能看到订货信息，而看不到消费者的账户信息。

③ 消费者和商家的相互认证，以确定通信双方的身份，一般由第三方机构负责为在线通信双方提供信用担保。

④ 要求软件遵循相同的协议和消息格式，使不同厂家开发的软件具有兼容和互操作功能，并可运行在不同的硬件和操作系统平台上。

3) SET 协议规定的工作流程

① 用户向商家发送购货单和一份经过签名、加密的信托书。书中的信用卡号是经过加密的，商家无从得知。

② 商家把信托书传送到收单银行，收单银行可以解密信用卡号，并通过认证验证签名。

③ 收单银行向发卡银行查问，确认用户信用卡是否属实。

④ 发卡银行认可并签证该笔交易。

⑤ 收单银行认可商家并签证此交易。

⑥ 商家向用户传送货物和收据。

⑦ 交易成功，商家向收单银行索款。

⑧ 收单银行按合同将货款划给商家。

⑨ 发卡银行向用户定期寄去信用卡消费账单。

4) SET 的双重签名

为了保证消费者的账号等重要信息对商家隐蔽，SET 采用了双重签名技术，它是 SET 推出的数字签名的新应用。首先生成两条消息的摘要，将两个摘要连接起来，生成一个新的摘要(称为双重签名)，然后用签发者的私有密钥加密，为了让接收者验证双重签名，还必须将另外一条消息的摘要一块传过去。也就是，将订购信息、支付信息摘要和最后的签名发给商家，并将支付信息、订购信息摘要和最后的签名发给银行。这样，任何一个消息的接收者都可以通过以下方法验证消息的真实性：生成消息摘要，将它和另外一个消息摘要连接起来，生成新的摘要，如果它与解密后的双重签名相等，就可以确定消息是真实的，如图 12-6 所示。

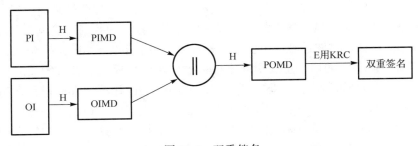

图 12-6 双重签名

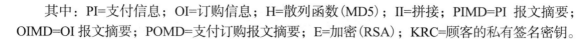

其中：PI=支付信息；OI=订购信息；H=散列函数(MD5)；II=拼接；PIMD=PI 报文摘要；OIMD=OI 报文摘要；POMD=支付订购报文摘要；E=加密(RSA)；KRC=顾客的私有签名密钥。

6. Web 攻击及防御技术

1) Web 安全概述

随着 Web2.0 的迅速发展，Web 安全面临的挑战日益严峻，安全风险达到了前所未有的高度。Web 安全可以从以下三个方面进行考虑。

(1) Web 服务器的安全。

① 服务器程序编写不当导致的缓冲区溢出(Buffer Overflow)并由此导致远程代码执行。

② 针对服务器系统的拒绝服务攻击(Denial of Service)。

③ 脚本程序编写不当、过滤不严格造成的数据库查询语句注入(SQL Injection)，可能引起信息泄露、文件越权下载、验证绕过、远程代码执行等。

④ 乐观相信用户输入、过滤不严导致跨站脚本攻击(Cross Site Script)，在欺骗管理员的前提下，通过精心设计的脚本获得服务端 Shell。

(2) Web 客户端的安全。

Web 应用的普及，使客户端交互能力获得了极为充分的发挥，同时客户端的安全也成为 Web 安全的焦点问题。

① Java Applet、ActiveX、Cookie 等技术大量被使用，当用户使用浏览器查看、编辑网络内容时，采用了这些技术的应用程序会自动下载并在客户机上运行，如果这些程序被恶意使用，可以窃取、改变或删除客户机上的信息。

② 浏览网页所使用的浏览器存在众多已知或者未知的漏洞，攻击者可以写一个利用某个漏洞的网页，并挂上"木马"，当用户访问了这个网页之后，就中了木马。这就是网页木马，简称网马。

③ 跨站脚本攻击(XSS)对于客户端的安全威胁同样无法忽视，利用 XSS 的 Web "蠕虫"已经在网络中肆虐过。

(3) Web 通信信道的安全。

和其他的 Internet 应用一样，Web 通信信道同样面临着网络嗅探和以拥塞信道、耗费资源为目的的拒绝服务攻击的威胁。

2) SQL 注入的防范

由于 SQL 注入攻击是从正常的 WWW 端口访问，而且表面看起来与一般的 Web 页面访问没什么区别，所以许多防火墙都不会对 SQL 注入发出警报。而目前互联网上存在 SQL 注入漏洞的 Web 站点并不在少数，对此，网站管理员和 Web 应用开发程序员必须引起足够的重视。SQL 注入漏洞在网上极为普遍，通常是由于程序员对用户提交的数据和输入参数没有进行严格的过滤所导致的。比如，过滤逗号、单引号、分号等；如果 select、delete、from、*、union 之类的字符串同时出现多个的话，也要引起重视；最好对用户提交的参数的长度也进行判断。防范 SQL 注入的另一个可行办法是摒弃动态 SQL 语句，而改用用户存储过程来访问和操作数据。这需要在建立数据库后，仔细考虑 Web 程序需要对数据库进行的各种操作，并为之建立存储过程，然后让 Web 程序调用存储过程来完成数据库操作。这样，用户提交的数据将不是用来生成动态 SQL 语句，而是确确实实地作为参数传递给存储过程，从而有效阻断了 SQL 注入的途径。

3）防御 Web 攻击

（1）Web 服务器安全配置。

Web 服务器为互联网用户提供服务的同时，也是黑客攻击的主要对象和攻入系统主机的主要通道。服务器安全配置包括主机系统的安全配置和 Web 服务器的安全配置两大部分。

主机系统是服务器的基础，很显然服务器运行的安全性与其所在的主机系统安全性密切相关。这里的主机系统安全性，指的是应用在主机上且与服务器主要服务业务不相关的配置。主机配置应遵循以下原则。

① 简单性。主机系统越简单，其安全性就越好。最好把不必要的服务从服务器上卸载掉，因为每个服务在提供给用户一个服务窗口的同时，也形成了攻击者进入系统的通道，主机系统上的服务越多，攻击者侵入系统的可能性就越大。

② 超级用户权限。要注意包含超级用户权限，因为超级用户权限几乎等同于主机控制权，它往往是攻击者的最高目标。因此尽量不要用超级用户来维护系统，以减少泄露机会。除非非常必要，否则不给予用户超级权限。非专业的人员往往会因为操作上的疏忽而使用户权限被泄露。

③ 本地和远程访问控制。访问控制是用来指定哪些用户可以访问系统的特定数据、目录或功能。为了防止攻击者侵入系统，应该实现一套有效的身份验证机制，并包含用户的日志记录。当用户使用服务器提供的服务时，验证其身份，并记录其行为。如果用户出现了破坏安全的行为，这些记录将是审核的重要依据。因此应该保护这些日志，以防被攻击者破坏借以逃避追查。

④ 审计和可审计性。维护主机安全是管理员的责任，但管理员并不是完美的。因此，对主机系统的安全审核是很重要的。这主要指平时对记录进行审计，在系统生成的大量审计记录中查找可疑的数据，来查找攻击者或恶意程序的踪迹。

⑤ 恢复。尽管管理员进行了大量的安全防范工作，但服务器主机被侵入或破坏的威胁始终是存在的。因此配置实时或增量备份策略就是非常必要的，在紧急关头这可以使服务器的关键数据得以保存，从而可以迅速恢复服务以减少损失，同时便于事后取证，以追查入侵者。

Web 服务器安全配置，以 IIS 为例。

① 删除不必要的虚拟目录。IIS 安装完成后，在 C:\Inetpub\wwwroot 下默认生成了一些目录，包括 IISHelp、IISAdmin、IISSamples、MSADC 等，这些目录都没有什么实际的作用，可直接删除。

② 删除危险的服务组件。默认安装后的有些 IIS 组件可能会造成安全威胁，例如，SMTP Service 和 FTP Service、样本页面和脚本，大家可以根据自己的需要决定是否删除。

③ 为 IIS 中的文件分类设置权限。除了在操作系统里为 IIS 的文件设置必要的权限外，还要在 IIS 管理器中为它们设置权限。一个好的设置策略是：为 Web 站点上不同类型的文件都建立目录，然后给它们分配适当权限。

④ 删除不必要的应用程序映射。IIS 中默认存在很多种应用程序映射，可以对它进行配置，删除不必要的应用程序映射。在"Internet 信息服务"中，单击网站目录，选择"属性"，在网站目录属性对话框的"主目录"页面中，单击[配置]按钮，弹出"应用程序配置"对话框，在"应用程序映射"页面，删除无用的程序映射。

⑤ 保护日志安全。日志是系统安全策略的一个重要环节，确保日志的安全能有效提高系统整体安全性。修改 IIS 日志的存放路径：默认情况下，IIS 的日志存放在%WinDir%\System32\LogFiles，黑客当然非常清楚，所以最好修改其存放路径。在"Internet 信息服务"中，单击

网站目录，选择"属性"，在网站目录属性对话框的"Web 站点"页面中，在选中"启用日志记录"的情况下，单击旁边的[属性]按钮，在"常规属性"页面，单击[浏览]按钮或者直接在输入框中输入日志存放路径即可。修改日志访问权限，将其设置为只有管理员才能访问。

(2)Web 浏览者的安全措施。

对浏览器的安全性进行设置，以微软 IE 浏览器为例，单击"工具→Internet 选项→安全→自定义级别"，打开所示的窗口，根据自己的需要进行设置；经常对操作系统打补丁、升级；使用漏洞数较少的浏览器；经常对浏览器进行升级；不要因为好奇而打开一些不信任的网站。

本 章 小 结

目前，安全问题是制约电子商务发展的一个关键因素。电子商务的安全问题主要采用技术手段来解决，其所采用的技术是多方面的，主要包括病毒防范技术、防火墙技术、入侵检测技术、安全协议技术、加密技术等，用来保证电子商务活动中数据的有效性、保密性、完整性、不可抵赖性，从而保证电子商务活动的正常运作。

复习思考题

1. 使用移位密码算法，计算明文=Iamstudent 的密文，假定 K=5。
2. 简要论述 AES 算法的步骤，下载 AES 算法原代码，编制相应程序试验加密解密过程。
3. 数字签名中，发送方和接收方各完成的步骤是什么？

第 13 章

电子商务支付技术

本章提要

本章主要介绍了电子商务支付技术中的基本知识和一些技术及工具，包括电子支付的基本知识、电子支付系统以及电子现金、信用卡、电子支票、智能卡和电子钱包这些电子支付工具，对它们的认识和理解有利于更好地掌握电子商务的运作。

导入案例

Mondex 卡的支付

Mondex 卡是 1996 年由英国西敏寺银行(National Westminster)开发出来的，它是一种与信用卡近似的智能卡，有自己的微处理器和稳定的存储器。除可到传统银行通过计算机下载金额到卡中外，还可以通过 ATM、电话、Internet 等直接从银行(包括网上银行)下载金额到卡中，并通过便携式读取终端机将金额在两卡之间转移。后来，西敏寺银行又与英国的米德兰银行(Midland)合作，共同出资成立了一家经营 Mondex 的电子现金的公司。1997 年初，MasterCard 公司购买了 Mondex 51%的股权。

Mondex 卡采用了先进的加密技术，可以有效地保存币值及交易信息并防止伪造，可确保买卖双方和银行的安全。该加密技术还可以通过下载新的加密算法而进行周期性的升级。用这种卡接收付款的卖方不一定知道买方的身份，像真实现金一样保证匿名。此外，Mondex 卡受到个人密码(PIN)的保护，只有卡的主人可以访问卡上的数据。Mondex 卡的优点是既可在在线环境下使用，又可在普通商店里使用，不受信用卡失窃的威胁。

Mondex 卡使用起来十分简单，只要把 Mondex 卡插入终端，三五秒钟之后，卡和收据条便从设备打出，一笔交易即告完成，读取器将从 Mondex 卡中所有的钱款中扣除掉本次交易的花销。Mondex 卡，又有自己的特点，除可以利用其进行转存、消费外，还可以通过读写器将

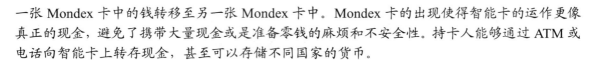

一张 Mondex 卡中的钱转移至另一张 Mondex 卡中。Mondex 卡的出现使得智能卡的运作更像真正的现金，避免了携带大量现金或是准备零钱的麻烦和不安全性。持卡人能够通过 ATM 或电话向智能卡上转存现金，甚至可以存储不同国家的货币。

思考分析：

试分析 Modex 卡的优缺点。

13.1　电　子　支　付

电子支付和结算是实现电子商务的基础，这涉及一个国家从事电子商务的基本条件，如网络基础设施、银行间联网等。电子支付系统的基础设施是金融业的电子化和网络化，支付功能的实现要通过在线商用电子支付工具以及 Internet 中的交易信息来体现，流通的货币形式为电子货币，它是当代最新的货币形式，也是电子支付活动的主要媒介，已经成为电子商务实施的核心。

13.1.1　电子货币

货币是由国家法律确定的、被广泛接受的、充当一般等价物的金融资产。随着人类社会经济和科学技术的发展，货币的表现形式经历了实物货币、金属货币、纸质货币、信用货币和电子货币五次重大的变革。电子货币是计算机介入货币流通领域后产生的新的货币形式。

1．电子货币的概念

电子货币是以电子数据形式存储，并通过计算机网络以电子信息传递形式实现流通和支付功能的货币。电子货币在形式上已与钱币无关，并以一种 0、1 的排列组合二进制数据(电子数据)形式存储在银行的计算机系统中，以商用电子化机具和各类交易卡为媒介，利用计算机网络系统进行交易的货币。电子货币是用一定金额的现金或存款从发行者处兑换并获得代表相同金额的数据，将现金价值预存在集成电路(IC)芯片或其他存储介质中，通过使用某些电子设备直接转移给支付对象，从而实现货币的流通和支付功能。

电子货币的载体有磁卡、集成电路卡(IC 卡)和光卡等。磁卡是以磁材料为介质的一种卡，基本原理是在塑料卡中加入一个磁条，作为记录信息的载体。IC(Integrated Circuit)卡，是在一张名片大小的塑料片上镶嵌一小块集成电路。根据嵌入卡片集成电路功能(卡内所装配的芯片)的不同，IC 卡分为存储器卡、带逻辑加密的存储器卡和带有微处理器的智能卡(又称 CPU 卡)。目前金融 IC 卡大多是 CPU 卡。光卡是近几年才有的一种新型的存储介质，在欧美等发达国家和地区已经开始使用。

2．电子货币的特征

电子货币作为现代金融业务与现代科学技术相结合的产物，和传统货币相比，具有如下特征。

(1)存在的形态不同。电子货币不再以实物、贵金属、纸币等可视、可触的传统货币形式存在，而是以电子数据形式存储，故又得名电子现金、虚拟货币。传统货币以实物的形式存在，大量的货币必然要占据较大的空间，且形式比较单一。而电子货币则是一种电子符号，所占空间很小，体积几乎可以忽略不计，一个智能卡或一台计算机可以存储无限数额的电子

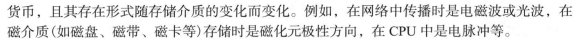

货币，且其存在形式随存储介质的变化而变化。例如，在网络中传播时是电磁波或光波，在磁介质（如磁盘、磁带、磁卡等）存储时是磁化元极性方向，在CPU中是电脉冲等。

（2）电子货币具有依附性。这是指电子货币对科技进步和经济发展的依附关系，从技术上看，电子货币的发行、流通、回收等都采用现代的电子化手段，依附于相关的设备正常运行。另外，新技术和新设备可促使电子货币产生新的业务形式。

（3）电子货币的安全性，不是靠普通的防伪技术，而是利用现代信息技术。如采用了用户密码、信息加解密系统、防火墙等安全防范措施。

（4）传递渠道不同。传统货币传递花费的时间长，较大数额传统货币的传递，甚至需要组织人员押运。而电子货币是用电子脉冲代替纸张传输和显示资金的，通过计算机处理和存储，可以在很短的时间内进行远距离传递，借助Internet在瞬间传递到世界各地，且风险较小。

（5）计算的方式不同。传统货币的清点、计算通常需要通过人工利用各种计算工具进行，需要花费较多的时间和人力，直接影响交易的速度。而电子货币的计算在较短时间内就可利用计算机完成，大大提高了交易速度。

（6）匿名程度不同。传统货币的匿名性相对来说还比较强，这也是传统货币可以无限制流通的原因。但传统货币都有印钞号码，同时，传统货币总离不开面对面的交易，这又在很大程度上限制了传统货币的匿名性。而电子货币的匿名性比传统货币更强，主要原因是加密技术的采用以及电子货币便利的远距离传输特性。

电子货币当事人一般包括电子货币发行者、电子货币使用者以及中介机构。电子货币的使用者可以是一个，也可以是多个，中介机构一般为银行等金融机构。电子货币若能被消费者和商家在电子支付过程中所接受、确认具有合法地位，还需要解决四个关键的技术问题：

一是安全性，对于在线交易、资金转移和电子货币发行都需要绝对安全；

二是真实性，买卖双方能够确认他们收到的电子货币是真实的；

三是匿名性，要确保消费者、商家和他们之间的交易都是不记名的，从而保护消费者的隐私权；

四是可分性，在电子支付过程中能够处理以"分"或更小的货币单位出现的大量低价格的交易。

3. 电子货币的种类

目前，电子货币可在专用网络上传输，通过收款机（POS）、自动柜员机（ATM）进行处理，又可在Internet上应用，而且其种类和形式多种多样，但基本形态大致是类似的，即电子货币的使用者以一定的现金或存款从发行者处兑换且获得等值的电子数据，并以可读写的电子信息方式存储起来。当使用者需要清偿债务时，可以通过某些电子化的方法将该电子数据直接转移给支付对象。如IC卡、CyberCash及E-Cash等，其中智能卡在技术与市场方面最为成熟。

按电子货币的形态，可以分为以下三种。

（1）电子现金型：通过按一定规律排列的电子串码保存于电子计算机的硬盘内或IC卡内来进行支付，即以电子化的信息块代表一定金额的货币。它模拟了现实世界中的货币功能，并采用数字（电子）签名等安全技术来保证电子现金的真实性和不可伪造性。如专门从事电子现金开发的DigiCash公司的E-Cash、IBM的Mini-pay、英国研制的Mondex型电子货币，是最接近于现金形式的电子货币。

（2）电子银行卡型：在传统银行卡的基础上实现了在 Internet 上进行支付的电子银行卡，有些还脱离了实物形式，以电子形式虚拟存在，包括贷记卡、借记卡、智能卡、电子钱包卡、电话卡等。如第一虚拟 Internet 支付系统、计算机现金安全 Internet 支付服务等。它是目前发展最快、正步入实用阶段的电子货币。

（3）存款电子化划拨型：通过计算机网络转移、划拨存款以完成结算的电子化支付方式，又可细分为通过金融机构的专用封闭式网络的资金划拨和通过 Internet 开放网络实现的资金划拨。如美国安全第一网上银行提供的电子支票、环球银行金融电信协会提供的电子结算系统等。

按电子货币的流通形态，可分为以下两类。

一类是电子货币的余额信息在个人或企业之间可以辗转不断地流通下去，信息的流通路径没有限定的终点，这种类型的电子货币称为开环型电子货币。此类电子货币流通形态类似于现金，可以无数次换手。此类货币最接近纸币，Mondex 系统支持这种货币。

另一类则是指用于一次支付的余额信息必须返回到发行主体，即余额信息在"发行主体→客户→商家→发行主体"这样的闭合环路中流动的电子货币，称之为闭环型电子货币。大多数电子现金仍属于闭环型电子货币。

13.1.2　电子支付

支付是指在商务活动过程中，为了清偿商品交换和劳务活动引起的债权和债务关系，一方向另一方付款的过程。电子商务的发展要求信息流、资金流和物流三流畅通，以保证交易的速度。在电子商务的交易中，若依赖传统的支付方式，就不可能完成在线的支付，也无从体现电子商务方便快捷、低成本的优越性。另外，随着世界范围内的电子商务的不断开展，如何配套该范围内的电子商务活动，以便处理每日通过 Internet 产生的成千上万个交易流的支付问题？答案就是利用电子支付。

1．电子支付的概念

电子支付（E-Payment）指的是电子交易的当事人（通常涉及三方，即消费者、商家和银行）通过网络以电子数据形式进行的货币支付或资金流动。它本身是以金融电子化网络为基础，以商用电子化机具和各类交易卡为媒介，以计算机技术和通信技术为手段，以电子数据形式存储在银行的计算机系统中，利用安全和密码技术实现方便、快捷、安全的计算机网上资金流通和支付。

电子支付是一种数据量较小、实时性高、分布范围广和频次较大的网络通信过程，因此电子支付的网络平台通常是交换型、时间较短、安全性高和可靠的通信平台，必须面向全社会，对大众开放。Internet 就是一种面向世界，对全体公众开放的网络平台。由于 Internet 和相关技术的不断发展，用户的数量飞速增长，客户端设备（如台式机、笔记本电脑、PDA 和手机等无线上网设备）的多样性，以及 Internet 使用的便捷性和高效性，才使 Internet 成为目前网上电子支付唯一可行的、物美价廉的、真正的大众化网络通信平台。而在传统通信网和专用网络上开展电子支付业务，由于终端和网络本身技术、安全、成本和部署等一系列因素的限制，使用户面很难扩大，也导致使用成本非常高，性价比低，无法适应和满足电子商务发展的需要。因此，随着电子支付相关的技术、标准和实际应用系统的不断涌现，在 Internet 上进行电子支付必将成为现代化支付系统的发展趋势。

2．电子支付的特征

电子支付是传统支付的发展和创新，与传统的支付方式相比，电子支付具有以下特征。

（1）电子支付是以电子形式来实现款项的支付；而传统的支付方式则是以现金、票据的转让及银行的汇兑等物理实体来完成款项支付的。

（2）电子支付是基于一个开放的、系统的工作环境平台（即Internet）；而传统支付则是在较为封闭的系统中运作，如某一银行的各个不同地区分行之间。工作环境的开放性有利于更多商家和消费者参与和使用。

（3）电子支付可以真正实现 7 天 24 小时的服务保证。因此，电子支付对软、硬件设施的要求很高，一般要求有联网的微机、相关的软件及其他一些配套设施，而传统支付则没有这么高的要求。

（4）电子支付具有方便、快捷、高效、经济的优势。传统的支付系统要求银行、分行、银行职员、自动取款机及相应的电子交易系统来管理现金和转账，成本非常高；而电子支付只需现有的技术设施、Internet 和现有的计算机系统就可以，而且只需要少数系统维护人员。电子支付的交易效率较高，从而加快了资金周转速度，降低了企业的资金成本。

但目前来看，电子支付仍然存在一些缺陷。比如，安全性和支付信息私密性问题，一直是困扰电子支付发展的关键性问题。大规模地推广电子支付，必须解决黑客入侵、内部作案、密码泄露等涉及资金安全的问题。还有一个支付的条件问题，消费者所选用的电子支付工具必须满足多个条件：一是要由消费者账户所在的银行发行；二是有相应的支付系统；三是商户所在银行的支持，被商户所认可；等等。如果消费者的支付工具得不到商户的认可，或缺乏相应的系统支持，电子支付也还是难以实现。而对消费者来说，要求同时持有各种流行的支付工具，也是不现实的。所以，电子支付的推广要求商家认可支持多种支付工具，各种电子支付系统能够相互兼容和互通。

13.2 电子支付系统

13.2.1 基于专用网络的电子支付系统

支付系统的支付交易过程最终实现的是上层跨行支付资金的转账和清算，该系统通常运行在银行专用的网络环境中。按电子支付系统的使用区域特点通常分为同城、异地两类支付系统。随着计算机网络技术的不断发展和应用，异地支付系统从使用方式、系统功能到系统体系结构等方面都与同城支付系统没有多少原则性的差别，这两类系统大体上可分为以下专用电子支付应用系统。

（1）小额批量电子支付系统（Bulk Electronic Payment System，BEPS）。该系统分同城和异地两类，是处理借记、贷记电子支付或票据可以截留的电子支付系统，有定期借记、贷记，预先授权借记等多种支付工具。

同城小额批量电子支付系统，其特点是批量处理电子支付系统，每笔交易金额不大，因此称小额批量支付系统。支付原始凭证，一般都可截留，也存在着支付生效期的问题。

异地小额批量电子支付系统，既可以是基于纸凭证输入、输出、电子信息传输的支付系统，也可以是基于联机或脱机电子输入、输出方式的电子支付系统。系统的直接参与者是在中央银行开设结算账户的金融机构，或通过直接参与者进行代理的间接参与者。

（2）大额实时支付系统（High Value Payment System，HVPS）。该系统是处理贷记支付的大额实时资金划拨系统，它的基础是每笔支付交易信息的实时传输和处理，每笔支付信息报文合法性、完整性是支付交易安全的保证。因此，大额支付系统对于系统的安全性、可靠性有极高的要求，特别是异地支付，节点"多"、链路"长"，逐节点业务、法律确认、交接的严密性，以及保证系统的绝对安全，是系统开发过程中要重点解决的技术课题。同城的，如新加坡的行际大额资金转账系统（System for Handling Inter-bank Transfer，SHIT）等，异地的，如美国联邦资金转账系统（Federal Reserve Settlement System，FEDWIRE）等，都是实时电子支付系统，进入该系统的参与者，仅限于在中央银行开设有结算账户的金融机构，没有直接参与的金融机构，将通过直接参与者代理使用该系统。大额实时支付系统（HVPS）通常只处理支付原始凭证可被截留的贷记业务。

（3）ATM、POS 授权系统（Authorization System，AS）。ATM 和 POS 授权系统，是在销售点支付时，卖方能够直接确认买方所在银行或其他开设有账户的金融机构，获得有关买入支付能力担保信息的系统。每一个授权请求被送往 ATM 卡、POS 卡发行商或其指定的代理商，经确认授权之后，再返回到信息发出者，处理过程所用的时间，必须能够被销售点卖方和买方所接受。因此，这类系统是实时信息交换系统，要求及时、准确与安全。

在使用方式上，ATM 授权和 POS 授权有所不同。ATM 发卡者，通常都是银行或其代理者，ATM 的设置也很灵活，可以在银行、商店、旅馆、机场等支付交易频繁的地方，对持卡者的识别采用个人标识码（Personal Notification Number，PIN）；而 POS 系统，通常都是装置在商业销售点直接用于销售点支付的系统，对于不具备 PIN 识别能力的 POS 终端，一般采用脱机方式，如对照签名或个人身份证的方法进行持卡者身份的识别。

（4）国际支付系统（International Payment System，IPS）。随着金融业的国际化发展，每个国家的国际支付业务量迅速增长。当前进行国际支付的常规是：通过 SWIFT 网络和国际支付电传网络传输支付信息，由布鲁塞尔、纽约、伦敦、东京等国际金融中心进行资金结算。

我国支付系统将通过 SWIFT 网络传递支付信息，通过国外代理银行账户，完成资金结算。因此，通过有效的 SWIFT 端接设备，实现中国支付系统与 SWIFT 网络接口，是我国国际支付系统发展的最好方法。

中国现代化支付系统（CNAPS）由大额实时支付系统和小额批量系统两个系统组成。大额实时支付系统实行逐笔实时处理支付指令，全额清算资金，旨在为各银行和广大企事业单位以及金融市场提供快速、安全、可靠的支付清算服务。小额批量支付系统实行批量发送支付指令，轧差净额清算资金，旨在为社会提供低成本、大业务量的支付清算服务，支撑各种支付业务，满足社会各种经济活动的需求。在物理结构上，中国现代化支付系统建立有两级处理中心，即国家处理中心（NPC）和城市处理中心（CCPC）。国家处理中心分别与各城市处理中心相连，其通信网络采用专用网络，以地面通信为主，卫星通信备份。

13.2.2　电子商务在线支付系统

在电子商务的实践中，在线电子支付是电子商务的关键环节，也是电子商务得以顺利发展的基础条件。在线电子支付（或称为网上支付）不等同于电子支付，这是因为上述的电子支付系统出现在电子商务之前，此阶段的电子支付系统是实现在线支付的基础，而在线电子支付则是电子支付系统发展的更高形式。在线电子支付功能是网上购物的关键所在，既要使消费者感到方便快捷，又要保证交易各方的安全保密，这就需要一个比较完善的电子交易系统。

在线电子支付系统多种多样，按在线传输数据的种类，大致可以分为三类。

(1)通过信任的第三方中介支付方式。客户和商家必须到第三方注册才可以交易。客户和商家的信息比如银行账号、信用卡号等都被信任的第三方托管和维护。当要实施一个交易的时候，网络上只传送订单信息、支付确认和清除信息，而没有任何敏感信息。在这种系统中，在网络上传送信息甚至可以不加密，因为真正的金融交易是离线进行的。如美国的第一虚拟公司(First Virtual Corporation，FVC)提供的就是典型的信任第三方支付系统。

(2)传统银行转账结算系统的扩充。在利用信用卡和支票交易中，如客户信用卡号、用户和商家的账号等敏感信息，若要在线传送，必须经过加密处理。著名的 CyberCash 和 VISA/MasterCard 的 SET 就是基于电子信用卡的典型支付系统。

(3)电子货币系统(包括各种电子货币)。和前面的系统不同，其支付过程的完成是通过代表等量电子化货币的加密信息完成的。其目的主要是无须通过中介就可以在交易双方直接实现支付。该支付形式传送的是真正的"价值"和"金钱"本身。前面两种交易中，丢失的信息往往是信用卡号码等，而这种交易中丢失的信息，不仅仅是信息丢失，往往也是财产的真正丢失。

按电子货币的种类可分为电子现金支付系统、网上银行卡支付系统、电子支票支付系统。

在线电子支付系统可随时随地通过 Internet 进行直接的转账、结算，形成电子商务环境。没有相应的、实时的电子支付手段相配合，电子商务就只能是"虚拟商务"，只能是电子商情、电子合同，而无法实现真正的网上交易。

13.3 支付工具

本节主要针对电子现金、信用卡、电子支票、智能卡和电子钱包这些电子支付工具及其所涉及的技术做一介绍。

13.3.1 电子现金

电子现金(E-Cash)是一种以电子形式存在的现金货币，又称为数字现金。它把现金数值转换成一系列的加密序列数，通过这些序列数来表示现实中各种金额的币值。电子现金使用时与纸质现金完全类似，多用于小额支付，是一种储值型的支付工具。

电子现金首次被戴维·乔姆发明并发行，于 1995 年年底被设在美国密苏里州的马克·吐温银行接受。现在，电子现金及其支付系统已发展有多种形式。按电子现金载体来分，电子现金主要包括如下两类：一类是币值存储在 IC 卡片上；另一类就是以数据文件的形式存储在计算机的硬盘上。电子现金在网络环境中使用时也被称为网络现金。

1. 电子现金的优点和存在的主要问题

客户在开展电子现金业务的电子银行设立账户并在账户内存钱，就可用其进行购物。电子现金作为以电子形式存在的现金货币，同样具有传统货币的价值度量、流通手段、储蓄手段和支付手段四种基本功能。电子现金与传统的现金相比具有以下优点。

(1)匿名性。客户用电子现金向商家付款，除了商家以外，没有人知道客户的身份或交易细节。

(2)不可跟踪性。电子现金是以打包和加密的方法为基础，它的主要目标是保证交易的保密性与安全性，以维护交易双方的隐私权。除了双方的个人记录之外，没有任何关于交易已经发生的记录。正因为如此，连银行也无法分析和识别资金流向。同样，如果电子现金丢失了，就如同现金丢失一样无法追回。

（3）节省交易费用和传输费用。电子现金是利用已有的 Internet 和用户的计算机，所以消耗比较小，尤其是小额交易更加合算。而普通银行为了流通货币，就需要许多分支机构、职员、自动付款机及各种交易系统，这一切都增加了银行进行资金处理的费用。通常，现金的传输费用比较高。这是由于普通现金是实物，实物的多少与现金金额是成正比的。而电子现金流动没有国界，在同一个国家内流通现金的费用跟国际间流通的费用是一样的，这样就可以使国际间货币流通的费用比国内流通费用高出许多的状况大大改观。

电子现金的发行和使用给人们带来了巨大的好处，同时也带来了一些新问题，主要表现在以下五个方面。

（1）税收和洗钱。由于电子现金可以实现跨国交易，税收和洗钱成为潜在的问题。通过 Internet 进行的跨国交易存在是否要征税、如何征收、使用哪个国家的税率、由哪个国家征收、对谁征收等问题。又由于电子现金同实际现金一样很难进行跟踪，税务部门很难追查，所以电子现金的这种不可跟踪性将很可能被不法分子用以逃税。同样利用电子现金进行洗钱也变得容易。

（2）外汇汇率的不稳定性。电子现金会增加外汇汇率的不稳定性。电子现金也有外汇兑换问题。在真实世界里，只有一小部分主体如交易代理商、银行和外贸公司等能参与外汇市场，而在网络空间里，任何人都可以参与外汇市场，电子现金不再受国界的限制，而且手续费低，因此人们很容易就可以进行货币兑换，如果一种货币的电子现金贬值了，人们就会把它兑换成另一种货币的电子现金，由于电子现金的外汇汇率是与真实世界的汇率紧密联系的，所以这种不稳定性反过来又会影响真实世界。

（3）货币供应的干扰。因为电子现金可以随时与普通货币兑换，所以电子现金量的变化也会影响真实世界的货币供应量。如果银行发放电子现金贷款，电子现金量就可能增多，产生新货币。这样当电子现金兑换成普通货币时，就会影响到现实世界的货币供应。电子货币与普通货币一样有通货膨胀等经济问题，而且因其特殊性，这些问题可能还会更加严重。在现实世界里，国家边界和浮动汇率的风险在一定程度上抑制了资金的流动量，而电子现金却没有这样的障碍。

（4）恶意破坏与盗用。电子现金存储在计算机里，其最大的特点之一就是易复制。因此，在流通过程中，就一定要注意防止非法复制，同时也要注意防止恶意程序的破坏。另外，电子现金如果不妥善地加以保护，也有被盗的危险。所以，一定要采取某些安全措施，如加密等，保护电子现金的存储和使用安全，否则电子现金就很难被用户接受。

（5）成本、安全与风险。电子现金对于硬件和软件的技术要求都较高，需要一个庞大的中心数据库，用来记录使用过的电子现金序列号，以解决其发行、管理、重复消费及安全验证等重要问题。当电子现金大量使用和普及时，中心数据库的规模将变得十分庞大。因此，尚需开发出软硬件成本低廉的电子现金。此外，消费者硬盘一旦损坏，电子现金丢失，钱就无法恢复，这个风险许多消费者都不愿承担。而电子伪钞一旦获得成功，那么，发行人及其一些客户所要付出的代价则可能是毁灭性的。

2. 电子现金的支付流程

电子商务中的各个交易方从不同的角度，对电子现金系统提出了不同的要求。一般来讲，客户要求电子现金匿名、使用方便灵活；商家要求电子现金可靠，其所接受的电子货币必须能兑换成实体货币；银行要求电子现金不能重复使用，电子介质不能被非法使用和伪造。

客户要使用电子现金，就必须在电子现金发行银行开立一个账户。这样在需要时，客户可以用现金、存款或转账申请兑换电子现金。然后，客户使用计算机电子现金终端软件从银行账户取出一定数量(小额，根据发行银行限定)的电子现金存在硬盘或电子钱包或智能卡上。客户到同意接收电子现金的商家订货，使用电子现金支付所购商品的费用。接收电子现金的商家与客户银行之间进行清算，客户银行将客户购买商品的钱支付给商家。其流程如图 13-1 所示。

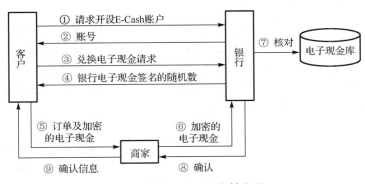

图 13-1　电子现金的支付流程

电子现金支付的特点有如下几点。

(1)商家和银行之间应该有协议和授权关系。

(2)电子现金对软件具有依赖性。客户、商家和电子现金的发行银行都需要电子现金软件。

(3)用于小额交易。因此适用于 B2C 模式的电子商务。

(4)身份验证是由电子现金本身完成的。电子现金的发行银行在发放电子现金时使用电子签名；商家在每次交易中，将电子现金传送给银行，由银行验证电子现金的有效性。

(5)电子现金的发行者负责用户和商家之间实际资金的转移。

(6)电子现金具有普通现金的特点，可以存、取、转让，一样会丢失。

迄今为止，国际上各种科研机构和高科技公司陆续开发出多种电子现金支付系统，例如，DigiCash 的 E-Cash、CyberCash 公司的 CyberCoin 和 eCoin.net 的 eCoin 等几种主要的电子现金支付系统。

13.3.2　信用卡

信用卡(Credit Card)是银行或其他金融机构发给消费者的用以在约定的单位购买商品或支付劳务、定期结算清偿的信用工具，也是一种使用最广泛的银行卡。信用卡具有购物消费、信用借款、转账结算、汇兑储蓄等多项功能，可在商场、饭店等许多场合使用。信用卡可采用刷卡记账、POS 结账、ATM 提取现金等多种支付方式。信用卡与其他银行卡的一个主要差别在于：信用卡不仅是一种支付工具，同时也是一种信用工具。由于信用卡早已成为全球流通的支付工具，加之信用卡在各国国内及跨国的清算系统已经比较完备，信用卡付款体系中的各相关主体(如发卡行、持卡人及特约商户等)间的权利义务及风险分配问题已相当成熟，所以在 Internet 上使用信用卡购物消费成为可能。

传统的信用卡支付是在商家、持卡人以及各自的开户银行之间进行的，整个支付是在银行内部网络中完成的。利用信用卡在 Internet 上购物有许多方式，按信用卡信息在 Internet 上

203

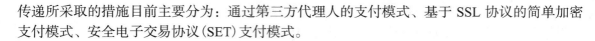

传递所采取的措施目前主要分为：通过第三方代理人的支付模式、基于 SSL 协议的简单加密支付模式、安全电子交易协议(SET)支付模式。

1. 通过第三方代理人的支付模式

第三方代理人的支付模式是为改善信用卡信息处理安全性，在客户和商家之间启用第三方代理，目的是使商家看不到客户信用卡信息，避免信用卡信息被商家透露或在网上多次公开传输而导致信用卡信息被窃取。

(1)支付流程。客户在线或离线在第三方代理人处开账号，第三方代理人持有客户信用卡号和账号；客户用账号通过商家在网上展示的商品信息进行订货，并将账号传送给商家；商家将客户账号提供给第三方代理人，代理人验证账号信息，将验证信息返回给商家，商家确定接收订货；同时第三方代理人验证商家身份，给客户发 E-mail 用户确认购买和支付后，将信用卡信息传给银行，完成支付过程。其流程如图 13-2 所示。

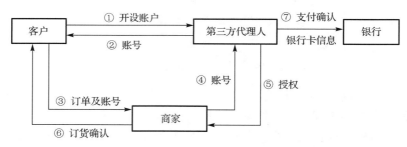

图 13-2　通过第三方代理人的支付模式流程

(2)特点。客户账号的开设不通过网络；信用卡信息不通过开放的网络传送；支付是通过买卖双方均信任的第三方代理人来完成的。这种方式的关键在于第三方，交易双方都高度信任它，风险主要由它来承担，保密等功能也由它来实现。

该模式交易成本低，适用于电子现金、信用卡等交易的情形。例如，CyberCash 公司提供了第三方代理人的解决方案。客户必须首先下载 CyberCash 软件，即"钱包"(很多钱包软件提供多种支付工具，包括信用卡、电子现金、电子支票以供选择)。

2. 基于 SSL 协议的简单加密支付模式

这是目前较常用的一种支付模式。客户只需在银行开立一个普通信用卡账户。使用这种模式支付时，客户提供的信用卡号码信息，在传输时使用 SSL 技术进行加密。这种加密的信息只有业务提供商或第三方付费处理系统能够识别。由于客户进行在线购物时只需一个信用卡号，所以这种付费方式给客户带来了方便。这种方式需要一系列的加密、授权、认证及相关信息传送，交易成本比较高，所以小额交易是不适用的。

(1)支付流程。客户在银行开立一个信用卡账户，并获得信用卡号；客户在商家的网站上浏览、订货，将信用卡信息加密后传给商家服务器；商家服务器验证接收到的信息的有效性和完整性后，将客户加密的信用卡信息传给业务服务器，商家服务器无法看到客户的信用卡信息；业务服务器验证商家身份后，将客户加密的信用卡信息转移到安全的地方解密，然后将用户信用卡信息通过安全专用网传送到商家银行；商家银行通过普通电子通道与客户信用卡发卡行联系，确认信用卡信息的有效性；得到证实后，将结果传送给业务服务器，业务服务器通知商家服务器交易完成或拒绝，商家再通知客户，整个过程只需经历很短的时间。交易过程的每一步都需要交易方以数字签名来确认身份，客户和商家都必须使用支持此种业务的软件。数字签名是客户、商家在注册系统时产生的，不能修改。客户信用卡加密后的信息一般都存储在客户的计算机上，其支付流程如图 13-3 所示。

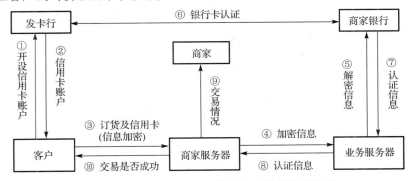

图 13-3　基于 SSL 协议的简单加密支付模式流程

（2）特点。这种支付模式使用加密技术对银行卡等关键信息进行加密；可能要启用身份认证系统；采用防伪造的数字签名；需要业务服务器和服务软件的支持。

这种模式的关键在于业务服务器。保证业务服务器和专用网络的安全就可以使整个系统处于比较安全的状态。SSL 协议主要用于提高应用程序之间的数据的安全系数，运行的基础是商家对客户信息保密的承诺。

3．安全电子交易协议（SET）支付模式

安全电子交易协议（Secure Electronic Transaction，SET）最初是由国际两大信用卡组织 VISA 与 MasterCard 联合开发的一种开放性标准，其他合作开发伙伴还包括 GTE、IBM、Microsoft、Netscape、SAIC、Terisa 和 VeriSign 等一些跨国公司。由于 VISA 和 MasterCard 在全球银行卡支付系统中具有举足轻重的地位，因此 SET 协议实际上已成为各国银行、商户、个人在 Internet 上使用银行卡购物所遵循的标准。SET 协议的出现满足了网上交易的私密性、完整性、认证性、发送不可否认性以及确认交易的不可抵赖性等安全需求，特别是克服了 SSL 协议客户的信用卡信息暴露给商家等缺点。

（1）支付流程。SET 协议的工作流程与实际购物流程非常接近，但一切操作都是通过 Internet 完成的。客户在银行开立信用卡账户，获得信用卡；客户在商家的 Web 主页上查看商品目录选择所需商品；客户填写订单并通过网络传递给商家，同时附上付款指令；订单和付款指令要有客户的数字签名并加密，使商家无法看到客户的账户信息；商家收到订单后，信息通过支付网关传送到收单银行（或商家银行），再到发卡行确认；确认后，批准交易，并向商家返回确认信息；商家发送订单确认信息给客户，并发货给客户；然后，商家请求银行支付货款，银行将货款由客户的账户转移到商家的账户，其流程如图 13-4 所示。

（2）特点。SET 协议提供对交易参与者的认证，确保交易数据的安全性、完整性和交易的不可抵赖性，特别是确保不会将持卡人的账户信息泄露给商家，保证了 SET 协议的安全性。SET 协议兼容当前的信用卡网络，比较适合 B2C 的交易模式。该协议设计得很安全，已经成为事实上的工业标准，但也带来了过于复杂、速度慢、实现成本高等问题。

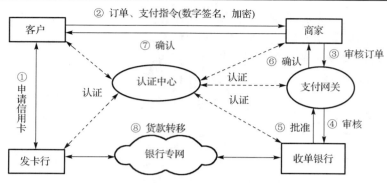

图 13-4 安全电子交易协议(SET)支付模式流程

13.3.3 电子支票

电子支票(Electronic Check 或 E-Cheque)是用电子方式实现纸质支票功能的新型电子支付工具。电子支票与纸面支票相似,采用电子方式呈现,使用数字签名为背书,使用数字证书来验证付款者、付款银行和银行账号,其安全/认证是由公开密钥密码法的电子签名来完成的。电子支票是一种借鉴纸张支票转移支付的优点,利用电子传递将钱款从一个账户转移到另一个账户的电子付款形式。

1. 电子支票的特点

电子支票方式的付款可以脱离现金和纸张进行,使用这种方式可以节省时间;减少纸张传递费用;没有退票;灵活性强,可以减少传输和票据的清分等事务处理的费用,而且处理速度会大大加快。与传统的纸质支票相比,电子支票主要有以下特点。

(1)电子支票与传统支票工作方式相同,客户易于理解和接受该方式而不需要再重新学习。另外,电子支票的遗失可以办理挂失止付。

(2)加密的电子支票使它们比数字现金更易于流通,买卖双方的银行只要用公开密钥认证确认支票即可,数字签名也可以被自动验证。

(3)电子支票适用于各种市场。电子支票可切入企业与企业间的电子商务市场。在线的电子支票可在收到支票时验证出票者的签名、资金状况,避免收到传统支票时发生的无效或空头支票的现象。此外,由于支票内容可以附在贸易双方的汇票资料上,所以电子支票容易和 EDI 应用的应收账款结合,推动 EDI 基础上的电子订货和支付。

(4)电子支票技术将公共网络连入金融支付和银行票据交换网络,以达到通过公众网络连接现有付款体系,最大限度利用当前银行系统自动化的潜力。

2. 电子支票的支付流程

使用电子支票付款时,客户使用电子的"支票簿"。电子支票簿只是一个形象的称呼,它是一种类似于 IC 卡的硬件装置,这个装置中有一系列程序和设备,插入客户的计算机插口以后,客户通过密码或其他手段激活这个装置,使其正常运作。客户的电子支票簿中装有客户的私人密钥,电子支票簿将会自动生成一张电子支票,并显示在计算机的屏幕上,客户像填纸质支票一样,在电子支票上填好应该填的信息,填完以后必须签名。

客户使用浏览器浏览商家的 Web 服务器,根据其商品目录进行选购,选好商品后,并填好电子支票,通过网络向商家发出订单和电子支票;商家通过其开户银行对电子支票进行认证，验证客户电子支票的有效性，如果有效，商家则接受客户的这笔业务，并向客户发出交易确认通知；然后，商家对电子支票进行背书并将它发送给商家的开户银行，商家可根据自己的需要，自行决定何时发送；若客户与商家不是同一银行，商家的开户银行把电子支票发送给票据交易所进行清算；票据交易所向客户的开户银行兑换电子支票，资金从客户的开户银行转账到商家的开户银行；客户的开户银行为客户下账。其支付流程如图 13-5 所示。

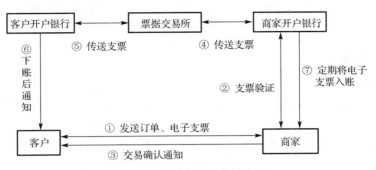

图 13-5　电子支票的支付流程

我国金融业目前仍然普遍使用纸质支票和其他纸质票据，在这种情况下，通常利用自动票据清分机对各种纸质金融票据和银行票据进行自动阅读、自动识别和自动清分。电子支票支付系统作为自动清算系统的一部分，各种纸质票据(包括纸质支票)进入自动清算系统，通过自动清分机进行自动阅读、自动识别、自动清分后，经自动清算系统进行传输和各种处理。若是电子支票，则进入电子支票支付系统，使支票处理过程全部实现自动化和电子化。

3．电子支票支付系统的关键技术

建立电子支票支付系统的关键技术有两项。一是与传统支票兼容的技术，包括图像处理技术和条形码技术。支票的图像处理技术首先是将物理支票或其他纸质支票进行图像化处理和数字化处理，然后将支票的图像信息及其存储的数据信息一起传送到电子支票系统中的电子支付机构。条形码技术可以保证电子支付系统中的电子支付机构安全可靠地自动阅读支票。实际上，条形码阅读器除硬件外，还包括阅读条形码的阅读程序，该程序能够对拒付的支票自动进行背书，并且可以立即识别背书，加快支付处理、退票处理和拒付处理。二是支票的安全传递技术，包括加密签名技术和数据压缩技术等。加密签名技术和数据压缩技术在前面章节有介绍，在此不作赘述。

电子支票支付系统目前一般是专用网络系统，国际金融机构通过自己的专用网络、设备、软件及一套完整的用户识别、标准报文、数据验证等规范化协议完成数据传输，从而保证安全性，这种方式已经较为完善。电子支票的整个事务处理过程要经过银行系统，而银行系统又有义务出文证明每一笔经它处理的业务细节，因此，电子支票的一个最大的问题就是隐私问题。目前的电子资金转账(Electronic Fund Transfer，EFT)或网上银行服务(Internet Banking)方式是将传统的银行转账应用到 Internet 上进行的资金转账。

通常在专用网络上应用成熟的模式(例如 SWIFT 系统)，而在 Internet 上的电子资金转账仍在实验之中，其今后发展的主要问题是如何逐步过渡到 Internet 上进行传输。这种支付方式主要用于 B2B 交易模式的支付。

13.3.4 智能卡

智能卡(Smart Card)是一种将具有微处理器及大容量存储器的集成电路芯片嵌装于塑料基片上而制成的卡片,也称集成电路卡(Integrated Circuit Card,IC卡)。

由于智能卡内带有微处理器和存储器,因而能存储并处理数据,可进行复杂的加密运算和密钥密码管理,卡上有个人识别码(PIN)保护,安全性和可靠性高。智能卡应用范围广,可一卡多用。

1. 智能卡的优缺点

智能卡具有比磁条信用卡更为安全、无须联网、可以脱机工作以及持卡人可以直接与有关公司、商家、机构进行及时结算等功能,也可以作为网络电子转账支付的工具,具体有以下优点。

(1)体积小,可靠性强,交易简便易行。IC卡具有防磁、防静电、防机械损坏和防化学破坏等能力。

(2)安全性高。IC卡从设计到生产,设置了多级密码,并具有独特的不可复制且防外部侵入的存储区。

(3)存储容量大。智能卡可存储签名、身份证号码、个人身份证认证资料、收支平衡表、重要的信息摘要、重要的几笔交易或最后的几笔交易等。不仅可以进行储蓄、消费,还可用于支付税金和各种公共费用,甚至作电子病历等非金融交易卡使用。

(4)智能卡既可在线使用,也可脱机处理。由于智能卡本身就是一个微机,能够记录全部授权额度和交易日志等信息核实数据,只要不超额消费或非法透支,在脱机的情况下仍然能够正常使用,不需要通过网络和中心计算机通信就可以直接进行处理,因此节省了连通网络所需的费用和时间。

IC卡的缺点是制造复杂,成本也比磁卡高。但随着微电子技术的进步和产量的增加,这一缺点将逐渐被克服。

2. 智能卡的支付流程

在电子商务交易中,客户先向智能卡发行银行申请智能卡,申请时需要在银行开设账号,提供输入智能卡的个人信息。申请到智能卡后,就可以用其进行支付。

客户通过Internet浏览器登录到发行智能卡银行的Web站点,按照提示将智能卡插入智能卡读写设备,智能卡会自动告知银行有关客户的账号、密码及其他加密信息。客户通过个人账户购买电子现金,下载电子现金存入智能卡中;客户选中商家的商品后,选择采用智能卡支付,输入智能卡的号码登录到发卡银行,将卡插入读写器,读写器向卡供电,从而启动卡中的COS运行;卡片向读写器自动发出复位应答信号ATR;读写器根据卡交易序号确定卡是否在黑名单中,并利用内外部鉴别命令,使读写器和卡相互鉴别真伪;若需要,持卡人通过读写器输入个人密码(PIN),读写器将这一密码传给卡片进行校验;通过计算机输入密码和商家的账号、支付金额,读写器发出交易命令,就能够从智能卡中下载现金到商家的账户上;交易(消费等)是在卡中进行的,卡返回给读写器本次交易是否成功的应答;结束交易,拔卡,从而完成支付过程。其支付流程如图13-6所示。

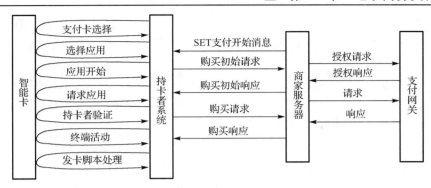

图 13-6　智能卡支付(SET)流程

13.3.5　电子钱包

电子钱包(Electronic Purse)是电子商务活动中客户购物常用的一种支付工具,是在小额购物或购买小商品时常用的电子形式的"钱包"。

电子钱包有多种形式,基本上可分为两类:一类是以智能卡为电子钱包的电子现金支付系统,应用于多种用途,具有信息存储、电子钱包、安全密码锁等功能,安全可靠,并且可以在正确配置的 POS 系统上进行电子支付和消费,最典型的代表是 Mondex 卡;另一类是电子钱包软件,它能够存储货币值和重要信息,可以把自己的各种电子货币、电子金融卡上的信息和数据以及电子信用卡输入到电子钱包内,能够随时进行在线支付,如 IBM 公司的"IBM Wallet"和微软公司的"Microsoft Wallet"。无论采用哪种形式,电子钱包内只能完全装电子货币,即装入智能卡、电子现金、电子零钱、电子信用卡和网络货币等。

1．电子钱包的特征

电子钱包的功能和实际钱包一样,可存放信用卡、电子现金、所有者的身份证号码、所有者地址以及在电子商务网站的收款台上所需的其他信息。电子钱包的主要特征是可以在线使用,不必携带任何现金、货币、各种卡或钱包,只要记住自己电子钱包的保密方式和密码就可以了。

电子钱包可提高购物的效率,用户选好商品后,只要单击自己的钱包就能完成付款过程,这种电子支付方式称为单击式或单击式支付方式。在客户单击时,电子钱包将帮助用户将所需信息自动输入到收款表里,从而大大加快了购物的过程。因为客户在网站选好货物后,到收款台来进行付款,这时会出现一页或两页要求输入姓名、地址、信用卡号和其他个人信息的表。消费者必须填完所有信息才能完成结账,而填写这些表格很烦琐,很多人因不愿填写表格而在收款台前丢下电子购物车扬长而去。要人们不断填写过长的表格会使电子商务行业失去交易的机会,而电子钱包就可以解决这一问题。

使用电子钱包具有安全、方便和快捷的优点。其缺点是硬盘和智能卡的存储,如果你丢失了该文件,就会给客户造成一定损失或麻烦。另外,一旦在网上购物或由人送货,匿名的这一优点就可能不存在了。

2．电子钱包网上购物的基本流程

使用电子钱包的客户通常在银行里都是有账户的。在使用电子钱包前,客户向提供电子

钱包的银行申请注册电子钱包，并利用电子钱包软件把自己的各种电子货币或电子金融卡上的数据输入进去。这样客户就可以用电子钱包进行支付了。利用电子钱包在网上购物，其基本流程如下。

（1）客户使用浏览器在商家的 Web 主页上查看在线商品目录，浏览商品，选择要购买的商品。

（2）客户填写订单，包括从哪个销售商店购买什么商品，购买多少，在订货单上注明将此货物在什么时间送到什么地方以及交给何人等信息。

（3）客户确认后，选择用电子钱包来支付，单击"支付"激活电子钱包，然后输入自己的保密口令，从钱包中选择支付工具进行支付。

（4）电子商务服务器采用某种交易协议，将此订单发送给商家。商家收到订单后，将自己的客户编码加入电子购货账单后，再转送到电子商务服务器上去。经过电子商务服务器对客户和商家确认后，将其同时发送到银行和发卡机构，进行相应的账款结算处理及有关请求确认和授权处理。

（5）经银行对客户的账号确认并授权后，商家就可以交货了。与此同时，商家发送给顾客一份电子收据，然后商家按要求送货，此次交易宣告结束。

本 章 小 结

本章首先介绍了电子货币、电子支付及其系统的有关知识，然后对电子现金、信用卡、电子支票、智能卡和电子钱包这些电子支付工具进行了较为详细的介绍，并举例加以说明。

复习思考题

1. 什么是电子货币、电子支付、网络银行、智能卡、电子钱包？
2. 电子支付系统分为哪些类型？各有什么特点？
3. 比较电子现金、电子支票和电子钱包三种支付方式的异同。

第 14 章

电子商务物流技术

本章提要

本章主要阐述电子商务物流技术的含义、作用、评价与选用标准，介绍物流实体作业技术以及现代信息技术在电子商务物流中的应用。

导入案例

沃尔玛公司的电子商务物流信息系统

先进的电子商务物流信息系统对沃尔玛公司的成长功不可没。沃尔玛公司是第一个发射和使用自由通信卫星的零售公司，它的信息系统是全美最大的民用系统。截至 20 世纪 90 年代初，沃尔玛公司对此已经投资了 7 亿美元，而它不过是一家纯利润只有 2%~3% 的折扣百货零售公司。

1. 计算机系统网络化

1977 年，沃尔玛公司完成了计算机网络化配置，实现了"客户信息—订货—发货—送货"的整体化流程，也实现了公司总部与分店及配送中心之间的快速直接通信。其最主要的功能是及时采集商品销售、存货和订货信息，为公司对复杂配送系统的跟踪和控制提供支持。沃尔玛公司于 1979 年建立第一个数据处理和通信中心，在整个公司内实现了计算机网络化和每天 24 小时连续通信。

2. 商品条码技术的运用

沃尔玛公司还配合计算机网络系统充分地利用商品条码技术。1981 年，沃尔玛公司开始在几家商店进行试点，在收款台安装读取商品条码的设备，利用商品条码和电子扫描器实现存货自动控制。到 20 世纪 80 年代末，沃尔玛公司的所有商店和配送中心都装上了电子条码扫描系统。采用商品条码技术可代替大量手工劳动，不仅缩短了顾客结账时间，更便于利用计算机跟踪商品从进货、库存、配货、送货、上架到售出的全过程，及时掌握商品销售和运行信息，加快商品流转速度。利用这套系统，公司在对商品的整个处理过程中共节约了 60% 左右的人工。商品条码加上便携式扫描仪还可用于控制店内存货水平，方便地记录商品种类、数量、进价、销售价等信息，使公司能更快地规划存货需求，节约再订货过程所需时间。

3. EDI 技术的运用

20 世纪 80 年代，沃尔玛公司开始利用电子数据交换系统(EDI)与供应商建立自动订货系统。该系统又称无纸贸易系统，即通过计算机网络向供应商提供商业文件、发出采购指令、获取收据和装运清单等。同时也使供应商及时、精确地掌握其产品销售情况。到 1990 年，沃尔玛公司已与它的 5000 余家供应商中的 1800 家实现了电子数据交换,成为 EDI 技术的全美国最大的客户。

沃尔玛公司还利用更先进的快速反应和联机系统代替采购指令，实现了自动订货。这些系统利用条码扫描和卫星通信与供应商每日交换商品销售、运输和订货信息，包括商品规格、款式等，从发出订单、生产到将货物送达商店，最快的时候甚至不超过 10 天。

现在沃尔玛公司的计算机跟踪着物流业务的每一个环节，如供应商的存货数量、正在运往该公司的在途商品数量等。利用先进的电子信息手段，沃尔玛公司的物流经理可以精确地了解这些信息，从而知道如何使商店的销售与配送中心保持同步，使配送中心与供应商保持同步。

可以看出，先进的电子商务物流信息系统可以为企业带来利润，可以将手工方式下无法实现的企业经营目标变为现实。进行电子商务物流信息系统建设与使用一定要围绕企业的经营目标进行，这样的信息系统才有生命力。

思考分析：

沃尔玛系统的特点有哪些？给我们带来哪些启示？

14.1   电子商务物流技术概述

14.1.1   电子商务物流技术的含义与构成

1. 电子商务物流技术的含义

电子商务物流技术是指在电子商务物流活动中所采用的自然科学与社会科学方面的理论、方法，以及设施、设备、装置与工艺的总称。电子商务物流技术不但涵盖了传统物流技术的各个方面，也吸收了现代电子商务技术的精髓。

2. 电子商务物流技术的构成

电子商务物流技术包括两个方面，即电子商务物流硬技术和电子商务物流软技术。

电子商务物流硬技术是指组织实施电子商务物流过程所需要的各种物流设施、物流机械装备、物流材料和物流技术手段，既包括传统的物流硬技术和装备也包括典型的现代物流硬技术手段和装备。传统的物流硬技术主要包括：(1)与电子商务物流密切相关的基础设施，如仓库、车站、港口以及机场等；(2)机械设备，如运输机械、装卸机械等；(3)材料技术，如集装材料和包装材料等。典型的现代物流硬技术手段和装备主要包括：计算机、互联网、数据库技术、条码技术，同时还有电子数据交换（Electronic Data Interchange，EDI）、全球卫星定位系统（Global Positioning System，GPS）、地理信息系统（Geographical Information System，GIS）、电子订货系统（Electronic Ordering System，EOS）、销售时点信息系统（Point of Sale System，POS）等。

物流软技术是指为组织实现高效率的物流所需要的计划、分析、评价等方面的技术和管理方法等，它包括物流系统化、物流标准化、各种物资设备的合理调配使用、库存、成本、操作流程、人员、物流路线的合理选择，以及为物流活动高效率而进行的计划、组织、指挥、控制和协调等。物流软技术又称物流技术应用方案，主要包括：(1)规划技术，是对流通形态和硬技术进行规划研究与优化改进的工作，如运输或配送中的路线规划技术；(2)运用技术，是对运输工具的选择使用、装卸方法、库存管理、资源与劳务调配等，如库存控制技术、物流过程中的可视化技术；(3)评价技术，包括成本控制与核算以及系统绩效评价等技术，还包括现代物流技术中的供应链管理（Supply Chain Management，SCM）、顾客关系管理（Customer Relationship Management，CRM）、快速反应（Quick Response，QR）等。

14.1.2　电子商务物流技术作用

电子商务物流技术的作用主要体现在以下四个方面。

1. 它是提升电子商务物流效率的主要手段

一方面，人们可以通过电子商务方面的有关技术，对电子商务物流活动进行模拟、决策和控制，从而使物流作业活动选择最佳方式、方法和作业程序，提高物流的作业效率；另一方面，物流作业技术的应用可以提高物流作业的水平、质量和效率。

2. 它是降低电子商务物流费用的重要因素

先进、合理的电子商务物流技术的应用不仅可以有效地使物流资源得到合理的运用，而且也可以有效地减少物流作业过程中的货物损失，降低电子商务物流费用。

3. 它是提高电子商务物流运作质量和客户满意度的技术基础

随着电子商务物流技术的应用、快速反应的建立，可使企业能及时地根据客户的需要，将货物保质、保量、迅速、准确地送到客户所指定的地点。

4. 它是衡量物流水平高低的主要标志

电子商务物流技术的应用是提高物流生产力的决定性因素，其水平的高低直接关系到物流各项功能的完善和有效实现，直接影响着整体物流水平的高低。因此，电子商务物流技术是整体物流水平高低的主要标志。

此外，电子商务物流技术还有利于实现电子商务物流的系统化和标准化，有利于企业开拓市场，扩大经营规模。

14.1.3　电子商务物流技术评价与选用标准

1. 先进性标准

先进性标准是指在采用电子商务物流技术时，应尽可能采用先进的电子商务物流技术。

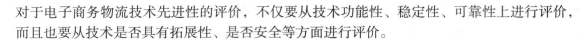

对于电子商务物流技术先进性的评价，不仅要从技术功能性、稳定性、可靠性上进行评价，而且也要从技术是否具有拓展性、是否安全等方面进行评价。

2．经济性标准

经济性标准是指在采用电子商务物流技术时，要考虑电子商务物流技术在经济上的合理性，不能"为技术而技术"。在该方面，一是要考虑采用某项电子商务物流技术时的投资规模，投资规模不能脱离企业的财务现实；二是要考虑企业的物流规模和发展方向；三是要考虑电子商务物流技术在应用过程中的费用问题。

3．适用性标准

适用性标准是指电子商务物流技术的应用应适合物流的现实经济状况，能够带来实际效益。因此，技术的先进性必须同经济上的合理性相结合，只有这样，物流技术的应用才能给社会经济带来最佳的经济效益，物流技术才有其发展价值。

14.2　物流实体作业技术

物流实体作业技术是用于物流实体活动中的相关物流技术，主要包括包装技术、装卸搬运技术、运输技术、储存技术等。

14.2.1　包装技术

1．包装的内涵与功能

包装是指为在流通过程中保护商品、方便运输、促进销售，按照一定技术方法而采用的容器、材料及辅助物的总称，简言之，包装是包装物及包装操作的总称。包装的基本功能主要包括保护商品、促进销售、方便物流与方便消费等。

2．包装技术的含义与构成

包装技术主要包括以下几个方面。

（1）缓冲包装技术。运输和装卸过程中为防止冲击、振动、重压以及在装卸作业过程中的跌落等外力作用对内置物品造成的物理性破坏，需要将物品固定在容器或货台上以缓冲外力，使外力对物品的作用限制在毁坏限度之内，实施这种包装方法的技术称之为缓冲包装技术(防震包装技术)。在实施这项技术时，要考虑内置物品的特征、流通路径的状态、包装材料的缓冲性能等因素，同时还要考虑包装材料的成本。

（2）防湿(水)包装技术。为防止物流过程中物品吸收湿气造成物品质量的低下而采用的包装技术。一般来说，防湿(水)包装主要有两种方法。一是用透湿度低的材料包装。如在纸等纤维材料上进行防湿加工的纸系材料、塑料薄膜及铝箔等。二是控制包装容器内的湿气。控制包装内湿气的方法主要还是使用干燥剂，用于包装的主要是物理干燥剂，最常见的是硅胶。

（3）防锈包装技术。为防止物流过程中金属制品发生锈蚀现象而实施的包装技术。通常是在对金属制品表面做清洁处理后涂抹防锈剂。

（4）防虫及防鼠包装技术。为了防止包装后的物品被昆虫损害，一般使用经杀虫剂处理过的包装材料，大多选用有机磷酸酯系杀虫剂。为了防止鼠害，一般使用经药物处理过的涂布或混入毒药的纸、塑料薄膜等作包装材料，但药剂有可能直接与内部物品接触很不安全，所以包装时需要注意这些问题。

除了以上主要包装技术外，还有为防止外部的水进入，使用防水包装材料进行密封的防水包装技术；防止包装材料的劣化、剥落、开口等现象发生，保证连着性的连着一封口包装技术；为使包装物品的捆绑、结扎更为结实而实施的强化捆绑技术，以及便于物品分拣识别的标识技术等。

14.2.2　装卸搬运技术

1．装卸搬运的内涵与作用

装卸搬运是介于物流各环节(如运输、储存等)之间起衔接作用的活动。装卸是指物体上下方向的移动，搬运是指物体横向或斜向的移动。装卸搬运活动是物流活动中出现频率最高的一项作业活动，所以装卸搬运活动效率直接影响物流的效率、质量、成本与安全。

2．活性指数

装卸搬运活性是装卸搬运专用术语，是指货物的存放状态对装卸搬运作业的方便(或难易)程度，称为货物的"活性"，也称装卸活性。活性一般是用"活性指数"进行定量的衡量，根据物料所处的状态，即物料装卸、搬运的难易程度，可划分不同的级别，即所谓的"活性指数"。一般说来，活性指数越高越好，一般用数字 0，1，2，3，4 表示，具体代表的含义如下：

0 级——物料杂乱地堆在地面上的状态；

1 级——物料装箱或经捆扎后的状态；

2 级——箱子或被捆扎后的物料，下面放有枕木或其他衬垫，便于叉车或其他机械作业的状态；

3 级——物料被放于台车上或用起重机吊钩钩住，可即刻移动的状态；

4 级——被装卸、搬运的物料，已经被启动、直接作业的状态。

3．商品装卸搬运技术的构成

装卸搬运技术是进行装卸搬运作业的方法，根据装卸搬运的作业构成，其主要有堆拆作业、分拣、备货作业、搬送、移送作业等技术。

14.2.3　运输技术

1．运输的内涵与方式

运输是用设备和工具，将货物或商品从一个地点向另一个地点的运送活动，可以创造"空间效应"和"时间效应"，是物流的主要功能之一。一般将运输称为物流的"动脉"。

运输的基本方式有铁路运输、公路运输、水路运输、航空运输以及管道运输。每一种运输方式都有自身的特点，提供的服务内容和服务质量也各不相同，成本也存在着差异。联合运输是把多种运输方式和运输工具联合起来所进行的运输，也可以理解为是基本运输方式的组合。联合运输可以真正地实现门到门(Door to Door)的运输服务，有利于实现物流的及时性和准确性，具有"一次托运、一次计费、一张单证、一次保险"的特点，方便了托运人。

2. 运输技术

运输技术有很多，主要包括运输装载技术、运输线路的线性规划技术和网络分析技术等。

(1)运输装载技术。运输装载技术的主要目的是提高货物的装载量。一方面，要最大限度地利用运输工具的载重吨位；另一方面，要充分地利用运输工具的装载容积。货物的装载技术主要包括轻重配载技术、解体运输技术和堆码技术。

(2)运输线路的线性规划技术。运输线路的线性规划技术就是将线性规划方法应用于运输线路的选择问题。根据已知的条件(变量)，建立数学模型，使其在满足约束的条件下，目标函数达到最大值或最小值(最优解)。通过求解方程，寻找最佳的运输线路。

(3)网络分析技术。网络分析技术是一种组织管理技术，其基本原理就是将组成系统的各项任务，按各个阶段和先后顺序通过网络形式，根据工作进度和任务的轻重缓急，统筹规划、统一安排，也称网络分析法、统筹法、关键路线法或计划评审法。它经常以运输工序所需的工时为因素，根据运输工序之间的关系，映射出整个运输过程和任务的网络图，通过计算，找出对全局有重大影响的关键线路。据此对运输任务的各个工序进行安排，对整个系统进行控制和调整，使运输系统能在最短的时间，以较小的人、财、物等运输资源的消耗，来更好地完成运输目标。

14.2.4　储存技术

1. 储存的内涵与作用

储存(Storing)就是"保护、管理、贮藏物品"。正确地将物品存放在适宜的场所和位置，并对其进行保养和维护是储存的基本职能与要求。商品储存是一切经济形态都存在的一种经济现象，主要解决社会生产与消费在时间上存在的矛盾，创造时间价值，此外商品储存可以提高运输效率、降低运输成本，更好地满足社会的需要。商品储存一般包括入库、保管以及出库三个阶段。储存数量是否最小，商品质量是否能够得到保持，储存的时间、结构与分布是否合理，费用是否最低是衡量储存是否合理的重要标志。

2. 储存管理技术

储存管理技术主要包括两大部分：一是关于储存作业过程中的技术；二是关于库存管理方面的技术。在此，我们主要介绍库存管理技术。库存有狭义与广义之分，狭义的库存主要是指处于储存状态的物品，或是储存在仓库中的物品，属于静态的库存。广义的库存还包括处于制造加工状态和运输状态的物品。我们主要阐述狭义的库存管理技术(一般称为方法)。

库存管理方法有很多，一般来说主要有定额管理法、分类管理法等。

(1)定额管理法。定额管理法主要是通过确定库存储备定额来实现对库存管理的一种方法。所谓储备定额就是在一定的生产经营技术条件下，合理储存的物品数量、标准或水平。储备定额是确定储备量、检查与评价储备量是否合理的重要标准。

储备定额的种类有很多。按技术单位划分有相对储备定额和绝对储备定额。相对储备定额以储备天数为计算单位，表示可供多少天使用的物品；绝对储备定额按实物单位(如吨、台等)为计算单位，主要用于计划编制、库存量控制和仓库保管面积的计算等。按作用划分，储备定额有经常储备定额、保险储备(安全储备、缓冲储备)定额和季节储备定额。按综合程度划分，储备定额有个别储备定额和类别储备定额。

(2)分类管理法。分类管理法就是按照一定的标准将库存物品划分成不同的类别，然后对不同类别的物品实行不同管理的方法。ABC 分类管理法是库存分类管理方法中应用最为广泛的一种。

ABC 管理法的基本思路是将库存物品按品种数和所占金额划分为 A、B、C 三类，分别对其进行管理。一般来说，A 类物品的品种大约占库存品种数目的 20%左右，资金约占库存总金额的 70%～80%，在管理中，要对其实行重点管理，尽可能降低其库存量；B 类物品的品种大约占库存品种数目的 30%左右，资金约占库存总金额的 15%～25%，在管理中，对其实行次重点管理；C 类物品的品种大约占库存品种数目的 50%左右，资金约占库存总金额的 5%，在管理中对其实行一般管理。

14.3　信息技术及其在物流中的应用

14.3.1　条码技术与应用

1. 条码的概念与作用

条码技术（Bar Code）是在计算机的应用实践中产生和发展起来的一种自动识别技术。它是为实现对信息的自动扫描而设计的，是实现快速、准确而可靠地采集数据的有效手段。条码技术的应用解决了数据录入和数据采集的"瓶颈"问题，为供应链管理提供了有力的技术支持。

条码技术作为物流信息系统中的数据自动采集技术，是实现物流信息自动采集与输入的重要技术，为我们提供了一种对物流中的物品进行标识和描述的方法，是实现 POS 系统、EDI、电子商务、供应链管理的技术基础，是物流管理现代化的重要技术手段。

条码技术还是实现自动化管理的有力武器，利用条码技术可以对企业的物流信息进行采集跟踪，满足企业针对物料准备、生产制造、仓储运输、市场销售、售后服务、质量控制等方面的信息管理需求，有利于实现进货、销售、仓储管理一体化，产、供、销一条龙。

2. 物流条码的特点

物流条码是在物流过程中用以识别具体实物的一种特殊代码。运用物流条码可使信息的传递更加方便、快捷、准确，充分发挥物流系统的功能。与通用商品条码相比，物流条码有以下特点。

(1)储运单元的唯一标识。商品条码是最终消费品的唯一标识；物流条码是储运单元的唯一标识，通常标识多个或多种类商品的集合，用于物流的现代化管理。

(2)服务于供应链全过程。商品条码服务于消费环节；物流条码服务于供应链全过程，商品从生产到最终零售中间经过若干环节，物流条码是这些环节中的唯一标识，是多种行业共享的通用数据。

(3)采用码制不同，信息容量大。商品条码采用的是 EAN/UPC 码制，是 13 位数字条码；物流条码则主要采用 UCC/EAN-128 条码，可表示多种含义、多种信息，如可表示货物的体积、重量、生产日期、批号等信息。

(4)标准维护复杂程度高。商品条码已经很成熟，已经实现了国际标准化，不需要经常变更；物流条码是可变形条码，随着贸易的具体需要而有所改变，相关标准是需要经常维护的。

3．条码技术在物流领域中的应用

在供应链物流领域，从产品的生产到成品下线、销售、运输、仓储、零售等各个环节，都可以应用条码技术，进行方便、快捷的管理。条码技术就像一条纽带，把产品生命周期各阶段发生的信息连接在一起，在仓库货物管理、生产线人员管理、流水线的生产管理、仓储管理、进货管理、入库管理、库存货物管理、货物信息控制、跟踪、出库管理、系统管理等方面都发挥着不可替代的作用。条码技术可以不断地改善物流能力，实时地监督物流动态，识别潜在的作业障碍，创造完美的客户体验，获得持久的竞争优势。

在行业应用方面，比如，在我国的邮政速递行业，条码技术的应用已经涉及邮政速递物流的各个环节，包括包裹的接收、仓储、运输、分拣、递送、查询等环节。条码技术提高了作业效率，增强了数据和信息的准确性和实时性，带来了较好的客户体验。

14.3.2　扫描技术与应用

条码阅读器是用于读取条码信息的设备，其结构通常包括以下几部分：光源、接收装置、光电转换部件、译码电路、计算机接口。它的基本工作原理为：由光源发出的光线经过光学系统照射到条码符号上面，被反射回来的光经过光学系统成像在光电转换器上，使之产生电信号，信号经过电路放大后产生一模拟电压，它与照射到条码符号上被反射回来的光成正比，再经过滤波、整形，形成与模拟信号对应的方波信号，经译码器解释为计算机可以直接接收的数字信号。

普通的条码阅读器通常采用以下三种技术：光笔、CCD、激光。它们都有各自的优缺点，没有一种阅读器能够在所有方面都具有优势。

1．光笔

（1）工作原理。光笔是最先出现的一种手持接触式条码阅读器，也是最为经济的一种条码阅读器。使用时，操作者需将光笔接触到条码表面，通过光笔的镜头发出一个很小的光点，当这个光点从左到右划过条码时，在"空"的部分，光线被反射，在"条"的部分，光线被吸收，因此在光笔内部产生一个变化的电压，这个电压通过放大、整形后用于译码。

（2）优点。与条码接触阅读，能够明确哪一个是被阅读的条码；阅读条码的长度可以不受限制；成本相对较低；内部没有移动部件，比较坚固；体积小，重量轻。

（3）缺点。使用光笔会受到各种限制，比如在有些场合不适合接触阅读条码；另外只有在比较平坦的表面上阅读指定密度的、打印质量较好的条码时，光笔才能发挥它的作用；而且操作人员需要经过一定的训练才能使用，如阅读速度、阅读角度，以及使用的压力不当都会影响它的阅读性能；因为它必须接触阅读，当条码在因保存不当而产生损坏，或者上面有一层保护膜时，光笔则不能使用；光笔的首读成功率低及误码率较高。

2．CCD 阅读器

（1）工作原理。电荷耦合器件（Charge Couple Device），CCD 阅读器比较适合近距离和接触阅读，它的价格比激光阅读器便宜，而且内部没有移动部件。CCD 阅读器使用一个或多个LED，发出的光线能够覆盖整个条码，条码的图像被传到一排光探测器上，被每个单独的光电二极管采样，由邻近的探测器的探测结果为"黑"或"白"区分每一个"条"或"空"，从而确定条码的字符，换言之，CCD 阅读器阅读的不是每一个"条"或"空"，而是条码的整个部分，并转换成可以译码的电信号。

（2）优点。CCD阅读器的价格较便宜，阅读条码的密度广泛，阅读范围广，容易使用，重量比激光阅读器轻。

（3）缺点。缺点在于它的阅读深度和阅读宽度，在阅读印在弧型表面的条码（如饮料罐）时会有困难；在一些需要远距离阅读的场合，如仓库领域，也不是很适合；在所要阅读的条码比较宽时，CCD也不是很好的选择，信息很长或密度很低的条码很容易超出扫描头的阅读范围，导致条码不可读；此外，CCD的防摔性能较差，因此产生的故障率较高；而且某些采取多个LED的条码阅读器中，任意一个LED故障都会导致不能阅读；大部分CCD阅读器的首读成功率较低且误码率高。

3．激光扫描仪

（1）工作原理。激光扫描仪是各种扫描器中价格相对较高的，但它所能提供的各项功能指标也最高，因此在各个行业中都被广泛采用。激光扫描仪的基本工作原理为：手持式激光扫描仪通过一个激光二极管发出一束光线，照射到一个旋转的棱镜或来回摆动的镜子上，反射后的光线穿过阅读窗照射到条码表面，光线经过条或空的反射后返回阅读器，由一个镜子进行采集、聚焦，通过光电转换器转换成电信号，通过扫描机或终端上的译码软件进行译码。

（2）种类。激光扫描仪分为手持与固定两种形式：手持激光枪连接方便简单、使用灵活；固定式激光扫描仪适用于阅读量较大、条码较小的场合，有效解放双手的工作。

（3）优点。激光扫描仪可以很杰出地用于非接触扫描，通常情况下，在阅读距离超过30厘米时激光扫描仪是唯一的选择；激光扫描仪阅读条码密度范围广，并可以阅读不规则的条码表面或透过玻璃或透明胶纸阅读，因为是非接触阅读，因此不会损坏条码标签；因为有较先进的阅读及解码系统，首读识别成功率高、识别速度相对光笔及CCD更快，而且对印刷质量不好或模糊的条码识别效果好；误码率极低（仅约为三百万分之一）；激光扫描仪的防震防摔性能好。

（4）缺点。激光扫描仪唯一的缺点是它的价格相对较高，但如果从购买费用与使用费用的总和计算，与CCD阅读器并没有太大的区别。

14.3.3 电子数据交换技术与应用

电子数据交换（Electronic Data Interchange，EDI）俗称"无纸贸易"。国际标准化组织将EDI定义为一种电子传输方法，这种方法首先将商业或行政事务处理中的报文数据按照一个公认的标准，形成结构化的事务处理的报文数据格式，进而将这些结构化的报文数据经由网络，从计算机传输到计算机。

1．EDI系统组成

EDI系统包括EDI环境、EDI过程和EDI技术实现三个基本方面。

（1）EDI的环境，即EDI需要进行信息交换的某一应用领域。例如，国际贸易、国内贸易、医院工作、图书馆工作、项目管理等。它限定了有哪里信息需要传递，在哪些地点之间进行传递。

（2）EDI过程，指信息交换的流程及规则。它反映了实际领域中的业务过程，以及与之相伴的信息流程。例如，在贸易过程中，从询价、报价开始，直到付款、交货，中间涉及供应者、购买者、银行、运输公司、保险公司等多种企业（或称角色），先后几十种信息交换业务需要执行。在实际工作中，这种流程体现为一系列规则与标准。

（3）EDI技术实现，指信息交流的手段，包括硬件设备、通信设备以及软件等。从目前来

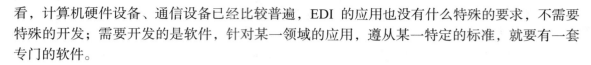

看，计算机硬件设备、通信设备已经比较普遍，EDI 的应用也没有什么特殊的要求，不需要特殊的开发；需要开发的是软件，针对某一领域的应用，遵从某一特定的标准，就要有一套专门的软件。

2．EDI 的技术标准

EDI 技术标准是整个 EDI 技术的关键，由于 EDI 技术是以事先商定的报文格式进行数据的传输和信息交换，因此制定统一的技术标准至关重要。EDI 的标准包括 EDI 网络通信标准、EDI 处理标准、EDI 联系标准和 EDI 语义语法标准等。EDI 网络通信标准是要解决 EDI 通信网络应该建立在何种通信网络协议之上，以保证各类 EDI 用户系统的互联；EDI 处理标准是要研究那些不同地域不同行业的各种 EDI 报文、相互共有的"公共元素报文"的处理标准；EDI 联系标准解决 EDI 用户所属的其他信息管理系统或数据库与 EDI 系统之间的接口；EDI 语义语法标准(又称 EDI 报文标准)是要解决各种报文类型格式、数据元编码、字符集和语法规则以及报表生成等。

EDI 语义语法标准是 EDI 技术的核心，其中最首要的是实现单证标准化，包括单证格式的标准化、所记载信息标准化以及信息描述的标准化。单证格式的标准化是指按照国际贸易基本单证格式设计各种商务往来的单证样式，在单证上利用代码表示信息时，代码所处位置的标准化。信息内容的标准化涉及单证上的哪些内容是必需的，哪些不一定是必需的。

3．EDI 在物流领域中的应用

EDI 是一种信息管理或处理的有效手段，它可以对物流供应链上物流信息进行有效地运作，比如传输物流单证等。EDI 在物流运作的目的是充分利用现有计算机及通信网络资源，提高交易双方信息的传输效率，降低物流成本。具体来说主要包括以下几个方面。

首先，对于制造业来说，利用 EDI 可以有效地减少库存量及生产线待料时间，降低生产成本；其次，对于运输业说，利用 EDI 可以快速通关报检、科学合理地利用运输资源、降低运输成本费用和节约运输时间；最后，对于流通业来说，利用 EDI 可以建立快速响应系统，减少商场库存量与空架率，加速资金周转，降低物流成本，同时也可以建立起物流配送体系，完成产、存、运、销一体化的供应链管理。

EDI 应用获益最大的是零售业、制造业和配送业。在这些行业中的供应链上应用 EDI 技术，使传输发票、订单过程达到了很高的效率。此外，EDI 在密切贸易伙伴关系方面具有潜在的优势。

14.3.4　RFID 技术与应用

1．射频识别技术简介

射频识别(Radio Frequency Identification，RFID)技术是一种非接触式的自动识别技术，它通过射频信号自动识别目标对象并获取相关数据，识别工作无须人工干预，可工作于各种恶劣环境。与条码技术相比，RFID 的优点是无方向性，不局限于视线，识别距离远；射频识别卡具有读写能力，可携带大量数据，难以伪造，智能化；一次能读取数个至数千个标签识别码及数据，加快了信息采集和流程处理速度，增强作业的准确性和快捷性。

射频识别系统的传送距离由许多因素决定，如传送频率、天线设计等。对于应用射频识别的特定情况应考虑传送距离、工作频率、标签的数据容量、尺寸、重量、定位、响应速度及选择能力等。

射频识别技术应用在高速公路收费站不停车收费，火车不停车抄录车号，对运动中的物品、动物的跟踪等，也适用于物料跟踪、运载工具和货架识别等要求非接触数据采集和交换的场合。由于射频标签具有可读写能力，对于需要频繁改变数据内容的场合尤为适用。

将条码与 RFID 技术相结合，也是 RFID 在现阶段应用的一种方式。可以将条码贴在物品上，射频电子标签贴在存放物品的托盘或叉车上(电子标签存放托盘或叉车上所有物品的信息)，阅读器则安置在仓库的进出口。每当物品进库时，阅读器自动识别电子标签上面的物品信息，并将信息存储到与之相连的管理系统中；当物品出库时，同样由阅读器自动识别物品信息，并传送到管理系统，由系统对信息进行出库处理。

2．RFID 技术在物流中的应用

在商业流通领域，据 Sanford C. Bernstein 公司的零售业分析师估计，通过采用 RFID 技术，沃尔玛每年可以节省 83.5 亿美元，其中大部分是因为不需要人工查看进货的条码而节省的劳动力成本。RFID 有助于解决零售业两个最大的难题：商品断货和损耗。比如，单是盗窃一项，沃尔玛一年的损失就差不多有 20 亿美元，据研究机构估计，RFID 技术能够帮助把失窃和存货水平降低 25%。

我国 RFID 技术的应用也已经开始，高速公路的收费站口通过使用 RFID 技术可以实现不停车收费，铁路系统使用 RFID 技术记录货车车厢编号，一些物流公司也正在将 RFID 技术用于物流管理中。

14.3.5　GIS 技术与应用

1．GIS 与 WebGIS 简介

地理信息系统(Geographic Information System，GIS)是一种基于计算机的工具，它可以对在地球上存在的东西和发生的事件进行成图和分析。GIS 技术把地图这种独特的视觉化效果和地理分析功能与一般的数据库操作(例如查询和统计分析等)集成在一起。这种能力使 GIS 与其他信息系统相区别，从而使其在广泛的公众和个人企事业单位中解释事件、预测结果、规划战略等中具有实用价值。

随着 Internet 技术的不断发展和人们对地理信息系统(GIS)的需求，产生了基于 Internet 技术的地理信息系统 WebGIS。WebGIS 是 Internet 技术应用于 GIS 开发的产物，GIS 通过万维网(WWW)成为大众使用的技术和工具，人们可以浏览检索 Web 上的各种地理信息和进行各种地理空间分析与预测、空间推理和决策等。同传统 GIS 相比，WebGIS 具有访问范围广、平台独立、系统成本低、操作简单等特点。

2．GIS 技术在物流中的应用

基于 GIS 的物流配送系统主要有下列功能。

(1)车辆和货物跟踪。利用 GPS 和电子地图可以实时显示车辆或货物的实际位置，并能查询车辆和货物的状态，以便进行合理调度和管理。

(2)提供运输路线规划和导航。利用 GIS 物流配送系统规划出运输线路，使显示器能够在电子地图上显示设计线路，并同时显示汽车运行路径和运行方法。

(3)信息查询。在 GIS 物流配送系统上对配送范围内的主要建筑、运输车辆、客户等进行查询，查询资料可以文字、语言以及图像的形式显示，并在电子地图上显示其位置。

(4)模拟与决策。如可利用长期客户、车辆、订单和地理数据等建立模型来进行物流网络的布局模拟，并以此来建立决策支持系统，以提供更有效而直观的决策依据。

14.3.6　GPS 技术与应用

全球卫星定位系统(Global Positioning Systems，GPS)是美国历时 20 年耗资 200 亿美元于 1994 年完成整体部署的，该系统具有全天候、全方位和高精度的实时三维导航与定位能力。现在 GPS 与现代通信技术相结合使得测定地球表面三维坐标的方法从静态发展到动态，从数据后处理发展到实时的定位与导航，极大地扩展了它的应用广度和深度。

1. GPS 系统的组成

GPS 系统由三大部分组成，包括 GPS 卫星星座、地面监控系统和信号接收系统。

GPS 卫星星座由 21 颗工作卫星和 3 颗在轨备用卫星组成。24 颗卫星均匀分布地在 6 个轨道平面内，轨道倾角为 55 度，各个轨道平面之间相距为 60 度，每个轨道平面内各颗卫星之间的升交角距相差 90 度，任一轨道平面上的卫星比两边相邻轨道平面上的相应卫星超前 30 度。卫星高度 20 180 千米，周期 12 小时。这样，在地球上任意一点，位于地平线以上的卫星颗数最少为 4 颗最多为 11 颗。在用 GPS 信号导航定位时为了结算观测站的三维坐标必须观测 4 颗 GPS 卫星，这 4 颗卫星称为定位星座。这 4 颗卫星在观测过程中的几何位置分布对定位精度有一定的影响。

2. GPS 技术在物流中的应用

GPS 在物流领域可以应用于汽车自定位、跟踪调度以及铁路运输等方面的管理，也可用于军事物流。

(1)在汽车自动定位、跟踪调度方面的应用。利用 GPS 的计算机管理信息系统，可以通过 GPS 和计算机网络实时收集全路汽车所运货物的动态信息，通过对物流车辆、货物的实时定位追踪，实现对车辆的有效指挥、协调、调度和管理，还可以进行历史轨迹的回放、超速越界报警、行驶里程统计等。

(2)在铁路运输方面的管理。利用 GPS 的计算机管理信息系统，可以通过 GPS 和计算机网络实时收集全路列车、机车、车辆、集装箱及所运货物的动态信息，实现列车及货物的追踪管理。铁路部门运用这项技术可大大提高其路网及其运营的透明度，为货主提供更高质量的服务。

(3)用于军事物流。全球卫星定位系统首先是因为军事目的而建立的，在军事物流中应用相当普遍，如后勤装备的保障等方面。通过 GPS 技术及系统，各级指挥人员可以实时掌握各地驻军的数量、要求以及军用物资的状态、位置，无论在战时还是在平时都能及时地进行准确的后勤补给。

本 章 小 结

电子商务物流技术是电子商务物流活动的重要技术支撑，其水平的高低直接关系到电子商务物流活动各项功能的完善和有效实现。电子商务物流技术涵盖了与电子商务物流要素活动有关的所有专业技术，既包括传统物流技术领域中的各种操作方法、管理技能，也包括许多现代信息技术在物流领域中的应用。

复习思考题

1．简述电子商务物流技术的内涵、构成与作用。
2．简述在物流领域应用的典型现代信息技术主要有哪些，是如何应用的。

电子商务基本应用

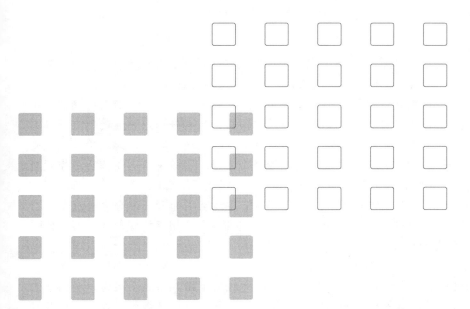

第 15 章

商贸业电子商务

本章提要

本章首先介绍商贸业务的主要特点，以及电子商务对商贸业的影响，并重点探讨 EDI 在商贸业的应用，以及在零售、批发、连锁等环节电子商务的应用。

导入案例

1990 年 12 月，一家专营空调的商店诞生在中国南京的宁海路上，由此拉开了苏宁作为一家大型商业企业成长的序幕。2010 年苏宁易购正式上线，打造国内第一家电子商务网购平台。2011 年 10 月 31 日，苏宁易购图书频道上线，首期 60 多万 SKU（库存量单位）引爆网购图书市场，震惊业界。2013 年 6 月 8 日，苏宁全国所有苏宁门店、乐购仕门店销售的所有商品与苏宁易购实现同品同价，这是全国首例大型零售商全面推行线上线下同价，此次价格一致是苏宁多渠道融合的重要一步，标志着苏宁 O2O 模式的全面运行。2015 年 3 月 8 日，苏宁超市公司正式进军生鲜市场，开售自营生鲜产品，并命名为"苏鲜生"。2015 年 4 月 7 日，苏宁第三方物流企业服务平台项目正式发布上线。综上，苏宁历经空调专营、综合电器连锁、全品类互联网零售三个阶段，目前在中国和日本拥有两家上市公司，年销售规模超过 3000 亿元，员工 18 万人，是中国最大的商业企业，位列中国民营企业前三强。

2014 年中国网络购物市场交易规模达到 2.8 万亿元，同比增长 48.7%。面对行业挑战，传统零售行业纷纷加快转型，通过自建或者合作方式培育线上市场，布局全渠道，将线下在网点布局、深度体验以及供应链管理方面的优势与线上在流量获取、数据处理以及支付便捷等方面的优势相结合，形成企业新的竞争能力。O2O 模式已成为传统零售行业转型升级，实现企业新成长的必由之路。作为行业转型升级的先行者，苏宁明确提出了"一体、两翼、三云、四端"的互联网零售发展路径。

"一体"就是零售主体的商品管理能力、用户经营能力；

"两翼"就是开放平台的生态体系搭建与线下的互联网化运营升级；

"三云"就是将传统的物流、信息流、资金流通过互联网技术升级为"物流云、数据云、金融云"，并以互联网的思维全面开放、协同共享；

"四端"就是门店端、PC端、移动端、家庭端实现全渠道融合。

苏宁以互联网零售为主体，打造O2O的全渠道经营模式和线上线下的开放平台，整合线上线下，拓展全渠道、全品类经营，做"电商 + 店商 + 零售服务商"。通过组织调整、双线同价、开放平台等一系列举措，苏宁正沿着自己设定的"互联网路线图"，逐步转型为互联网企业。苏宁提出"双线同价"，其核心是将苏宁打造成一个O2O平台：线上获取消费者并将他带到线下门店，而线下门店不仅可以提供服务和购物体验，还能成为物流配送点。这种零售模式带有互联网特质，突破了传统零售模式的空间、时间、品类等局限，同时兼具线下体验功能，这与天猫商城、京东商城等现有电商平台形成差异化竞争。战略清晰之后，苏宁不再畏惧线上对线下的渠道冲击，在新的商业模式中，线下门店也不再是包袱，而是优势的入口资源。不仅如此，在苏宁O2O模式中，"线下"不再是狭义上指的单纯门店资源，而是一个涵盖店面、物流、服务、供应链，以及用互联网思维武装的新型销售团队在内的全资源能力体系。苏宁提出的"开发平台"被命名为"苏宁云台"，苏宁就是平台所售商品的法人，承担所有商品质量和服务的终极责任。入驻云台的商户可得到苏宁的品牌背书，商品和服务拥有了苏宁自营商品同等的保障，极大提升商户品牌信赖感，提升销售转化；对用户而言，统一的服务承诺和苏宁的先行受理，将极大地减轻购物的后顾之忧。

苏宁加快门店体验、销售、服务、本地化营销四位一体功能的转型工作，在实践中探索完善；打通线上线下在订单、支付、服务等基本购物环节，提升用户体验，实现线上线下的完全融合；加大移动端在门店的应用，从WiFi部署、下载奖励、移动支付与扫码推广等各环节全面推进；优化激励考核，提升员工的线上线下协同意识，调动工作积极性，并加强对员工运用互联网社交工具的培训，进一步丰富用户发展、激活、维系的手段，提高员工的互联网经营技能。

苏宁对互联网的转型实现了思想上的高度统一，对于商品供应模式变革、用户经营和服务体验都有了更加清晰的认识，线上线下、前台后台每个环节都在互联网化，O2O执行已经进入到由点及面，由个案到全局的体系化执行阶段，公司转型由弯道进入了直道。

思考分析：

你认为苏宁易购发展商贸业电子商务有哪些优势？

15.1　商贸业务的种类和范围

15.1.1　商贸业的含义和职能

商贸业是指专门从事商品流通的行业，是进行商品交换的经济活动的总称。其包括国内商业和国际贸易，涉及的业务范围包括国内企业之间的商品交换，也包括国际范围内的商品跨国境交易，所以约定俗成，人们一般将国内的商品交易称作商业活动，而涉及跨国交易的业务称为贸易活动，二者统称为商贸业务。从事商贸活动的企业的职能是在生产者和消费者之间发挥商品流通和商品交换的中介作用，向生产企业、其他流通企业、服务企业以及个体消费者提供商品和服务，并同时实现商品的商流、物流、资金流和信息流。由于生产和消费存在着空间的分离、时间的分离、信息的分离、所有权的分离和价值的分离，导致生产和消

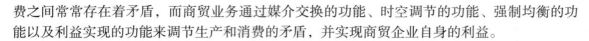

费之间常常存在着矛盾，而商贸业务通过媒介交换的功能、时空调节的功能、强制均衡的功能以及利益实现的功能来调节生产和消费的矛盾，并实现商贸企业自身的利益。

15.1.2　商贸业务的种类

商贸业务按照所交易的商品形态，分为有形商品交易和无形商品交易。有形商品交易包括最初商品交易、最终商品交易和中间商品交易，分别是指自然资源、生活必需品和生产资料商品的交易；无形商品交易包括服务商品交易和技术商品交易，分别是指服务和智力商品的交易。

按照交易涉及的范围，可以分为国内商品交易和国际贸易。

按照商贸业务的交易环节，可以分为批发业务和零售业务。

按照商贸业务的交易方式，可以分为对手交易和拍卖交易。

15.1.3　商贸业务中买卖双方的业务内容

商贸业务活动实际上就是买卖双方进行交易的过程，不论买方还是卖方在最终实现商品价值和使用价值之前，都涉及与商务活动相关的一系列业务活动和内容，卖方和买方的交易目的不同，所以其业务内容也是不同的。

1）买方的业务内容

对于买方来说，其参与商贸活动的主要目的是寻找到合适的供货商，并最终实现商品的实用价值，所以围绕这一目的，买方在进行一桩具体的交易业务时会采取如下的一系列行为（见图 15-1）。

采购者需要发现企业或个人对某商品或服务的实际需求；确认企业或个人确实需要购买这项商品或服务，确定所需产品的具体规格和型号；通过翻阅产品目录、媒体广告或工商企业目录等各种方法，寻找到能提供该产品或服务的供应商；通过各种联系方式联系上多家供应商后，要针对具体交易条件进行谈判，如交货日期、运输方法、成交价格、付款条件、质量保证以及售后服务等，确定日常订货规则；当双方对上述交易条件都达成满意结果以后，就是订货、收货以及验货的过程；当一次交易完成以后，购买者会对上一次的交易进行一次绩效评价，如果上一次的购买经历是愉快的、满意的，后续的交易可能还会选择该供应商，否则将重复整个购买行为。

2）卖方的业务内容

对于卖方来说，其参与商贸活动的主要目的是寻找到合适的采购者，并最终实现商品的价值，所以围绕这一目的，卖方在进行一桩具体的交易业务时会采取如下的一系列行为（见图 15-2）。

供货方要先进行市场调查，通过市场调查，发现市场下游用户或终端消费者的潜在需求。供货方确定消费者需求的方法有市场问卷调查、推销员与顾客的直接接触、专业咨询公司的咨询报告等。一旦卖方确定了客户的需求，就会通过广告与促销的方式向目标消费者进行直接的信息传达，一旦潜在的购买者对卖方的产品或服务产生兴趣，双方就开始了对交易条件的谈判，包括成交的价格和数量、配送方式、测试安装及售后服务等，最终确定销售的规则。其后，卖方向买方提供货品或服务，并出具销售发票，收取货款资金，并提供后续的售后服务、日常维护和质量担保工作。

虽然卖方和买方在商贸活动中处于交易的两端，具有不同的业务内容和程序，但是作为一个事物的两面，卖方和买方又是相互依赖的，缺少了任何一方，交易的链条就会断裂，流通的过程就无法实现。而且从上述的流程可以看出，信息在卖方和买方的行为中占据重要的地位，买方需要了解销售自己所需产品的生产者的信息、产品的信息等，而卖方需要了解自己的潜在需求者是谁，需求者对产品的具体需求是什么；同时卖方和买方在相互搜寻的过程中存在着大量的信息和单证的往来，这些信息搜寻和单证的传递就构成了交易成本的一部分，所以，需要新的交易工具和交易平台来降低商贸环节的交易成本，促进买卖双方的交易更顺利、更节约地实现。

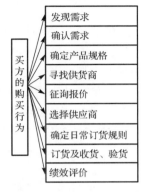

图 15-1　商贸活动中买方的购买行为

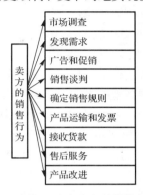

图 15-2　商贸活动中卖方的销售行为

15.2　电子商务在商贸领域的作用

15.2.1　传统商贸活动交易达成的条件

作为商贸活动的全过程，一笔买卖的交易活动要完成商流、物流、资金流和信息流的转移，而在完成上述四流的过程中，涉及生产者、消费者和流通业者(见图15-3)，只有各参与主体积极合作和积极参与，商品流通过程才能顺利完成。

但是要实现商品流通的全过程，促成交易的完成，必须要有合适的卖方产品、具有潜在需求的买方用户、买卖双方的交易条件能相互匹配并有达成交易的意向，这就需要卖方和买方进行信息的搜寻，付出信息成本；达成交易，付出商流成本；完成货物的物理位置的移动，付出物流成本；支付货款，完成资金流环节。在传统的交易形式下，上述的成本很高，而且效率很低，导致流通环节的成本增大，不利于流通过程的实现。传统的商品流通过程如图 15-4 所示。

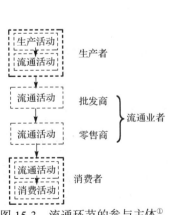

图 15-3　流通环节的参与主体[①]

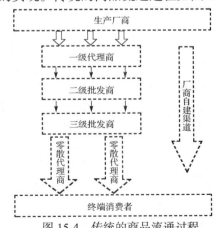

图 15-4　传统的商品流通过程

---

① 田村正纪. 流通原理[M]. 北京：机械工业出版社，2007.

15.2.2 在商贸领域开展电子商务的作用

引入电子商务以后，卖方和买方可以利用互联网的平台进行信息的搜寻，并在网上针对交易条件进行谈判，这样可以大大节省信息搜寻的支出，降低商流成本，并提高交易的效率。可以有效地预测市场及管理库存，降低运营成本。

从市场交易的范围来看，传统的商贸活动具有一定的地理位置限制，特别是零售企业，其商圈的大小对其客层的来源有着制约作用，而实施电子商务以后，商圈、贸易限制和企业规模优势等传统的概念被打破，不论是批发企业还是零售企业，其交易的市场范围大大扩展了，全国甚至是世界各地的潜在交易对手都可以登录公司的网站，与公司进行信息的沟通，并达成交易，因而商贸企业获得了全球性的、无限的商务空间。电子商务平台下的商品流通过程如图15-5所示。

从客户服务的质量来看，传统的商贸服务只有在客户产生了需求之后才会提供相应的服务，而推出电子商务平台以后，由于互联网的实时互动性，使得产品或服务的需求者更容易表达出自己对产品或服务的评价，这将有助于客户关系管理的实施和完善，通过电子商务有效地收集、分析、挖掘和管理市场及客户信息，企业可以有针对性地进行互动式促销，有效地提升客户服务的质量和服务效率，提高客户的满意程度。

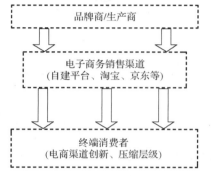

图 15-5　电子商务平台下的商品流通过程

15.2.3 电子商务在商品流通各环节的作用

通过电子商务的网站，可以完成商品的国际贸易和国内贸易业务，可以参与批发也可以实现零售，所以，电子商务在商贸领域的应用极为广泛（后面章节将详细讨论电子商务在商贸领域不同环节的应用）。

电子商务的交易过程与传统的商贸形式一样，也包括交易前的信息收集、商务洽谈和签约、办理交易手续和合同履行与索赔等。

（1）交易前的信息收集。买卖双方都会利用电子商务进行交易前的信息收集工作，买方要在网上寻找到能供应自己所需产品的供货方，并将所需购买的产品的名称、规格、数量、交货要求和付款方式等信息发送给卖方商家；而卖方则会通过电子商务平台寻找买家的信息，并积极与买家联系，极力促成交易。这一过程是信息流实现的主要环节。

（2）商务洽谈与签约。买卖双方通过网上信息沟通的渠道对交易细节进行商务谈判，一旦达成一致，同意进行交易，则将双方磋商的结果，以法律认可的文件形式形成交易合同，可以是电子交易合同，并经数字签名后生效，该合同就具有了法律效应。

（3）办理交易手续。在这一过程中，要实现商品的商流过程，完成商品所有权的转移，即实现交易。对于卖方来说商品的所有权转移至买方，而买方要为本次的交易进行货品的资金支付。在网上可以实现商流和资金流的转移。

（4）合同履约与索赔。在此阶段实现商品的物流过程，卖方发货，通过公司的物流车队或是第三方的物流公司进行货物的运输，实现商品的物理位置的移动。交易双方可以通过电子商务交易系统跟踪发出的货物的运输路线，买方收到货物并验收完毕，完成整个电子商务的交易过程。如果交易过程中发生违约，可以在网上进行权利主张，要求索赔。

15.3　商贸业电子商务的应用

15.3.1　流通信息中介型电子商务模式

1．流通信息中介型电子商务的作用

作为流通交易的一般性参与主体，提供流通信息中介的电子商务服务平台并不直接参与交易活动，而是专门为参与交易的买卖双方提供商品流通的信息中介及其他增值服务，通过该信息中介平台，信息流可以便利地在卖方和买方之间互相流动，从而通过降低买卖双方的信息流通的成本而获得生存和发展的空间。

2．流通信息中介型电子商务的模式

（1）提供具有媒体特征的资讯信息服务模式。

这类网站大多拥有资讯信息业务，并有一部分网站提供有偿资讯信息业务。资讯信息服务主要由咨询信息和供求信息两类组成。行业电子商务网站资讯侧重商情和价格动态，具备一定的信息咨询特征。如隆众资讯、金银岛以及中国工控网等网站投入约占网站员工总数1/4～1/3 的庞大人力资源，为会员提供信息咨询和资讯服务，并获得一定的信息服务收益。其他一部分没有能力投入大量采集分析人员的网站，也依靠免费的资讯获得一定的企业会员。中国工控网目前的业务便主要集中于发布资讯信息和提供行业咨询报告两部分。

（2）提供具有中介特征的交易服务模式。

目前国内大多数行业电子商务网站均不参与买卖双方的交易过程，主要作用依然是搭建起买卖双方的洽谈桥梁。介入交易过程，通过对交易订单、物流或者交易资金的掌控，行业电子商务网站实现为贸易双方提供交易中介服务，包括网上采购与拍卖、贸易撮合、资金结算及物流仓单等，并利用网络特点提供比传统洽谈更方便快捷的方式促进买卖双方的交易达成，这也是国内交易平台型行业电子商务网站的共性特征之一。交易服务一般是以收取交易佣金为标志。以金银岛网交所为例，该网站从 2004 年起面向重工业企业提供全程交易辅助服务，包括分多个频道报道最新价格变动信息、审核企业资料、与银行对接实现保险交易、与多家第三方认证机构合作等内容，为企业提供实用交易工具和安全保障体系。在交易服务方面，金银岛主要采用集合采购模式，通过集合多个贸易商采购能力，向上游供货商批量采购，在 "e 单通" 等金银岛 "网络融资" 系统的强大支持下，以 O2O 平台重构大宗产品产业链，服务主要包括代理采购、代理销售、集合采购、集合销售和供应链管理服务，为行业客户打造安全、高效、低成本的交易平台，降低采购成本，提升客户盈利能力，持续提高业务集中度，并在对产业链的整合与全程监管过程中实现资金流、物流的闭环运行。

（3）提供具有技术服务特征的商务服务模式。

网站提供一系列围绕企业电子商务应用的技术和工具服务，包括商务洽谈工具、诚信评估和数字认证工具、站内和站外企业及产品搜索工具、软件管理工具以及企业网站建设技术服务。在企业电子商务应用继续深入的过程中，还会不断地出现服务于营销、管理和物流支付方面的技术工具。2006 年，国内也出现了一些创新型的即时通信工具，如无须安装客户端就可洽谈，并按照效果付费的 "说说螺"；以及将传统 800 免费电话功能进行优化，实现线上

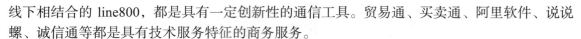

线下相结合的 line800，都是具有一定创新性的通信工具。贸易通、买卖通、阿里软件、说说螺、诚信通等都是具有技术服务特征的商务服务。

（4）提供交易周边服务及其他服务模式。

以企业交易为中心，行业电子商务网站还提供信用搜索、交易资质认证、政策法律服务以及信用担保等交易相关服务。另外，还有行业电子商务网站提供商标转让、投融资、数字产品租售以及人力资源等其他服务内容。围绕交易需求，行业电子商务网站还提供"线下"服务，成立会员俱乐部，促进企业用户之间的交流和沟通。通过这种面对面的交流方式，更有利于增强会员之间的紧密联系，也有利于增强企业用户对于行业电子商务网站的忠诚度，从而能更好地促进线上业务的发展。

15.3.2　批发业电子商务

1．批发交易的含义

（1）批发交易的含义。批发交易是指在商品流通过程中，企业将产品和服务出售给将它们再次出售或用于商业用途的对象的全部活动。这里区分批发与零售的标准有两个，即销售对象和销售数量。销售对象是指从事批发业务的企业将产品销售给商业用户，商业用户购买的目的是用于商业用途，而不是自用，如医院购买床上用品的目的是为了服务住院的病人，幼儿园购买食品是为了提供入园幼儿的一日三餐，所以从销售对象来看，批发企业的下游购买者购买的目的是为了商业活动的需要；另外一个标准就是购买的数量，一般而言，批发交易一次购买的最小数量必须达到一定的界限，批发商才会提供相应的服务。

（2）批发交易的特点。

① 通常而言，批发商不与终端消费者发生交易关系，交易的下游参与者一般是生产者或经营者。

② 每次交易的数量比较大，而品种比较少。

③ 交易结束后，商品仍然处于流通领域或处于生产领域。

2．批发业电子商务的模式

从卖方的视角来看，参与批发业务的主体有实施连锁经营的企业、生产厂商的销售部门、经销商以及批发市场等，所以批发业电子商务具有以下四种模式。

（1）生产厂家主导型。批发及售后服务安排都掌握在生产厂家手中，通过生产厂家的电子商务销售平台，授权代理商、经销商进行销售。经销商和代理商所需要的货品可以通过公司的电子商务平台直接下订单批发订货，制造商从网上收到订单后就可以进行订单的执行程序，安排所批发产品的生产和配送。批发电子商务平台的设立主体是制造商。

（2）连锁零售主导型。批发功能由连锁组织或集团总部行使，通过公司的电子商务平台，可以实现公司的采购和分销的信息化和电子商务化。公司可以通过该平台进行所销售产品的网上订货和采购，各连锁店分部可在电子商务平台上自动订货，然后通过总部进行集中采购。总部再根据各连锁店的订单，将产品分销配送到各连锁分店。批发电子商务平台的设立主体是连锁公司的总部。

（3）经销商主导型。批发业务掌握在代理商和经销商等中间商手中，通过中间商的电子商务平台，下游用户可以进行批发采购业务，而中间商在平台上接收订单后，就可以从上游企业进行所订购产品的采购并运送到采购方或直接从仓库中进行产品的配送。批发电子商务平台的设立主体是中间商。

(4)批发市场主导型。专业的批发市场也同样可以设立批发业务的电子商务交易网站，通过吸引众多的批发企业和需要这类产品的下游用户，形成网上的中介型批发交易市场，而网站则在物流、商流、资金流和信息流上起中转和信用保障作用。这类交易产品主要集中在大宗原料、生产资料等方面。批发市场由于拥有庞大的客户群，很多常驻在市场中的批发商可以发展成为该批发电子商务交易网站的主要用户，所以，在网站的推广方面具有优势。

批发市场主导型的商品交易过程的信息流转过程如下。

① 买卖双方将供求信息通过网络传递给网络批发交易市场，交易市场通过信息发布服务向参与交易的各方提供内容丰富、详细准确的交易数据和市场信息。

② 买卖双方根据网络批发交易市场提供的供求信息，选择各自的贸易伙伴。

③ 网络批发交易市场进行交易撮合，并促成买卖双方签订合同。

④ 买方在网络批发交易市场指定的银行办理转账付款手续。

⑤ 指定银行通知网络批发交易市场买方货款到账。

⑥ 网络批发交易市场通知卖方将货物发送到设在买方最近的交易中心配送部门。

⑦ 网络批发交易市场的配送部门将货物及时送给买方。

⑧ 买方收取货物并验证以后，通知网络批发交易市场货物收到。

⑨ 网络批发交易市场通知银行买方收到货物。

⑩ 银行将买方的货款转账交给卖方。

⑪ 卖方将货款收到回执送交银行。

⑫ 银行将货款收到回执转交买方。

3．批发业电子商务的收入来源

(1)交易费，主要是指由销售商为每笔交易支付的佣金。

(2)服务费，是指一些网站成功地将收益模式从佣金(交易费)模式转向"服务费"模式。

(3)会员费，是指固定的年费用或月费用。交纳会员费可以使网站会员免费享受服务、提供折扣。

(4)广告费，是指网站从其信息门户上的广告费中获取收益。

(5)其他收益源泉，如网站具有拍卖功能，就可以收取拍卖费，或者可以就专利信息和软件收取许可费。

15.3.3　零售业电子商务

1．零售交易的定义

1)零售交易的含义

零售是指向最终消费者个人或社会集团出售生活消费品或非生产性消费品及相关服务，以供其最终消费之用的全部活动。

零售的功能包括以下方面。

① 分类、组合与备货：主要指根据市场的需求进行商品的采购。

② 提供服务与娱乐休闲：购物咨询、商品展示、免费送货、电话预约、各种展览和讲座。

③ 保有存货与承担风险：保持一定的存货，满足用户小批量、高频率的购买需求，承担商品霉变和破损的风险。

④ 节约消费者的购买成本：店铺设立在接近个人消费者的区域。

⑤ 搜集与传递市场信息。

⑥ 金融功能：赊购、分期付款、票券购物。

2)零售交易的特点

通常而言，零售交易具有以下特点。

① 在交易过程中，一次交易的数量较少，而交易的内容比较复杂，交易的频率较高。

② 交易对象复杂多样，消费者的个性化、多样化需求比较突出。

③ 在传统的交易条件下，零售商的市场范围受限于其商圈的大小。

④ 零售交易一般是商品流通的最终环节，交易对象是商品的最终消费者。

2．零售业电子商务模式

1)适合开展零售电子商务的产品范围

① 信息产品(如电脑游戏、应用软件、报刊等)及在线服务(如计算机订票服务、金融投资咨询等)。

② 需求高度个性化的商品，如电脑、服装。

③ 独特的产品，如创新产品或地方特产。

④ 购买目标不明确和搜寻成本较高的商品，如书籍等。

⑤ 名牌日用消费品，如名牌家电、名牌化妆品。

⑥ 适合竞价的商品，如原材料、汽车等。

2)零售交易的电子商务模式

(1)生产厂家直销型。这类零售类电子商务交易网站的主导者是制造商，制造商直接设立公司的网站，并通过公司的电子商务网站交易平台，发布产品的信息和介绍，终端用户如果产生了对该产品的需求，就可以直接在网上下订单，并进行支付，公司收到订单后根据订单的需求进行生产或加工，并完成配送任务。如美国的计算机制造商戴尔公司采取的就是此类电子商务模式，利用互联网信息交互的特点，通过互联网实现从生产者到消费者的直接营销活动，消费者可以在公司的网站上直接根据自己的需要进行定制，而公司也可以直接根据用户的订单需求进行生产，大大满足了消费者的个性化需求，使得过去由中间商参与的流通环节变成了制造商居于主导地位，在短时间内就建立了相当规模的世界网络，并一举打破了传统的计算机销售网络的渠道垄断地位。

(2)零售商主导型。此类零售电子商务模式的主导者是某些零售商，通过融入互联网技术，传统的零售商开始提供基于网络渠道的零售服务。这类零售电子商务模式的特点是网上零售企业具有实体企业的支撑，同时也能享受实体零售商店所提供的一些便利条件，可以到实体店去看货，并到网上进行购买，从而享受网上的优惠价格，购买者如果对网上购买的商品不满意，可以到实体店去退货等，这都是传统零售店电子商务化后带来的好处。

(3)纯虚拟零售型。此类零售电子模式是纯虚拟的网上零售交易模式，网站没有相应的传统零售商店相对应，而是纯粹生存于虚拟空间中。如亚马逊网上书店、我国的当当网都属于此种类型的电子商务零售模式。虚拟零售店一般是专业性的，定位于某类产品，直接从生产者进货，然后直接销售给消费者。这类电子商务零售模式的优势表现在运营成本低，公司避免了传统店面所需要的销售空间和销售人员的成本支出，但是劣势就是影响消费者的信任度，只有当此类网站获得了消费者的充分信任后，消费者才会大胆地在此购物消费。

（4）虚拟商城。它是指网站提供一定的虚拟空间，提供给两个或两个以上零售商进行租用，通过虚拟商城的站点，连接多个零售商，从而销售多种类、多品牌的产品，提供不同的服务。此类站点的主要收入来源是依靠其他网点对其虚拟空间的租用，如新浪网提供的电子商务服务，就是提供网上专卖店店面的出租，其网上商城就相当于一个市场，由很多的经销户租用市场的摊位进行经营活动，经营收入归属于经营商户，而市场管理部门只是按照一定的标准收取店面租赁费或服务费。

3．零售业电子商务的收入来源

（1）销售本行业产品。通过网络平台销售自己生产的产品或加盟厂商的产品。商品制造企业主要是通过这种模式扩大销售，从而获取更大的利润，如戴尔电子商店。

（2）交易佣金。拍卖产品收取交易佣金。

（3）会员费。收取注册会员的会费，大多数电子商务企业都把收取会员费作为一种主要的盈利模式。

（4）信息发布。发布供求信息、企业咨询等，如中国药网、中国服装网、亚商在线、中国玩具网等。

（5）广告。为企业发布广告，目前广告收益几乎是所有电子商务企业的主要盈利来源。

（6）咨询服务。为业内厂商提供咨询服务，收取服务费。

本 章 小 结

本章首先介绍了商贸行业的基本知识，分析了商贸业务包括商流、物流、信息流和资金流，指出了电子商务在商贸领域的应用对于促进上述"四流"的顺利实现所起到的积极作用，并针对电子商务在流通领域不同环节的具体应用进行详细的分析，通过流通信息中介型电子商务、批发电子商务、零售电子商务等方面的具体应用将流通环节的电子商务全景进行了一一介绍。

复习思考题

1．通过案例分析电子商务的应用对商贸流通企业的积极作用。

2．简述 EDI 系统的基本流程。

3．举例说明批发业和零售业电子商务模式。

4．请分组讨论分析零售业电子商务未来还会有哪些创新性的发展。

金融业电子商务

本章提要

凭借金融产品和业务的数字化虚拟特征和金融信息化所形成的雄厚技术基础优势，金融业成为最早介入电子商务的行业之一。无论是在三大主业——银行、证券和保险，还是在其理财等其他业务方面，都可以说是电子商务的典范。本章主要介绍电子商务在银行、证券和保险业的应用及其发展。

导入案例

电商背后的互联网金融大练兵

业内人士指出，从金融的角度看，"双十一"已成为整个国家支付体系、金融体系协同小微企业服务实体经济的一场大练兵。"双十一"的实践显示，金融云、互联网支付、消费金融、互联网保险等"互联网+"时代的新金融业态，正在有力地推动着新经济的发展。

1. 支付上演重头戏

支付是网购非常关键的一环，承载着"双十一"的资金流和用户流。为全力配合国内主流电商的"双十一"活动，快钱早在9月中旬就组建了由产品、研发、系统、运营、风控、清算专项保障小组构成的专业运营保障团队，作为坚实的后盾，提供极其稳定的系统服务。"双十一"期间，快钱的工作人员7×24小时在线提供最专业、最快速的服务，打了一场"双十一"的硬仗，全面化解了购物狂潮给平台支付系统带来的压力。事实上，每年的"双十一"，互联网交易、支付和物流都会迎来峰值，912.17亿元交易盛宴的背后更是对支付系统的大考验。

来自蚂蚁金服的数据显示，2015年"双十一"期间，支付宝共完成7.1亿笔支付，支付峰值出现在凌晨0点05分01秒，达到8.59万笔/秒，是2014年"双十一"峰值3.85万笔/秒的2.23倍。"支撑支付宝实现这一超越的秘密武器，是阿里巴巴与蚂蚁金服自主研发的金融云、Oceanbase 与分布式架构。"蚂蚁金服称，这一技术能力已随着蚂蚁金融云的发布正式对外开放，金融机构登陆蚂蚁金融云后，便可迅速获得同等的互联网金融技术。除了自主研发系统，在这场空前的网购交易盛宴中，正是银行的大力投入与配合，帮助了支付宝平台实现处理能力每年翻一番，为"双十一"的顺畅体验提供了最为强有力的支撑。据蚂蚁金服首席技术官程立透露，银行承担了 50%的交易，是"双十一"保障用户支付体验的最大功臣。

2．消费金融焕发活力

值得注意的是，今年电商的赊购产品也创下透支额新高，与银行信用卡分食消费金融蛋糕。"这月买，下月还"的蚂蚁花呗首次参与到大促中，联合天猫放出约 100 万款免息分期商品，同时对女性用户进行信用提额；京东白条和苏宁任性付也推出了各种免息服务。数据显示，在"双十一"开场压力最大的 30 分钟时间里，蚂蚁花呗的支付交易额达到了 45 亿元，支付成功率达到100%。无论是支付速度还是稳定性，蚂蚁花呗都创下"双十一"开幕时段的纪录，成为银行支付体系的重要补充。蚂蚁花呗的支付成功率、顺畅和速度的背后，是新金融力量推动下的消费需求的巨大释放。

（资料来源：http://finance.sina.com.cn/roll/20151123/031923821613.shtml）

思考分析：

针对互联网金融，谈谈你对金融业与电子商务关系的理解。

16.1　银行电子商务

银行电子商务是指采用数字化电子方式进行银行数据交换和开展银行业务的活动，是在互联网与传统信息技术相结合的背景下产生的一种相互关联的动态银行活动。银行电子商务的实现和发展，使银行从手工操作的传统银行演变为高度自动化和现代化的电子银行。

16.1.1　电子银行

1．电子银行的概念

目前，针对电子银行存在狭义与广义的两种观点，主要区别是对电子银行外延大小的认定不同。

根据国际清算银行的定义，电子银行业务泛指银行利用电子化网络通信技术从事与银行业相关的活动，包括电子银行业务和电子货币行为。电子银行提供产品和服务的方式包括商业 POS 机、ATM、电话自动应答服务系统、个人计算机、智能卡等。电子货币行为是与电子货币制造和应用有关的各种活动，电子货币的核心是"价值储存"和预先支付机制，通常以 POS 机、端对端互联设备以及互联网等开放型通信网络实施其功能。储值产品是基于各种卡的"电子钱包"和基于网络技术的"数字化现金"。而狭义上的电子银行是指通过互联网方式向银行客户提供金融服务的银行机构或网站。这一层面上的定义则是将电子银行等同于网络银行。

在由中国银监会 2006 年颁布的《电子银行业务管理办法》中，将电子银行业务界定为："电子银行业务是指商业银行等银行业金融机构利用面向社会公众开放的通信通道或开放型公众网络，以及银行为特定自助服务设施或客户建立的专用网络，向客户提供的银行服务。"电子银行业务包括利用计算机和互联网开展的银行业务（即网上银行业务），利用电话等声讯设备和电信网络开展的银行业务（即电话银行业务），利用移动电话和无线网络开展的银行业务（即手机银行业务），以及其他利用电子服务设备和网络，由客户通过自助服务方式完成金融交易的银行业务。

2．电子银行的服务体系

现代的电子银行服务体系就是采用各种计算机技术，通过各种电子资金转账系统将服务对象——企业、商户、广泛的大众、政府监管部门、往来银行业以及其他金融机构等多个群体连接起来，构成一个共享的金融信息网络。

根据银行对金融服务对象所处理信息的程度及服务内容的不同划分成三个层次：第一层是面向往来金融机构、企业、商户和大众客户群体提供金融交易活动的基本业务体系；第二层是在交易信息基础上发展起来的新型金融服务与咨询体系；第三层是将所有金融信息汇总处理后，供银行监管部门进行决策的监控体系。

16.1.2　电子银行服务方式

银行提供的电子商务服务，不仅体现在金融基础环境建设和服务之中，也体现在银行自身所提供的各种电子银行的服务形式之中。除了网络银行电子商务服务方式之外，还通过以下各种方式提供电子商务服务。

1．电话银行系统

20世纪70年代，美国西雅图第一国民银行推出了电话银行服务，随后各商业银行开始向零售商提供电话银行服务，但业务一直增长缓慢。90年代以后，电话银行得到快速发展。

电话银行（TB-Telephone Banking）是指银行运用计算机、通信、语音处理技术和电话信号数字化技术等，在原有业务处理系统上，借助公共电话网络，使客户通过电话办理银行业务或接受金融服务的银行服务渠道。电话银行是银行界为了克服客户自我服务系统（ATM系统）和电子资金转账系统（POS系统）不同程度地受安装地点和通信线路以及投资成本高等局限，进一步扩展服务范围、服务时间和服务对象，而提供的一项新型银行业务。电话银行的系统构成如图16-1所示。

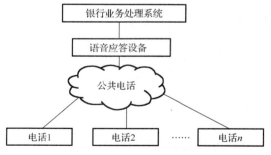

图16-1　电话银行系统构成

电话银行主要提供以下功能：对私业务；公司业务；银行卡业务；股票、外币等投资业务。其性能好坏的关键在于语音应答设备。

2．金融Call Center

金融Call Center，即呼叫中心，又称客户服务中心，就是利用当前金融机构的计算机技术和通信技术提供金融商业服务的系统。金融 Call Center 一般采用呼叫引导和呼叫提示功能，将有特定需求的客户引导到自动语音服务或者最适合应答此类需要的业务代表或专家坐席，从而得到符合业务标准的专业化服务。

金融 Call Center 在经历了初期的人工应答电话和基于计算机电话集成技术(CTI)的比较高级的服务时期之后，已经进入了目前的与 Web 协同的服务阶段。通过统一的历史联系记录、统一的商业智能分析，主动识别客户需求，提供自动营销服务。

3. 自助银行

世界上第一个完全意义上的自助银行(无人银行)，是 1972 年 3 月美国俄亥俄州哥伦布市开设的横亨奇顿国民银行总行。1997 年年初，中国银行上海市分行的无人银行在虹桥开发区诞生，它是中国第一家现代化水准的无人银行。

自助银行是以自动取款/存款机为核心设备，以存折补登机、外币兑换机、查询机等为辅助设备的一系列银行专用自助设备，在没有银行工作人员直接服务的情况下，由客户自我操作相关设备，独立完成所需银行业务的计算机自动服务系统，以实现 24 小时或准 24 小时全方位金融电子化服务。

4. POS 系统

电子资金转账系统(Electronic Funds Transfer System，EFTS)是指将银行的计算机系统通过通信线路和设备与安装在特约商户(商店、宾馆等)营业柜台上的销售点终端(Point Of Sale，POS)相连接所构成的以方便客户持卡购物、旅游等消费为主要目的的系统。

电子资金转账系统的主要功能是提供电子付款服务，即当顾客在安装有 POS 的商户消费或购物时，不必付现金，只需用扣款卡启动商户柜台上的 POS，而直接将顾客在银行账户上的资金划拨到商户账户上，从而实现无现金消费。电子资金转账系统的使用，减少了全社会现金流通量，减轻了银行和商业机构的工作量，提高了资金的安全性，加快了资金的流通速度。

5. ATM 系统

自动柜员机(Automatic Teller Machine，ATM)系统，也叫客户自我服务系统，或自助银行(Self-service Banking)系统。它是随着计算机技术、通信技术、银行电子化机具的不断发展和银行间竞争的加剧，在银行计算机系统由单机系统向网络化发展的过程中推出的一种新型银行业务系统。

16.1.3　我国银行电子商务服务支持系统

1. 银行综合业务系统

银行综合业务系统是商业银行处理各类业务(包括对公、储蓄、中间业务和 ATM、POS、电话银行、网络银行等电子银行业务)，为客户提供方便、快捷服务的重要基础设施，也是商业银行管理信息系统信息采集的核心系统，是银行迎接挑战、参与竞争、开展金融创新的重要基础保障系统。

2. 跨行业务与资金清算系统

跨行业务与资金清算系统一般由政府授权的中央银行组织建设、运营和管理，由各家商业银行和金融机构共同参加，也可由中央银行授权的机构进行建设、运营和管理。

这类系统几乎涉及一个地区或国家的所有银行或金融机构。因此，系统的结构复杂，集成了多种计算机系统、网络设备和通信协议，是一种典型的网间网。为了提高支付效率，要求货币管理当局在提高支付效率与降低支付风险之间进行权衡。跨行业务与资金清算系统涉及社会经济活动的正常进行，一般对系统的安全性和可靠性有很高的要求。

跨行业务与资金清算系统按所涉及的金融机构多少来划分，可分为行内系统和行际系统两种。我国各商业银行目前运行的电子汇兑系统都属于行内的跨行(跨不同分支机构)业务系统。而像同城票据清算系统和人民银行CNAPS都属于行际系统。

按系统所跨越的地理范围可分为同城票据清算系统和异地资金清算系统两种。同城票据清算是指同一城市各行(银行)、处(办事处、分理处)之间相互代收、代付的票据，由人民银行建立票据交换所，定时、定点进行票据交换和资金清算的业务活动。同城票据清算从处理环节上看，涉及提出票据处理、票据交换与资金清算处理和提入票据处理三个环节。其中，提出票据处理和提入票据处理发生在各商业银行的营业柜台，由提出、提入行完成，而票据的交换和资金清算处理必须在人民银行票据交换所完成。

3. 中国国家现代化支付系统

所谓支付(Payment)，是为清偿商品交换和劳务活动所引起的债权债务关系，由银行所提供的金融服务业务。支付本来源于客户之间的经济交往活动，但由于银行"信用"中介的结果，便演化为银行与客户、银行客户的开户银行之间的资金收付关系。而银行之间的资金收付交易，又必须经过银行的银行——政府授权的中央银行进行资金清算，才能最终完成支付的全过程。因此，支付全过程在两个层次完成：下层是商业银行与客户之间的资金支付往来与结算；上层是中央银行与商业银行之间的资金支付与清算。两个层次支付活动的全过程，将经济交往活动各方与商业银行、中央银行维系在一起，构成复杂的整体，被称为支付系统(Payment System)。支付系统存在于国民经济大系统之中，发挥着重要的经济"枢纽"作用。

在两个层次的支付活动中，银行与客户之间的支付与结算，是银行为客户提供多种金融服务的窗口，其特点是账户多、业务量大，涉及客户、银行双方权益，是支付系统的基础，称之为支付服务系统。而中央银行与商业银行之间的支付与清算，则是政府授权的中央银行实施货币政策，监督、控制商业银行业务活动，控制国家货币发行，经理国库，管理外汇的重要手段，称之为支付资金清算系统。两个层次的支付系统紧密相关，相辅相成，是国家稳定货币、稳定经济的重要间接调控手段。

中国国家现代化支付系统(China National Advanced Payment System，CNAPS)是由中国人民银行运行和管理的支付资金清算系统。CNAPS支持的应用系统包括小额批量电子支付系统(BEPS)、大额实时支付系统(HVPS)和金融管理信息系统(FMIS)。

大额实时支付系统处理同城和异地跨行之间和行内的大额贷记及紧急小额贷记支付业务，人民银行系统的贷记支付业务以及即时转账业务等。支付指令实时处理，全额清算资金。大额支付系统目前直接连接1500多家金融机构，涉及6万多个银行分支机构；系统日均处理跨行支付业务80多万笔，金额达20 000亿元，每笔业务1分钟内即可完成。

小额批量支付系统处理同城和异地纸凭证截留的商业银行跨行之间的定期借记支付业务，人民银行会计和国库部门办理的借记支付业务，以及每笔金额在规定起点以下的小额贷记支付业务。批量发送支付指令，轧差净额清算资金。小额支付系统按照7×24小时不间断地运行模式，每天 16:00 进行日切处理，即前一日 16:00 至当日 16:00 为小额支付系统的一个工作日。工作日可以根据管理的需要进行灵活调整。

小额支付系统与大额支付系统逻辑上作为相对独立的两个应用系统，物理上共享主机资源、通信资源、存储资源和基础数据资源。

支付管理信息系统（Payment Management Information System，PMIS），是支付系统的辅助支持系统，集中管理支付系统的基础数据，负责行号、应用软件的下载，提供支付业务的查询查复和计费，以及统计监测等服务。

清算账户管理系统（SAPS）是支付系统的辅助支持系统，集中存储清算账户，处理支付业务的资金清算，并对清算账户进行管理。当地人民银行分（支）行负责管理所辖范围内所有清算账户（"逻辑上分散"），主要完成账户移植、开户、销户、账户监控、信息维护等工作。清算账户的资金清算则集中在国家处理中心（NPC）进行处理（"物理上集中"）。

4．全国银行卡信息交换系统

全国银行卡跨行信息交换系统是银行电子商务的重要支持系统。由于这类系统的支撑，才使银行电子商务活动真正跨越了时空限制，使跨行支付业务方便、快捷和真实。全国银行卡跨行信息交换系统是由中国银联管理的银行卡信息交换网和商业银行系统内银行卡信息交换网组成、形成一种树形结构的二级网络。

16.2　证券电子商务

证券这个在西方发达国家比较古老的行业，由于受传统习惯的影响其电子商务的开展显得差异很大，尤其是在美国。我国的证券行业在电子化方面由于历史短暂，反而在一开始就站在了比较高的起点上，因而单从证券电子商务的开展来说，与西方发达国家已经相差无几。随着网络应用的日益普及，电子商务逐步从有形商品的交易领域进入到证券等无形商品的交易领域。本节在介绍证券电子商务基本概念的基础上，介绍中国证券电子商务的发展。

16.2.1　证券电子商务的特点及其内容

1．证券电子商务的概念

证券电子商务是指利用 Internet 完成证券交易的整个流程，在信息的采集、发布、传播、检索、交易撮合、货币支付、清算、交割等一系列过程中实现电子化，是证券行业通过互联网媒介为客户提供的一种全新商业服务，是一种信息无偿、交易有偿的网络服务。狭义上，可以把证券电子商务理解为以 Internet 为基础平台的网上证券交易。但从广义上来说，证券电子商务是利用先进的信息技术，依托 Internet、全球移动通信系统（GSM）网络、有线电视网、寻呼网等现代化的数字媒介，以在线方式开展传统证券市场上的各种业务，并在此过程中实现诸如在线路演、虚拟经纪人业务等一系列的业务创新。

2．证券电子商务的特点

与其他有形商品的电子商务相比，证券电子商务相对减少了电子商务三大要素之一的物流要素，因此，证券电子商务能够更快更好地实现，其特点主要体现在以下几个方面。

（1）个性化：所有服务都可以精确地按照每个用户的要求进行定制。

（2）低成本：证券电子商务的虚拟特性有效地降低了证券经纪商的基础运作成本。

（3）虚拟化：所有的交易与服务都可以通过 Web/Call Center/WAP 媒介进行，尤其是 WAP 的应用更加反映了证券电子商务网络时代的特性。

（4）服务成为竞争的重点：证券电子商务的竞争将在很大程度上依靠软性的服务，其跨越时空的能力将会使这种服务能力的优势无限放大。

（5）创新成为竞争优势的核心：由于股票期权、指数期货等衍生金融工具的广泛运用，使得投资方式全球化、复杂化，而网络高科技发展所呈现的非线性特征，使传统的证券投资模型难以反映金融创新的本质要求。证券电子商务则通过不同高科技公司之间的比较优势来实现最佳的投资利益。

3．证券电子商务的主要内容

证券电子商务从本质上来说是证券业务的电子化，证券业务包括一级市场业务、二级市场业务及其他派生业务。所谓一级市场业务，主要是指证券公司帮助拟上市的公司进行公司设立、股票发行、上市以及上市后增发新股或配股等业务。二级市场业务主要是指代理证券投资者买卖在交易所上市的证券。此外，投资银行、证券公司、投资顾问公司为上市公司开展资产重组和资产并购业务，为证券投资者进行投资咨询、理财业务等，也都属于证券业务。相应地，当人们采用信息技术手段，在数字化、网络化的媒介上实现上述业务过程时，就产生了不同的证券电子商务形态，其主要内容体现在以下几个方面的服务：

（1）证券电子商务为企业及投资者提供投资理财的全方位服务，包括理财规划、交易、转账等服务；

（2）为投资者提供国际经济分析、政策分析、企业经营管理分析、证券板块分析、证券静态动态分析等方面的服务；

（3）以每日国内外经济信息、证券行情、证券代理买卖、投资咨询、服务对象的辅助决策分析、特别专题报告等方式为投资者提供的服务，以及外汇、期货等方面的辅助服务。

16.2.2　我国证券电子商务的发展

1．我国证券电子商务现状

在 1990 年成立沪、深证券交易所之后，到 1993 年，证券交易网络已基本覆盖我国大部分地区，同时实现了交易全程电子化和无纸化。目前，上海、深圳证券交易所交易撮合系统总容量达到日委托 6000 万笔，成交 9000 万笔，系统处理速度每秒 7300 笔，峰值处理能力达到每秒 10 000 多笔，居国际证券市场领先水平。

上海、深圳证券交易所的双向 VSAT 卫星网、高速单向卫星数据广播网连接全国约 3000 家证券营业部，为证券公司提供证券委托、行情、咨询等信息的传输通道。通过"十五"攻关项目的实施，实现了证券交易系统网络通信的"天地互为备份"，提高了证券系统的安全性和稳定性。

综合业务系统是证券市场信息系统的核心支撑平台，包含了证券撮合系统、清算系统、网络通信系统、客户交易服务系统、风险监控系统等一系列业务处理系统。其发展以引进与开发相结合，大胆创新，不断升级，在很多方面形成了自己的特色，在部分环节或指标上创造了世界第一。

证券公司的证券经营业务和公司内部管理业务已经实现电子化。证券公司交易系统呈现多样性，柜台交易、自助交易、固定电话交易、网上交易、移动电话交易、集中交易并存；传统的、有形的营业部网点交易与以网上交易为代表的虚拟交易并存互补。

证监会机关、36 个派出机构的电子化监管网络和系统已经建成运行，在提高协同监管效率、及时发现和化解证券市场风险方面发挥着重要作用。

2．证券电子商务的支持系统——新一代交易系统

目前，中国大多数券商的交易模式是以营业部为主的分散方式，这不仅不利于券商的自身发展，也不利于业务的管理与竞争。为控制风险、提高投资效益和管理效益、增强竞争力，国内券商已纷纷从以营业部为主的分散交易模式向以总部为中心的集中交易模式过渡。集中交易包括数据集中、交易集中、清算集中等几个方面。

为了适应证券市场快速发展的需要，上海证券交易所（以下简称上证所）历时五年自主创新开发了新一代交易系统，于 2006 年完成测试。上证所新一代交易系统引入了世界先进的理念，特别是引入了参与者交易业务单元（PBU）这一全球交易所共同采用的交易组织方式，不仅系统容量更大，而且能够支持几乎所有的交易品种和交易方式，为证券市场的进一步创新发展奠定了技术基础。

上证所新一代交易系统峰值订单撮合能力达到每秒 2 万笔，成交容量达到每天 6300 万笔，交易品种容量为 1 万个。利用 PBU 概念及相关的先进技术手段，新一代交易系统实现了多市场、多品种、多时段、多交易机制等复杂的交易机制：除能够支持几乎所有的现货和衍生产品交易外，还以灵活的配置支持差异化交易模式，可配置多种交易模型，包括连续交易模型、集合竞价交易模型、报价驱动交易模型（做市商制度）、协商交易模型、OTC 交易模型以及其他非交易模型等；可支持多达 20 余种交易时段和产品状态，实现多样的订单类型，包括限价订单、市价订单、市价转限价、止损订单、冰山订单、协商订单等国际上通行的订单形式。PBU 具有丰富的权限控制能力，交易所和券商通过 PBU，可以控制某个账号的买卖权限，极大地强化了风险控制能力。新一代交易系统还可以实现跨境业务的连接和支持会员业务的国际化。

3．我国证券交易结算

证券买卖成交后，对买卖双方应收应付的证券和资金价款进行核定计算，并完成证券由卖方向买方转移和对应的资金由买方向卖方转移的过程称证券结算。我国的证券结算包括两个层次：交易所与券商之间的一级结算和券商与投资者之间的二级结算。

一级结算是在当日交易结束后，交易所和券商通过证券登记结算机构进行的资金清算与证券交割。这一结算过程是通过结算机构、上海和深圳交易所、券商及结算银行的计算机系统联网来完成的。

中国证券登记结算有限责任公司是我国法定的结算机构，实行法人结算制度，即证券经营机构、银行或其他获准经营证券业务的单位应以法人名义申请加入登记公司结算系统、成为结算系统参与人、开立结算账户后，开通资金结算业务，并与结算机构建立网络连接，形成一级结算网络。每个结算系统参与人以一个净额与登记结算公司进行资金结算。参与人自行完成与其下属分支机构间的资金结算。 一级结算系统接收证券交易所全天的交易数据。结算系统首先对各券商申报的交易进行证券与资金的结算。结算数据传送至各券商，通过银行进行资金的清算。券商结算系统接收结算数据后，再经由其内部网与各营业部完成清算；各营业部再与投资者进行结算（即二级结算）。

二级结算是券商的营业部与投资者之间进行的资金结算和证券交割，包括两个环节。一个环节是营业部交易系统在向证券交易所申报投资者的委托前，对买入证券的委托，先从该资金账户冻结买入证券所需的资金额度(含各项费用)。如果是卖出证券委托，则从证券账户冻结相应数量的证券，然后再向交易所申报。另一个环节是，当营业部交易系统收到交易所的成交回报后，对买入证券的委托，把相应的委托数量增加到证券余额中；对卖出证券的委托，把卖出证券所得的资金(扣除各项费用后)增加到资金账户的可用余额中。在经过了规定的交割期限(如现行的规定 A 股为 T+1)后，买入的证券才可以卖出。

16.3　保险电子商务

16.3.1　保险电子商务的概念

1．保险电子商务的含义

保险电子商务是指保险人或保险中介人利用计算机和网络技术所形成的对组织内部、客户关系的管理以及经营业务的部分或完全电子化的商务活动。

从狭义上讲，保险电子商务即网上保险，是指保险公司或新型的网上保险中介机构通过互联网为客户提供有关保险产品和服务的信息，并实现网上投保、承保等保险业务，直接完成保险产品的销售和服务，并由银行将保费划入保险公司。从广义上讲，保险电子商务还包括保险公司内部基于 Intranet 和 Internet 技术的经营管理活动，以及对公司员工和代理人的培训、保险公司之间、保险公司与公司股东、保险监管、税务、工商管理等机构之间的信息交流活动。

电子商务在保险公司的应用不仅拓宽了保险公司的营销渠道，更重要的是有助于提高保险公司的经营管理效率、降低经营成本和提升整体管理水平。由于保险公司自身经营业务的特点是只有信息流和资金流，没有物流部分，所以，和其他金融服务行业一样，是更易于运用电子商务的行业之一。

2．保险电子商务的特点

(1)可实现保险经营的虚拟化和智能化。保险电子商务的最终目标是实现保险电子交易，利用电子商务的特性来优化公司的经营管理，通过电子商务网络实现投保、核保、给付、理赔等业务工作。保险公司可以通过网络来推销自己的产品和服务，投保人可以通过网络查询各个保险公司的险种、保费、保单利益以及公司的信誉状况等，做出适合的选择。保险公司设有专门的咨询设备和咨询人员，投保人有任何疑问，都可以通过电话或者 E-mail 进行咨询。当投保人决定投保时，可以通过网络进行保险邀约，填写电子保单，并将保费划入保险公司的银行账户。经保险公司核保之后即可得到与保险公司签订的电子保险合同。当被保险人发生保险事故，保险公司出险时，可以通过电子账户进行保险金额的给付。

(2)简化交易，降低了成本。网上投保可以使保险人与投保人通过网络直接接洽，高效的信息获取方式降低了交易成本。据测算，在美国人工咨询成本为每人次 5 美元，而网上咨询的成本仅为 4 美分。在传统的经纪人方式中，销售费用和经纪人的佣金费用占了投保人所缴保费的很大比例，从而增加了投保人支出。而网络保险销售方式可以减少以上费用的支出，从而使投保人受益。同时，由于网上推销不受时间、地域的限制，保险公司可以减少分支机构的设立，降低固定资产和人力的投入。摩根士丹利的一份研究报告表明：利用互联网分销渠道将能够减少成本，至少为承保人每年每份保单节省 10%～15%的费用。以不同渠道产生 100 美元保单收入的平均成本比较：通过互联网渠道的成本约为 50 美元，而通过直接销售、专门代理、独立代理渠道的成本分别为 97 美元、139 美元、142 美元。

(3)使传统的保险活动无纸化。客户与保险公司之间通过网络进行交易，尽可能地采用电子单据、电子数据传送、电子货币交割，实现无纸化交易，避免了传统保险活动中书写任务繁重而且不易保存、传递速度慢等弊端，实现了快速准确的双向式数据信息交流。

(4)可为客户提供完备的信息和全方位服务。在电子商务环境中保险公司可以方便快捷地为客户提供与其背景相适应的险种及费率等信息，通过网络与客户进行双向交流、回答客户提出的问题，甚至为客户设计保单、提供个性化服务等。客户也可以通过比较多家保险公司的险种和费率，方便快捷地选取一个最适合的险种。

(5)可以排除中介环节对投保人隐私的知悉或侵犯。传统的投保方式，不可避免地在中介环节上知悉或有意无意地侵犯投保人的隐私。网上投保可以排除中介环节知悉投保人的隐私，使投保人感到更安全。同时由于网上投保透明度高，投保人可以通过网络比较各种险种，自行计算保费，从而减少中介环节因利益驱动给投保人带来的风险。

3. 保险电子商务体系架构

目前，保险电子商务大致分为企业对消费者(B2C)和企业对企业(B2B)两种。其中前者是保险公司对个人投保人或被保险人的电子商务平台，而后者则是保险公司对企业客户提供的电子商务平台。

电子商务的基本运行环境是保险电子商务的支撑框架，保险公司的实质经营内容则是保险电子商务的核心。一个完整的保险电子商务体系是建立在互联网之上，并包括各大保险公司、保险中介机构、投保人、认证中心(CA)、银行、医院等合作伙伴，以及工商税收部门、保险监管机构、互联网服务提供商等相关政府管理部门和业务支持服务机构的一个综合网络体系，如图 16-2 所示。

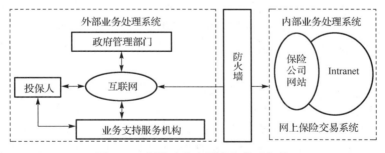

图 16-2　保险企业电子商务体系架构

网上保险交易系统包括网上直接投保系统、网上支付系统、网上自动报价系统、网上理赔系统、财务管理系统及相关的各种数据库系统等。要实现完全的保险电子商务，还需要与社会各个行业、各个部门相应的数据库系统连接起来。如个人信用系统、个人医疗信息系统、车辆管理系统，以及各个行业、各个标的物的身份认证系统等。

16.3.2 保险电子商务平台

1. 保险电子商务直销平台

由保险公司建立的电子商务直销平台，如中国人保、平安、华泰等保险公司网站，是一种典型的 B2C 电子商务模式，旨在宣传公司产品、提供联系方式、拓展公司销售渠道。其优点在于：(1)宣传公司及产品，有利于树立公司及产品形象，提高公司知名度；(2)提供产品销售渠道，可扩大销售规模，降低销售成本，像欧洲的丰泰保险公司和美国的 Progressive 保险公司，Progressive 公司甚至还提供了竞争对手的一些情况和数据，以方便顾客参考；(3)保险公司通过电子商务对客户资料进行管理，方便同客户进行有效、迅速、明确的沟通，有利于保险公司检查保险标的风险状况、对客户防灾情况及时提出整改建议，督促保户改善防灾环境条件，减少保险公司的赔付；(4)提供增值服务，如 AnnuityNet 保险公司的网站提供了指数联结年金保险，公司协助客户决定选择哪种基金进行投资，以便客户在保险期间修改、转换不同的基金。

2. 网上保险超市

网上保险超市给保险人和顾客提供了一个交易场所。众多保险人和顾客在这个超市中相互接触，让保险人能发现合适的顾客，让投保人能找到自己所需的险种。这种模式做到了以顾客为中心，使顾客选择权最大化。它可以提供来自不同保险公司的产品和价格，供客户进行比较。这种商务模式通常是由独立的商家提供一个电子商务服务平台，即中立的网上保险商城，在这个平台上各家保险公司、保险中介机构、保险相关机构都可以采用网上门店的形式来设立自己个性化的专卖柜台，比如 InsWeb、Quicken –Insurance 等。这种模式的投资回报来自于：①销售许可权；②交易推介费用；③广告收入。

3. 网上金融超市

网上金融超市模式与保险公司网站模式相似，它给顾客提供了一个交易场所。在这个交易场所里，顾客可以享受到集储蓄、信贷、结算、投资、保险等多种功能于一身的"一条龙"服务。网上金融超市与保险公司网站相比，具有以下优点。

(1)有利于提高知名度。保险公司在培养消费者的品牌忠诚度、实现网上销售方面比较困难。最适合在网上营销的产品是那些能够吸引到特定访问者的产品。网上金融超市为金融保险产品提供了标准化的网站，成为网上金融和保险产品的标志，以培养消费者对品牌的忠诚。

(2)有利于实现范围经济。网上金融超市的经营范围比保险公司网站的经营范围宽广，有利于实现范围经济，如和讯网(www.homeway.com.cn)，其首页设立了股市、外汇、期货、保险、地产等栏目，人们在进行投资组合时很有可能利用这个机会访问"和讯保险天地"来选择保险产品。另外，国内著名的平安保险 PA18 网站也具有一定的网上金融超市的功能。

16.3.3 中国保险电子商务应用模式

根据对多家保险公司的调研和总结，赛迪顾问将中国保险电子商务应用模式细分为以下几种，如图 16-3 所示。

从服务对象上看,保险电子商务主要分为面向企业客户的 B2B 模式、面向个人客户的 B2C 模式以及面向内部员工和营销员的 B2E(Business to Employee)模式。

从服务手段上看,我国保险电子商务主要分为网络模式和电话模式。

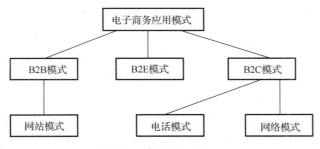

资料来源:赛迪顾问　2008.01

图 16-3　中国保险电子商务应用模式示意图

赛迪顾问认为,目前国内保险电子商务平台大致可以分为三类:第一类,由保险公司建立的电子商务直销平台,如中国人保、平安、华泰等公司;第二类,由专业保险电子商务应用服务供应商搭建的代理中介式交易平台;第三类,由保险行业协会或专业报社创立的公众信息服务平台。

国内保险业在电子商务应用方面虽然取得了较快的发展,但大部分保险公司还处于初期试用阶段。其主要功能一般局限于保险咨询、险种浏览、投保意向、网上投诉、报案等。少数如泰康、太保等公司将自己的简单险种实行网上专卖,进行网上直销,并通过自己的网上门店开展客户服务、受理投诉等,有些保险公司还运用网站调查市场需求、管理客户资料、设计保险方案等。

16.3.4　保险电子商务的发展

1. 国外保险电子商务的发展

国外保险电子商务的发展首推美国。在美国,几乎所有的保险公司都利用网络进行销售,他们在互联网上设立站点或主页开展宣传、咨询、营销和客户服务,决策人员利用互联网进行资料收集、统计分析、业务培训、流程改造、管理分析等。不少网络公司还将各大保险公司的各种保险产品集合起来,用户上网就可以进行比较,并做出自己的选择。1999 年美国仅有 0.2%的个人保单是在线销售的,到了 2005 年,美国来自于网上销售的保费收入占在线市场销售总额的 8%。

欧洲保险电子商务的发展势头也相当迅猛。2005 年,网上销售保险的保费收入在欧洲达到 60 亿美元,占在线市场销售总额的 4%。早在 1985 年英国 DirectLine 便开始利用电话进行汽车投保,20 世纪末随着互联网的普及,电话销售和网上车险产品销售已超过英国车险市场总业务量的 50%。现在,在英国投保车险,只要在家中单击鼠标进入著名的“英国网上汽车保险”网,填妥自己的个人信息,该网站便能在加盟的数百家从事车险业务的保险公司中挑选出最适合的公司供投保者选择,并且可以获得保险公司为你的车量身定做的车辆保险报价。根据客户需要还可以在网上签订保险合同,再通过在线支付手段付款。

电子商务帮助世界第二大再保险公司——瑞士再保险公司平均每年节省 7.5 亿瑞士法郎。自 1997 年开始，意大利 RAS 保险公司用微软(Microsoft)技术建立的一套造价为 110 万美元的保险网络营销服务系统，使得该公司月售保单数量提高了 10 倍。

2. 我国保险电子商务的发展

与发达国家相比，我国的保险电子商务起步较晚。1997 年，我国第一个面向保险市场和保险公司内部信息化管理需求的保险行业中文专业网站——中国保险信息网 (http://www.chinainsurance.com) 诞生，该网站涉及保险业的培训、咨询、销售、投诉等内容。[①] 2000 年 7 月 1 日更名为中国保险网，这是继英国出现"直播"保险公司、法国 A&A、AON 等发起组织全球保险网等一系列现象后，我国保险业在网络化方向的一项重大举措。同年 11 月 28 日，由中国保险信息网为新华人寿促成的国内第一份网上保单，标志着我国保险业开始涉足网络的大门。[②] 此后，中国保险网在主管部门、行业组织、保险公司和业内外人士的大力支持下，一直是国内规模最大、内容最丰富、最具权威性和影响力的保险行业综合网站，点击率始终为国内同类网站第一名，成为中国保险行业的电子信息窗口以及保险业内各方面的网上交流渠道，为推动国内保险业信息化发展做出了积极的贡献。

2000 年 3 月 9 号，国内推出首家电子商务保险网站——"网险"(www.orisk.net)，该网站由太保北京分公司与朗络电子商务公司(以下简称朗络)合作开发，真正实现了"网上投保"。2001 年 3 月，太平洋保险北京分公司与朗络合作开通了"网神"，推出了 30 余个险种，当月保费达到 99 万元，让业界看到了保险业网上营销的巨大魅力。为了解决网上支付问题，朗络公司与国内外数家银行建立了广泛的业务联系，顾客可以使用中国银行长城信用卡、工商银行牡丹信用卡、建行龙卡以及 VISA、Mastercard、AE 等信用卡在网上实现支付。

在保险电子商务领域走在前列的是平安保险和泰康人寿。平安保险投入 2 亿元打造综合金融理财网站 PA18，为客户提供集保险、银行、证券、信托、理财顾问和增值服务于一体的综合性服务网站。泰康在线(www.taikang.com)是国内第一个由寿险公司投资建设的、真正实现在线投保的网站，也是国内首家通过保险类 CA 认证的网站。

2001 年 5 月 15 日，平安保险正式启动货运险网上交易系统，第一张网上货运险保单在杭州签发。这是我国第一个货运险网上交易多功能平台，标志着中国货运保险正式步入网络时代。2001 年 9 月，泰康人寿完成了国内第一例网上保险理赔案，保险从签单到理赔实现了全程电子商务。现在几乎所有的国内保险公司都开通了自己的网站。同时外资保险公司登陆内地，也纷纷创办自己的保险网站，许多由个人创办的保险网站也开始在我国出现。

3. 我国保险电子商务的特点

赛迪顾问 2007～2008 年中国保险行业电子商务市场研究年度报告认为，我国保险电子商务呈现出以下主要特点。

(1)保险电子商务保费规模较小，但市场潜力巨大。中国保险电子商务仍处于发展初期，各保险公司的电子商务保费收入在公司整体保费收入中的占比很小，而美国仅在电话销售、网络销售的保费收入就占到总保费的 20%以上，并且仍在高速发展之中。对比说明中国保险电子商务市场有充分的发展空间，市场潜力巨大。

---

① 陈华敏. 基于电子商务下的网络保险业发展浅析[J]. 金卡工程(经济与法), 2008 (06).
② 田吉生，赵萍. 保险电子商务推广研究[J]. 中国保险, 2007(02).

此外由于中国保险电子商务保费规模小，电子商务渠道的战略价值还没有完全体现出来，在渠道的资源配置方面，容易被忽视。因此，保险电子商务目前需要各公司领导给予充分重视，并给予切实的扶持政策。

（2）保险电子商务运营管理模式向集中化发展。目前，越来越多的保险公司开始关注电子商务渠道的建设，且平台的运营管理模式体现出了集中化趋势，因为集中的运营管理模式更符合电子商务本身跨区域、跨平台的技术特征。而且，集中化的管理能够给客户提供统一的服务，展现统一的品牌形象。中国平安是在保险电子商务领域内较早实现集中化的企业，并取得了良好成效。在保险行业以外，招商银行、海尔集团、携程网等企业也都采用类似的集中化发展策略。

（3）电子商务渠道适合于分散型业务或分散型客户。电子商务在保险行业更适合拓展分散型业务和分散型客户。它的特点就是：需求分散、服务各异，单均保费少、保单量大。电子商务渠道既可以解决传统代理人客户服务精力有限的问题，也可以解决投入产出比较低的问题。电子商务平台为客户提供的自助式服务，既方便了客户，也节省了业务员所需投入的精力，使得业务员有可能面向团体客户投入更多的精力。

走过几年积累、探索、艰难寻求发展的中国保险电子商务行业，已然呈现出了新的景象。保险业资深人士中国人寿电子商务有限公司综合部来静思认为，经过 2013 年互联网保险元年的探索和 2014 年的调整，目前互联网保险正步入一种新常态。

第一，具有互联网思维的保险产品开始崭露头角并将成为今后主流。长期以来保险网络销售一直以理财产品和短期意外险为主，从某种意义上讲只不过是将传统保险产品搬到线上而已，但是，2014 年一批真正意义上的互联网保险产品开始涌现，代表产品有退货运费险、众乐宝、快递延误险、货到付款拒签险、个人账户资金安全险等。

第二，注重融合、强化传播将成为互联网保险今后营销的基本特点。前些年互联网保险营销媒介缺乏、手段单一。随着微博、微信、社区论坛等社交媒体的兴起，传播媒介日益丰富，在手段上除传统的礼物赠送外，积分、服务、保险等也成为保险公司促销的"利器"，并且经常融合使用。另外，为了应对信息社会繁杂信息的干扰，各家保险公司在营销方案推广时更加注重传播，确保相关信息能及时准确地到达目标客户。

第三，场景化销售成为互联网保险销售的基本模式，并将长期存在。与传统保险销售的拉客户反复推销的模式完全不同，互联网保险消费基本上是场景化消费，将保险服务嵌入购买支付服务等环节契合用户保险需求，比如，退运险是将保险服务嵌入到退货流程中，众乐宝参聚险等保证金保险是将产品整个流程完全嵌入消费保险流程中，因为场景化嵌入式销售使客户常常在购买流程中意识到保险的重要性、必要性，进而使互联网保险产品的购买转化率得到提高。例如，中国人寿电子商务有限公司与快的打车合作，推出的一号专车道路承运责任保险就具有场景化销售的特点，保险业务能够根据场景服务的高速增长而随之增长。上线之初，该保险日单均量为 2000～3000 单，一个月后接近 5000 单，目前日均单量将近 4 万单。

第四，互联网保险销售载体从 PC 端向移动端转移成为不可逆转的趋势。移动互联网既保留了固定互联网的诸多特点，又适应碎片化时代人们随时随地上网的需求，呈现出爆发式增长，并将成为未来互联网"白金十年"的主角。

本 章 小 结

本章主要介绍银行电子商务、证券电子商务和保险电子商务的基本概念，运作模式及其发展现状和特点。

复习思考题

1. 针对本章案例的描述，找出电子商务中的金融活动，并标识在电子商务链各个环节中。
2. "双十一"实践对电子商务从业者有怎样的启示？
3. 什么是银行电子商务？主要有哪些特点？
4. 什么是保险电子商务？保险电子商务与传统保险相比有哪些特点？

第 17 章

旅游、中介、服务电子商务

本章提要

本章主要介绍旅游电子商务的概念、业务类型，分析我国旅游电子商务的发展现状以及运营过程中存在的问题，简单介绍中介电子商务模式的应用类型，并针对我国电子商务"十三五"规划中提出的大力发展电子商务服务业的问题进行分析探讨。

导入案例

希尔顿饭店集团面向公众的电子商务预订①

国际希尔顿（Hilton International）与希尔顿饭店集团（Hilton Hotel Corporation）在 1997 年 1 月达成合作联盟，至 2000 年为止，他们在世界上 55 个国家经营着超过 2100 家连锁饭店。

希尔顿集团积极开展电子商务，2000 年，集团总收入 28.3 亿美元，净收入 27 200 万美元，电子商务收入占净收入的 9%。在过去的几年间，希尔顿已利用互联网成功地推动了客房预订业务，大幅度削减成本。2000 年它的所有网站客房预订收入超过 3 亿美元，是 1999 年的 2 倍。而后，希尔顿饭店集团又进行了它的第二次电子商务改革，利用电子商务增强营销能力、拓宽分销渠道、提高预订能力、购买能力和集团内部管理水平。希尔顿集团致力于 B2C 网络业务，对实施新的多品牌战略十分重要，分析家说："我们看到，希尔顿集团正努力通过一个综合频道推销其所有品牌。"

2001 年 6 月，美国 Internet Week 网站公布了 2000 年度全美电子商务 100 强企业的评选结果，希尔顿饭店集团荣膺百强之首。此次评选意在表彰这些公司利用互联网达成商业成功的努力，评选的主要依据是各家公司所取得的切实的电子商务业绩，诸如增加客户、提高收

---

① 杜文才.旅游电子商务[M]. 北京：清华大学出版社，2006.

益、降低成本等。相关的调查研究了这些公司如何利用互联网增进企业与消费者及供应商之间的联系，如何开拓电子市场，以及如何利用互联网推进企业基础建设等。

希尔顿集团网站的成功之处是有效地把网站访问者变成了预订者。据统计，1999年10%的饭店集团网站访问者尝试了网上预订。

希尔顿集团网站之所以能有效地把网站访问者变成预订者，重要的原因是合理的网站设计。希尔顿集团的电子商务研究人员通过调研，认为网站不能有效吸引预订的原因在于：网站设计不好、导航困难、连接慢、缺乏有吸引力的优惠。同时他们了解到，只有16%的网站访问者会逐字逐句地阅读网页上的文字。因此，希尔顿集团网站的设计将饭店和度假胜地查询功能放在显著位置；突出在线预订功能；重点介绍特别服务和优惠价格；重点促销周末和度假旅游、会议和团队旅游。这些设计强化了网站的电子商务功能，推动了网站预订的增长。同时，希尔顿饭店集团拥有电话预订中心。由于现在许多旅游者仍然习惯通过电话预订，电话预订中心与网络预订是互补的。而其共同之处在于，他们的后台支持是同一数据库和网络信息系统。

思考分析：

根据案例介绍，请思考旅游电子商务的发展方向和未来趋势。

17.1　旅游电子商务

高速增长的旅游市场和日益成长的网络消费人群，给旅游业带来了新的契机，网络的交互性、实时性、丰富性和便捷性等优势促使传统旅游业迅速融入网络旅游的浪潮。同时，由于旅游产业的特殊性，特别适合于发展电子商务，所以电子商务与旅游业结合是一种必然趋势，旅游电子商务的发展有其存在的必要性和可行性。

17.1.1　旅游电子商务

旅游业作为我国最早也是最需要与国际接轨的行业，是很早实施信息化建设的行业。我国对旅游信息化的规划与建设给予了高度的重视，2000年开始实施的金旅工程是国内18个金字工程之一，是我国旅游业参与国际市场竞争的重要手段，是国家信息化工作在旅游部门的具体体现，是国家信息网络系统的一个组成部分。由于电子商务代表着旅游业未来贸易方式的发展方向，旅游业的生产和消费特点决定了旅游业最能够体现电子信息网络的优越性，也是最适合开展电子商务的产业之一。

1. 旅游电子商务的定义

旅游电子商务是电子商务在旅游业这一特殊产业中的应用。电子商务是从两方面来定义的：一方面，通过加强联系的方式全面提高商务活动；另一方面，运用互联网技术来改善并传输重要的商务过程。对于旅游目的地与旅游商务活动相关方来说，把这两方面结合在一起就可以清晰地体现相关方之间的关系，即电子商务提供了一种方式(或机遇)，再具体地说，就是运用互联网来提升旅游目的地与商业活动相关方的内部与外部关系。

世界旅游组织在其出版物《E-Business for Tourism》中指出："旅游电子商务就是通过先进的信息技术手段改进旅游机构内部和对外的连通性(Connectivity)，即改进旅游企业之间、旅游企业与上游供应商之间、旅游企业与旅游者之间的交流和交易，改进旅游企业内部业务流程，增进知识共享。"

在国内的研究文献中，王欣将旅游电子商务定义为："以网络为主体，以旅游信息库、电子化商务银行为基础，利用最先进的电子手段运作旅游业及其分销系统的商务体系。"杨春宇将旅游电子商务定义为："旅游企业基于 Internet 提供的互联网技术，使用计算机技术、电子通信技术与企业购销网络系统联通而形成的一种新型的商业活动。"

在分析已有研究成果的基础上，我们将旅游电子商务定义为：旅游电子商务是指通过现代网络信息技术手段实现旅游商务活动各环节的电子化，包括通过网络发布、交流旅游基本信息和旅游商务信息，以电子手段进行旅游宣传促销、开展旅游售前售后服务，进行电子旅游交易；也包括旅游企业内部流程的电子化及管理信息系统的应用等。

旅游电子商务的发展还直接与智慧旅游、旅游大数据相关，美国、日本等国家已经将大数据列入国家发展战略，对大数据在相关领域的应用非常重视。旅游大数据的发展和应用可以较好地支持智慧旅游、云旅游服务，是旅游新经济的体现，也是未来旅游产业和经济发展的必然趋势。

2．发展旅游业电子商务的意义

由于旅游业一些自身具有的性质和特征，电子商务在其中的地位和作用显得尤为突出。

首先，信息在旅游业中具有特别重要的意义。在旅行前，按照一般旅行者的习惯都需要搜集旅游目的地和旅游产品的信息以安排旅游计划。一般的旅游目的地营销就是像旅游者传递相关信息的过程。当旅行者决定出游时，其预订旅游产品的过程也是信息传递的过程。旅游地的经营者也需要掌握一定的旅行者信息，以做好服务。同时旅游的特性即旅游产品的产地消费性和事前消费性、旅游业务对互动信息流的依赖性、旅游业的动态性，都决定了电子商务对旅游业的特殊促进作用。

其次，旅游业是跨国界合作和跨空间运作的典型产业。国际化的旅游业，需要解决旅游产品信息和旅游交易信息的跨国传递、资金的跨国结算等问题。而与传统的贸易方式相比，电子商务能有效降低跨地域信息交流成本，能有效提高跨地域信息交流效率。电子商务是国际化的、开放的。旅游业是跨国界合作和跨空间运作的典型产业，旅游与电子商务的结合将为两者的共同发展开辟非常广阔的空间。[①]

再次，旅游电子商务较少涉及物流问题。物流问题是电子商务发展的瓶颈之一。实物产品的电子商务，不可避免地涉及货物从供方向需方配送的问题。与实物产品贸易不同，旅游电子商务交易中，对物流环节的需求相对较少。交易的确认可以通过信息流的形式实现，而以旅游者的流动，完成旅游消费而实现整个交易过程。这是由旅游生产与消费同时性的特点所决定的。[②]

最后，电子商务平台的特性，能较好地解决满足旅游者个体化需求与实现旅游业运作规模优势的矛盾。旅游服务活动具有多种鲜明的特点：跨行业、跨地区、时间连续和空间散布、想象推销、动态不稳定等。因此旅游业既离不开信息网络的技术支持，又能充分体现信息网络的应用价值，旅游业与电子商务有天然的适应性。[③]

---

①、②、③ 杨路明，巫宁. 现代旅游电子商务教程[M]. 北京：电子工业出版社，2004.

3. 旅游电子商务的业务类型

IT 技术已经在旅游业得到了广泛的应用，一些大型旅游企业不仅在企业内部利用数据库系统、办公自动化系统等进行一般性的企业管理，还在各个方面应用电子商务手段展开营销和在线服务。IT 技术的开展和应用为整个旅游行业带来深刻的影响。随着现代科技和信息产业的发展，互联网成为带动旅游业持续演变的一个重要因素，网络的交互性、实时性、丰富性和便捷性等优势促使市场结构和消费者行为产生巨大的改变。通信技术拥有和使用的扩大，以及各种旅游接待条件之间的差别和价格的透明，吸引了顾客，给旅游业带来了新的契机，同时也加剧了网上旅游供应商之间的竞争。

在旅游行业，最常见的旅游电子商务有以下两类。

(1)企业对消费者的电子商务(B2C)。B2C 泛指网上企业销售产品、服务给消费者的过程。对于旅游行业而言，旅游企业对个人游客的电子商务，基本等同于旅游电子零售。旅游散客通过网络获取信息，设计旅游活动日程表，预订旅游饭店客房、车船机票等，或报名参加旅行团，都属于 B2C 旅游电子商务。对旅游业这样一个游客高度地域分散的行业来说，旅游 B2C 电子商务方便旅游者远程搜寻、预订旅游产品，克服距离带来的信息不对称。通过旅游电子商务网站订房、订票，是当今世界应用最为广泛的电子商务形式之一。网上旅游服务可以说是 B2C 电子商务中最成功的一个部分，这是因为它所吸引的客户人数最多。在美国市场上，B2C 形式的网上旅游服务的收入超过了 PC 软硬件及外围设备的收入总和，是 B2C 电子商务收入中最大的部分。Internet 已成为旅游消费者用来查找旅游去处、查找最合适的价格、预订机票、预约租车、预订旅馆和预订观光行程时最常用的一种工具。

旅游 B2C 电子商务还包括旅游企业对旅游者拍卖旅游产品，由旅游电子商务网站提供中介服务，如美国的著名旅游网站 Bid4vacation.com，它针对美国的旅游饭店和游船旅游客舱普遍存在空房的现象，组织旅游企业将这些闲置资源公布到网上，组织旅游者之间竞价的拍卖服务，有效地均衡了旅游市场供求，从而成为一种有生命力的网上交易服务形式。

(2)企业对企业(B2B)。B2B 泛指网上企业与企业之间购买、销售和交换产品、服务和信息的过程。这是电子商务中业务量最大的一种类型。在旅游电子商务中，B2B 交易形式包括：旅行社向酒店、餐馆、交通、旅行社、景点门票、车队等旅游企业采购资源以及与航空公司、景点、目的地接待社、汽车公司、餐厅等建立良好关系，旅游地接待社批量订购旅游资源及与航空公司、景点、组团社、汽车公司、餐厅等建立良好关系。再如，旅游地接待社批量订购当地旅游饭店客房、景区门票。客源地组团社与目的地接待社之间的委托、支付关系等。

旅游业是一个由"食、宿、行、游、购、娱"等众多中、小型企业构成的复杂产业。各类旅游企业之间存在着复杂的代理、交易、合作关系，旅游 B2B 电子商务有巨大的发展空间。B2B 电子商务的实现大大提高了旅游企业间的信息共享和对接运作效率，提高了整个旅游业的运作效率，主要表现在以下几方面。

① 电子酒店。酒店计算机管理系统是 20 世纪 70 年代初从国外开始发展起来的，它能明显地提高酒店的管理效益、经济效益和服务质量。到 20 世纪 80 年代，国外已出现如 EECO、HIS、CLS、Lodgistix 等知名的酒店管理系统，技术较成熟，功能也较齐全。

我国酒店行业应用 IT 技术是伴随着国外酒店的进驻而开始的。目前大多数三星级以上酒店基本已经使用了计算机管理技术，沿海经济发达地区的部分经济型酒店也开始使用计算机管理。国产酒店软件开始进入了五星级酒店市场，目前挂牌的五星级酒店采用国产软件的已近 70 家，占全国五星级酒店市场的 25% 左右，其中杭州西湖软件有限公司已签约杭州索菲特西湖大酒店、成都凯宾斯基酒店等五星级用户 29 家，占国产软件市场的近 40%。从技术水平衡量，我国的酒店管理系统在技术和产品功能上已基本可与国外软件相媲美，在售后服务、本地特色化方面更明显优于国外系统，主要的差距还是在品牌上，所以一些大型酒店管理集团、外资酒店在选择管理软件时仍偏重于国外品牌。

② 电子旅行社。在全球信息化浪潮下，为旅游业提供重要分销服务商的旅行社，其信息化更是为社会各界所瞩目。信息技术在旅行社当中的应用不仅可辅助组团、接团和导游服务等的数据处理，还用于各类用户信息的维护和处理，财务结算数据的记录和维护，企业信息的记录和维护，而且更重要的是开展旅游电子商务。

其中国外旅行社的信息化进程始于 20 世纪 50 年代，到了 70 年代计算机预订系统（Computer Reservation System，CRS）延伸至旅行社代理商，并推动了旅行社的发展。在 CRS 不断完善的基础上，除机票以外的其他旅游产品，如饭店客房、车票、游船票、机场接送及其他服务项目也可以通过其销售，从而使旅行社的整个销售都实现信息化和自动化。从 80 年代开始，CRS 开始向全球分销系统（Global Distribution System，GDS）过渡。GDS 是应用于民用航空运输及整个旅游业的大型计算机信息服务系统。随着互联网的日益普及，GDS 已经通过网络遍及世界各个角落。

我国旅游业的信息化建设落后于西方发达国家近 20 年，真正应用计算机技术是在 80 年代初期，中国国际旅行社总社（以下简称中国国旅）是我国最早涉足信息技术应用的旅行社企业。1981 年，中国国旅引进美国 PRIME550 型超级小型计算机系统，用于旅游数据处理、财务管理和数据统计。国家旅游局从 1990 年起开始抓信息化管理并筹建信息中心，先后投资了 1000 多万元用于机房改造和设备配置，并根据客观实际与发展的可能，建设了一些旅游信息网络及信息传递系统。为迎接电子商务对旅游业的冲击，帮助旅游企业向电子商务化运作转型，国家旅游局于 1991 年正式启动的"金旅工程"，成为我国旅游业国家级"计算机网络系统"建设的标志。"金旅工程"包括内部办公、管理业务和公共商务三个网络，整合国内外旅游信息资源，建设和完善政府管理旅游的系统办公自动化网络与面向旅游市场的电子商务系统。其中，公共商务网主要建立一个可供各旅游企业进行供求信息交换、电子商务运作的旅游电子商厦，向旅游企业提供整套的电子商务解决方案。

1997 年，号称我国规模最大、资源最丰富、服务功能最强的华夏旅游网和中国旅游资讯网相继成立，成为我国第一批旅游业网站，标志着我国旅游业开始进入网络化；2000 年 4 月，青旅在线的诞生标志着我国旅游电子商务进入"鼠标+水泥"的阶段；2000 年 10 月，携程旅行社网宣布收购现代运通，标志着它从一个互联网企业转型为在线旅游企业。

③ 电子景区。电子景区是一个以信息技术为支撑的旅游服务过程，它标志着企业内部、企业与企业之间、企业与旅游者之间、企业与行政管理部门之间服务过程的变革。电子景区或称数字化景区，表现为现代信息技术在景区中的应用和实现。但是由于景区特殊的旅游目的地属性以及产品和服务的不可移动性，电子景区的内涵及其作用有着鲜明的特色。

从 1982 年开始到现在，国务院共审定公布了 6 批 187 个国家级风景名胜区。2002 年年底，国家级风景名胜区监管信息系统建设研发和试点工作开始，形成了现在数字化景区建设的重要基础层。2004 年，九寨沟和黄山被纳入国家"十五"科技攻关计划重点项目数字景区示范工程，探索景区现代化管理和服务的新模式和新机制。2005 年，在全国范围内遴选 22 个国家级风景名胜区列为试点单位，进一步加强数字化景区建设的指导和培育。2006 年，电子景区建设的有关内容被纳入国家"十一五"重大科技支撑项目现代服务业专题，预示着数字化景区建设面向未来发展的巨大潜力和光明前景。

④ 电子餐饮。从 19 世纪 80 年代第一台木质外壳的收款机产生到现在已经 100 多年了。随着计算机技术的发展，收款机系统也经历了三个阶段。第一代收款机是单独使用的，没有联网功能。第二代收款机是在 20 世纪 80 年代流行，它将若干餐厅中的多台收款机联成网络，通过转换器与餐饮管理系统连接，以满足客人的各种需求，同时具备了一些管理功能。这种收款机既可以单机操作，又可以联网使用，现在仍有许多餐饮企业在沿用这种做法。从 20 世纪 90 年代开始流行第三代收款机，这种收款机像 PC 机一样，能够与餐饮管理系统联网，在布线、故障处理、收款效果、网络处理上均很方便。到了 21 世纪，"无线餐饮系统"集无线网络通信技术与手持移动计算机终端技术于一身，代表着当今餐饮行业解决方案中最前沿的领先科技。这种高端技术应用在餐饮行业中，始于 2001 年美国洛杉矶的一家高档餐厅；我国则是在 2002 年 3 月由上海的一家高档餐馆引入了这种无线餐饮系统，促进了餐饮行业信息化管理的普及和发展。

⑤ 电子航空公司。中国政府承诺加入 WTO 后，民航将在计算机订座系统领域开放跨境服务和境外消费，外国计算机订座系统可与我国的计算机订座系统联网，向中国航空公司提供服务。

最早的订座系统是编目航班控制系统(Inventory Control System，ICS)，是西方一些大航空公司为实现更多、更便利的销售于 20 世纪 60 年代建立起来的，以订座控制和销售为主要功能的网络系统。随着国际航空公司业务的迅速扩展，航空公司通过协议建立了同时与多家航空公司 ICS 相连接的 CRS。

计算机预订系统(Computerized Reservation System，CRS)就是对相关的旅客购买机票、预订座位的信息进行数据处理的一套电脑程序。随着 CRS 不断地发展扩大，订座系统也经历了一系列的发展和变化。CRS 从仅作为某个航空公司内部的订座系统，到多个航空公司共享的订座系统，最后逐步发展成为不仅提供航空客票预订与出票业务，而且提供预订酒店等其他产品的全球分销系统(Global Distribution System，GDS)。

17.1.2　我国旅游电子商务的现状

电子商务已经成为信息时代旅游交易的新模式。据世界旅游组织预计，5 年之内旅游电子商务将占全球所有旅游交易的 25%；在未来 4 至 5 年内，旅游电子商务在电子商务中的比重将达到 20%～25%，甚至更高。

互联网的出现使得旅游消费者可以绕过所有的中间环节，通过互联网直接向目的地各类产品供应商进行预订，而且通过互联网预订使成本大大降低。在互联网日益普及的今天，传统旅游中介机构(特别是旅行代理商)是否能存在下去，以什么方式存在下去，已成为旅游行业关注和争论的一个焦点问题。

2015 年中国旅游产业市场规模和游客规模继续增大，国内旅游电子商务保持快速发展态势，2015 年我国在线旅行预订用户的规模达到 2.6 亿人次，同比增长 17.1%；市场交易规模也达到 3429.9 亿元，同比增长 23.3%，如图 17-1 所示。

2015 年携程旅游、途牛、同程旅游三家，团队游、自由行等旅行社业务的交易规模如图 17-2 所示。携程旅游以明显优势蝉联中国休闲度假市场第一名，规模相当于途牛、同程两者之和，携程占 25.5%，比 2014 年增长 0.8%。在线旅游市场的集中度越来越高，携程、途牛、同程三家领先市场的格局已经形成。旅游度假产品相对复杂，品牌担保很重要，旅游者会更倾向于选择市场领先的品牌。

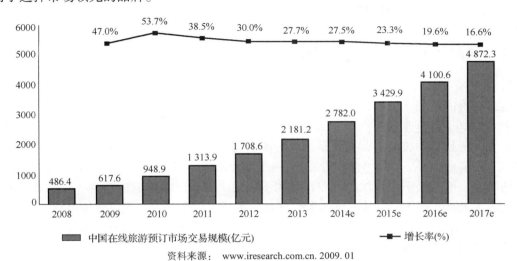

资料来源：www.iresearch.com.cn. 2009. 01

图 17-1　中国在线旅游预订市场交易规模

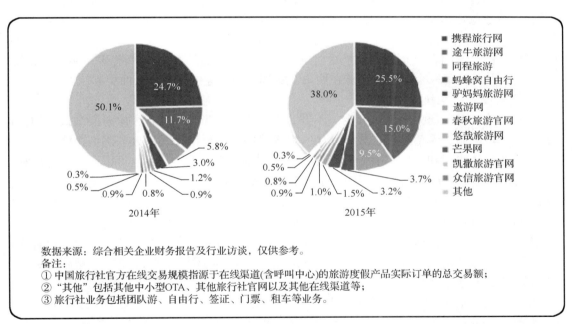

资料来源：www.ctcnn.com.2016.1

图 17-2　2014～2015 年中国在线旅行社市场份额(按交易额统计)

与携程相比较，途牛旅游、同程旅游网分别保持市场占有率第二和第三位，且与携程网的差距在缩小：途牛旅游与携程相差了 10.5% 的市场份额，占 15.0% 的市场份额；同程旅游增长 3.7% 了，占 9.5% 的市场份额。

在线旅游市场近几年并购频繁，2015 年携程入股艺龙，与去哪儿合并，京东入股途牛等结束了在线旅游的价格竞争，从而进入更加良性的运行，未来大家将把重心放在如何突破局面、提升服务的品质上。

第二阵营里遨游网、春秋旅游官网、悠哉旅游网、芒果网等所占的市场份额都不足 1%，其市场竞争力在不断下降。

17.1.3　我国旅游电子商务存在的问题

1) 经营模式雷同，竞争力不强

缺乏明确的市场细分、集中在大致相同的经营模式，是目前旅游网站的一大问题。旅游网站主营的电子商务业务有机票、酒店、旅行团预订三大项，每个旅游网站都有。不管是商务旅游者，还是自助旅游者，只要是国内的消费者，不管是否有能力上网，都把其定位为目标顾客，其信息、产品更是"老少皆宜"。网站设计出统一的全面解决方案希望能够占领全部的市场份额，而不顾不同层次的细分市场的不同层次需求，结果是旅游网站的供给与使用者个性化需求未能实现无缝对接，方向混乱、目标不清、促销乏力、难以获得市场。

电子商务的特点和功能优势在这些网站上几乎体现不出来。绝大多数属于信息发布型网站（尽管有极少数网站可以纳入直销型网站或其他类型），还处于电子商务的初级阶段。而且，网站信息更新缓慢，在线交易冷淡，无法吸引游客。此外，我国旅游网站尚处在向动态交互性信息服务的过渡中，还未出现通过网络提供个性化的旅游产品和服务，而旅游电子商务网站个性化服务急需建立。这是因为网站面临的访问者多种多样，不同的访问者的喜好、文化背景、年龄、职业及经济能力是不一样的，所以对旅游产品的需求也不一样，如果网站的信息没有针对性，访问者只是被动地接受信息，则很难引起访问者的旅游欲望。网站个性化服务设计的目的是使每一个访问者都能在网站上找到他感兴趣的信息，从而引起旅游的欲望。

2) 盈利模式存在缺陷

首先，旅游电子商务网站目标定位不准，思路不清。当初国内各大旅游网站最初的目标是做旅游门户网站，希望靠广告赢利，用平面媒体的盈利思维模式来处理网络媒体。大家都明白，现在媒体生存和发展主要依靠广告，于是推而广之，以为网站也可以通过广告赢利，然而，网站广告只是旅游网站赢利的一小部分，如著名的 e 龙网站整个收入构成中网络广告仅约占 20%。按这种目标定位和思维去经营旅游电子商务，失利似乎存在着某种必然。所以，随着"网络泡沫"的破灭，旅游网站也不可避免地陷入困境。

其次，过分强调技术，对盈利的商业模式缺乏深入研究。在"网络经济"大放异彩的年代，似乎网络与高科技是肇事者，却将技术运用和技术本身倒置，使本来可以顺利发展的旅游电子商务走了弯路。

再次，过于追求时尚、与传统产业脱节也是旅游电子商务失利的又一原因。网络是个新生事物，用它去为旅游业服务，当然更为"时尚"。于是，在旅游这个追求时尚的产业内，把运用网络也作为一种产业。网络开始在中国初显生机时，国内先后出现了华夏旅游网、中国旅游资讯网等网站，这些旅游类网站一般都提供旅游资讯、订票、酒店预订、线路预订等服务。携程网在当时及时转向，通过收购当时国内最大的订房中心和北京最大的票务中心，形成了酒店和机票的主营业务，实现了初步盈利，并成为中国旅游业的时尚先锋。但许多网站想独辟蹊径，抛弃传统。第一家在美国纳斯达克上市的公司，后来经过一番"风光"之后，才发现电子商务原来是在做企业，不盈利是不行的。这可以从旅游电子商务网络泡沫最后走出来的携程网、青旅在线等得到反证。背离传统，不切实际的转变模式使得一些企业走向衰败。

最后，整个网络环境也是产生旅游电子商务盈利问题的原因之一。网络本身是个新生事物，客户认知程度还比较低，更多是停留在这个新事物的表象上，于是当时的"注意力经济""眼球经济"盛行，能吸引住客户，聚拢人气。但实际上，企业还必须让客户有实际的消费行为，不能只停留在观看、浏览阶段。还有，旅游电子商务的从业者对传统预订营销模式了解不深，在具有盈利能力的业务上用力不多，甚至在当时旅游网站对酒店预订和预订量不屑一顾，丢弃传统业务和市场可能也是电子商务盈利存在问题的直接原因。与此同时，互联网冲浪者最初对电子商务的关注也正由表及里，更在乎通过互联网能够给自己办成什么事、带来多少实惠。现如今，虽然网络普及，但网络的实用性方面也没有达到客户满意的程度，再加上电子商务在安全、支付、法律制度、网络速度等方面还没有完全达到充分运用的条件，所以这些都在客观上制约了旅游电子商务的成功。

17.2　中介电子商务

17.2.1　中介电子商务

尽管电子商务缩短了厂商之间的距离、厂商与消费者之间的距离，但是电子商务并不能消灭中间商，而是产生了新的中间商——电子中介，电子中介就是为电子商务活动提供交易平台和服务的第三方机构。电子中介极大地降低了交易成本，缩短了供应链，提高了整个社会的效率。电子中介的介入，使商业竞争更加激烈，竞争的形式由过去的价格竞争，过渡到质量和服务竞争。在电子商务环境下，传统中介的作用被弱化，新型中介的作用则被强化。可以说，随着互联网的快速发展，依托 Internet 平台多渠道、高效率地发展中介电子商务，是电子商务成功的关键。因此，市场中介不会消失，只能越发展，结构越复杂，功能越强大，企业和消费者对其依赖性越大。

(1) 市场中介。所谓市场中介通常是在市场经济活动中，生产型企业之间、生产型企业和最终消费者之间提供消费服务的服务型企业，以及在最终消费者间从事信息沟通和获取、产品传递、资金流转以及辅助决策，并为企业的生产经营提供劳动力、资金等生产要素服务的一类企业或组织。它们是构成交易环境的主要因素，为买卖双方提供越来越多可供选择的交易途径，使买卖双方可以因事制宜地制定对双方最有利的交易方式。市场中介行业是实现市场一体化机制的渠道机构，是随着市场经济的发展而逐步成长起来的。

(2) 市场中介的产生。市场中介的产生源于交易费用的控制。一般来说，交易中介的种类包括商业中介和渠道中介两大类。

商业中介主要是为买卖双方提供交易场所、交易平台等交易环境或专门进行商业交易的组织机构。商业交易中介的产生，为更多的企业进行市场交易创造了良好的交易环境，并形成了不同产业之间的交易市场链条。

渠道中介主要是为了实现买卖双方正常进行交易活动、提高交易双方效率、降低双方交易成本、为市场提供服务的组织与机构。渠道中介的产生，实现了交易方式的多样化，优化了交易环境，促进了交易规模的扩大，促进了交易主体业务量的激增，同时加快了市场一体化的进程。

17.2.2 中介电子商务的功能

网上中介型企业间电子商务的基本功能有以下四个方面。

(1)为企业间的网上交易提供买卖双方的信息服务。买方或者卖方只要注册后就可以在网上发布自己的采购信息，或者发布企业产品出售的信息，并根据发布信息来选取企业自己潜在的供应商或者客户。网上发布的信息一般是图片或者文字信息，随着带宽增加，发布信息将越来越丰富。

(2)提供附加信息服务，即为企业提供企业需要的相关经营信息，如行业信息、市场动态。为买卖双方提供网上交易沟通渠道，如网上谈判室、商务电子邮件等。例如，阿里巴巴还可以根据客户的需求，定期将客户关心的买卖信息发送给客户。

(3)提供与交易配套的服务，即提供网上签订合同服务、网上支付服务等实现网上交易的服务。例如，"相约"中国网站还可以根据客户的需要，帮助客户申请报关和联系认证等贸易服务。

(4)提供客户管理功能，即为企业提供网上交易管理，包括企业的合同、交易记录、企业的客户资料等信息的托管服务。当然这些属于企业的保密资料，但对于中小型企业来说有安全保密的托管服务机构是非常必要的而且是可以接受的。

17.2.3 中介电子商务的业务类型

按中介电子商务网站的功能，中介电子商务模式可以进一步分成以下几种不同的类型。

(1)市场交易。这在 B2B 市场上越来越普遍。MetalSite 或者 ChemConnect 世界化工交易所就是范例。在这种交换模式下，经纪人根据货物的价值向买主收取佣金。定价方式可以是一种简单的开盘/购买、开盘/协商购买，或者拍卖底价/竞标。

(2)商业贸易社区。这是 VerticalNet 率先提出的概念，即作为特定市场的基本综合信息源和对话源的网站。VerticalNet 社区包括购物导读、供应商目录、产品目录、每日产业新闻评论以及招聘信息及分类。另外，VerticalNet 网站还为 B2B 信息交流，为增补目前的贸易展示以及商业合作等活动提供了一个平台。

(3)购买者集合。由 Accompany 公司首创的这种模式，是指通过互联网，把个体购买者组成集团，在每个交易中，买主只需支付少量费用，就可以享受到与批量购买的大组织一样的好处。

(4)经销商。这是大量产品制造商、批发商、零售商之间的联系纽带，通过商品目录进行运作。这种 B2B 模式越来越普遍。经纪人方便了特约经销商和贸易伙伴之间的贸易。对于买家来说，它加快了周转速度，降低了购买成本，促进了批发业务。B2B 商务模式为买家提供了最优惠的报价——报价、配送方式和替代品均因买家的不同而不同——交易效率也随之提高了。对于经销商来说，B2B 商务模式可以取代经销商进行报价、处理订单、跟踪订单履行情况，从而降低了销售费用，提高了应变能力，减少了劳动力。

(5)虚拟商城。虚拟商城云集了众多在线经销商。一般来说，经销商必须向虚拟商城缴纳一定的会员费、每月列表费和交易佣金(如 Yahoo! 网上商店规定的有关条款)。虚拟商城模式与大众化门户网站相结合时效果最佳。另外，高级虚拟商城还为客户提供了自动化交易服务和关系营销渠道。

（6）后中介商。后中介商联系买家与在线经销商，提供金融解决方案和质量保证。它也是一种虚拟商城，同时它还可以进行交易、订单追踪、提供提单和托收服务。后中介公司通过保证消费者获得满意的服务来保护消费者。后中介公司也收取一定的会员费和交易佣金。HotDispatch 和 Amazonz 公司的 Shops 就属于这种模式。

（7）拍卖经纪人。拍卖经纪人为卖主（个人或经销商）提供拍卖服务的站点。经纪人收取佣金，佣金一般按交易额的一定比例收取。拍卖时，卖主定出底价，买主经过竞标，出价最高者将获得该商品。拍卖活动有不同的供货和竞标规则。eBay、AuctionNet 就属于这种模式。

（8）反向拍卖经纪商。这是"由买主自己开价"的商务模式，也叫做"按需拍卖"和"按需购物"。潜在的买主对某项拍卖品提出最后的（有时是可更改的）报价，然后由经纪人决定是否成交。有时，经纪人的佣金是竞标价和成交价之间的差价，也可能收取一定的手续费。反向拍卖经常用于汽车或机票等高价位的商品。

（9）分类广告。它是指待售商店或求购商品列表，多由地方新闻报刊承办，既可能有统一定价，也可能无统一定价。在这种模式下，无论成交与否，都要收取一定的版面费。

（10）搜索代理。它是指用来查询最惠价格，或者买主需要的某种特殊服务，或者罕见信息的代理商（即智能软件，或者"机器人"）。

17.3　电子商务服务业

电子商务服务业是随着电子商务的发展而兴起的，是电子商务应用的规模不断扩大、影响不断深化的结果。电子商务服务业以计算机网络为基础工具，以营造商务环境、促进商务活动为基本功能，是传统商务服务在计算机网络技术条件下的创新和转型，是基于网络的新兴商务服务形态。

17.3.1　电子商务服务业的体系

国务院在 2017 年 6 月 1 日发布的《电子商务发展"十一五"规划》中首次正式提出电子商务服务业的概念，强调大力发展电子商务服务业，形成国民经济发展新的增长点，提出我国"网络消费文化逐步形成，面向消费者的电子商务服务范围不断拓宽，网上消费服务模式日渐丰富。电子商务服务业正成为新的经济增长点，推动经济社会活动向集约化、高效率、高效益、可持续方向发展"。

在 2012 年 3 月 27 日工信部制定发布了《电子商务"十二五"发展规划》，强调要大力发展旅游电子商务，创新旅游业发展模式，培育现代旅游服务品牌。2016 年 12 月 29 日，商务部、中央网信办和发展改革委制定了《电子商务"十三五"发展规划》，提出了"十三五"时期建设电子商务发展框架的五大任务，包括加快电子商务提质升级，全方位提升电子商务市场主体竞争层次；推进电子商务与传统产业深度融合，全面带动传统产业转型升级；发展电子商务要素市场，推动电子商务人才、技术、资本、土地等要素资源产业化；完善电子商务民生服务体系，使全体人民在电子商务快速发展中有更多的获得感；优化电子商务治理环境，积极开展制度、模式和管理方式创新。

如果将"电子商务应用"与"电子商务服务"比作市场经济中的需求与供给，那么前者是指一个个具体的机构和个人如何运用电子商务方式实现商务目标，如采购、销售或获取商务信息等；后者是指如何提供一定的服务以满足这些需求，如域名注册、虚拟主机、商务信息、认证和支付等服务。所有提供电子商务服务的企业的集合就是电子商务服务业，或称电子商务服务产业、电子商务服务行业。

可以在两种既密切相关又有所区别的意义上使用"电子商务服务业"的概念：一是指一切为电子商务应用服务的企业的集合，如提供电子商务咨询服务的企业；二是指一切通过网络或采用电子商务方式提供服务的企业的集合，如网上医疗企业。前者以电子商务为服务目的，后者以电子商务为服务工具。可以将后者称为"网基服务业"，即基于网络或电子商务方式的服务业。

按照前一种概念，电子商务服务业涉及机构和个人的商务、工作和生活的各个环节、层面和范围。对于电子商务应用，要提供全面、强大的电子商务应用支持服务，包括网络、硬件和软件等技术支持，也包括营销推广、应用集成、信用、支付、物流和咨询等全方位的商务服务。具体来说，电子商务服务业分为两个层次：基础层和应用层。

(1)处于基础层的是交通运输业、金融业和电信业。这些行业在基础层面上提供整个社会商务活动所需的中介性服务产品，这些产品无论是在传统作业的情况下还是在电子商务的环境下都没有改变其根本的属性。从电子商务产生以来所总结以及需要解决的基础性问题，如物流、支付等大都产生于这一基础层面。因此，这一层面是构成电子商务服务业的磐石。

(2)处于电子商务服务业应用层的是提供电子商务服务的行业，如 Internet 接入服务业，Internet 上的信息提供服务业、信息咨询业，基于 Internet 的商品销售和拍卖业、信息和网络系统集成业等。

对于面向企业的电子商务服务业，可以有不同的划分标准。

(1)按行业范围划分，可以分为综合性电子商务服务和行业性电子商务服务。前者不区分行业，为所有行业厂商和所有产品、服务提供交易服务，如阿里巴巴、慧聪网等；后者专注于某一行业或产品、服务，如中国化工网等。

(2)按交易环节划分，可以分为全程交易服务和专项交易服务。前者为交易全程提供交易服务；后者专注于某一个交易环节，如市场调查、采购、分销或售后等。

(3)此外，还可以按服务对象(是厂商还是个人消费者)、交易品(是有形的还是无形的)、服务媒介(是线上还是线下)、地域(是地方还是全球)等划分。

电子商务服务平台是电子商务服务业的核心，也是电子商务服务业越来越重要的表现形式。按服务类型划分，电子商务服务平台大致分为三种类型。

(1)电子商务交易服务平台：提供网络营销、网上销售、网上采购和交易信息发布等交易服务，如阿里巴巴、慧聪网等。

(2)电子商务业务服务平台：提供基于网络的研发设计、现代物流、财务管理、人力资源、管理咨询和技能培训等服务，如金算盘全程电子商务平台等。

(3)电子商务技术服务平台：提供网络基础设施和技术支持，以及基于网络的信息处理、数据托管和应用系统等 IT 外包服务，如中国万网等。

电子商务服务平台在为电子商务应用提供服务的同时，也改变了电子商务应用的方式和形态。企业电子商务因此正在从"网站时代"——网站是企业电子商务应用的主流，进入"平台时代"——平台成为电子商务应用的主流，以及渐露头角的"生态时代"——基于电子商务平台的商业生态。

17.3.2　电子商务服务业的兴起

电子商务服务业是随着电子商务的发展而兴起的，是电子商务应用的规模不断扩大、影响不断深化的结果。如果说起初企业要应用电子商务就必须自己从事注册域名、购买(或者租用)服务器、购买虚拟主机、制作网页等工作的话，那么电子商务服务业的兴起则意味着这一切都可以通过专业化的电子商务服务平台来完成；如果说起初网上商店要开通网上支付就必须与各家银行分别洽谈、签约而且未必成功的话，那么电子商务服务业的兴起则意味着只要与一家网上支付平台合作就可以了。电子商务服务业的兴起，标志着电子商务领域的专业化水平有了质的飞跃。在我国，这个阶段开始形成的时间大致是 2003 年前后。一直领军我国电子商务服务业的中小企业电子商务平台——阿里巴巴从这一年开始盈利。

从现代服务业的角度看，电子商务服务业以互联网等计算机网络为基础工具，以营造商务环境、促进商务活动为基本功能，是传统商务服务在信息技术——特别是计算机网络技术条件下的创新和转型，是基于网络的新兴商务服务形态，位于现代服务业的中心位置。电子商务服务业营造商务环境、促进商务活动的作用，来自通过技术进步及相应的制度进一步降低商务成本，也来自对商务模式创新和商业生态的积极作用：

(1)基于网络优势，降低交易前的商务信息搜寻和发布成本，降低交易中和交易后的商务成交成本和交割成本——特别是无形商品；

(2)基于电子商务服务商的规模化、专业化，降低单个电子商务应用者的应用成本，如人力资源成本等；

(3)基于信息的聚合、积累和挖掘，降低与交易风险相关的商务成本；

(4)基于电子商务服务平台所营造的良好环境，促进商务模式创新和商业生态的培育和构建。

17.3.3　电子商务服务业的发展趋势

电子商务服务业已经并将继续促进我国电子商务快速发展，并呈以下发展趋势。

(1)电子商务服务平台规模进一步扩大，将出现更多的百万会员数量级的电子商务服务平台，从而进一步强化电子商务服务平台的规模效应和网络效应，进一步提高电子商务服务平台的生存能力和服务能力。

(2)电子商务服务平台的服务模式进一步创新。在电子商务服务环节上，从交易前向交易中和交易后延伸，发展在线成交和交割服务；在电子商务服务范围上，从外部市场交易向企业内部运营渗透，通过在线软件和信息系统服务(如在线 ASP、CRM 和财务管理)为企业提供全面 IT 运营服务；在电子商务服务功能上，将有越来越多的信用、认证、支付和现代物流等服务集成于电子商务服务平台上，从而进一步提高整个电子商务服务业的服务水平。

本 章 小 结

电子商务与旅游业的结合是一种必然趋势，本章介绍了旅游电子商务的概念、业务类型、我国旅游电子商务的现状以及我国旅游电子商务运营过程中存在的问题。

电子中介就是为电子商务活动提供交易平台和服务的第三方机构。本章介绍了中介电子商务的产生、功能及其业务类型等内容。

电子商务服务业以计算机网络为基础工具，以营造商务环境、促进商务活动为基本功能，是传统商务服务在计算机网络技术条件下的创新和转型，是基于网络的新兴商务服务形态。本章介绍了电子商务服务业的体系、兴起和发展趋势。

复习思考题

1．什么是旅游电子商务？简述旅游电子商务的主要业务类型。

2．请根据本章中针对电子商务服务业的表述，论述我国应如何推进电子商务服务业的发展。

第 18 章

生产领域电子商务

本章提要

本章主要介绍了生产领域电子商务的应用状况。本章涉及的生产领域主要包括制造业、能源行业、农业和建筑业，对这些行业的电子商务发展状况和电子商务链应用结构模式进行了介绍，并根据各行业的特点从不同角度描述了这些行业电子商务的发展和应用模式。

导入案例

中石油"能源一号"网站

中国石油天然气公司(下称中国石油集团)党组、中国石油天然气公司股份有限公司(下称中国石油)积极推进电子商务的发展。1998 年当时的中国石油天然气总公司便做出了全面推行和实施电子商务的重大决策，使中国石油成为国内推进电子商务工作最早的大型国企之一。随着我国改革开放的深入和社会主义市场经济体制的建立与完善，物资采购工作发生了巨大变革，由计划经济时期的统购统分阶段，发展过渡并经历了比质比价与谈判和招投标阶段，目前已逐步进入以电子商务为标志的网上集中采购与招投标并存阶段。2001 年以来，中国石油电子商务从无到有，交易方式和交易手段不断完善；2001 年搭建了电子商务平台"能源一号"网，2006 年累计实现电子采购额超过 960 亿元，其中 2005 年电子采购额达到 195 亿元，占当年公司物资采购总额的 1/4 多，累计节约采购成本水平达到 5% 左右。十几年来的电子商务实践，不但取得了良好的经济效益，为提高公司经营效率和效益、树立国际大公司形象做出了重要贡献，而且逐步形成了物资采购公开、透明的机制，带动了传统的思维方式、经营理念和经营方式的转变。2009 年 6 月，能源一号网启动中国石油物资供应商管理信息系统、物资采购计划管理系统、专家库系统的建设工作。2011 年 9 月，中国石油物资采购管理信息系统在大庆油田召开启动会。2011 年 10 月 17 日，中国石油物资采购管理信息系统大庆油田、长庆油田、大庆石化、物资公司四家试点单位第一批上线交易。2011年11月18日，物资公司 2012API 标准油套管光管集中采购在中国石油物资采购管理信息系统顺利完成第一笔上线交易报价开标工作。电子商务以技术创新带动体制创新和管理创新，已经成为中国石油变革管理流程的一项标志性工程。中石油电子商务发展为新一轮的市场化、科技化的发展浪潮奠定了基础，取得了可喜成绩，主要有：实现物资采购与电子商务业务的归口管理；实行物资"公开、公平、公正"的阳光采购；创建了提升物资采购与物流管理水平的电子交易平台；对三类物资普遍实行超市化管理；紧抓关键环节管理，注重成本核算。

"能源一号"网站四种主要电子销售方式的流程如下。

1. 目录式销售

图 18-1 是"能源一号"网站目录销售基本流程。

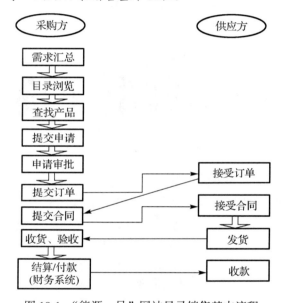

图 18-1 "能源一号"网站目录销售基本流程

- 供应方在网上建立产品目录，包括价格、型号等产品信息。
- 采购方通过浏览网上电子目录，选择欲购买的产品，单击形成请购单，请购单经审批形成采购订单。
- 采购订单经网上发送给供应商，经供应商接受后交易成交。

2. 协商式销售

图 18-2 是"能源一号"网站谈价议价基本流程。
- 采购方根据需求在网上发布产品询价(竞价)信息。
- 供应方从网上看到询价(竞价)信息后根据自己的实际能力做出回复。
- 经过双方反复多次的议价协商，最终以双方都能接受的条件成交。

3. 竞价式销售

图 18-3 是"能源一号"网站竞价销售流程。

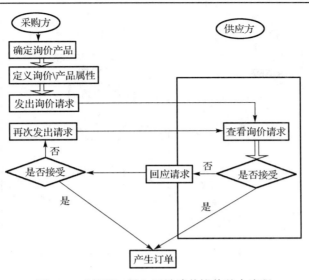

图 18-2 "能源一号"网站谈价议价基本流程

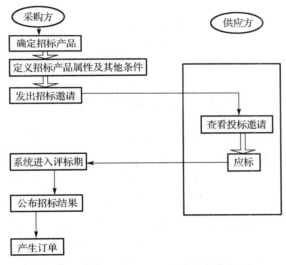

图 18-3 "能源一号"网站竞价销售流程

- 采购方根据物资需求在网上发布招标信息或向某些指定的供应商发出邀标书。
- 供应商从网上得到该信息后如有意向即做出响应，参加竞标。
- 经过评标，采购方选出中标供应商，与之签订相关协议或合同，交易成交。

4．拍卖式销售（英式）

图 18-4 是"能源一号"网站拍卖销售基本流程。

- 采购方根据需求在电子交易系统中发起相应产品的拍卖市场。
- 对方若有意向，即可登录电子交易系统并对发起的市场做出响应，参与拍卖。
- 经过多轮竞价，最终产生拍卖的赢家，交易成交。

资料来源："能源一号"网站，http://www.energyahead.com.

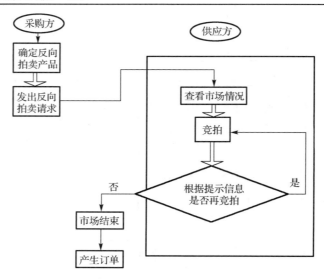

图 18-4 "能源一号"网站拍卖销售基本流程

思考分析：

1. "能源一号"网站电子交易平台的主要特点。

2. 你认为"能源一号"网站的交易平台在哪些方面存在改进的可能？

3. 能源一号网站应如何处理采购方、供应方与交易平台的关系？

18.1　制造业电子商务

制造业是立国之本、兴国之器、强国之基。制造业电子商务的发展加速了制造业的全球化趋势，电子商务和信息技术的应用大大减少了国际制造企业在东道国的各种投资与建设，甚至不用在国外建立分支机构也能达到全球化的目标。中国工程院院士、管理科学与管理工程专家汪应洛指出，中国正在从制造大国迈向制造强国，纵观全球制造业发展历程，在全球化、网络化、高新技术化、绿色化等发展趋势的驱动下，制造业在生产区域上，正逐渐由一国制造生产向跨国制造生产转变；在生产方式上，正逐渐由实体制造向虚拟制造转变；在生产模式上，正逐渐由单纯制造向服务制造转变、由粗放制造向绿色制造转变。

18.1.1　制造业电子商务发展的现状

近年来，我国电子商务已经进入了飞速发展时期。党的十八届三中全会为我国进一步深化改革开放指明了新的方向，我国电子商务的发展将迎来新的历史机遇。在电子商务突飞猛进的发展下，传统制造业却面临着资源和环境的困境，增长速度有所放缓。发挥电子商务的作用，拓宽商品销售流通渠道，改变产品生产方式，推动我国制造业的转型升级是我国电子商务发展的一项重要任务。信息技术使得研究与开发活动、营销全球化更加简捷与快速。电子商务使许多跨国公司能够将主要精力集中于新产品的研发和市场营销上，通过虚拟制造的模式，凭借先进的信息通信手段，调集多方资源，以其独有的核心能力或资源实现制造业的全球化，在全球范围制造和销售。制造业电子商务以 B2B 模式为主，通过重视利用信息技术、加强企业内部信息化建设推动了工艺、生产流程、管理流程改造的迅速发展。

我国制造业在信息化建设中取得了长足的进步，绝大多数企业在不同程度上实施了信息化项目，为制造业进一步的电子商务系统的建设奠定了良好的基础。制造企业通过实施电子商务发展战略可以优化价值链，提高核心竞争力，创造更多的经济效益和社会效益。在 2004年国家信息化测评中心和互联网周刊发布的"中国企业信息化 500 强"中有 400 家以上属于制造业企业，这 400 多家企业涵盖了钢铁、汽车、石化、电子电器、食品饮料、服装、制药、烟草等行业，主要是特大型或大型制造企业，说明制造业信息化是中国近年来企业信息化建设的主旋律。2007 年，国家统计局对中国 19 267 个大中型企业进行的跟踪调查结果显示，这些企业 2006 年全年电子商务交易额达到 6569.55 亿元，占全国电子商务交易额的 42.4%。2008年，中国电子商务市场前期延续了 2007 年电子商务持续高速增长的势头，后期则受全球金融危机和发展瓶颈的影响，交易额增长放缓。但总体来说，中国电子商务市场的发展仍在稳步前行，2008 年中国电子商务市场交易额达到 24 000 亿元，同比增值达到 41.2%，其中 B2B 市场仍是总交易额的构成主体。从近几年的统计数据来看，我国 B2B 市场的交易规模每年都呈稳步上升的趋势，增幅保持稳定：2009 年 3.28 万亿元，2010 年 3.8 万亿元，2011 年 4.9 万亿元，2012 年 6.25 万亿元，2013 年 7.43 万亿元，与 2012 年相比增长 18.88%，而2014 年已达 10 万亿元，同比增长 22%。目前，在全球电子商务销售额中，B2B 业务所占比例高达 80%～90%。

但是我国制造业生产端仍然处于信息化阶段，企业采购活动大多还是以线下询价、招标的传统模式为主，供应商资源不能共享，互联网化也尚未形成。近年来支付、物流、供应链融资等配套体系逐渐形成，更多的企业已经认可电子商务的优势，并开始在原材料采购上实施电子商务战略。企业的"互联网+"核心在于线上、互联、互动，中小企业的未来更多地依托生产经营全过程的互联网化，2015 年有 700 万家中国中小企业实现在线企业管理、协作和公共服务，逐步将内部业务流程和外部商务活动与互联网结合，从而有效提升企业核心竞争力，这也是中小制造企业的出路。随着电子商务的发展及制造业的数字化转型升级，智慧制造成为了未来制造业发展的方向，通过将制造过程中的规划、设计、生产及服务等各个环节的信息实现数字化、智能化和网络化，形成了物物相连乃至人与物紧密相连的智能生产制造环境，使既具有低成本又具有大规模生产优势的定制化生产成为了可能。

18.1.2　制造业电子商务应用模式

制造业实施电子商务需要进行正确的电子商务市场定位，选择适合自己产品特点和市场发展的模式尤为重要。根据制造企业生产销售的特点，制造企业电子商务是以 B2B 模式为主的电子商务业务发展模式，B2B 电子商务是在上下游企业之间从事的网络商务活动，典型特征是从上游商家采购原材料和零配件，并向下游商家供货和分销。B2B 交易的交易额巨大，在全球化市场的背景下，从事国际间进出口贸易的企业采用 B2B 电子商务方式进行交易的业务越来越广泛。图 18-5 是制造业的基本商务 B2B 模式。

依据不同的市场定位和交易方关系，制造企业电子商务市场模式一般有五种方式：以买方为主导的采购市场模式、以卖方为主导的销售市场模式、供应链整合模式、综合 B2B 市场模式、行业 B2B 模式。

(1)采购市场模式。采购市场模式一般是由行业主导企业或企业联盟建立的买方市场平台，这种由行业主导企业或业界巨擘联合组成的大型电子交易市场形成了买方主导的采购市场。这类交易平台中，买方占据市场主导地位，市场建立的目的是为行业主导企业提供生产制造所需的各种原材料和零配件，因此该市场模式的顶端一般是一个或几个大的买家，下端是众多的零件供应商。从交易的方式来看，主要是卖方来满足买方的单向交易。行业企业形成战略联盟，战略联盟中的企业最有可能首先在共同采购上进行合作。如在汽车制造产业中，汽车制造商为了实现全球的广域网络采购，要分离许多零部件生产协作配套厂，使它们成为供应商，从而减少低利润的企业，精简公司的投资。通过电子商务平台，汽车制造商与上游供应商(汽车部件供应商、零件供应商、原材料供应商)组成一个有效的上游零部件产品供应链。汽车制造商将致力于汽车的设计和研发，几乎不生产汽车部件，只需将供应商送来的汽车部件进行最后组装，然后打上自己的品牌。如美国汽车业三巨头共同出资组建合资公司，通过网上交易，统筹三大母公司的零部件采购业务。目前，已经有越来越多的中国汽车零部件企业开始进入跨国汽车公司全球采购的视线范围。

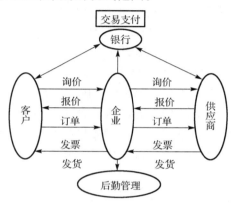

图 18-5　制造业的基本商务 B2B 模式

(2)销售市场模式。销售市场模式一般由制造企业建立独立的电子商务交易平台，公司电子商务平台的建立是为了在更大程度上扩大其市场范围，吸引更多的客户来购买自身的产品。构建起这一市场的制造企业往往处于行业领导地位，自己的产品在市场中具有较高的市场占有率，企业为便于产品的销售和分销商的管理而建立电子商务交易系统。从交易的方式来看，主要是买方来满足卖方的单向交易。

(3)供应链整合模式。供应链整合电子商务模式是以信息流、商流、资金流和物流"四流"协同为目标的供应链运作，它改变了许多电子商务平台专注于卖家立场的现状，全面考虑买卖双方的交易需求。商家可通过交易引擎实现包括信息流、资金流和物流的电子商务交易，形成一个完整的电子商务链，帮助企业发现商机、把握商机，最终实现安全交易，顺利完成商流活动。通过供应链整合，供应链各个节点的精细配合使 B2B 电子商务交易能更有效地节约流通费用，促使商流费用、物流费用、信息流费用和资金流费用的全面降低。我国著名的家电制造企业海尔集团建立了一个虚拟化的电子市场，通过这个电子虚拟市场(E-Marketplace)将最终客户、经销商、制造厂商和配套厂商的信息系统连接在一起。优化供应链取代公司的部分制造业，变推动销售的模式为拉动销售模式，大大提高了企业的核心竞争力。

(4)综合B2B市场模式。对于一些产业集中度较低的食品业、印刷业、礼品业等行业以及规模较小的中小型制造企业，这类企业的产品销售和原材料采购一般都具有交易额较少、交易频次较多的特点，它们适合选择第三方中介提供的平台进行信息沟通并达成交易，这类电子商务平台面对的是众多的买方企业和卖方企业，并为这些企业提供服务。阿里巴巴（www.alibaba.com）是国内以致全球最大的 B2B 电子商务服务商，是目前最好的综合类 B2B 服务提供商，在内贸与外贸方面都有不错的表现。其主要服务是中国供应商会员服务与诚信通会员服务，分别针对外贸与内贸。其主要收入也来源于这两项服务，据称这两项服务收入曾分别占到了总收入的约 70% 与 30%。

在 2014 年中国中小企业 B2B 电子商务运营商总营收市场中，阿里巴巴仍然一家独大，以 34.3% 的营收占比占据首位。图 18-6 是 2011 ～ 2014 年中国主要中小企业 B2B 电子商务运营商总营收市场份额统计图。

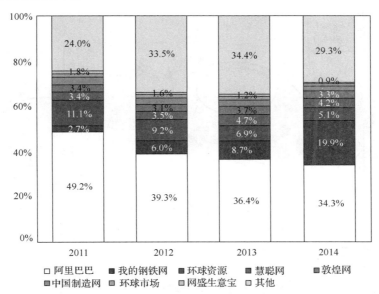

注释：艾瑞统计营收规模包含一般B2B的平台营收和运营商自营部分的业务收入

资料来源：艾瑞网：http://www.iresearch.com.cn

图 18-6　2011 ～ 2014 年中国主要中小企业 B2B 电子商务运营商总营收市场份额

(5)行业 B2B 模式。一些中小制造企业为实现企业之间的交流、交易和合作实现资源共享，倾向于产业链体系的共建，借助一些行业垂直类电子商务网站平台是一个大发展趋势。行业垂直类网站总体可分为 20 几个大类，而在这些网站中，大部分的网站都分布在浙江，杭州是行业垂直电子商务最发达的地区，有一半以上分布在这个地区，另外还有一些分布在北京、上海、成都、大连等地。其中我的钢铁网、中国化工网、中国水泥网、中国服装网、中国食品产业网、全球纺织网、全球五金网、建材第一网、锦程物流网等行业 B2B 电子商务企业在各自的行业和领域逐步成为了主导行业态势的电子商务平台。而这几个网站中，中国化工网、我的钢铁网等行业垂直类 B2B 网站的年纯利润都能够达到几千万元以上，这是仅次于阿里巴巴与环球资源网的数字，远远超越其他综合类 B2B 网站（其他综合类 B2B 大多亏损）。此数字已经足够表明行业电子商务的发展模式是电子商务发展的主导模式之一。行业化的、精细化的电子商务平台是直接实现行业用户价值的合作伙伴。

18.1.3　制造业电子商务链应用结构模式

制造业进行电子商务应用主要是以 B2B 为主，以电子商务链为核心进行各个环节的应用，制造业产业链上下游企业及为实现电子商务提供支持的各部门在电子商务链各个环节中分别扮演着各自的重要角色，如图 18-7 所示。制造企业通过电子商务网站承担着电子商务链中沟通与展示、谈判与签约的功能，是信息流和商流的主体；银行与金融机构承担着支付结算功能，是资金流的主体；物流服务企业或部门承担着物流配送的功能，是物流的主体；CA 中心认证机构担负着信用保证功能，是信用流的主体；制造企业的客户通过制造企业电子商务系统的电子销售平台实现交易功能；制造企业供应商通过电子采购平台向企业提供原材料，在交易过程中，遵循电子商务链上信息流、信用流、商流、资金流和物流的逻辑处理流程，得到相应的服务。

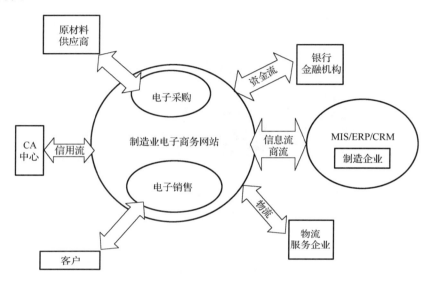

图 18-7　制造业电子商务链应用结构模式

18.2　能源电子商务

　　能源电子商务是指从事石油、煤炭、电力、天然气等能源生产和开发，为社会生产和人民生活提供能源和动力的企业所从事的电子商务活动。一般来讲，能源企业规模巨大，对生产、生活的影响力非常大，其产品都是关系国计民生的重要产品，可以说是一国经济中最重要的行业。因为社会影响巨大，所以能源企业在我国大多属于国有性质或国家资本控股的企业，同时也往往具有较强的垄断特性。

18.2.1　中国能源电子商务的发展

　　在网络经济飞速发展的今天，如何根据行业自身特点选择适合的应用模式开展 B2B 电子商务，决定了今后电子商务在我国能源行业的发展潜力与趋势。随着中国经济的快速增长，人民生活水平的不断提高，国内市场对能源行业的产品、设备及技术的需求急剧增加，交易量、交易额也随之扩大。我国是一个能源生产大国，同时也是能源消费大国，而能源产品交易具有很强的时效性和国际性。实践证明，通过以电子数据信息流通方式为基础，集产品供货商、商务活动、交易活动、金融活动和其他相关服务为一体的电子商务能够更好地实现这一任务。

1)石油天然气行业电子商务发展状况

石油天然气工业是一个传统的垂直行业，90%以上的商务活动是在企业与企业之间完成的，几乎完全是一个B2B的行业。我国石油天然气行业以中石油、中石化和中海油三个企业为主，电子商务的应用为这些企业削减成本、提高竞争实力起到了越来越重要的作用。电子商务在石油天然气行业中的勘探与生产、炼油与销售、石化与销售三大领域均能发挥重要作用。目前，中石油、中石化和中海油三大公司均不同程度地在采购和销售领域引入了电子商务。中海油在初步建成的采购网站上开始钢材采购试点，实现了管材网上库存管理和总公司办公用品的网上采购管理。由中国石油天然气集团公司、中国石油天然气股份有限公司、香港和记黄埔有限公司、高盛（亚洲）有限公司等在2001年共同投资建设的能源一号网（www.energyahead.com），目前已经成为石油化工行业的知名B2B交易网站。中石化利用先进信息网络技术提升和改善传统产业，建立了"公开公正、快捷高效"的物资采购电子商务系统，通过网上发布需求信息、网上询比价、网上选择供应商，规范采购流程，实现阳光交易。中国石化物资采购电子商务系统于2000年8月15日正式投入运行，目前网上采购物资涉及钢材、设备、配件、煤炭、化工、贵金属、三剂等56个大类8万余品种，中国石化集团各油田、炼化和建设单位以及2500多家供应厂商在网上进行采购交易，中石化其石油产品采购和销售网站2006年网上采购累计成交金额1158.34亿元，2007年网上采购累计成交金额1473.55亿元，2008年网上采购累计成交金额1674.4亿元，到2009年2月底，中石化网上采购累计成交金额6181.47亿元，增长非常迅速，到2013年5月，中国石化物资采购电子商务网站累计成交额已经突破1.5万亿元，成为国内最大的B2B电子商务平台。据物资装备部门统计，单网上采购这个环节，与过去传统方式相比，节约采购资金约2.5%。按照网上累计采购额6181.47亿元计算，节约采购资金近154.54亿元。

2)煤炭行业电子商务发展状况

煤炭企业是煤炭市场竞争的主体，煤炭市场又是煤炭企业生存发展的基本条件。传统煤炭的运销由于煤炭产销企业在时间和空间上存在着难以克服的障碍，涉及部门众多。从煤炭生产企业、煤运站、煤运总公司及其分公司到交通运输部门，层层上报、层层审批，手续繁复。煤炭交易的环节烦琐，而且各自不同给统一管理造成很大困难，同时也存在灰色交易的隐患。电子商务的发展使煤炭产销之间的直接沟通成为可能。中国焦化网由山西焦化协会和焦炭联盟主办，是全球第一个拥有独立国际域名及若干实名的完整的焦炭行业大型中英文门户网站。中国煤炭运销协会创办的中国煤炭市场网已经建成了一个集运销、生产信息收集、网上办公、电子商务、信息发布和企业生产管理于一体的煤炭行业综合性、垂直型网络平台，注册会员遍及全国各大煤炭企业、电力、冶金、化工、石化等重要行业，共计4000多家。其为全国煤炭订货会服务的"网上订货系统"在2001年烟台煤炭订货会上订货量就已达3.5亿吨；2002年厦门煤炭订货会上网上订货量超过5.5亿吨。由山西省煤炭工业局、山西省煤炭销售集团三方主办的"山西中太煤炭电子交易市场"自2007年4月正式运行以来交易量迅速增长，到当年8月日交易量突破10万吨，日交易金额2500万元，交易商已突破300家，该市场是国内煤炭行业内第一家同时具备电子交易与撮合系统、银行保证金结算与监管系统、指定仓库与交收系统的大型电子交易平台，能满足不同交货方式、不同运输方式下的现货交易和合同交易的大型煤炭交易市场。

3)电力行业电子商务发展状况

继2002年我国电力行业启动市场化改革以来，作为电力行业主导者的国家电力公司在"十五"规划中就已经提出:"依靠科技进步,搞好电力信息化,推进电力企业现代化进程。"从而拉开了电力信息化的帷幕,电力行业的电子商务应用渐显端倪。电力行业的电子商务在20世纪90年代后期起步,经过十多年的建设,电子商务得到一定发展。电力行业本身就是一个完整的供应链行业,上下游企业之间的商务活动以及电力调度,正在越来越多地应用电子商务。电力行业是一个资金密集型和技术密集型行业,企业的物资与设备采购不仅面广而且量大,如电力行业的采购,包括煤炭燃料的采购、电力设备的采购、电力物资的采购等。招标和投标是电力行业一个很重要的电子商务应用领域。近年来,涉及电力电子商务的网站达20多个,其中很多都注重电力设备和物资的招标投标商务活动,如国家电力商务网现有几千会员单位,年交易额上百亿元。由于采用电子商务,电力行业平均节约采购资金20%。国电商务网(http://www.powerec.net)与全球领先的个性化电子商务应用系统供应商合作,采用国际先进水平的电子商务技术,开发了符合电力行业特点的电子商务平台,它的职能和服务就是为国际和国内电力、电子、能源、机械制造等电力相关生产企业提供电子化商务及交易,及时发布国家和地方大中型电力基本建设项目、国际金融组织和外国政府在华贷款电力项目信息。国电物资商务网(http://www.gdmec.net)是"国电物资管理信息系统"的有机组成部分,是国电集团和所属基层单位进行招标和采购的电子商务平台,是集团内各个单位与外部供应商进行信息交换的窗口。国电物资商务网建立"公平、公正、公开"的网上环境,实现企业物资网上无障碍招标与采购,实行网上招标、网上超市、询价采购、竞价采购、协议采购等多种交易模式。目前该网站已有一千余家电力行业相关企业通过该网站进行招投标项目的商业运作。

18.2.2 能源企业电子商务应用模式

我国现有能源企业格局基本形成了国家控股企业为主,各级各类民营能源公司为辅的局面。其中煤炭行业较为分散而电力和石油天然气行业集中度非常高,基本是国家控制。能源产品从生产到消费,需要涉及五类主体:能源原料及设备供应企业、能源生产企业、能源输送企业、能源调度部门和能源用户。能源企业从能源的开发和生产、能源生产物资供应、能源输送到能源销售形成了能源产业链条,产业链的上下游企业之间进行电子商务的应用。能源企业产业链上的电子商务应用主要表现为以下三类。

(1)能源企业内部的电子商务应用。最明显的表现是能源企业信息化建设。能源企业信息化建设以 ERP、OA 等管理信息系统的使用为主,能源企业资源管理系统(ERP)、生产管理系统(MIS)、办公自动化系统(OA)等在能源企业中逐渐占据重要地位。实现基于企业基本数据库的生产流程控制、办公自动化、科学高效管理和企业自身资源的协调运作。通过生产管理系统和企业资源计划 ERP 项目的实施,企业能够对资金进行统一调度,对财务、人力资源信息的实时监测与控制,达到降低成本的目标。

(2)面向供应商的电子商务应用。能源企业的运营离不开相应的供应伙伴,能源生产设备采购、能源生产原材料供应、能源输送等都需要相关企业的支持与配合,尤其是发电企业需要煤炭等原料供应,这些都可以利用电子采购来实现。浏览各大能源企业的网站,不难发现项目招标信息占据了很大的比例。

(3)面向能源客户的电子商务应用。能源行业属于垄断行业,无论是在我国还是在国外,能源业都是各国重点控制的行业,但经济的全球化也给能源行业带来了巨大的影响。能源产品面向几乎所有国民经济领域，随着经济的波动，其产品价格波动剧烈，降低销售成本提高服务质量使得能源企业越来越多地依赖于网络来实现。

18.2.3　能源行业电子商务链应用结构模式

　　能源行业进行电子商务应用同样需要以电子商务链为核心在各个环节展开应用，能源产业链上下游企业及为实现电子商务提供支持的各部门在电子商务链各个环节中分别扮演着各自的重要角色。能源企业依托内部电子商务系统和电子商务网站承担着电子商务链中沟通与展示、谈判与签约的功能是信息流和商流的主体；银行与金融机构、物流服务企业或部门、CA 中心认证机构分别承担着支付结算功能、物流配送的功能、信用保证功能实现资金流、物流、信用流环节。能源原材料和设备供应商通过能源电子商务系统的电子采购平台实现交易功能，能源产品客户通过能源电子商务系统的电子销售平台实现交易功能，两者遵循电子商务链上信息流、信用流、商流、资金流和物流的逻辑处理流程，得到相应的服务。能源行业电子商务链应用结构模式如图 18-8 所示。

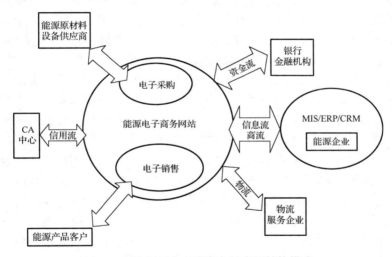

图 18-8　能源行业电子商务链应用结构模式

18.3　农业电子商务

18.3.1　农业电子商务发展状况

　　农业电子商务是指电子商务在农业生产、农业信息交流、农产品贸易、流通和营销方面的应用。农业电子商务是基于互联网的商务活动，其核心内容是信息的相互沟通和交流，农业电子商务的目标是实现低成本、高效率的农产品生产和交易。农业电子商务就是通过建立农业信息平台、农产品购销网络和交易平台实现农产品产供销各环节电子化的交易、拍卖、支付、配送等服务。

1. 国外农业电子商务发展现状

　　经济发展状况和互联网普及程度对农业电子商务的发展有较大的影响，不同国家和地区的农业电子商务发展表现出了不同的特色。在美国，建立的是以政府为主导的农产品市场信息体系，其农产品市场信息的收集、发布的整个过程及人员都由农业部统一管理，市场信息的运行统一采用农业部颁发的分级标准、格式和规范的术语，以保障市场信息的准确化和标准化。德国通过政府的强力推动和大力参与推进农业信息化发展，利用在农村地区较普及的广播、电话、电视等通信技术逐步发展成为目前较为完善的农业信息处理系统。韩国电子商务的应用在农业方面也比较成功，农产品市场信息由国家行业管理部门和生产者组织收集，通过完善的信息渠道传播给各级各类相关部门、企业和农户。综合来看，发达国家凭借高度发达的信息化水平，使得农产品供需双方都能获得充分的信息，同时政府根据收集的信息对市场提供指导和监管，对我国发展农业信息化建设和农业电子商务具有借鉴意义。

2. 我国农业电子商务发展状况

相对于发达国家而言，我国农业信息化的发展起步较晚，但发展的势头较好。20 世纪 80 年代以来，我国将系统工程、决策支持系统、地理信息系统等技术应用于农业方面的研究，已取得一批重要成果，有些已达到国际先进水平。"十五"时期全国各省级农业部门、97%的地（市）和80%的县级农业部门都设有信息管理和服务机构，64%的乡镇设立了信息服务站，发展了 20 多万人的农村信息员队伍，初步建立起从中央到地方的农业信息工作体系。全国已有 4 万个农业产业化龙头企业，17 万个农村合作中介组织，61 万个行政村，95 万个农业生产经营大户，240 万个农村经纪人，可以通过信息网络和其他有效形式接受农业部门的信息服务。

近年来，基础设施建设相对落后的农村地区和农业发展，始终是政府投资的重点关注领域，农村信息基础设施建设进一步加强。截至 2014 年 12 月，我国网民中农村网民占 27.5%，规模达 1.78 亿人，较 2013 年年底增加 188 万人。同时，各类农村信息服务平台与信息网络建设已初具规模。整合电话网、电视网、计算机网优势形成的"三电合一"综合信息服务平台扩展到 100 多个县。天津、陕西等地多层次的农业信息服务网络不断完善，吉林、宁夏、河北、安徽、江苏等地区开通了农村服务热线。当前，我国涉农电子商务平台数量超过 3000 个，呈快速增长态势。部分地区利用信息技术促进了农业增长方式的转变。目前，国内不少农产品批发市场，为扩大产品销售，通过与部级、省级农业信息网联网，面向全省、全国乃至全球发布信息。在信息采集方面，早在 2001 年年底已在种植、畜牧、水产、农垦、农机、乡镇企业、农业科技教育、农产品市场等领域形成了一批自下而上的共 33 个信息采集系统，定期采集农村政策、生产动态、市场供求、价格、科技、灾害、疫情、农民收入等信息。这些信息采集系统都已建立了信息指标体系和采集报送制度，并相应建立了比较稳定的信息采集点，配备了人员和设备。目前，农业部初步建立了信息发布制度，明确了以农业部信息中心、中国农业影视中心、农民日报、中国农村杂志和中央农业广播电视学校为主体的信息发布窗口。全国有 27 个省级农业部门制定了信息发布的规章制度。我国农产品电子商务发展迅猛，网络交易规模翻番增长，2014 年全国农产品网络交易额超过 1000 亿元，占农产品销售额的 3%。同时，农业生产资料、休闲农业电子商务也已开始起步。北京新华国信科贸公司建设的中国粮油食品信息网、深圳市中农网、郑州华粮科技股份有限公司主办的中华粮网、上海圣慧信息技术有限公司建立的国际大蒜贸易网等一批农业、农产品网站针对农业企业以及行业电子商务的特点，提供了丰富的、功能强大的农业信息平台和 B2B 电子商务平台，为客户提供网络信息服务和商务服务，实现了粮食信息传播和交易的电子化，大大降低了交易成本，提高了企业运营效率。农业电子商务的全程化服务，有力地促进了农业产业结构的优化调整，改善了农业生产经营中的薄弱环节。

18.3.2　农业电子商务应用模式

我国是农业大国，在农业生产方面，我们与发达国家的差距主要体现在科技应用、规模化、集约化、综合化生产和管理水平等方面。开展农业电子商务是实现以信息化带动农业工业化、发展现代农业、开拓国内外市场的有效途径。在我国，农业生产是典型的分散经营模式，农产品交易具有一定的特殊性，农产品具有产品交易不规范、交易流通环节较多、交易信息对称性差、产品交易频次高、交易量大、产品价格波动大、市场变化快、农产品的季节性强、区域性分布等特点。农业电子商务的应用也必须适应农产品交易的这些特点，因而农业电子商务模式也较灵活多样。我国农业电子商务的发展在实践中形成了以下电子商务模式。

1．农业信息服务模式

农业信息服务模式是以政府或行业组织为主体建立农业信息服务网络，为农业生产和农产品销售提供服务和提供信息。通过短信服务平台、互联网以及国家农业部在全国推广的"三电合一"建设项目建立农业信息服务网络体系，面向"三农"提供信息服务，及时、准确地将农业政策、科技信息和市场信息送到千家万户，促进农业和农村经济的全面发展。帮助他们调整农业生产结构，优化产品质量，最终达到促进流通、增加收入的目的。

2．农民经纪人模式

以农业企业、农业组织或掌握农业信息技术的个人为代表的农民经纪人，作为分散经营农户的电子商务代理人，对内联系、指导、组织或代理农户的网上经营，对外通过互联网发布和推广农产品和服务。农民经纪人通过对农户提供的农产品和服务进行组织和协调，成为农户与农业电子商务的中间桥梁。由于我国农村信息化条件的落后，农民一家一户进行信息交流的成本是相当大的，而这种模式可以有效地解决农民上网难和缺少技术条件的问题，使分散的农户生产和销售变得相对集中，加强了信息的服务能力，使参与者能得到比较全面的相关交易信息，在一定程度上消除信息的不对称性。

3．电子商店模式

农产品电子商店模式是农户组织或小型农业企业通过建立自己的网站或借助农业电子商务门户网站提供的网站平台，在互联网上展示自己的产品和服务信息，在网上推销自己的产品或服务，利用电子商务技术从事商品批发、零售业务，提供商品在线订货和在线服务等基本功能。农产品电子商店模式投资小、成本低、运营简便灵活，对设备、人员和技术的要求都较低，适合农业合作社、农村联产承包户或小型农业企业等小型农业组织。

4．电子商场模式

农产品电子商场模式是针对农产品生产和服务的地域性特点，以区域服务为中心，通过区域"龙头"企业或农业组织建立的电子商务平台，作为区域农产品的门户网站，整合当地农产品批发市场和各种农业资源，实现农业销售、加工、生产一体化经营，形成网上农产品和农业服务的批发零售市场，下联广大农户、上联国内外市场，具有开拓市场、带动生产、深化加工、延展农产品销售空间和时间、增加农产品附加价值等综合功能。

5．电子市场模式

农产品电子市场模式旨在建立大型综合网上交易市场。这种由大型农业企业或农业行业组织创办的包含农产品交易的综合网上交易市场，可通过购买、出售、拍卖等方式交易水产品、肉类、蔬菜、面类、大米等众多商品,以 B2B 经营为主要模式,销售方是生产者、农协、经济联合会、批发商等,购买方是中间批发商、零售店、量贩店、加工业者等,服务面向全国乃至全球。农产品电子市场模式下可以建立农产品电子交易所、农产品综合交易市场等大型农产品交易平台,具有完善和强大的交易功能,各类农产品信息公开,信息标准统一,价格透明,交易双方通过互联网即可实现实时交易,大大削减了中间流通费用。

18.3.3 农业电子商务链应用结构模式

建立以电子商务链为核心的结构体系可以有效实现农产品和服务的电子商务应用。包括各农户、农业企业、农村合作社和农民经济人等的农业组织是农产品和服务的提供者,通过农业信息服务平台可以得到丰富的农业生产、经营信息,借助包括电子商店、电子商场和电子市场在内的农产品电子商务平台展示、发布自己的产品和服务,承担着电子商务链中沟通与展示、谈判与签约的功能,并实现最终交易,是信息流和商流的主体。在农业组织内部,农户与农业企业、农民经济人、农业合作社可以展开多种形式的合作,通过委托代理关系的建立寻求最佳合作模式。银行与金融机承担着支付结算功能,是资金流的主体;物流服务企业或部门承担着物流配送的功能,是物流的主体;CA 中心认证机构承担着信用保证功能,是信用流的主体;农产品中间商可以通过农产品电子商务平台从事农产品的批发、零售业务,并实现交易功能;农产品消费者通过农产品电子商店或电子商场购买自己所需要的产品和服务,并通过电子商务平台得到信息流、信用流、商流、资金流和物流各环节的服务。农业电子商务链应用结构模式如图 18-9 所示。

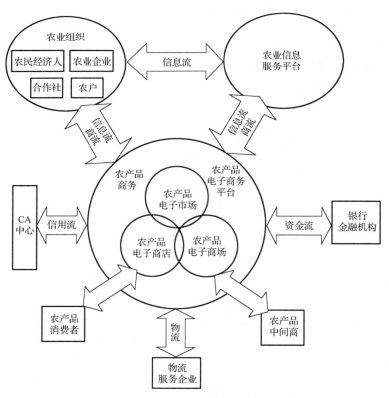

图 18-9　农业电子商务链应用结构模式

18.4 建筑业电子商务

建筑业电子商务是建筑业企业通过系统化应用各种电子工具和信息技术来从事的商务活动。国家统计局于 2003 年 5 月颁布了新制定的《三次产业划分规定》，在我国的国民经济核算体系和标准产业分类法中，建筑业被划定在第二产业的范围之内，属于"狭义建筑业"的范畴，包括房屋和土木工程建筑业、建筑安装业、建筑装饰业、其他建筑业。建筑业的电子商务是以项目(建筑产品)为核心的、将主要项目参与方联结在一起的复杂的电子交易系统，它包括建筑项目的招投标管理、建筑材料采购、工程监理、建筑生产过程、物流环节、金融保险等环节。

18.4.1 建筑业电子商务的发展状况

建筑业电子商务的应用在国外一些发达国家不断深化和完善，许多建筑项目一开始就立足于互联网，在设计与策划阶段，利用网络进行业主、咨询设计单位之间的信息交流与沟通。在招标阶段，业主和咨询单位利用网络进行招标，施工单位通过网络招标报价。在施工阶段，承包商、建筑师、顾问咨询工程师利用以互联网为平台的项目管理信息系统和专项技术软件实现施工过程信息化管理。在竣工验收阶段，各类竣工资料自动生成储存。但是由于建筑业是一个特殊的产业，建筑业的生产作业过程和交易过程极其复杂，涉及的部门和领域众多，因而建筑业电子商务的发展不论在国内还是在国外都相对滞后于电子商务在其他领域的发展。意大利学者 Nicola Costantino 和美国学者 Roberto Pietroforte 在一份关于美国和意大利建筑市场中电子商务采纳度的研究中对 460 家主要的美国建筑类企业和 111 家意大利主要的建筑类企业调查中发现，在这些企业中，有 65%～74%能够通过电子邮件与供应商交流信息，有 51%～59%的企业在规划和使用管理信息系统，38%～40%的企业在线购买大量标准化的产品，而规划和使用电子交易系统的企业仅占到约 28%，而这些应用更多的还是在非建筑施工企业中，可见电子商务在建筑业中的应用还仅仅是起步阶段。

我国建筑业电子商务应用具有类似的特点，建筑产品及服务的范围很广，生产行为和交易行为相互渗透，完成一项交易的持续时间长，涉及的交易方多，交易过程复杂，房屋和土木工程建筑业、建筑安装业的电子商务应用水平相对较低，我国建筑业电子商务发展同样滞后于其他领域。一些大型企业已设立了自己的网站或网页，能利用计算机技术进行各项计算作业和辅助管理工作，如办公自动化系统、招投标系统、设计计算系统、项目管理系统等，初步实现了企业的信息化管理。但多数施工企业的信息化程度还比较低，很大一部分工作还依靠手工，信息基础平台不健全，应用专业软件的范围较窄，主要集中在财务、预算软件上。还有一些企业由于基层的管理还较为混乱，对工程施工中的各种成本浪费和不正当行为尚缺乏有效的管理。经过二十多年的发展，我国的建筑业信息化建设已经有了一定的发展，但电子商务的应用还只是在局部领域。我国政府高度重视建筑业电子商务的应用，组织建设了一批重点网站和系统。中铁大桥局通过构建电子商务采购平台实现一库(标准数据库)、两平台(内部采购业务平台、外部电子商务平台)的管理模式；通过标准数据库实现对材料目录、供应商、采购价格、招标文件以及合同范本、评标专家等基础数据的管理；通过两平台实现对采购计划、采购实施、采购合同、配送实施、采购结算等一系列过程的控制，实现企业与供应商的业务互动，达到现代化集团采购业务协同管理的目的。在建设部《2003—2008 年全国建筑业信息化发展规划纲要》要求下，建筑材料与设备信息库，工程造价信息库，施工工法信息库，建筑新技术、新工艺、新产品信息库，建筑市场综合监管和企业信用档案信息系统等逐步建立了起来。这些建筑业信息化基础建设和电子政务建设的不断完善将为施工企业的信息化和建筑业电子商务的应用提供一个较为良好的外部环境。

18.4.2 建筑业电子商务链应用结构模式

建筑业进行以电子商务链为核心的应用，结构上较其他行业要相对复杂，建筑业中各企业在项目中分担不同职能和分工，共同完成项目，产业链上下游关系交叉较多，各参与方借助电子商务平台实现信息流、信用流、商流、资金流及物流的传递。建筑企业依托内部电子商务系统、联盟企业的电子商务系统和电子商务网站承担着电子商务链中沟通与展示、谈判与签约的功能，与联盟企业一起成为信息流与商流的主体；银行与金融机构承担着支付结算功能，是资金流的主体；物流服务企业或部门承担着物流配送的功能，是物流的主体；CA 中心认证机构承担着信用保证功能，是信用流的主体。建筑业原材料和设备供应商通过建筑业电子商务系统的电子采购平台实现交易功能，项目业主通过建筑业电子商务系统的电子销售平台实现交易功能，两者遵循电子商务链上信息流、信用流、商流、资金流和物流的逻辑处理流程，得到相应环节的服务。建筑业电子商务链应用结构模式如图 18-10 所示。

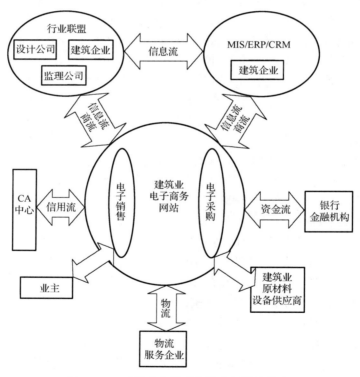

图 18-10　建筑业电子商务链应用结构模式

本 章 小 结

生产领域是国民经济的重要领域，生产领域电子商务的应用模式主要是企业与企业之间的电子商务，制造业、能源行业、农业和建筑业由于行业特点的差别，无论是电子商务发展应用的成熟度还是电子商务发展应用的模式都有较大的区别和差异。

复习思考题

1. 简述制造业电子商务模式及特点。
2. 简述能源行业发展的特点及对其电子商务模式的影响。
3. 简述如何进行农业电子商务应用模式的选择，并简述几种应用模式之间的关系。

第 19 章

网络行业/电子商务行业应用

本章提要

本章首先通过案例介绍了网络行业企业的电子商务，然后介绍了电子商务中网络服务商的运营模式。作为电子商务行业发展的前沿，对电子交易市场和移动电子商务的基本概念和发展模式也进行了初步介绍。

导入案例

思科的电子商务之路

思科系统公司 (Cisco Systems Inc., 以下简称思科) 是全球领先的互联网设备供应商，它的网络设备和应用方案将世界各地的计算设备以及网络联结起来。思科公司领导了一个以其为核心企业的网络，思科公司主体本身仅包括研发和市场营销两大功能，它有一级组装商 40 个，下面共有 1000 多个 OEM 零配件供应商。思科的供应商、合作伙伴通过互联网与思科的内联网相连，同时无数的客户通过互联网与思科的网站连接。思科公司所有的运作都是基于电子商务的，其电子商务解决方案横跨供应链的研发、生产、市场、销售和售后服务各大环节。思科成功地利用所提倡的网络信息技术建立了一整套电子商务系统，把它和许多厂商连接起来，从而创造了其独特的企业运营模式。思科公司的电子商务系统使企业能够快速灵活地反应，使所有的客户、商业伙伴、供应商和零售商都能创造价值。

思科公司的电子商务系统分为三层：第一层是思科在线解决方案(CCO)，提供电子交易和客户服务支持等；第二层是生产在线解决方案(MCO)，提供虚拟生产和结账功能；第三层是员工在线解决方案(CEC)，提供电子学习功能。

1. 思科在线(CCO)

思科交互式的电子商务系统使思科与供货商、顾客、合作伙伴和员工的联系更有效率，减少了用于生产、配送、销售、客户服务等环节的费用。思科在线包括五个组成部分：一是虚拟市场，这实际上是一个虚拟的购物中心，客户可以通过网络购买如网络产品、软件和培训材料等产品；二是技术支持、软件图书馆和公开论坛，可为客户提供技术上的支持；三是客户服务机制，以自助的方式向客户提供非技术帮助，包括产品状态、价目表、最新消息和订单服务等；四是互联网产品中心，被授权的客户可以通过密码直接向思科公司了解价格、发送和提交订单；五是状态服务代理，为思科公司的销售人员、客户和商业伙伴提供直接、迅速的客户订单所处状态的信息，并负责管理订单的预期运输日期，为思科公司的所有订单提供积压报告等。

思科在线提供完备的网上订货系统，客户在网上可以查看交易规则、即时报价、产品规格、型号、配置等各种准确而完整的信息。网上订货不仅节省了人力，而且大大缩短了交货时间。客户的订单下达到思科网站，思科的网络就会自动把订单传送到思科公司相应的供货商或分销商处，全球 82%的客户订单、80%的采购、85%的客户支持都可以即时处理，并在24 小时内做出财务结算。基于这种生产方式，思科不需要在生产上进行大规模的投资，就能轻松应付迅速增长的市场需求。

2．生产在线（MCO）

MCO 是将思科公司与其生产商、供货商、分销商等完美结合在一起的供应链，可以帮助用户实现产品生产、情况汇报等相关信息。MCO 的建立使思科公司大大提高了供货商的生产质量和效率。公司能够及时得到供应信息，在订单执行过程中减少了商业投入，在购买过程中提高了员工的生产效率，使订单完成时间不断减少。更重要的是，MCO 赋予了思科公司识别和开发新的商业机会的可能，使公司能获得更大的商业利益。

3．员工在线（CEC）

CEC 是为了向思科公司的员工提供服务与信息而建立的，思科员工在线的作用在于：首先，通过 CEC 来自世界各地的思科员工被紧密地联系起来；其次，CEC 使商务过程采用流水作业，花费在重复工作上的时间大大降低；最后，CEC 带来了统一的商务系统。

思科公司是互联网时代的产物，从其成立开始就有意识地把电子商务运用于供应商、合作伙伴及企业内部。目前，我国的一些网络行业企业也开始了向互联网运作的转变，例如，联想神州数码公司就把思科公司作为其学习的榜样，将自己定位于连接生产厂商和代理商之间的桥梁，建立起电子商务系统，利用其作为中介的力量实现厂商和代理商之间的快速交易。

思考分析：

思科公司的电子商务系统对该企业起到怎样的作用？

19.1　互联网服务提供商

互联网服务提供商（Internet Service Provider，ISP）指提供互联网服务的企业，能提供上网服务、网上浏览、下载文件、收发电子邮件等服务，是网络最终用户进入 Internet 的入口和桥梁。互联网供应商所提供的服务可以很广泛，除了为一般企业及私人互联网浏览所提供的拨号连线、整体服务数位网路（ISDN）、DSL、缆线数据机、专线（Leased Line）等上网服务外，还可以包括主机托管（Colocation）、电子邮件（E-mail）、网页寄存（Web Hosting）等服务。ISP基本上可分为三大类：

（1）接入服务提供商 IAP（Internet Access Provider，IAP），提供通路以使用户与网络连线，为用户接入网络提供技术支持，网络连线服务方式是电话线加调制解调器拨号上网，通过 ISDN

上网，各种宽带接入方式如 XDXL、HFC 等接入，也有通过无线方式 WLL 连接的；

（2）平台服务提供商 IPP（Internet Platform Provider，IPP），提供连线后各种网络相关服务系统，包括电子邮件服务、档案传送、新闻讨论群、全球信息网、全文检索、数据库代理等各项检索工具或论坛服务以便用户取得网上资源；

（3）内容提供商 ICP（Internet Content Provider，ICP），主要利用 IAP 线路，通过设立的网站提供信息服务，他们建立各种数据库，收集各种信息，经过处理加工后放置于网络上供用户浏览。

19.1.1　IAP

接入服务提供商 IAP 分为两个层次：底层是物理网络的提供商；上层是网络接口的提供商。物理网络提供商通过租用电信系统的物理通信线路或者自己铺设通信线路组成一个区域级或国家级的广域网，这个广域网提供了众多接入端口给网络接口提供商。网络接口提供商则把在这些接口范围内的众多入网用户通过电话拨号或专线等形式连接进入 Internet。

IAP 提供的业务如图 19-1 所示。物理网络提供商就如同接入服务的批发商，一般其营建的逻辑网是由多种电信通信网段组成的，这些电信网段包括数字数据网段（DDN）、分组交换网段（PAC）、帧中继网段（Frame Relay，FR）、卫星网段（VAST）和宽带综合业务数字网段（B-ISDN）等，这些网段大部分可以直接向电信部门租用。这些网段通过 TCP/IP 组合成一个 Internet 的广域网，如美国的 BBN、 UU-net；而中国公用计算机互联网（ChinaNET）、中国教育科研网（CERNET）等是中国范围的互联网络。物理网络提供商的收入主要包括向网络接口提供商收取入网基费和流量费、向大企业收取 Intranet 维护费。

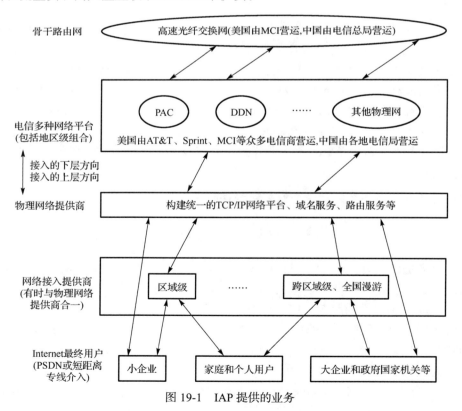

图 19-1　IAP 提供的业务

网络管理、记账管理和用户数据维护问题是 IAP 的主要工作。网络管理的内容主要有配置管理、故障管理、性能管理和安全管理。记账管理的主要内容是对网络资源的使用进行计费。目前记账工作从原始计费信息的采集，到数据统计，再到账务系统整个计费过程完全借助数据库来完成。用户数据维护是为用户提供进一步服务的基础，用户可通过互联网修改自己的密码、家庭住址、电话号码等用户信息。

19.1.2 IPP

平台服务提供商 IPP 是企业接入 Internet 数量激增和电子商务发展所产生的新兴代理服务业。互联网发展到今天，越来越多的企业开始全面建设 Web、E-mail、FTP 等服务器平台，拥有自己的域名，在 Internet 上发布自己的消息等。但是，这些企业往往并不善于维护这些服务平台，平台服务提供商应运而生。IPP 向上网企业提供 Web 服务器的维护，或在自己的服务器上建立并维护委托企业的主页。

IPP 的实质是一种资源外包。美国市场研究公司曾对 150 家大型企业公司进行了调查，发现互联网业务外包比例如下：网站设计 47%，虚拟主机 42%，维护与技术支持 40%，应用开发 32%，网站管理 31%，文档规划 29% 。建立一个高端网站第一年所需费用对比见表 19-1。

表 19 -1　网站建设费用对比　　　　　　　　　　　　　　单位：美元

	虚拟主机	软硬件	通信费	场地费	劳力费	总共
自建	0	$ 27 000	$ 31 000	$ 3000	$ 160 000	$ 221 000
外包	$ 42 000	0	0	0	0	$ 42 000

比较网站自建与外包的费用，可以看出 IPP 发展空间巨大。随着互联网产业的发展，互联网平台服务必将不断兴起，为企业上网筑起一个快捷、经济和可靠的服务平台。较高的数据线路租用费和网上信息资源匮乏曾经是中国 Internet 商务发展、普及的两大最主要的障碍。一个单位或企业如果想在 Internet 上建立自己的服务器，开展自己 Internet 服务或联机业务，一般情况下，需要租用昂贵的专用数据线路、购置专用的网络设施、配备专门的网络操作维护人员，及时升级更新软硬件。这种现状造成企业电子商务应用或者提供网络信息服务的成本很高，严重限制了网上信息资源和服务的良性增长。在此背景下中国万网(www.net.cn)应运而生。从中国万网提供的服务看，IPP 服务主要包括网站寄存、客户服务平台、网站管理、监控与维护、内容策划、推广服务、网上出版、电子商务服务和网上商场等，也包括已经推出不久和即将推出的一些属于联机服务的项目内容。

(1)网站寄存服务：包括虚拟主机、服务器寄存和系统寄存服务。

(2)客户服务平台：是指为更好地管理客户和运营自己的网站提供的平台服务。

(3)网站管理：包括资源分配、资源分析、性能测试、内容测试、安全管理、漏洞侦测等几个方面。

(4)监控与维护：包括网站监控、内容监控和安全监控，对所有寄存网站的主机性能、资源占用程度、带宽、域名系统(DNS)解析速度、Ping 时间、Download 时间、Timeout 的次数等进行实时监控和记录，对不良状况进行预警，并根据这些记录数据对系统进行全面的维护。

(5)内容策划：网站内容的建设包含三个方面，建立产品或企业的电子手册、网站识别的定位和设计、网站电子商务功能的策划与设计。

(6)推广服务：网站价值主要体现在它的访问量上，企业应该利用一切可以利用的手段推广其站点。

(7)网上出版：作为"中国万网计划"的组成部分，万网为 1000 多家国内各地的报纸、杂志或其他媒体免费提供网上空间，帮助其建立网上"刊物"。用户可以自行开发或者由万网开发基于寄存系统的联机数据库，搜集、整理网上信息，同时，万网将寄存系统的联机数据库与用户内部网的本地数据库进行关联，提供数据库交换方案和服务。在用户没有将内网连接到广域网的条件下，既可以保证用户完成内外部信息的协同处理，又可以保证用户内部网上信息和数据系统的安全性。

(8)联机服务：它是更高层次的商务交流平台。万网注册成员可以通过万网成员网这个万网平台上的网中网进行交流，互相宣传和沟通。

19.1.3 互联网内容提供商

互联网内容提供商(ICP)通过 Internet 展开传统和新兴的信息服务。Internet 上的信息产品根据收入来源分为三大类：第一类是广告信息产品，提供各类免费信息或功能，吸引用户访问，主要依靠广告收入；第二类是增值信息产品，提供专业数据库，如商情、金融实时行情，靠年费、会员费收入；第三类是电子商务信息，收入来源于成交佣金。ICP 按服务对象和提供的信息内容等来分类，主要包括网上媒体运营商、数据库运营商、信息咨询商和信息发布代理商(见表 19-2)。

表 19 -2   ICP 分类

信息服务商种类	网上媒体运营商	数据库运营商	网上信息咨询商	信息发布代理商
服务对象	普通上网用户、大众消费者	专业工作者、进行二次信息开发的企业	企业管理层和战略部门、企业决策者	需要某一方面双向信息撮合的企业或个人
提供的信息内容	大众新闻、网站搜索、个性化网络内容配置、虚拟社区组织等科研成果征求	专业信息检索、专题文献查询、专题信息跟踪积累等	市场营销调查、企业战略咨询、持续信息支持、信息挖掘等	企业人才聘用和个人工作申请等交互信息
收入来源	利用大众媒体的宣传效果获得广告收入、把消费者通过超链接引向企业的引至费	数据库查询的费用、数据库一次性转让的费用、会员费等多种计费制	咨询企业的咨询费、企业改组、人员培训、专业信息通报等专项收费	对发布信息的企业或个人收取一次性费用或会员费，在双方所发信息基础上进行
业务特点	通过为普通用户提供免费信息服务吸引注意力、形成规模，所吸引的稳定的用户规模是其主要资本，提供的信息服务强调大众性	信息搜集的广度大、深度强，数据库按专业分类组织起来，业务重点在原始数据的收集和整理上	信息的关联度大、深度强，重点在信息的二次开发上，数据以案例和专题调查的形式向用户提供	信息发布是双向的，信息提供双方均是自己的用户，自己的业务是在双方用户所发布信息的基础上进行信息整理和撮合
典型企业	aol.com yahoo.com	dialog.com elibrary.com	gartner.com forrester.com	resumix.com monster.com

1. 网上媒体运营商及其业务

互联网已经成为第四大传媒，具有传播信息容量极大、形态多样、迅速方便、全球覆盖、自由和交互的特点。传统传媒所具有的一切表现形式和特点 Internet 都可以兼备，而三大传媒所不具备的特点 Internet 也具备，它是知识经济时代最具传播发展潜力的大众传媒。网上媒体与传统媒体的优势对比见表 19-3。

表 19-3　网上媒体与传统媒体的优势对比

媒体	信息传递形式	记忆度	受众接受状态	抗干扰性
广播	声音	低	被动	差
电视	声音/动态画面	中	被动	差
报纸	文字/图片	高	主动	强
网络	文字/图片/动态画面/声音	高	主动	强

对用户来说，网络信息导航的方式主要有两种：一种是目录式的分层逐步收缩查找范围；一种是利用关键字直接查找。目前国际上做得比较好的搜索引擎大体上有两种检索方式：一种是全文检索；另一种是目录式分类搜索引擎，比如 Yahoo 等。对 ICP 来说，收集整理提供给用户检索的过程可分为三步：第一步，利用智能代理技术主动在 Internet 上搜寻所有网页，并把它们带回搜索引擎，或者被动地由那些网页拥有者向搜索引擎提交自己的网页信息；第二步，把搜索或提交得到的信息进行加工分类，建立搜索引擎数据库；第三步，用数据库的检索功能帮助人们检索到所需信息。厂商可以根据上网的 IP 地址、单击次数等，了解消费者的兴趣，更好地把握商机。此外，上网者大多受过良好的教育，具有一定的经济基础，是广告投放的最佳对象。

2．数据库运营商及其业务

数据库的类型和规模一直持续增长。数据库的市场和使用量也在持续增长。数据库产业创造了巨大的产值，用户使用数据库的价格逐渐下降。国际数据库运营业务的主要特点主要包括以下几个方面：全文数据库增长最快，比例超过 50 %；商贸数据库在各专业数据库中仍然占最大比例（30%）；商业和工业界成为数据库的最主要生产者，政府机构所占的比例大幅度下降；联机服务（联机服务是使用终端设备，通过通信线路或网络，检索远程信息数据库系统）仍唱主角。

3．信息咨询商

在激烈的市场竞争环境中，政府和企业需要高层次、快速、准确、可为战略决策提供参考依据的信息服务，这就需要信息服务业根据用户需求，提供对大量原始信息进行长期跟踪和深入分析的信息产品，使信息服务向综合信息、统计分析、调查研究和策略建议的方向深入发展。这种层次的信息服务以出售知识和信息产品为主，它应该具有全面性、权威性、全球性、客观性、准确性和先进性，不应参与买方或卖方的任何市场活动，这样才能保持信息服务和咨询服务机构的声誉和中立地位。这种层次的信息服务商就是信息咨询商。信息咨询商的主要业务包括：（1）网上信息调查，信息咨询商展开网上调查主要是在两个方向上，一是提高传统收集信息手段的质量和效率，二是获取新领域的信息以适应新市场的需求；（2）网上专项信息咨询服务，专项信息咨询商在交易市场中收集到原始商业信息，再通过数据挖掘技术进行信息的二次开发，提供给需要的客户，如美国信息方案集团（www.simatics.com）的网上信息咨询；（3）网上持续信息支持，在这个技术和业务方式都迅速变化的社会中，许多经济活动中的业务问题都需要不断针对某一领域，跟踪了解新情况，掌握关于该业务问题的新知识。

19.2　电子交易市场

电子交易市场 EM（Electronic Market）是电子商务典型的创新交易方式。EM 指在 Internet

通信技术和其他电子化通信技术的基础上，通过一组动态的 Web 应用程序和其他应用程序把交易的买卖双方集成在一起的虚拟交易环境。EM 中的众多交易主体则可以通过电子化交易信息和交易工具建立起点到点和一对多的交易通道。负责 EM 的建立、维护、运行等工作的中介服务机构则称为 EM 营运商。EM 主要分类见表 19-4。

表 19-4　EM 主要分类

交易类型（根据交易主体和商品划分）		交易特点和交易主体对交易方式的特殊要求	对应的 EM 交易中介	EM 交易中介提供的服务
企业间	众多小企业围绕大企业的产业链（如汽车、家电业）	大企业：交易数目大，要求自动处理 小企业：交易环节多，要求简化处理	通过 EDI 网络连接会员的行业组织	提供企业联络的论坛、制定规范、仲裁纠纷、负责员工培训、企业管理指导等
	纵向分工的大企业供应链（如石化、冶金等重工业）	交易稳定、交易商品量大，要求按时供货、及时付款，交易牵扯的第三方较集中且都需要及时的信息共享	基于业务链的跨行业交易集成组织	提供单一网络交易环境，有多种电子交易工具，联系到全部交易的各个交易环节
	分散、小量且不稳定的多对多交易（如办公用品等）	交易的产品属于一次性购买，交易对手容易转移，使供应方和需求方必须借助中介才能减少交易量的波动	网上及时采购和供应的大批发商	产品的及时转移和交付，稳定供货源，稳定产品的最终用户，减少交易的波动
企业与消费者间	普通生活用品（如食品、衣物、CD 等）	企业：产品单一，无法形成规模消费者；需要多产品、多品牌的组合	网上电子商场营运商	一方面聚集商品，一方面聚集购买力，使交易的选择更方便，交易实现的成本更低
	专业化程度高、个人需求差异明显的商品（如专业书籍、贵重器具）	企业：没有足够的力量为每位需求者提供个性化服务 消费者：增值服务是决定购买的关键	网上专卖专营店营运商	提供基于交易商品的增值服务，如帮助消费者准确定位，提供商品的应用指导和及时维修等
	相互依赖性强的服务或商品（如提供旅游、会议的组织）	企业：只拥有部分资源，无法为最终用户提供整套服务 消费者：需要整体的完整服务	网上销售联盟营运商	把相互依赖的各个单一企业的产品组合起来，为消费者提供一次性的优化服务，同时扩大企业的交易机会
	进行交易后的联系或服务（如寄账单、发票）	企业：交易后的事务处理量大 消费者：交易活动不易管理	网上外包资源营运商（如账务代理）	降低企业的销售成本，为消费者提供简单的交易活动管理方法
个人之间		交易产品有特殊性，买卖双方相互发现十分不易，交易费用高，完成交易的保障困难	网上拍卖行、个人保险公司和信息联盟等	提供个人间的交易信息传递环境，进行极小量和极大批次的交易处理

EM 的经营性质越来越向交易主体间的联盟组织方向发展，不是卖方的联盟就是买方的联盟，联盟 EM 主要靠会员制的方式运作。以下结合各个层次的 EM 案例具体看一看 EM 营运商如何为交易主体双方提供交易服务、EM 营运的组织管理以及 EM 营运的发展趋势。

1. 通过 EDI 网络连接会员的行业组织

企业间的交易发生在同一个行业内部的较多，交易商品比较稳定。建立行业内部广泛、稳定的合作关系十分必要，即使双方没有达成交易，相互保持通信联系的渠道也是十分必要的。基于 EDI 网络进行业务联系的行业组织在发达国家十分普遍，如美国的酒精饮料工业 EDI 组织（Alcohol Beverage Industry EDI Group，ABI）便是一个典型的行业 EDI 运营商。

这些 EDI 网络通常由某一企业发起建立，行业内的企业则为保持这种行业联系纷纷加入。这种行业 EDI 组织一般采取会员制的组织方式，EDI 网络环境维护、会员管理、企业联系方式和内容等具体业务则交给一个共同管理机构负责，这个机构通常把该 EDI 网承包给专业的 EDI 企业来经营，这就是行业 EM 营运商。

2．基于业务链的跨行业交易集成组织

EDI 网在行业内部的应用解决了那些行业内企业直接的点对点的繁重连接。但是，企业交易仍不能实现全面电子化，因为企业交易中还有许多业务是分散在多个行业内的，因此在 EDI 发展一段时间后，基于业务链的跨行业电子化交易中介产生了。行业内 EDI 中介和跨行业 EDI 中介的业务重点是不同的，通常的行业内 EDI 中介是会员制的非营利组织，主持了许多行业内交易业务的协调；而跨行业的电子化交易中介主要是提供一个电子化的市场，靠市场的维护费运作，他们不涉及企业间具体的交易业务，只是尽量吸纳各行业的企业进入同一个交易市场，市场越大，企业的交易越方便。国际上最著名的基于业务链的跨行业电子化交易中介是 GE 资讯服务公司（GEIS）。

3．网上及时采购和供应营运商

某些行业内和跨行业的企业通过企业间的 EM 运营商组成环型的交易网络，即可以实现交易主体间的直接交易。大批发商作为多对多交易的中介环节，要有装备完善的 Extranet，才能在广泛的领域内展开业务，尽量连接更多的卖方和买方而不论他们身在何处，只要他们能通过网络同自己接触。这种批发中介通过大量聚集买卖双方，形成稳定的交易环境，减少单一的交易波动，批发中介只能以快速的货物流转速度、及时供货、及时订货来获取盈利，因为其降低企业运行成本的主要手段在于及时响应业务。通过及时响应，批发中介不断降低自己的库存，例如通过信息的调度，减少实物的转移次数，逐渐把自己的 Extranet 构建成供货方和需求方交易的 EM，自己的主要业务则变为维护 EM 的正常运行，帮助加入 EM 的众多供需双方改造他们的电子化信息系统，实现与 EM 的无缝连接。

4．网上电子市场营运商

网上电子市场营运商的业务重点包括聚焦产品和聚焦消费者两个方面，主要是在交易的广度上取得优势，通过降低商品售价，扩大市场交易容量获得盈利，降低交易费用的基础是充分利用电子化手段。这时的交易中介必须完全代表消费者的利益。因此，大多数消费者是以会员的形式加入到网上电子市场营运商的管理组织之中。电子市场营运商为消费者提供电子化的聚集场所和消费者论坛，使消费者感到电子商场确实是自己同供货企业交易的交易代表。例如，美国圣达公司将制造商与最终用户联系起来，笼络足够多的制造商来建立一个有吸引力的产品市场，同时，招收足够多的顾客，这样就可以与制造商达成最佳价格。

5．网上专营专卖店营运商

传统的中介行业中，中间商之间的竞争的本质在电子商务社会并没有改变。用户并不在乎一件产品是通过哪个中间商购买的，他们看中的是哪一个中间商能够为用户带来实实在在的好处。实际上是中间商要在商品销售的深层次上为用户提供有价值的服务，即增值服务。传统的专卖店也能为消费者提供一对一的定制服务，但是，由于服务成本高，这些服务只限于贵重商品，如汽车、高档首饰等。在电子商务中，通过电子化手段，提供一对一的定制服务的成本急剧下降；理论上，新型的 EM 中介能为消费者选购的所有商品提供这种服务。这种 EM 就是网上专营专卖店营运商。

6. 网上销售联盟营运商

在企业与消费者的交易中，有些交易并不是以单个企业对消费者的方式进行的，往往需要同类型的多家企业同时为一个消费者服务。这时，这些交易通常依靠一些交易中介集中起来，为达成与消费者的一笔完整交易组合他们的资源，这类中介就是销售联盟中介。旅游市场就是提供这种组合服务的典型。美国的电子化的旅游销售联盟 Sabre 和国内的携程是这方面的典型代表。

7. 网上资源外包营运商

大型公司把原来自己处理的大量交易附属业务，如为消费者记账、为消费者提供售前售后咨询等业务转交给网上外包资源营运商处理，通过业务外包的方式实现销售成本的降低。网上外包资源营运商拥有处理各种类型辅助交易业务的能力，如网上售前售后代理商，它们在自己的网站上为消费者提供基于专家系统的产品咨询服务，向消费者提供较为充分的信息，帮助消费者决策。

8. 网上信息联盟、拍卖行和个人交易保险公司

在网上的虚拟社区中，网民们按照自己的兴趣自愿组合，互相交流，有的网民会因为种种原因希望把自己的某些东西卖出去，而有的网民会发现在其他网民的手中有自己非常需要的东西，这样一来，网民之间就产生了交易的需求。其实这种买入或卖出的愿望在传统的交易环境中就存在，但是那时，交易的愿望十分分散，买卖双方之间很难建立直接的交易通道，而且个人之间交易的商品价值上下的波动很大。一般只能是买卖双方各自找自己的中介代理实现交易。这种中介有典当商行、拍卖行和跳蚤市场等（这些中介同时为个人客户和企业客户服务）。在电子商务社会，这种原来不能实现的大规模的个人交易，通过一些 EM 运营商的中介服务，可以实现了，这些网上中介包括网上信息联盟、拍卖行和个人交易保险公司。

19.3　移动电子商务

19.3.1　移动电子商务的定义

移动电子商务（M-Commerce）是指对通过连接公共和专用通信网络进行数据传输，并且利用手机、个人数字助理（PDA）等移动终端开展各种商业经营活动，包括经营、管理、交易、娱乐等。移动电子商务本质上属于电子商务的类别，是电子商务的一个新的分支，是由电子商务（E-Commerce）的概念衍生出来的。它是移动通信网、互联网、IT 技术和手持终端设备发展的必然产物，突破了互联网的局限，更加高效、直接地进行信息互动，扩张电子商务的领域，是一种全新的数字商务模式。

从技术角度来看，移动电子商务不仅是技术的创新，也是一种企业管理模式的创新。依托手机、PDA、呼机和笔记本电脑等移动通信设备，通过将移动通信网和互联网有机结合，所进行的电子商务活动，如进行信息查询、商务交易及对信息、服务和商品的价值交换。它是移动通信网、互联网、IT 技术和手持终端设备技术发展的必然产物，突破了互联网的局限，更加高效、直接地进行信息互动，扩张电子商务的领域，节省人力成本，使企业及时把握市场动态和动向。

从商务角度来看，移动电子商务是商业模式的创新。移动商务是指对通过移动通信网络进行数据传输，并且利用手机、PDA 等移动终端开展各种商业经营活动的一种新的电子商务模式。它的发展是对有线电子商务的整合与拓展，是电子商务发展的新形态。它将各种商务业务流程从有线向无线转移和完善，把我们带入了一个无时不在、无处不在的移动商务世界，是一种新的突破。

从用户的角度来看，移动电子商务就是给消费者更多、更方便的商业活动。通过与移动终端的通信可以在第一时间准确地与交易对象进行沟通，使用户更多地脱离设备网络环境的束缚最大限度地驰骋于自由的商务空间。

19.3.2　移动电子商务的特点

电子商务较之传统的商业模式更加方便、灵活、高效，而移动电子商务的这一特性就更加突出。它可以在任何时间、任何地点，以任何方式完成商务交易。因此，移动电子商务具备以下特点。

1．随时随地性

移动终端(手机、PDA、笔记本电脑等)与固定终端相比，具有更加方便、易携带的特性。无论消费者处于什么位置，只要在移动网络的覆盖范围之内就能接受服务，实现真正以客户为中心，随时随地提供用户所需信息、服务等各方面的需求。使信息的查找、选择及各种交易活动可以即时完成，不受时间及空间的限制。

2．灵活性

用户不必总是坐在计算机前，不仅可以在移动状态下，也可以在旅行、开会、社交等场合进行信息查询、商务交易及进行信息、服务和商品的价值交换等活动。

3．多样化和人性化

移动电子商务不仅能提供互联网用户的直接购物服务，它还全面支持移动业务，可实现电信、信息、媒体和娱乐服务等的移动电子支付。不仅如此，移动电子商务不同于目前的销售方式，它能完全根据消费者的个性化需求和爱好提供更加人性化的服务。

4．个性化

移动终端设备是用户的私人物品，对于每个服务用户，移动电子商务将根据用户需求提供完全个性化的配置和服务内容。结合移动商务的定位性，服务提供商可以主动提供区域服务给用户，令用户体验一个全新的商务环境。此外，终端设备的多样化也决定了其服务的个性化。

5．灵活的付费方式

服务付费可通过多种方式进行，以满足不同用户需求，可采用直接转入银行、用户电话账单扣费或实时地在用户预付账户上借记等方式。

19.3.3　移动电子商务的商务模式

在由传统互联网转向移动互联网的过程中，电子商务的发展绝对不仅仅是简单的从固定接入到移动接入的改变，这一进程广泛而深入地影响和改变着我们的消费、娱乐、生活和工作方式。与此同时，作为支撑的移动通信服务产业正发生着急剧的变革，产业内的市场主体和商业模式都发生着显著而深刻的变化。从本质上讲，这一产业变革打破了阻碍发展的垄断封闭的传统产业链，再造和优化了新的价值创造与运作的机制与模式。移动电子商务产业的生态体系模型如图19-2所示。

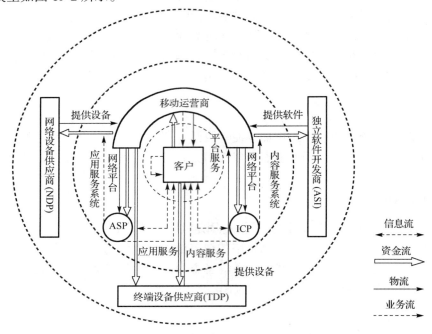

图 19-2　移动电子商务产业的生态体系模型

19.3.4　移动电子商务的应用

移动电子商务的应用领域相当广泛，大致可分为面向个人应用和面向企业应用两类。

1. 个人应用

目前，在国内个人领域应用的比较多的移动电子商务主要有以下几种。

1）移动信息服务

移动信息服务是指通过短消息或移动门户网站向用户提供信息服务的一种形式。可以利用移动终端搜索短消息或 WAP 站点搜索引擎系统，以实时获取用户所需的 Web、WAP 站点的各种信息，也可按用户的个性化需求定制相关移动信息服务。

2）移动娱乐

移动娱乐是指通过手机实现视频点播、音乐和铃声下载、星座算命、下载影音信息、单机下载和联网的游戏等服务。

3）移动电邮

移动电邮业务是指把用户在邮件服务器上的邮件，通过端到端加密的方式，主动、实时地推送给移动终端的业务形式。用户可以利用移动终端随时随地接收、回复、转发和撰写包括文本、图象、声音、视频片段等一种或多种媒体内容的电子邮件的业务形式。

4）移动支付

移动支付是指交易双方为了某种货物或者业务，通过移动设备进行商业交易。移动支付所使用的移动终端可以是手机、PDA、移动 PC 等。从本质上讲，手机支付就是将移动网络与金融系统结合，把移动通信网络作为实现手机支付的工具和手段，为用户提供商品交易、缴费、银行账号管理等金融服务的业务。手机支付可以通过手机短信息、IVR、WAP 等多种方式进行银行转账、缴费和购物等商业交易活动。

5) 移动股市

通过手机服务可以随时随地通过手机查询价格和股市行情，还可以进行股票交易。移动股市提供中文菜单界面，只须滚动选择，就能完成多项操作。其主要操作包括以下几点。

(1) 股票交易：支持多家券商交易，可以选择指定交易的券商，进行在线证券交易，可以保存并查询用户通过本业务返回的信息。

(2) 实时行情：支持 K 线、分时走势、报价等实时行情显示。

(3) 到价提醒：对用户心中某股票的价位，可分别做价位设置、查询及清除操作。

(4) 资讯丰富：提供即时、丰富的综合资讯和品牌资讯，包括专业的宏观资讯和个股资讯信息。

2．企业应用

企业应用移动电子商务，主要是指借助以无线通信为主的连接方式，实现企业与最终用户以及企业内部员工之间的实时信息沟通，为企业提供一个在任何时间和任何地点进行商务活动的机会。

1) 信息化应用服务

信息化应用服务主要是指利用移动通信网和互联网资源，为企业提供全面的内外信息化应用服务。其可以为拥有办公系统(OA)、企业资源计划(ERP)、管理信息系统(MIS)、客户关系管理(CRM)、邮件等信息化系统的企业、政府通过系统耦合方式提供基于移动终端的信息化应用服务；也可以为不具备 OA、邮件、ERP、MIS 等信息化系统的政府、企业提供基于移动终端的托管式的信息化应用服务，主要有移动 OA、移动财务、移动进销存、移动 CRM、企业邮箱等应用。

(1) 移动 OA。企业员工能够通过移动终端随时随地地接入企业或者企业内部的 OA 系统，实现系统常用的业务流程，如公文处理、公告发布、集团通讯录、信息查询、日程管理和邮件提醒等功能的业务流程。移动 OA 既可以有效改善企业、政府的办公环境，简化机构之间的沟通方式，又可以有效改善企业、政府的办公接入方式。企业外出人员通过手机，就可随时随地地进行公文处理，完成移动公文审批、移动信息查询等工作，进而提高企业、政府的办事效率。

(2) 移动财务。移动财务系统主要为企业员工提供建立基于移动无线网络访问企业内部财务系统的业务应用方案，在移动网上实现原有财务系统的常用业务流程，让使用手持设备(PDA、手机)的员工可以通过移动网络访问企业内部财务系统，进行财务数据管理、款项查询管理、日常财务管理等相关的业务处理，以提高工作效率、降低成本，同时满足企业财务管理的移动化需求。

(3) 移动进销存。移动进销存系统，主要为用户提供基于移动无线网络访问内部进销存系统的解决方案，用户能够通过移动终端随时随地地接入系统，及时反映企业的采购、销售、库存状况，并利用移动进销存系统将各种需要的数据上传到销售、采购、管理等系统，同时可以通过终端来实时地查询和掌握信息，对采购单和销售单进行移动审批等，使原有的只能在 PC 和局域网中使用的功能和数据扩展到移动网络和手机等移动终端设备，以短信、彩信、

WAP 等为媒介进行信息收发的双向传递和交互式传递。

(4)移动 CRM。移动 CRM 主要是通过移动终端利用移动无线网络访问 CRM 系统，同时用户能够通过移动终端随时随地地接入系统，进行 CRM 系统客户资料收集、管理、营销、客户服务等各项工作，从而形成无论任何时间、任何地点、任何方式都可以收集客户资料并回传至 CRM 系统进行管理的方式，并能够开展营销推广和客户服务活动。

(5)企业邮箱。企业邮箱是指把企业邮件服务器的邮件，主动推送到相应用户手机终端上的业务形式。用户可以在手机上查看邮件正文和附件，还可通过手机终端回复、转发和撰写电子邮件以处理企业内部事务。企业邮箱能够提高用户工作效率，并通过对现有企业邮件系统整合，降低企业信息化成本。

2) 行业应用

移动电子商务已在金融、农业、公安、保险、海关、工商、交通、邮政、电力、教育、税务、铁路、物流、医疗、航空、海洋等行业得到了应用。举例说明如下。

(1)金融行业的应用主要有以下方面。

① 移动办公方案：将短信和 GPRS 等信息无线传输方式应用到日常办公中，提高工作效率。

② 无线 ATM 方案：利用移动通信网络的覆盖，将各个 ATM 机通过移动网络接入银行业务系统。

③ 无线 POS 方案：利用无线网络将各个 POS 机接入银行业务系统。

④ 手机钱包方案：通过手机方便广大市民进行小额账单移动支付。

⑤ 信息服务：利用移动通信网络和短消息系统，为银行客户提供账户资金变更信息服务等。

⑥ 手机银行：通过手机实现理财、手机支付及手机电子商务的功能。

(2)农业行业的应用主要有以下方面。

① 政务信息传达：通过短信、话音、WAP 等形式，满足农民在村务管理上的信息化需求，如政策法规发布、政务公开、农情通报、劳动力信息通告等。结合农村政务实际，梳理农村政务流程，解决农村政令畅通、上传下达等问题。

② 农产品信息传递：通过短信、话音、WAP 等形式，为产、供、销环节提供及时、全面的市场信息、技术资讯、沟通平台，如生产过程中的种养科技、农业气象、病虫害防治信息等；供应环节中的农资价格信息、农资市场、新品信息等；销售环节中的农产品价格行情、农产品市场分析等。结合农业产业特点，梳理农业生产、农资供应、农产品销售等环节中的各个流程，有效地解决了产供销过程中信息传递的问题，将产供销环节中所需的各种市场信息、参考资料，及时、准确地传达给每位农民，农民们可根据自身的情况，及时制定生产和销售策略，从而形成对产供销环节的积极引导。

③ 民生信息传递：通过短信、话音、WAP 等形式，为农民及时提供有关农村教育、农村医疗、文化生活、社会保障等民生问题在内的信息，充分满足农民切身关注的法律、卫生、教育、文化、务工等民生问题，使农民及时、准确、全面地获取农村教育、文化生活、农村医疗、卫生防疫、法律援助、技能培训和用工信息等。

(3)物流行业的应用主要有以下几个方面。

物流企业通过 WAP、短信、定位等技术实现货物的发送、运输、接收等一系列物流配送流程，提高了工作效率，提高了企业生产力。

① 车辆跟踪调度：建立起了车辆与系统用户之间迅速、准确、有效的信息传递通道。用户可以随时掌握车辆状态，并下达调度命令，进而实现对车辆的远程控制。

　　② 运力资源的合理调配：根据货物派送单产生地点，自动查询可供调用的车辆，向用户推荐与目的地较近的车辆，同时将货单派送到距离客户位置最近的物流基地。保证了客户订单快速、准确地得到处理。同时 GIS 的地理分析功能可以快速地为用户选择合理的物流路线，从而达到合理配置运力资源的目的。

　　③ 物流行业移动 POS 业务：为客户提供便捷的移动 POS 设备支付功能。

　　④ 客户服务功能：客户在运输过程中需要随时了解货物的状态，可以通过两种途径得到需要的信息，一是通过 WebGIS 系统查询，二是通过拨打呼叫中心电话查询。

　　⑤ 车辆统一信息化管理：由于物流企业下属车辆众多，需要对车辆进行集中统一的信息化管理。管理内容涵盖车辆的基本信息（如车牌号、车辆类型、吨位、颜色等）、保险信息（盗险、自然险等）、安全记录、事故借款等。系统将对车辆的所有信息进行采集、录入，而后向用户提供修改、删除以及查询功能。

本 章 小 结

　　本章介绍了互联网服务商 ISP、IAP、IPP、ICP 的业务类型及各种类型的业务范围，并重点介绍了企业间、企业与消费者间及个人之间的 EM 的概念和内容。此外，本章还对移动电子商务发展的前沿领域进行了概念介绍，并分析了主要应用模式。

复习思考题

1. 简述 ISP 包含的业务范围。
2. 简述 ICP 的业务类型及各种类型的业务范围。
3. 简述企业间 EM 包含的类型。

参 考 文 献

[1]   李琪. 电子商务概论. 第 2 版[M]. 北京: 高等教育出版社, 2009.

[2]   李琪. 电子商务导论[M]. 北京: 电子工业出版社, 2010.

[3]   商务部. 2014 年中国电子商务发展总报告[M]. 北京: 中国商务出版社, 2015.

[4]   李琪, 等. 电子商务概论[M]. 北京: 高等教育出版社, 2004.

[5]   张李义, 李枫林. 电子商务概论[M]. 武汉: 武汉大学出版社, 2004.

[6]   黄晓涛. 电子商务导论[M]. 北京: 清华大学出版社, 2005.

[7]   黄永斌. 电子商务导论[M]. 北京: 机械工业出版社, 2004.

[8]   李琪, 等. 基于商务链的网上网下交易欺诈比较研究[M]. 北京:电子工业出版社, 2014.

[9]   Gronroos, C. Service Management and Marketing. England: John Willey & Sons Ltd, 2000.

[10]   Kotler, P. Marketing Management, 10th Edition. Prentice Hall, 2000.

[11]   Berry L. L, Shostack G. L. & G. D. Upah. Emerging Perspective on Service Marketing, USA: American Marketing Association, 1983.

[12]   Valarie A. Zeithaml, A. Parasuraman, Arvind Malhotra. Service Quality Delivery through Websites: A Critical Review of Extant Knowledge, 2002.

[13]   Kinia, J Choob Ineh. Trust in Electronic Commerce: Definition and Theoretical Considerations. 1998（3）.

[14]   Yaobin Lu, Long Zhang, Bin Wang. A Multidimensional and Hierarchical Model of Mobile Service Quality. Electronic Commerce Research and Applications（2009）228-240.

[15]   Roland T. Rust, Katherine N. Lernon. E-Service and the Consumer. International Journal of Electronic Commeree, 2001, 5（3）:85-101.

[16]   Elisabeth van de Kar, Paulien Herder, Arjan Snijders. Wim Dik. Sales-Supporting E-services. Proceedings of the 37th Hawaii International Conference on System Sciences, 2004.

[17]   http://www.soeiology. ox. ac. uk/PaPers/Gambetta213- 237. Pdf.

[18]   李道全, 电子商务信任管理模式与方法研究[D]. 山东科技大学博士学位论文, 2011.

[19]   严中华, 关士续, 米加宁. 电子商务信任的重要性及其概念辨析[J]. 科学学与科学技术管理, 2004, 25（7）:93-96.

[20]   周涛. 面向交易全过程的电子商务信任研究[D]. 华中科技大学博士学位论文, 2007.

[21]   冯炜. 消费者网络购物信任影响因素的实证研究[D]. 浙江大学博士学位论文, 2010.

[22]   黄永哲. 电子商务环境下的顾客信任[J]. 中山大学学报论丛, 2005, 25（2）:245-247.

[23]   陈中. 基于中小企业 B2B 中心的交易方信誉评价模型研究[D]. 厦门大学硕士学位论文, 2007.

[24]   刘伟江, 刘扬, 张朝辉. 电子商务环境下基于信任的购买行为模型[J]. 经济与管理研究, 2005（9）:70-73.

[25]   李慧, 刘东苏. 一种有效的电子商务信任评价方法[J]. 现代图书情报技术, 2008（10）:38-42.

[26]   刘春元. 网络信任危机与电子商务的伦理环境[J]. 哈尔滨商业大学学报(社会科学版), 2007（5）:72-75.

[27]   潘勇, 陈禹. 浅析中国电子商务市场中的信任机制[J]. 科技管理研究, 2007, 27（7）:176-178.

[28]   陈建. C2C 电子商务中信任的建立问题研究[D]. 东北财经大学硕士学位论文, 2007.

[29] 李红斌. 我国电子商务的金融服务初探[J]. 山东经济, 2001, (4):55-56.

[30] 尹忠红. 浅析电子商务与金融业务[J]. 商业研究, 2004, (8):175-177.

[31] 吴节, 潘思柳, 韦丹, 等. 论电子政务视角下的政府管理变革[J]. 陕西行政学院学报, 2009, 23(1):47-50.

[32] 王鲁滨, 张巍. 电子商务信任管理研究[J]. 中央财经大学学报, 2006, (1):73-76.

[33] 杨俊. 电子商务信用管理的成本-效益构成与分析[J]. 情报杂志, 2004, 23(7):72-74.

[34] 庞琪. O2O 电子商务模式在餐饮行业中的应用现状分析[J]. 商, 2015(8):250-250.

[35] 魏晓明. 餐饮业电子商务应用分析[J]. 现代经济信息, 2015(13).

[36] 宋凯. 教育行业的移动电子商务应用模式研究[D]. 沈阳工业大学硕士学位论文, 2008.

[37] 赵涵尔. 教育行业的移动电子商务应用研究[J]. 统计与管理, 2014(10):189-190.

[38] 黎阳, 钱旭潮. C2C 型拍卖网站模式及发展策略[J]. 武汉理工大学学报(信息与管理工程版), 2006, 28(2):51-54.

[39] 包于宁. 电子商务交易模式分析[J]. 科技情报开发与经济, 2007, 17(2):191-192.

[40] 彭欣, 喻光继. 中小企业电子商务服务模式的研究[J]. 中国管理信息化, 2008, 11(19):89-92.

[41] 纪玉山. 网络经济[M]. 长春: 长春出版社, 2000.

[42] 夏皮罗. 信息规则[M]. 北京: 中国人民大学出版社, 2000.

[43] 高文思. 浅谈网络金融发展的发展及对策[J]. 现代商业, 2008, (30):10.

[44] 郭晓武. 试论网络金融的特征与风险防范[J]. 特区经济, 2005, (11):183-184.

[45] 况成海, 张莉. 中国网络银行发展问题研究[J]. 中国农业银行武汉培训学院学报, 2008, (5):24-26.

[46] 靳景玉, 唐平. 网络金融对传统金融理论的影响研究[J]. 学术论坛, 2008, 31(4):65-69.

[47] 阮一峰. 电子货币特性及对货币政策影响实证研究[J]. 商业时代, 2008, (8):85-87.

[48] 孙静, 洪蕴慧. 网络保险监管浅析[J]. 金融电子化, 2007(2):82-83.

[49] 王格. 我国网络保险经营模式分析[J]. 时代金融, 2007(5):90-91.

[50] 王雷. 网络金融的国际比较与借鉴[D]. 东北财经大学博士学位论文, 2003.

[51] 王维安, 等. 网络金融[M]. 北京: 高等教育出版社, 2002.

[52] 翁迪. 电子货币的发展——网络时代的货币趋势[J]. 特区经济, 2008(8): 263-264.

[53] 吴林轩. 网络经济下的电子货币与管理对策[J]. 金融发展研究, 2008(6):76-78.

[54] 严黎昀, 崔惠贤, 杨绪彪. 网络金融教程. 上海: 上海人民出版社, 2003.

[55] 岳意定, 吴庆田. 网络金融学[M]. 南京: 东南大学出版社, 2005.

[56] 曾瑞玲. 网络银行: 未来银行业发展的方向[J]. 深圳职业技术学院学报, 2003(4): 42-46.

[57] 郭春艳. 电子商务与网络财务的初步探讨[J]. 消费导刊, 2008(2):78.

[58] 刘平. 网络财务——E 时代财务管理新方式[J]. 科技创业月刊, 2008(7):336-337.

[59] 刘丽娟, 毛红, 张雅彬. 初探现阶段下的网络财务[J]. 科技创新导报, 2008(17):164.

[60] 林娜. 浅谈网络财务[J]. 出版经济, 2002(4):40-41.

[61] 丁朝霞. 网络财务对企业财务管理的影响[J]. 现代计算机, 2001(12):60-62, 68.

[62] 刘峰成. 浅议网络财务[J]. 今日科苑. 2008(6): 191.

[63] 孙煜. 浅谈网络财务对传统财务会计的影响[J]. 新西部, 2007(24): 157-158.

[64] 胡文友. 网络财务及其在新华社的应用研究[J]. 四川大学硕士学位论文, 2005.

[65] 余波. 网络财务——铁路客运公司(集团)财务管理发展方向的研究[D]. 重庆大学硕士学位论文, 2003.

[66] 魏丽娟. 网络财务管理研究[D]. 广东工业大学硕士学位论文, 2006.

[67] 都冰一. 信息时代的网络财务研究[D]. 东北林业大学硕士学位论文, 2002.

[68] 李超, 周定文, 黄骁俭. 网络财务[M]. 北京: 中国财政经济出版社, 2002.

[69] 董惠良. 网络财务[M]. 北京: 高等教育出版社, 2002.

[70] 陈翔鸥. 网络财务理论与技术[M]. 上海: 立信会计出版社, 2005.

[71] 傅元略. 数字经济下的会计预言——网络财务[M]. 上海: 立信会计出版社, 2001.

[72] 程克群. 网络会计模式研究[D]. 安徽农业大学硕士学位论文, 2002.

[73] 刘洪彬. 网络会计若干问题研究[D]. 东北林业大学硕士学位论文, 2003.

[74] 宋小明. 未来网络会计的体系架构及会计信息披露的模式选择[J]. 甘肃省经济管理干部学院学报, 2002(6): 52-54.

[75] 苏秀花. 基于 XBRL 的网络财务报告研究[D]. 天津财经大学硕士学位论文, 2005.

[76] 韩国红. 余额宝收益率与 Shilbor 之间关系的实证研究[J]. 征信, 2016. 1: 7-11.

[77] 中国人民银行金融稳定分析小组. 中国金融稳定报告 2014[M]. 北京: 中国金融出版社, 2014.

[78] 中国人民银行金融稳定分析小组. 中国金融稳定报告 2015[M]. 北京: 中国金融出版社, 2015.

[79] 中国人民银行金融稳定分析小组. 中国金融稳定报告 2016[M]. 北京: 中国金融出版社, 2016.

[80] 陈勇. 中国互联网金融研究报告 2015[M]. 北京: 中国经济出版社, 2015.

[81] 中国互联网络信息中心. 第 38 次中国互联网络发展状况统计报告[R]. 中国互联网络信息中心（CNNIC）, 2016. 7.

[82] 维克托, 肯尼斯著, 盛杨燕, 周涛译. 大数据时代[M]. 杭州: 浙江人民出版社, 2013.

[83] 宁小军. 一本书搞懂互联网金融[M]. 北京: 化学工业出版社, 2016. 1.

[84] 胡世良. 互联网金融模式与创新[M]. 北京: 人民邮电出版社, 2015. 1.

[85] 高经纬. 事项会计数据仓库的构建方法[J]. 会计之友, 2009, (1):67-68.

[86] 王振武. 会计信息系统[M]. 大连: 东北财经大学出版社, 2006.

[87] 林雄伟. 以事项法为基础构建会计信息系统[J]. 财会通信, 2002, (12):10-12.

[88] 冯英健. 网络营销基础与实践. 第 3 版[M]. 北京: 清华大学出版社, 2007.

[89] 艾瑞咨询网, www.iresearch.com.cn.

[90] 冯英健, 李琪. 全员网络营销的价值及影响因素分析[J]. 情报杂志, 2008, 27(9):158-160.

[91] （美）斯蒂芬. P. 罗宾斯著, 黄卫伟等译. 管理学. 第四版[M]. 北京: 中国人民大学出版社, 1997.

[92] 埃弗雷姆·特班, 等, 严建援, 等译. 电子商务管理视角[M]. 北京: 机械工业出版社, 2007.

[93] 覃征, 李顺东等. 电子商务战略[M]. 北京: 清华大学出版社, 2007.

[94] 黄建康. 企业电子商务管理与战略[M]. 南京: 东南大学出版社, 2004.

[95] 塔菲克·杰拉希, 艾布里特·恩德斯著, 李洪心主译. 电子商务战略概念与案例[M]. 大连: 东北财经大学出版社, 2006.

[96] 宋玲, 王小延. 电子商务战略[M]. 北京: 中国金融出版社, 2000.

[97] 劳帼玲. 电子商务安全与管理[M]. 北京: 高等教育出版社, 2003.

[98] 张爱菊. 电子商务安全技术[M]. 北京: 清华大学出版社, 2006.

[99] 张波. 电子商务安全[M]. 上海: 华东理工大学出版社, 2006.

[100] 萨蒂普·克里希那默西著, 李北平等译. 电子商务管理课文和案例[M]. 北京: 北京大学出版社, 2005.

[101] 田景熙. 电子商务案例分析[M]. 南京: 东南大学出版社, 2005.

[102] 杰弗里·F·雷波特, 伯纳德·贾沃斯基著, 武忠译. 电子商务[M]. 北京: 中国人民大学出版社, 2004.

[103] 朱毅峰, 吴晶妹. 信用管理学[M]. 北京: 中国人民大学出版社, 2005.

[104] 秦燕. 消费者信用管理[M]. 北京: 中共广播电视大学出版社, 2005.

[105] 赵晓菊. 信用风险管理[M]. 上海: 上海财经大学出版社, 2008.

[106] 郭生祥. 信用是什么信用读本: 寓言、故事和答问[M]. 北京: 东方出版社, 2007.

[107] 张冰新, 甘瑁琴. 基于电子商务应用的个人信用体系建设策略[J]. 中国流通经济, 2008(3).

[108] 李伟超. 中国电子商务信用体系研究[J]. 电子政务, 2012(4).

[109] 马占芳, 符晓波. 现代信用简论[M]. 北京: 中国社会科学出版社, 2004.

[110] 阿拉木斯. 《电子签名法》电子商务发展的里程碑[J]. 通信业与经济市场, 2004(9):26-28.

[111] 郭大亮, 范清芬. 电子商务的信息安全技术与管理研究[J]. 信息安全与通信保密, 2012(4):70-72.

[112] 杨兴凯. 电子商务战略[M]. 大连: 东北财经大学出版社, 2012.

[113] Petter Gottschalk. E-business Strategy, Sourcing and Governance. Hershey: PA Idea Group Publishing, 2006.

[114] 杨修. 我国电子商务企业财务管理模式形成机理研究[D]. 吉林大学博士学位论文, 2014.

[115] 刘菲, 严建渊. 大数据时代基于价值链分析的企业流程再造案例研究[J]. 物流工程与管理, 2014(7): 226-227.

[116] 徐文娟, 欧佩玉. 我国企业实施 ERP 对效率影响的实证研究[J]. 科学学与科学技术管理, 2011, 32(10):134-141.

[117] 傅杰勇. 企业信息化建设中电子商务与 ERP 整合应用研究[J]. 商场现代化, 2006, 04:82-83.

[118] 程金闯. 浅析电子商务与企业信息化[J]. 信息系统工程, 2016(1): 119-119.

[119] 王学东. 企业电子商务管理[M]. 北京: 高等教育出版社, 2001.

[120] 蒋志青. 企业业务流程设计与管理[M]. 北京: 电子工业出版社, 2002.

[121] 王广宇. 客户关系管理方法论[M]. 北京: 清华大学出版社, 2004.

[122] 邵兵家, 于同奎. 客户关系管理理论与实践[M]. 北京: 清华大学出版社, 2004.

[123] 马刚, 李洪心, 杨兴凯. 客户关系管理[M]. 大连: 东北财经大学出版社, 2005.

[124] 周玉清, 刘伯莹, 杨宝刚, 王新玲. ERP 原理与应用[M]. 北京: 机械工业出版社, 2002.

[125] 约瑟夫·A·布雷迪等著. 于燕茹, 司徒爱勤译. 新概念 ERP[M]. 北京: 机械工业出版社, 2003.

[126] 王东迪. ERP——原理、应用与实践[M]. 北京: 人民邮电出版社, 2004.

[127] 王众托. 企业信息化与管理变革[M]. 北京: 中国人民大学出版社, 2001.

[128] 王田苗, 胡耀光. 基于价值链的企业流程再造与信息集成[M]. 北京: 清华大学出版社, 2002.

[129] 白东蕊, 岳云康. 电子商务概论. 第 3 版[M]. 北京: 人民邮电出版社, 2016.

[130] 杨俊生. 数据库原理与应用教程——基于 SQL Server 2012[M]. 北京: 清华大学出版社, 2016.

[131] 余来文, 等. 互联网思维——云计算、物联网、大数据[M]. 北京: 经济管理出版社, 2014.

[132] 古燕宝. 网页设计制作基础与应用. 第 2 版[M]. 北京: 清华大学出版社, 2014.

[133] 联商网, http://www.linkshop.com.cn.

[134] 张爱菊. 电子商务安全技术. 第 2 版[M]. 北京: 清华大学出版社, 2013.

[135] 许多项. 电子商务技术及应用[M]. 上海: 上海交通大学出版社, 2000.

[136] 方美琪. 电子商务概论. 第 2 版[M]. 北京: 清华大学出版社, 2002.

[137] 李琪. 电子商务图解[M]. 北京: 高等教育出版社, 2001.

[138] 才书训. 电子支付与网上金融学[M]. 沈阳: 东北大学出版社, 2002.

[139] 胡玫艳. 电子商务教程[M]. 广州: 华南理工大学出版社, 2003.

[140] 张李义. 电子商务概论[M]. 武汉: 武汉大学出版社, 2002.
[141] 曹毅. 电子商务教程[M]. 长沙: 湖南大学出版社, 2003.
[142] 吕廷杰. 中国电子商务发展研究报告[M]. 北京: 北京邮电大学出版社, 2003.
[143] 魏修建. 电子商务物流管理[M]. 重庆: 重庆大学出版社, 2008.
[144] 宋华, 胡左浩. 现代物流与供应链管理[M]. 北京: 经济管理出版社, 2000.
[145] 黄斐. 电子商务标准教程[M]. 北京: 清华大学出版社, 2005.
[146] 吴青. 物流条码标准及其体系构成[J]. 标准科学, 2004(2): 52-54.
[147] 彭志忠. 现代物流与供应链管理[M]. 济南: 山东大学出版社, 2002.
[148] 朱道立. 物流和供应链管理[M]. 北京: 企业管理出版社, 2001.
[149] 田村正纪. 流通原理[M]. 北京: 机械工业出版社, 2007.
[150] 彭晖. 流通经济学[M]. 北京: 科学出版社, 2010.
[151] 王珏辉. 电子商务模式研究[D]. 吉林大学博士学位论文, 2007.
[152] 张京, 庞引巧. 电子商务挑战传统银行[J]. 经济论坛，2004. 18, (94).
[153] 中国工商银行香港分行调研小组. 网上银行的发展及对传统银行业的影响[J]. 城市金融论坛，2000，9:57-61.
[154] 马怀玉, 杨凌云, 李新月. 银行业电子商务应用探讨[J]. 金融理论与实践，2002，03:23-25.
[155] 姚萍. 论电子商务与银行业的经营方式创新[J]. 西南民族大学学报(人文社科版)，2005，12:144-146.
[156] 汪家廧, 王平. 美国网上证券交易系统评析[J]. 福州大学学报(哲学社会科学版)，2002, (1).
[157] 程剑鸣. 网络金融应用[M]. 北京：清华大学出版社, 2005.
[158] 爵也. 证券电子商务的市场前景[J]. 互联网世界, 2001.
[159] 玛琳·欧哈拉, 张明莉. 转型中的美国证券交易市场(下)[J]. 银行家, 2006(7):105-107.
[160] 霍学文. 现代证券市场电子化[J]. 银行家, 2003, (3).
[161] 张卫东. 证券电子化——未来证券业的战略制高点[J]. 金融电子化, 2001, (8).
[162] 蔡伟彬. 制度变化与技术创新对美国证券市场交易特点的影响[J]. 深交所, 2008.
[163] 孟辉. 网上交易模式选择[J]. 资本市场杂志, 2001, (7).
[164] 吕成文. 我国保险电子商务的策略分析[J]. 湖南财经高等专科学校学报, 2008, (05).
[165] 邓艳华. 我国保险业电子商务发展策略研究[J]. 时代金融, 2007, (06).
[166] 孙华金. 论电子商务在我国保险业中的运用[J]. 江苏商论, 2005, (11).
[167] 黄业勇, 潘梦夏. 谈我国保险电子商务体系的建设[J]. 金融电子化, 2006, (10).
[168] 庄再雷. 保险电子商务在中国的发展状况[J]. 新西部, 2008, (03).
[169] 倪莉莉. 浅谈保险电子商务[J]. 淮南师范学院学报, 2006, (04).
[170] 刘殿兰. 电子商务在我国保险业中的应用与发展前景[J]. 科技创业月刊, 2006, (04).
[171] 陈华敏. 基于电子商务下的网络保险业发展浅析[J]. 金卡工程(经济与法), 2008, (06).
[172] 张祖平. 保险公司经营的电子商务化[J]. 电子商务, 2007, (02).
[173] 黄业勇. 网络保险产品开发研究[J]. 金融电子化, 2008, (09).
[174] 王赫一. 中国保险业电子商务发展的可行性与必要性[J]. 吉林金融研究, 2005, (07).
[175] 李旸. 保险电子商务研究初探[J]. 商业经济, 2007, (08).
[176] 田吉生, 赵萍. 保险电子商务推广研究[J]. 中国保险, 2007, (02).
[177] 徐小雨. 我国发展网络保险的优劣势分析[J]. 广西金融研究, 2007, (07).

[178] 雷醒. 保险电子商务的机遇分析[J]. 商场现代化, 2008, (20).

[179] 石头. 保险电子商务:谁来把蛋糕做大?[J]. 电子商务世界, 2006, (10).

[180] 艾昊. 浅谈我国保险业电子商务发展的应对策略[J]. 内蒙古科技与经济, 2005, (24).

[181] 王智洋, 孟力. 保险电子商务存在的问题及解决对策[J]. 天津经济, 2006, (07).

[182] 中国证券登记结算有限责任公司, http://www.chinaclear.com.cn/.

[183] 中国证监会, http://www.csrc.gov.cn/cn/homepage/index.jsp.

[184] 深圳证券交易所, http://www.szse.cn/main/default.aspx.

[185] 上海证券交易所, http://www.sse.com.cn/sseportal/ps/zhs/home.shtml.

[186] 中国人民银行, http://www.pbc.gov.cn/.

[187] SWIFT 网站, http://www.swift.com/.

[188] 中国证券报, http://www.cs.com.cn/.

[189] 中国工商银行, http://www.icbc.com.cn/index.jsp.

[190] 中国金融认证中心, http://www.cfca.com.cn/.

[191] 中国保险监督管理委员会, http://www.circ.gov.cn.

[192] 王艳. 保险业电子商务发展的机遇与挑战[J]. 北方经贸, 2008, (06).

[193] 常金良, 郑毅. 浅析我国保险业电子商务发展中的问题与对策[J]. 现代商业, 2007, (14).

[194] 中国银联, http://www.chinaunionpay.com/.

[195] 李琪, 张秦, 严建媛等. 电子商务概论[M]. 北京:人民邮电出版社, 2002.

[196] 杜文才. 旅游电子商务[M]. 北京: 清华大学出版社, 2006.

[197] 章牧. 旅游电子商务[M]. 北京: 中国水利水电出版社, 2008.

[198] 杨路明. 现代旅游电子商务教程[M]. 北京: 电子工业出版社, 2004.

[199] 全球旅游电子商务现状, http://www.enet.com.cn/article/2008/0331/A20080331203738.shtml.

[200] 中国旅游电子商务现状, http://news.iresearch.cn/viewpoints/89681.shtml.

[201] 谷文辉, 韦俊仲. 中国制造业电子商务应用研究[J]. 江苏商论, 2007(1): 44-45.

[202] 赖茂生, 傅湘铃. 电子商务与竞争策略[M]. 北京: 机械工业出版社, 2004.

[203] 洪兰, 吴公社. 制造企业电子商务系统规划设计[M]. 中国机电工业, 2005, (6):81.

[204] 朱延东. 我国传统制造型企业电子商务策略研究[J]. 企业管理, 2005, (4):23-24.

[205] 国电物资商务网, http://www.gdmec.net.

[206] 国家电力商务网, http://www.powerec.net.

[207] 中石油能源一号网站, http://www.energyahead.com.

[208] 亿邦动力网, http://www.ebrun.com/20130522/73965.shtml.

[209] 山西中太煤炭电子交易市场, http://www.excoal.com.cn.

[210] 中国农业信息网, http://www.agri.gov.cn.

[211] 于小雅. 建筑业发展需要电子商务平台[J]. 中国建设信息, 2014(12):12-13.

[212] 戴黎燕. 电子商务时代的企业网络研究: 以思科公司为例[J]. 中国管理信息化, 2007, 10(1):21-23.

[213] 李秀, 应维云, 刘文煌, 张志鸿, 李兵, 任守榘. 第四方物流的体系结构和运作模式研究[J]. 计算机集成制造系统, 2004, 10(10):1233-1237.

[214] 孙永波, 王道平. 我国第四方物流运作模式及其发展趋势研究[J]. 北京工商大学学报(社会科学版), 2007, 22(6):85-90.